首都师范大学出版社
CAPITAL NORMAL UNIVERSITY PRESS

师德风采录

首都师范大学党委宣传部◎编

·第二辑·

图书在版编目（CIP）数据

师德风采录/首都师范大学党委宣传部编．—北京：首都师范大学出版社，2011.8

ISBN 978-7-5656-0467-6

Ⅰ.①师… Ⅱ.①首… Ⅲ.①高等学校—师德—文集
Ⅳ.①G645.16—53

中国版本图书馆 CIP 数据核字（2011）第 176461 号

SHIDE FENGCAI LU

师德风采录

首都师范大学党委宣传部　编

责任编辑　马岩

首都师范大学出版社出版发行
地　址　北京西三环北路 105 号
邮　编　100048
电　话　68418523（总编室）　68982468（发行部）
网　址　www.cnupn.com.cn
北京集惠印刷有限责任公司印刷
全国新华书店发行
版　次　2011 年 9 月第 1 版
印　次　2011 年 9 月第 1 次印刷
开　本　787mm×1092mm　1/16
印　张　22.5
字　数　384 千
定　价　48.00 元

序　言

在“十二五”开局之年，在学校第十二次党代会胜利闭幕之际，收录我校近年来评选表彰的师德先进个人、优秀校友典型事迹的《师德风采录》第二辑与广大师生见面了，这对于充分发挥师德先进典型的激励、导向和示范作用，进一步增强广大教师教书育人的责任感和使命感，在全校形成凝心聚力、共谋发展的良好局面，为实现第十二次党代会确立的建设国内一流、国际知名、有特色、高水平大学的奋斗目标具有积极意义。

教育大计，教师为本；教师大计，师德为本。

首都师范大学作为以培养教师为特色和优势的高校，必须牢牢把握立德树人、教书育人的根本任务，高度重视教师职业理想和职业道德教育，切实加强师德建设，努力造就一支师德高尚、业务精湛、结构合理、充满活力的高素质专业化教师队伍。近年来，学校党委始终把师德建设作为教师队伍建设的核心任务，作为学校党建和思想政治工作的重要抓手，坚持开展有针对性的师德建设活动，取得了较为明显的效果，成为学校各项事业蓬勃发展的重要精神动力和思想保证。

经过多年的积累和培育，学校逐渐形成了能够充分体现首都师范大学文化底蕴和办学特色的优良师德传统，实现了高尚师德薪火相传、创新发展，不断涌现出一批又一批潜心教书育人、不计名利得失的优秀师德代表和先进典型，他们受到广大师生的普遍赞誉和尊敬，成为推进学校科学发展、传承学校文化、建设和谐校园的重要力量。

本书收录了60余位优秀教师、校友的先进事迹，其中有德高望重、严谨治学、热心文化教育事业的“一辈子的教书匠”；有勇于创新、甘于奉献、用微笑演绎人生的“平民院士”；有扎根山区教育几十年、不计名利得失、一心教书育人的道德楷模；有敬业乐业、精益求精、用爱心做教育的全国优秀教师；还有更多的是那些在平凡岗位上坚持理想、坚守信念、践行高尚师德、恪尽育人操守的普通教师形象……在他们身上，充分展现了我们首都师大人良好的精神风貌和高尚的师德修养。

加强师德建设是一个长期的、永恒的课题。教师既要言教又要身教，既要立己又要立人，既要成为传道授业解惑者，更要成为人格修养、道德品行的楷模。广大教师要认真按照胡锦涛总书记在庆祝清华大学百年校庆上的讲话要求，不断加强师德修养，自觉坚持社会主义核心价值体系，带头实践社会主义荣辱观，切实肩负起立德树人、教书育人的光荣职责，关爱学生，严谨笃学，淡泊名利，自尊自律，加强师德建设，弘扬优良教风，提高业务水平，以高尚师德、人格魅力、学识风范教育感染学生，做学生健康成长的指导者和引路人。

张　雪

2011 年 7 月

目　　录

教师风采录

校友风采录

教师风采录

J I A O S H I F E N G C A I L U

一辈子的教书匠
——记欧阳中石先生

欧阳中石简介

欧阳中石是首都师范大学中国书法文化研究院名誉院长、博士生导师，中国文史馆馆员、全国政协委员，我国著名的书法家、教育家。

中石先生从教60余年，从小学一年级到大学博士、博士后，教遍了中国当前学校建制的各个年级，至今依然活跃在书法教学、科研、创作第一线，把毕生的精力奉献给了教书育人事业。1985年创立书法大专班，1993年创建了第一个书法艺术教育专业博士点，2008年荣获人事部、教育部颁发的“全国模范教师”荣誉称号和北京市人民政府颁发的“北京市人民教师”荣誉称号。

中石先生积极推进中国书法艺术、书法文化的发展，其刚健隽雅的书法作品为世人所喜爱。2002年，获“首届中国书法兰亭奖·教育特别贡献奖”。2006年获“第二届中国书法兰亭奖·终身成就奖”。

中石先生为人谦和、处世恬淡，尤其热心文化教育和社会公益事业，尽自己所能服务人民、回报社会。他出资200余万元在10余所中小学创办“春晖奖学金”，筹资200万元建立“中国书学奖”，为抗击非典、印度洋海啸、汶川地震捐款数百万元，以实际行动为国家、为社会、为人民、为教育事业作出了重要贡献。2009年，中石先生被人民网评选为“人民最喜爱的艺术家”。2010年获“首都杰出人才奖”。

欧阳中石是我国著名的教育家、书法家、戏曲家。先生80多岁高龄依然活跃在书法教学、科研、创作第一线，把全部精力奉献给了教书育人事业，言传身教桃李满天下；先生集哲学、文学、诗词学、历史学、教育学和艺术于一身，积极推进中国书法艺术、书法文化的发展，是中国书法高等教育的开山鼻祖；先生热心文化教育和社会公益事业，尽自己所能服务人民、回报社会，成为"人民最喜欢的艺术家"；先生德高望重、为人谦和、处世恬淡、朴素超脱，至今光环虽多，却只认定一个："我是个教书匠"、"普普通通一教师"。欧阳中石先生以毕生的实践成就了一个伟大的"教书匠"。

一、"我是个地地道道的教书匠"——成就了一个教育职业的传奇

先生不喜欢别人称他"书法家"，他自认是一名地地道道的"教书匠"。他教了一辈子书，自1948年中学毕业起登上讲台，除了大学的4年时间外，一直奋斗在讲坛，至今已60余年。从起初的小学教师到如今的博士生导师，他教遍了中国当前学校建制的各个年级，成就了一个教育职业的传奇。

先生1948年中学毕业，开始在山东济南穆光小学任教，教遍了小学各个年级。1950年考入北京辅仁大学。毕业后，他先后任教于通县师范学校、通县二中、北京171中学，相继教授过语文、数学、历史、体育、化学等课程，覆盖初高中六个年级。1981年，先生调入北京师范学院(现首都师范大学)教育系工作。在这里他开始了中国书法高等教育的思考与实践，创办书法教育专业，开始了从事首都师大的书法文化高等教育，构建了从专科、本科，到硕士、博士、博士后完整的书法艺术高等教育体系，创建了"中国书法文化研究院"及我国高校中第一家"书法文化博物馆"，培养了一大批中国书法教育的高级专门人才，对书法学科的发展完善和中国文化教育事业的全面发展作出了重要贡献。2002年，他荣获了书法界最高奖——首届中国书法兰亭奖唯一的书法教育特别贡献奖。

说到教书，先生总是很高兴，并谦逊地说，他的学生们无论在能力和知识上都已经比他高出很多；谈到学生所取得的成绩时，先生由衷地笑了："这就是教书匠的快乐啊!"

二、"作字行文，文以载道，以书焕采，切时如需"——开创了中国书学学科

随着20世纪80年代文化热的兴起，书法在神州大地开始复兴，先生开始思考如何把书法教育纳入中国高等教育体系中，并由此形成了科学系统的书学

思想。先生将书法定性为“作字行文，文以载道，以书焕采，切实如需”，认为“字”、“文”、“书”三位一体，研习书法需要一种大的文化观，要把书法放到博大精深的中国文化中去学习、去研究。经过开办大专班、本科书法教育的实践，先生开辟了书法教育的广阔天地。

1985年，先生首次开办书法大专班，面向全国招收100名学员。先生以其深厚的国学功底和严密的逻辑思维，确立了“文心书面”的教学理念，安排了科学合理的课程，邀祝嘉、李长路、王遐举、欧阳可亮等到校任教讲学。两年后，该班学员分别在大陆和香港举行结业作品展，引起广泛关注。随后，先生在中国书画函授大学普及他的教学思想。在此期间，主编撰写了一批教材，惠及数十万学员。此后，在中文系招收两届本科生，并迅速将重心转移到研究生教育，开始在高等教育中培养高层次书法研究、创作人才，并于1991年招收首届硕士研究生，1993年国务院学位委员会在首都师范大学设立美术学(书法艺术教育)博士点，先生成为了全国第一位书法博士生导师。其后，聘请专家组建书法方向博士考试咨询委员会，并在1994年确立了书法方向博士招生和培养上的“文化”属性，标志着书法在现代教育和学术体制中初步确立了地位。为满足更多国内外求学者对于书法学习的愿望，他亲自指导访问学者，并于1997年招收首届硕士研究生课程班，至今已招收十一届，毕业学员遍布全国，很多已成为各地书协、教育、文化机构的中坚力量。1998年人事部充分肯定了先生领导的书学学科建设和研究成果，批准首都师范大学接受书法方向博士后，从而使首都师范大学成为我国第一所拥有完整书法高等学历教育体系的大学。

多年来，先生始终在推广和传播中国传统书法文化和书学文化研究方面不懈地努力着，他主编、撰写了许多重要的书法文化研究方面的学术论著，如《中国书法史鉴》、《书学导论》、《书学概览》、《书学杂识》、《中国的书法》、《书法与中国文化》等。2009年，他主编的《中国书法艺术》中文版入选中国新闻出版总署“第二届‘三个一百’原创图书出版工程”，该书英文版还获得美国出版家协会(AAP)2008年度“Award for Excellence in Humanities”和“Book Subject Categories: Humanities”中的“Art & Art History”奖。

三、“这份荣誉应当属于我们这个集体”——享受着恬淡人生

2008年，先生荣获“全国模范教师”称号时，他说，“这份殊荣应当属于我们这个集体”，并当场将自己证书、奖金和一幅书法作品一起赠给了学校。先

生就是这样为人豁达，处世恬淡，并在自然与超脱中享受着“平淡无奇”的人生。

面对各种荣誉，先生十分淡然，总是说：“不敢当”，他只是“普普通通一教师，平平淡淡的无奇。无奇不意非无意，正是无奇正是奇”，“荣誉是属于首都师大这个集体的”。深谙哲学的欧阳中石先生掌握了“容”之道，表现在书法上，他不自是，也不非人。因此，他认为，要尊重、欢迎每个人的艺术选择，每个人都是在探索，都是在为艺术的百花齐放作贡献。道路不同，但是目标相同，就是力求接近艺术的本质所在。

先生的身体一直很好，擅长各类体育运动，曾经是乒乓球、篮球国家二级运动员。然而44岁时为救人而左脚致残，这给他造成不小的打击。但是他并没有沉浸在不良的情绪中，而是超脱地表示：“上天不让我跳了，那我就不跳了吧！”1976年他患了脑血栓，从讲台上被送进医院，脸的右半部分失去了活动能力。1994年，他又突发脑溢血，留下两眼右侧盲视的后遗症。面对病困折磨，他凭着坚强的毅力、豁达的心胸继续自己的事业。“我还没废，我还能干，能干点事是一种幸福”。

身为当代书法教育开拓者之一的欧阳中石先生深感责任之重：“我最近常思考，也有些担忧，我担忧的是能不能把大家引到正确的方向上来，使书法教育得到弘扬，这是责任啊！”

四、“没有什么，不值一谈，都是我应该做的事情”——书写了时代乐章

先生说，要用书法使世界焕发出光彩，用书法展示世界的美，还要用书法艺术为我们的时代作出应有的贡献。他的一生都在用自己手中的笔为社会贡献着自己的力量。

在2008年5月12日汶川发生大地震后，中石先生心系灾区，当即精心创作多幅书法精品，筹款200万元捐献给灾区。

2008年6月，先生由于过度操劳病倒了，连续数日高烧不退，小腿红肿疼痛难忍，在那样的情况下，他还应中央统战部的要求，还没出院就坚持为我国欧美同学会迎奥运活动书写了“和谐行大道，揖让见文明”的书法作品，表达他对北京奥运会成功举办的期盼和对我国礼仪之邦的赞美。

2007年，先生为“人民的好军医”华益慰同志题写碑文；2006年，应人民日报出版社之邀，先生义务地将“八荣八耻”书写成一横一纵两幅作品付梓，广

泛发行。2003年“非典”、2004年印度洋海啸以及其他重要的社会捐助活动，先生都积极参与。

此外，先生也不忘惦念他曾经读书和任教的学校，在这些学校当中，他都设立了“春晖奖学金”，寓意感谢母校给予自己力量和温暖，用于表彰在未成年人思想道德建设中有突出成绩的教师和奖励品学兼优的学生。近年来，先生已为中小学捐赠设立奖学金近10项，共计200万元人民币。2005年，先生还募集200万元，设立“首都师范大学中国书学奖”，推动和促进书学教育和书法文化的发展。

对于这些，先生却一再地说：“都是我应当做的事情。”他只是做了自己力所能及的事情。先生有一个原则，凡是为社会出力、尽义务的事情，他绝不推辞。

先生自称“只求耕耘，不问收获”，多年来，他默默地为中国传统文化的发展和传承、为社会做了许多事情，从不张扬。面对各种荣誉，他总是一再推辞、婉言谢绝，他说：“做过了就是最好，干嘛非要记得？”先生说，如果说他取得了什么成绩、做了什么贡献，他不敢当。他觉得他做的这些都是有意义的事情，他愿意去做，虽然年纪大了，但依然还有能力。先生说，在自己力所能及的工作中贡献力量是幸福的……

（中国书法文化研究院）

生活中的院士　时刻感动着我们
——记刘先林院士

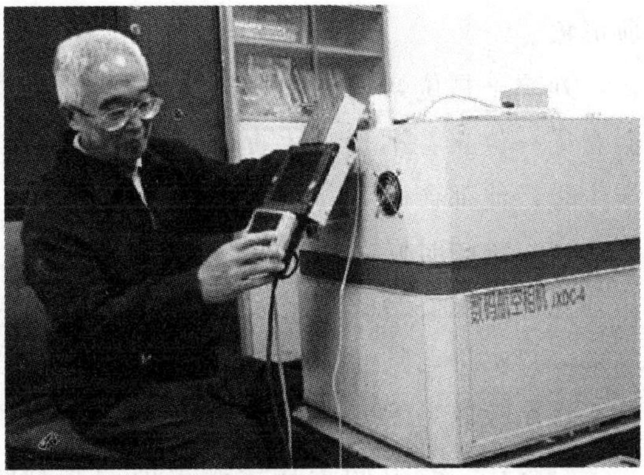

刘先林简介

刘先林，男，中国工程院院士，1994 年当选中国工程院首批院士。1995 年任中国测绘科学研究院院长。2001 年 2 月先后任首都师范大学特聘教授、博士生导师、3S 工程中心主任、资源环境与旅游学院名誉院长，首都师范大学三维信息获取与应用教育部重点实验室、资源环境与 GIS 北京市重点实验室学术委员会主任。两次获得国家科技进步一等奖和一次国家科技进步三等奖，先后三次荣获全国先进工作者、中央国家机关优秀共产党员、测绘系统劳动模范等多项荣誉称号。当选 1983 年全国人民代表大会代表，1992 年中共第十四次代表大会代表。

刘先林院士是一位具有工人品质的高级知识分子，一名朴实的中国共产党党员，他始终不渝地开展自主创新实践，以“不达目的，誓不罢休”的决心和勇气，打破了我国数字航空测量仪器领域长期被国外垄断的局面，改写了中国航空摄影测量采用胶片的历史，推动中国测绘从传统技术体系向数字化测绘技术体系的跨越式发展，将中国测绘仪器研制水平推进到国际先进水平。

刘先林院士几十年来不懈奋斗，矢志报国，潜心创造，勇于创新，为中国测绘科技事业的发展呕心沥血。他的身上集中体现了热爱祖国、追求真理、严谨求实、执著创新的宝贵精神和诲人不倦、甘为人梯、淡泊名利、朴实无华的人格魅力。

刘院士，一位满头白发的老人，一位不像院士的院士。他颠覆了人们对于院士所具有的刻板印象，更多的时候他像农民，像工人，像爷爷。在他身上，我们可以看到许多科学家所具有的共同品质，但同时，我们还可以看见很多与其他科学家所不同的特征。在他面前，我们常常会情不自禁地感叹、钦佩。

关于他这个人，关于他那些事儿，点点滴滴都透着看似离奇古怪，却又人情入理的科学家的特质。在他身上，我们看得到科学创作所需要的诸多元素：忠诚、朴实、聪明、勤奋、坚毅、果敢、执著……当所有的这一切元素组合起来，就演化出一个个为人津津乐道的故事，勾勒出一位卓有成就的科学家的经典形象。

刘院士是位亲切随和的老人。在清晨，在首都师范大学的小路上，人们常会看见一位衣着不整，手提破旧公文包匆忙赶路的老人。在遇到熟悉的同事、学生时，他都会微笑着和大家打招呼。

刚入学的时候，院领导给我们新生举办见面会。在得知我国航测领域的泰斗刘先林院士要给我们讲述他的生平经历时，大家都蜂拥而至，想要一睹院士风采。当主持老师介绍到刘院士的时候，大家才发现，那位经常在小路上看到的一直面带微笑的老人就是著名的科学家刘先林院士。

后来，一名新同学在实验室前遇到刘院士，想上前问好。由于紧张、激动，或许还带有那么一点点兴奋，反而愣在那里，举着手、张着嘴说不出话来。刘院士主动停下来，和蔼地对这名同学说了一句"你好！"

经过"长期"观察，我们发现刘院士有一个"招牌表情"，那就是微笑。无论有多大的胜利，无论有多大的困难，他都会微笑着面对。在他微笑的时候，两只眼睛也会弯弯地含着笑意，浑身上下散发的是一种亲切，是一种随和，就像爷爷一样。而且他的微笑是有力量的，如同磁铁般拉近了人与人之间的距离。我们也被他的微笑吸引着，鼓舞着。

刘院士是个不注重穿着的人。他顶着一头很少发生改变的毛毛躁躁的白发，有人劝他将头发染黑，让人看起来年轻有精神，得到的只是一句"太麻烦了"。夏天，一件T恤衫穿在身上，从正面看工工整整，俨然一位师长；而后面却高高地卷起，让人大跌眼镜地露出后背。袖口和裤腿总是被卷得一边高一边低，用他那独特的方式为自己寻找一丝凉爽。他还爱在自己的穿戴上进行最为"时尚"的DIY制作——将一双新皮鞋用电钻在鞋面上钻出一溜眼儿，说是这样防脚气最好。用一根布条当腰带，用一个没了盖的大茶壶大口大口地喝茶，这就是我们的刘院士，一位不像院士的院士。

一年冬天，一场大雪差点导致北京全城交通瘫痪。而那一天刘院士受邀为一批特级教师讲课。主办方左顾右盼，好不容易等来了一辆首都师范大学的车时，赶紧迎上前去。从车上先走下来的是宫辉力副校长，简单的寒暄后，主办方热心地招呼开车的老司机“天太冷了，老师傅也到屋里来暖和暖和吧！”老司机没说话，嘿嘿地笑着走下车。宫辉力副校长连忙介绍：“这位就是刘先林院士。”

原来对于院士的幻想——衣冠楚楚，深不可测……在遇到刘院士之后，都如同一个个肥皂泡般破碎了。但我们并不难过，因为相比“深不可测”，我们更喜欢“和蔼可亲”。更多的时候我们愿意把他当做一位慈祥的老者，围在他的身边，静静地听着他的教诲，感受着他的微笑。

刘院士是位出色的管理者。他不是那种只知道指手画脚的空谈主义者，在工作的时候，他总是不怕脏、不怕累地抢先干。2009年的夏天，刘院士带着我们做相机传感器的检校实验。在布置实验标靶的时候，刘院士和我们一起爬上爬下地忙活着。那天太阳很毒辣地照射着，刘院士一次次地同我们把器材顺着木梯搬运到天台。一天下来，累得脸色苍白，坐在椅子上大口地喘着气。大家看到，心疼得眼圈都红了。他却微笑着说：“我没事儿，这要搁十年前，我比你们谁爬得都快。”他认为，我们是一个团队，是一个团队就要同舟共济、同甘共苦。所以刘院士带的团队总是“坚如磐石”。

他不是学术上的“独裁者”，当有人提出自己的意见或者想法的时候，他总是尊重别人的想法，对其进行鼓励。我们就是在这种不断地鼓励中，提出自己的想法，提出自己的意见，不断地探索，不断地尝试。他用言行展现着一种相信的力量，敢于放手让年轻人去闯，去干，让年轻人在实践中增长才干。

刘院士注重培养创新型人才。学院每周的业务例会、项目论证会、课题研讨会、答辩会，无论多忙，他都一定参加。为了鼓励学生多思考问题，多发表意见，营造教学相长的学术氛围，刘院士每周都来主持学术沙龙，这个传统一直延续至今。

在工作时，当课题组遇到困难的时候，大家都愁眉不展，刘院士就会讲笑话给大家听，当一阵哈哈大笑过后，每个人都扫除了眉头的乌云，重新抖擞精神投入工作。他常常同我们讲他的创新体会：首先将一个个问题在脑海中积淀，有时在早晨刚刚清醒时，有时在公园的椅子上摇晃时，答案就会突然出现在脑海中。创新不是在书本上找到的，不是钻牛角尖一般钻出来的，而是在脑海中静静地思考、静静地等待它的出现。

刘院士常说我们这一代人是承上启下的过板桥和铺路石，所以要带好年轻一代的科技工作者是件很重要的事情。他总是用满腔的热情把自己的知识和经验毫无保留地传授给年轻一代的老师和学生。

车载项目组里有一名技术骨干，刚到学校的时候，对于汇编语言一窍不通，但跟随刘院士一个月后，就能够独立编写程序。对于一般人来说，这几乎就是一个奇迹，而这位技术骨干一语道破其中真谛："他压你干，逼你干，帮你干，教你干，所以出成果也很快。"

只要有人向他请教技术方面的问题，不分大小，他都会非常认真地回答。如果因为他临时有事不能立即回答或一时无法准确回答时，一定拿出随身携带的小本子记录下来，约好时间进行回答或共同探讨研究。在与年轻人讨论问题时，他都会保持一种平等的姿态进行讨论，让人们可以毫无顾忌地各抒己见，甚至当面否定他的意见。

一些接受过刘院士资助的同学说："无论是学习、工作还是生活，我们能够得到刘院士的关心、照顾和支持，这令我们每个人从心底里感激。师从刘院士，我们是幸运的。"

刘院士的时间观念非常强。一次刘院士出差，大家都认为他不会来了，这次沙龙取消了。没想到刘院士依旧准时出现在门口，原来他下了飞机之后，不顾路途劳顿，直接从机场奔向学校。

在学院申报北京市科技创新团队时，我们请刘院士来进行指导。那天下起大雨，有人提出更改时间，避免让院士淋雨。但刘院士表示工作是不可以耽误的，还是准时达到，那天一直讨论到中午 12 点多，他连午饭都没有来得及吃就又匆匆离开了。

刘院士有着一腔爱国的情怀。自研制车载激光三维数据采集系统以来，刘院士一直坚持所有传感器都用国产的。当有人质疑国产仪器技术粗糙、精度达不到要求时，刘院士很严肃地说："外国人能做到的，我们中国人就一定能做到。"为此，刘院士不断地设计实验方案检校国产传感器，使之满足系统对精准度的要求。

刘院士的创业不仅在科研上体现出来，生活中也有很多让人"瞠目结舌"的创造。他的家被他折腾的像一处废墟——在这面墙上凿两个大窟窿，在那面墙上卸下一扇窗，即便数九寒天，家里也是"洞门大开"。他用这种让人匪夷所思的方式保持室内空气的流通，说是呼吸清新的氧气是保持大脑清醒的必要条件。

刘院士经常带着炫耀式的神采问我们是否知道什么东西隔音效果最好。他说自己平时用脑过度，晚上休息时只要外面有点动静就不能很好入睡，他使用过各种耳套、耳塞，连美国最先进的隔音耳塞都用过了，也没有什么效果。后来在看到手电筒的时候灵机一动，往耳朵里塞了两个手电筒用的小电珠，因为小电珠内是真空的，所以隔音效果非常好。我们疑惑地问道："小电珠那么脆，不会碎在耳朵里吗?"院士笑着说："电珠是圆的啊，这样受力是均匀的，脑袋怎么枕都不会碎的。"现在不管到哪里，他的行李箱里都会预备着两个小电珠。

刘院士的思维很跳跃，用我们的话说"脑子里面全是数字与代码"。当沉迷于科研时，脑子里就全是数字；弄计算机时，脑子里就是代码。平时与刘院士在一起，如果你的知识含量不够宽广的话，可能就会跟不上他的思维。此刻他可能正在说着闲话，突然就能将话题转移到课题研究中的某个问题的某个想法，或者突然沉默不语接着说出项目研究中的某一个答案。即使在开车的时候，刘院士的大脑也在不停地思考着，嘴里时不时蹦出一两句关于课题的话来，全然不知此时车里其他人正提心吊胆地看着路面。

在三亚出差，白天都工作了一天，晚上正要休息的时候，他会突然敲门和你探讨一个刚刚想到的问题。或许正是这种对于科研执著的精神，刘院士才能在科研道路上有着现在的成就和声誉。而他的这种精神也不断地鼓舞着我们，鞭策着我们。在刘院士的影响和带动下，我们学院的科研实力和学科实力都有显著提升，并陆续主持了国家"863"计划、国家科技支撑计划和国家自然科学基金项目。

刘院士淡泊名利，常有单位请他出席各种活动，他都推辞了。他说自己只是个测绘领域的院士，只懂测绘，其他领域是外行。他认为，该做的，就一头扎进去埋头苦干，不取得成效不抬头；不该做的，要坚守自己的原则坚决不做。他身兼三个学校的客座教授，这些学校每年给他的报酬加起来有30多万元，还有一笔数目不小的科研经费。虽是兼职，他也大费心思，探讨着如何为这些学校做些实事。他说："既然兼职，就不能只挂个虚名。"而那些报酬和经费，他都通过各种途径转给学校作为培养新一代的科研经费，自己分文不取。

刘院士不仅是一位战术科学家，还是一位战略科学家。他经常为我们学院学科建设提出方向性、战略性建议。"三维信息获取与应用"重点学科，就是在他的指导下建立起来的。地理信息数据采集是测绘工作的血液，刘院士敏锐地发现这一重要并具有前瞻性的科研领域，就帮我们确立了研究方向，还带领我们开展一系列项目攻关。他带领着大家全身心投入研究，功夫不负有心人，我院在这方面取得了一批具有国际领先水平的成果，并被评为教育部重点实验室。

多年来，在刘院士的直接参与下，资源环境学院的学科建设实现了又好又快的发展，还先后创建了资源环境与地理信息系统北京市重点实验室，空间信息技术教育部工程中心等教学、科研平台。

什么是淡泊明志、宁以致远？什么是不求闻达、甘于奉献？从刘院士身上都能找到答案。他常常告诫我们，做学问先要做人，只有德才兼备，才是一个真正的人才。他以实际行动诠释了这句话的含义。刘院士作为一名学者，他对学术有无限的追求；作为一名导师，他以严谨求实、执著创新的品质，对学生产生着潜移默化的影响；作为一名长者，他淡泊名利、诲人不倦的人格魅力，深深感染和激励着身边的每一个人。

（首都师范大学资源环境与旅游学院）

风雨无声润桃李　黑白有形画春秋

——记黄天树老师

黄天树简介

黄天树，男，1949年出生，毕业于北京大学中文系，文学博士，现任首都师范大学文学院教授、博士生导师。主要从事古文字学（甲骨文、金文、战国文字、秦汉简帛）和古代汉语等方面的教学和研究工作。在《中国语文》、《考古》、《古文字研究》等刊物上发表论文110余篇，在古文字学界有非常大的影响。学术专著有《殷墟王卜辞的分类与断代》、《黄天树古文字论集》、《甲骨拼合集》、《说文解字通论》、《甲骨学教材》等。1998年获全国普通高校第二届人文社科研究成果（语言学）三等奖。承担多项国家级和省部级科研项目。

卧龙先生说："夫君子之行，静以修身，俭以养德，非淡泊无以明志，非宁静无以致远。""淡泊明志，宁静致远"可以说是黄天树老师的真实写照。初见黄天树老师，其温润如玉、淡如止水的气质正应了那句古话"桃李不言，下自成蹊"。黄天树老师正是用那种"以身作则，行为示范"的精神影响着他身边的每一个人，尤其是他的学生。

韩昌黎曾经说过："业精于勤，荒于嬉；行成于思，毁于随。"意在告诫人们要勤奋刻苦，不能懒惰荒嬉。黄天树老师勤勉多思、刻苦用功是众人对他的一致看法。在黄老师家里，目之所及，别无其他，尽是书。房子虽然不大，书架却占尽了四壁，书籍不仅堆满了书架，连书架之外，只要是空余的地方，也被一摞摞的书籍占满，黄老师家里真是名副其实的"书屋"。其实与其说是书屋，倒不如说是个资料室、小型图书馆更为恰当。当今社会，有些人附庸风雅，尽管购书满屋，但未必完整读过其中一本，满室诗书沦为作秀工具。黄天树老师则不然，熟识他的人都会对他那本《说文解字》印象特别深刻，翻开跟随他几十年的《说文解字》，你会发现，内页上基本没有空白，红红绿绿尽是笔记，如果再细心一点，你还会发现，内页的纸张已经翻软、翻烂，书中更是加上了衬纸，而随着时间的推移，连衬纸都已经翻软了，可见，这本《说文解字》不知被黄老师翻阅了几百遍几千遍！黄老师经常挂在嘴边的一句话就是："我看《说文》这本书还是非常重要的，大家应该常翻。"他还常跟我们说"好记性不如烂笔头，你们在看书过程中要把看到的有用的东西抄上去"，意在勉励我们在读书的时候，看到相关的资料都要摘抄下来。他是这样对我们说的，他自己更是这样做的，所以他对《说文解字》的熟悉程度，几乎达到倒背如流的地步。其实，岂止是一本《说文解字》，随意翻开任何一本专业书，基本都可以看到他多年来摘抄的资料和笔记。在《殷墟王卜辞的分类与断代》的"自序"中，黄老师这样写道："……当年笔者还是一个穷学生，每月助学金只有 90 元，根本无力购买或复印书价昂贵的《合集》。这样一来，只能一片一片摹写甲骨来进行分类……如今，看着这些纸头已经发黄的、摞起来足有一人高的'等身'摹本，感慨良多……"。黄天树老师的刻苦读书、勤于思考，我们由此也能略见一斑。

苏联心理学家巴甫洛夫说："要养成严谨和忍耐的习惯，要学会做科学中的细小工作，要研究事实，对比事实，积累事实。"对于一个研究者来说，无论研究的是什么领域的学问，严谨的态度必然是少不了的，否则，其研究的成果没有可信度，不会得到学术界的认可，其研究也就成为伪研究，根本没有任何的参考价值和意义，所以研究者们应该"凡事都要脚踏实地去做，不驰于空想”，黄天树老师就是这样一个严谨踏实的人。黄老师严谨认真的态度不仅体现在治学上，更体现在教学上！古文字是一门高深的学问，很多生僻字在释读上并无定论，因此，黄天树老师在教学过程中，不会轻易否定任何一种在学术界还没有形成定论的观点，他鼓励学生们在课堂上各抒己见，但有一个原则就是必须要用材料来论证自己的观点。在给学生们授课的过程中，常常会遇到一些在隶定或者是释读上存在疑问的字，黄老师并不会立刻把这些字告诉学生们应该如何读，而是把这些难认的字或生僻的字从字形上加以分析，并结合《说文解字》加以印证，之后一一解说各家对这些字的考释，但并不做最后的定论，而是给学生们一个思考的空间。而古文字的读音也是一个很大的问题，每当有生僻字出现，释读不出来其读音的时候，黄天树老师便会说，“那就姑且先读作某某吧”，其严谨的态度可想而知。

正是因为有这样严谨的钻研精神，黄天树老师在其研究领域才能成果丰硕。黄老师先后在《中国语文》、《考古》、《文物》、《古文字研究》、《中国文字》等学术刊物上发表论文 110 多篇。其学术专著《殷墟王卜辞的分类与断代》获得 1998 年全国普通高等学校人文社科研究成果(语言学)三等奖，得到了同行专家的一致好评。李学勤先生在此书的序中说：“我认为，这本书的出版在殷墟甲骨分期的研究上是一件大事，对殷商历史文化的探讨将有很好的影响……”裘锡圭先生在《中国语文》中这样写道：“(这)是甲骨断代研究方面有重大意义的一部高质量学术专著。”其学术专著《黄天树古文字论集》获得 2008 年北京市第十届哲学社会科学优秀成果(语言文字)二等奖，同样在学术界影响深远。而在科研项目方面，黄天树老师主持并承担过多项国家级或省部级科研项目，例如，1991 年到 1994 年的国家社科基金项目《殷墟甲骨断代》，系由黄天树老师本人独自承担完成；1993 年到 1996 年的国家教委“八五”人文、社科基金项目《金文虚词研究》亦由黄天树老师本人独自承担并完成；1996 年到 2000 年的国家“九五”科技攻关计划重大项目《夏商周断代工程》黄天树老师本人承担两个子课题并已完成；1999 年到 2002 年北京市跨世纪人才专项基金项目《古文字虚词研究》由黄天树老师本人独自承担并完成；2002 年到 2004 年教育部人文社科“十五”规划重大项目《殷商甲骨文音系研究》黄天树老师担任项目主持人；2001 年到 2004 年国家“十五”规划重大项目《中华文明探源工程预研究》，黄天树老师承担《甲骨文所见天文、气象资料的整理》专题，并担任该专题负责人；还有 2005 年到 2007 年北京市教育委员会“拔尖创新人才计划”项目《北京地区出土古文字资料研究》，也是由黄天树老师独自承担的。

孔夫子说："其身正，不令而行；其身不正，虽令不从。"爱因斯坦说："使学生对教师尊敬的唯一源泉在于教师的德和才。"由此可见，中外的价值观念都认为教师是学生行为示范的最佳榜样，尤其是在道德方面，教师尤其应该注意师德的展现。黄天树老师就是一个师德高尚的人。作为一个在学术界颇有名望的专家，作为大学中颇受学生欢迎的老师，黄天树老师从来都是兢兢业业、勤勤恳恳，一如既往地搞科研、一如既往地教学生、一如既往地参加学校大大小小的各项活动，从来不张扬，也从来不搞特殊。黄老师没有因为头上的光环而放松对自己的严格要求；工作上如是，生活中亦如是。如果你在街头碰到他，绝对不会把他与著名学者、大学老师的身份联系在一起，因为他是那样的朴素，给人的感觉只是一个普通人而已，那辆上下班来回骑着的自行车、那装书用的最普通的布包，无一不在证明着黄天树老师的为人低调、做事平和。甚至在寒冷的冬天，黄天树老师也如大多数京城百姓一样，戴着围巾帽子，骑着自行车上下班。真真正正应了那句话："居无求安食求饱，富不润屋德润身"，这种恬淡的境界，体现的就是"身教重于言传"。

作为一名资深教师，黄天树老师更是恪尽职守、教书育人。他身兼三个层次的教学工作——本科生、硕士生、博士生。他对待每一个层次的学生都秉着一致的认真态度，本科生备课和博士生备课一样的认真用心，得到学生的广泛认可。黄老师的课广受大家的欢迎，每次上课都座无虚席，甚至有时有的学生坐在门外听课。听他课程的学生当中，不仅有本校本专业的、外专业的，还有很多外校本专业、外专业的学生，甚至有的学生来自于外省市高校，专门请假在北京租住学习，只是为了听黄老师的课，感受黄老师的风采。黄天树老师讲授关于《说文解字》版本的时候，总会带着很多书，他用最感官的方式使学生懂得什么是版本。深爱着这份职业的黄天树老师，深受学生们的欢迎，获奖颇多：1997 年 9 月 10 日，被评为首都师范大学校级优秀教师；2000 年 6 月 22 日，被评为 1999－2000 学年度中文系最受学生欢迎的十佳教师；2001 年 3 月，被北京市总工会评为经济技术创新标兵；2004 年 9 月，被学校评为 2003－2004 学年"优秀主讲教师"；2006 年荣获"首都劳动奖章"；2007 年和 2008 年均获得了首都师范大学优秀博士学位论文指导教师奖；2009 年 7 月更是获得了"第五届北京市高等学校教学名师奖"……如果说这些赞誉都来自官方，那么作为民间评判体系的"评师网"基本上都是学生对老师的评价，能最真实地表现老师在学生心目中的地位。在虚拟的网络之上，学生的言论自由而真实，在"评师网"上，大部分老师的评价都是褒贬不一，但如果说哪个老师的评价都是褒扬、没有批评，那么黄天树老师肯定算是为数不多的一个。在“评师网”上，对黄天树老师的评价全是赞誉，这至少能说明黄老师是名副其实的优秀教师，是深受学生欢迎的好老师。其中最具代表性的该是这条评价：“我没有听过黄老师的课，实为一种遗憾，不过大学四年，有三年都跟着他写论文，他是我的论文指导老师。第一次拿到他给我修改的论文，我惊呆了，上面布满了密密麻麻红色小字，非常整齐。感慨于黄老师的学术认真、严谨，同样感谢老师给予我的帮助。至今我还保留着黄老师给我修改的全部论文的初稿、再稿……”是的，黄天树老师爱岗敬业，他的精神深深地刻在学生的心里！

黄天树老师虽性格温润如玉，但对学生的要求并没有因为性格的温润而放纵。他严格但不严厉，时常敦促学生好好读书、认真背书，每节课他都会强调背书的重要性，偶尔也会检查，但如果真的没有背会或者没有完成任务，他也从来没有批评过学生，尽管如此，学生对他始终怀有一种敬畏之情，因为在他们看来，如果在黄老师门下不好好读书，会非常对不起这位善良而又负责任的老师。所以在黄老师的影响下，每天古文字的资料室都有学生在认真学习，以期有所建树。黄老师对学生的严格要求更体现在毕业论文设计方面，他从来不会给学生指定题目，而是让学生自己摸索定题，对于论文的质量向来是高标准、严要求。经常有学生开玩笑说：“如果你的论文黄老师认为写得可以通过答辩了，那么就一定能通过答辩了。”正是因为黄天树老师的严格要求、认真负责，才有他指导的学生毕业论文受到各方的赞誉：2007年黄天树老师指导的博士生姚萱《殷墟花园庄东地甲骨卜辞的初步研究》获得了全国优秀博士学位论文提名奖，且该篇论文还于2008年获得上海第九届哲学社会科学优秀成果三等奖；2008年黄天树老师指导的博士生赵鹏《殷墟甲骨文中的人名及其对断代的意义》以及博士生方稚松《殷墟甲骨文五种记事刻辞研究》分别荣获首都师范大学第三届和第四届优秀博士学位论文奖。学生因其严格要求而取得的丰硕成果于此可略窥一二。

风雨无声润桃李，黑白有形画春秋。工作在今朝，却建设着祖国的明天；教学在课堂，成就却是在祖国的四面八方。对于一个老师而言，最欣慰的莫过于自己的学生能够成为祖国的栋梁之才，为国家的建设添砖加瓦。黄天树老师作为资深教师，早已是桃李天下，不知他教过多少个学生，现在的这些学生，有的进了科研机构从事专门的研究，有的进了学校，同黄老师一样从事教书育人的伟大事业，他们都在各自的岗位上尽职尽责做着贡献；而正在从夫子游的各个学生们，更是明日的栋梁之才！相信这些学生都会以黄天树老师为榜样，牢记黄老师的淡泊明志、勤勉多思；严谨认真、刻苦钻研；恬淡养德、爱岗敬业……这一系列的闪光点，都是无尽的精神财富，诚如文章开头所言，“黄天树老师正是用那种‘以身作则，行为示范’的精神影响着身边的每一个人”，我们坚信：这些深受黄天树老师影响的学生，会在未来的道路上，怀揣着这些宝贵的精神财富，不断鞭策自己，不断前行，不断为社会作出贡献！

（阙燕梅）

桃李不言　下自成蹊
——记冯蒸老师

冯蒸简介

冯蒸，男，1948 年出生，毕业于杭州大学汉语言文字学专业，首都师范大学文学院教授、博士生导师、汉语言文字学教研室主任、汉语言文字学学科方向带头人，中国音韵学研究会理事。自幼即酷爱音韵学，"文革"中曾私淑著名音韵学家陆志韦和王静如教授，1978 年 1 月进入中国社会科学院语言研究所工作，又受到著名学者邵荣芬、王显二教授的指导，逐渐形成了自己的研究风格。目前已发表了 100 余篇音韵学论文和多部专著，翻译、评介了多篇国外相关专家学者著作。主编《中国语言学大辞典·音韵卷》（1991 年），其研究成果主要收录在《汉语音韵学论文集》（1997 年）和《冯蒸音韵论集》（2006 年）二书中。连续多年荣获首都师范大学"优秀主讲教师"、"师德标兵"等荣誉称号。

走进他的课堂，你会发现，无论何时，他都是那么精力充沛，声音洪亮；走进他的课堂，你会发现，原本枯燥而无味的汉语语音史竟然被他讲得如此生动有趣；走近他，你会发现，他是一个如此幽默风趣的老师；走近他，你会发现，他是一个如此渊博丰富的老师……

不错，这正是我们的老师——冯蒸，一位博学而乐观的学者，一位尽职尽责的教授，一位自2001年起到现在连续数年被评为“优秀主讲教师”的、学生公认的好老师。

弹指间，几十年的韶华悄悄地流逝。自从走上讲台的那一天起，冯老师就一直兢兢业业、勤勤恳恳，在三尺讲台上播撒着知识的种子，在教育这块无垠的园地里，他辛勤地耕耘着，用汗水浇灌着希望，留下了一串串坚实的脚印。

一、热心传教的好老师

冯老师兢兢业业、勤勤恳恳，以传道授业解惑为己任。工作日里，他总是骑着他那辆自行车奔波在远在安定门的家、北一区和校本部。虽然他现在已经身为教授、博士生导师，但是冯老师对本科生的教学工作从来都不懈怠，因此很多本科学生受到了冯老师的熏陶，感受到了古汉语音韵学的魅力，并继续深造，走上了音韵学的研究道路。

冯老师几乎每天都要给学生们上课，给本科生上古代汉语和音韵学，给硕士研究生讲授历史语言学、切韵研究、戏曲音韵学，为博士生讲授汉语语音史。身为老师，他时刻钻研着如何将枯燥无味的音韵学和古代汉语讲得生动；身为老师，处处从学生的角度思考问题，真正为学生着想，帮助学生解答疑惑；身为老师，他以自己乐观热情的人格魅力感染着学生，备受学生的赞扬和尊敬；以自身的知识魅力和尽职尽责的精神，成为教研室中一位享有高声誉的教授；身为老师，他在事业上执著追求，以孜孜不倦的精神为学生和老师树立了一个难得的榜样。听他的课，是一种知识的享受，幽默风趣，一个个小故事串联起来的专业知识不经意间就牢牢地刻在学生的脑海中，令人百听不厌，回味无穷。他的课从来都是座无虚席，不仅本专业的学生来听课，其他专业的学生也都很喜欢听他讲课，甚至有学生专门从其他学校赶来听课。每次上课前大家都早早地到教室占位子，来晚了的只能从旁边的教室拿椅子来坐。中间下课铃声响起时，同学们都听得聚精会神、意犹未尽，异口同声地要求冯老师继续讲课，而冯老师总是笑着摇摇头让大家先放松一会，自己则把休息时间留给有问题的同学，为学生们答疑解惑。每次上课结束时，教室里都会响起热烈掌声。上了冯老师的课，同学们都觉得受益匪浅，因为冯老师的课深入浅出、生动幽默，总能将深奥的音韵学理论以最浅显的语言解释给大家听。如果有同学提出问题，冯老师也总是会面带笑容地耐心解答。

由于几乎每天都有课，所以无论什么时候在校园里看到冯老师，只要稍加留意，就一定会发现他的右手袖子口边上，总是残留着些许的白色粉笔灰，似乎这道粉笔灰从来都有，这就是冯老师几十年如一日诲人不倦的真实写照。作为一个认真负责的人民教师，冯老师总是把教学工作摆在第一位，虽然作为首都师范大学汉语言文字学教研室主任、汉语言文字学的学科带头人、研究生导师，同时还要参加各种科研和学术活动，一人身兼多职，冯老师总是事务繁忙，但是只要进了课堂，冯老师一定会全身心地投入到具体教学工作中去。教学工作也始终是冯老师工作的重中之重，无论有什么事情，冯老师总是尽量不耽误自己的教学工作。有一年冯老师要到台湾进行学术访问，但是担心学生落课，于是就安排课代表协调上课的同学，每周加一次课，以完成本学期的教学任务，保证教学质量。因为后来教学任务太重，冯老师得了感冒，嗓子沙哑，但仍然亲自到课堂为同学们授课。

而今，虽然冯老师已经进入花甲之年，但是，岁月的车轮走过，却赋予了冯老师更多的生命活力。他每年都给本科生、研究生、博士生开多门课程，每天清晨，总可见一个匆匆的背影奔走在教研室、教室、图书馆。冯老师在教学上投入了充分的精力，他结合课堂教学实践，独立撰写了《音韵学教学改革的两点尝试》一文，总结了他在音韵学教学改革中的一些大胆尝试。这些尝试在实际的教学实践中都受到学生的欢迎，取得了良好的教学效果。这一切的付出，使得他的教学效果非常好，每个学期课堂教学评估成绩均名列前茅。

冯老师在繁忙的教学任务之余，每年都还亲自指导本科生、硕士生和博士生论文，他指导的这些论文多次被评为校级的“优秀毕业生论文”，获得同行专家学者们的一致好评。

二、孜孜不倦的真学者

自幼爱好音韵学的冯老师，一路上，有幸得到众名师的教诲和指导，奠定了他坚实的基础；而他凭借着顽强的求知欲望，几十年如一日，辛勤地耕耘着，在音韵这个“绝学”的路上越走越远，形成了自己独特的研究风格，取得了杰出的成就。因为有家学渊源，冯老师自小便对中国传统文化感兴趣，从 17 岁起就开始接触音韵学。尽管他从小就听人说“音韵学是一门绝学，非常难，懂得它的人也很少”。但是强烈的求知欲望还是让他踏进了研究音韵学这门“绝学”的门槛。

谈到冯老师的求学生涯，我们不得不提到两位著名的音韵学家——陆志韦先生和王静如先生。1962—1965年，冯老师曾数次登门拜访陆志韦先生，请教音韵学，并深受先生的教诲。冯老师受王静如先生的教诲尤多，在1966—1976年这十年中，冯老师曾私淑王静如先生学习音韵学，与王静如先生进行了长达十年的“聊天儿”，深受王静如先生循循善诱的教导和启迪，这个过程不但让他了解到了汉语音韵学这门学科的博大精深，而且让他受到了先生大学者风范的熏陶，从而对他长达30多年的治学生涯产生了重大的影响。

冯蒸老师1978—1984年曾在中国社会科学院语言研究所工作过，在方言研究室工作期间，曾听过李荣、金有景二先生授课。在古汉语研究室工作期间曾受王显、邵荣芬二先生指导。进入首都师范大学执教之后，广阔的视野、渊博的知识储备、丰富的人生阅历以及幽默风趣的上课风格让冯蒸老师深受学生的喜爱。

冯老师对学术有着孜孜不倦的追求，他对音韵的热爱已经到了着迷的程度。在他的家中有一个大大的书柜，里面的许多书籍都包有已经被磨得发白的书皮。一些失去封皮的书已经被翻看得发黑。他深厚的学术功底就来自于他年复一年、日复一日的苦读。这也是值得我们这些年轻学子学习的地方。

冯老师治学严谨，勤于思考，勇于探索，笔耕不辍，成绩显著。在汉语音韵学、汉语词汇学、汉语语法学、文字学、汉藏语比较语言学、翻译等方面都颇有建树。主要代表性作品有：《汉语音韵学论文集》(1997年)、《〈尔雅音图〉音注所反映的五代宋初重纽韵演变》(1998年)、《论汉语上古声母研究中的考古派与审音派：兼论运用谐声系统研究上古声母特别是复声母的几个问题》(1998年)、《论〈切韵〉的分韵原则：按主要元音分韵，不按介音分韵》(1998年)、《论〈切韵指掌图〉三/四等对立中的重纽和准重纽》(2001年)、《冯蒸音韵论集》(2006年)、《藏文sdod与汉语“辍”》(2007年)等。并主编了《中国语言学大辞典·音韵卷》(1991年)。有关论著曾多次获奖。所著《汉语音韵学论文集》一书，邵荣芬教授认为是“他二十多年研究音韵学所得成果的总展示”。这些论文“不但在提出创见而且在提供新资料方面都作出了新贡献”，“论量论质在当前中青年学者中都是比较突出的”。

在同学们眼中，冯老师是一名好老师、真学者。可是，在冯老师自己看来，在知识的海洋里，他只是个无知的孩子。尽管已经取得了如此成就，冯老师依然没有停下进取的脚步。为了更好地研究古汉藏语之间的关系，2009 年上半年，他每个周末都带着自己的研究生到中央民族大学格桑·居冕老教授家里听“藏文文法”课。5 月的一天，天气骤变，瓢泼大雨从天而降，我们以为冯老师不会去听课了。可是，风雨中，冯老师却骑着自行车赶来了。听完课后，他把从格桑老师家借来的藏文资料裹了一层又一层，珍藏在自己的雨衣底下，自己却不顾迎面而来的大雨骑着车，消失在我们的视线中。这一幕，让我们感动，也让我们深感惭愧。看到花甲之年的老师对于求知仍然风雨无阻，我们这些年轻人有什么理由为了享受安逸就轻易放弃呢？是的，对于获取知识，冯老师从来都没有打过折扣，正是因为这样，才使得他在学术的道路上越走越远，越走越宽。

三、慈祥俭朴的良师益友

生活中，冯蒸教授平易近人，脸上经常带着微笑，每当有学生向他打招呼时，他总是笑着说“你好”，就像亲人和朋友一样。学生提的问题，无论是学习上的，还是生活中的，他总是细心倾听，然后耐心解答。他关爱学生，照顾学生，处处替学生着想，这一点冯老师的研究生们感触最大，他总是定期询问每个学生的学习、生活情况，在各方面给予指点，就像一位慈祥的父亲。他的研究生们都记得开学的第一天，他认真询问每个学生的经历、学习、生活，他还细心地叮嘱学生们在北京生活需要注意的问题，告诉每个学生安全是最重要的。他的叮嘱一直留在每个学生的心中，不会忘记。学生们对他的评价是“真正的学者，是关爱学生的导师”。

冯老师生活俭朴，淡泊名利，把所有的精力都投入到教学和科研中。他总是骑着一辆破旧的永久牌二八车去上班。课间，他总是端着一只上世纪 80 年代流行的白瓷缸，微笑着在你旁边经过。他每天骑车一个多小时上下班，风雨无阻，从不间断，这也是需要坚韧的性格和勤劳的生活习惯才能做到的。

认识或知道冯老师的人，对他的为人评价很高。不管是对亲人、朋友、老师、学生，还是对萍水相逢的人，甚至未曾谋面的人，冯老师都是那么温和、热心、谦逊，他珍惜、关爱每一个追求进步、求取知识的学生。在每年的研究生考试阶段，冯老师总会接到全国各地很多慕名而来恳请成为他研究生的同学们的电话。不管多忙，不管多累，他总是热情、耐心地告诉这些同学应当从哪些方面复习备考，为乐于学习而心存疑惑的同学指点迷津。

冯老师作为文学院汉语言文字学教研室主任和汉语言文字学学科方向带头

人，在教研室同仁及其同行教师中有很高的声望。冯老师在学术方面有相当的造诣，而他却很谦虚。对于他的恩师，冯老师始终无比感激，并一直铭记其教导，曾写有《大匠示人以规矩》怀念他的老师王静如先生。作为有经验的老教师，冯老师很注意培养年轻教师。冯老师指导年轻教师提高专业技能和授课技巧，愿意把自己知道的一切传授给别人。冯老师也关心年轻教师的思想和生活，经常和他们谈心并不遗余力地帮助他们。李红老师就是冯老师一手培养的年轻教师之一，自李红老师任教首师大，冯老师不断地给予帮助。冯老师把自己珍贵的专业资料拿给李红老师学习，和李红老师交流专业想法，把李红老师介绍给领域里其他有成就的老师。从冯老师那里，年轻老师知道了怎样为师为人。

"桃李不言，下自成蹊"，选择了老师这一光辉职业，冯老师把自己最灿烂最辉煌的岁月奉献给了学校和学生；选择了音韵学，冯老师把自己全部心血都倾注在了这块"绝学"的土地上；而成为音韵学老师，则让冯老师如虎添翼，获得了广阔的施展才华、奉献社会的天空。

（杨　娟、甄　聪、程步虹、倪　源、万秋菊、于朗添、谢婉玉）

当代儒者之风范
——记邓小军老师

邓小军简介

邓小军，男，1951 年出生，毕业于陕西师范大学中国古代文学专业，文学博士，首都师范大学文学院教授，中国古代文学博士生导师，中国杜甫研究会理事，中国韩愈研究会理事，中国柳宗元研究会理事，安徽师范大学中国诗学中心学术委员会委员。长期担任魏晋南北朝隋唐五代文学的教学工作，主要研究方向为唐代文学、中国诗史、儒家哲学、中国现代学术史。2000 年获首都师范大学中文系最受学生欢迎的十佳教师，首都师大教书育人优秀教师。1996 年入选科学出版社《中国八五科学技术成果选》（《韩愈散文的艺术境界》），1999 年获陕西省教委人文社会科学研究一等奖（《万首唐人绝句校注集评》，集体合作）。

邓小军老师的研究方向主要在唐代文学、中国诗史、儒家哲学、中国现代学术史方面。有感于新时期价值观念的混乱，邓老师继承了熊十力、梁漱溟和曹幕樊等老一辈新儒家学者的学术理想和社会理想，致力于对传统儒家学说进行“创造性转化”，整合传统儒学与西方民主价值观，试图重塑新的民族价值体系。承续道统，激浊扬清，重建中华民族在天地间安身立命的价值系统。从邓老师这些年的研究成果可以看出他所做的不懈努力。

1993年，文津出版社出版了《唐代文学的文化精神》一书。这本书，不同于一般的文学著作，因为它不是仅就唐代文学本身来研究文学，而是沟通了文学与哲学，从纷纭复杂的文学现象中发现了唐代文学的文化精神。在书的自序中，邓老师说了这样一段话：“中国人有自己的根。由这自己的根，可以培养新的花果。这自己的根，就是中国文化。这新的花果，就是现代文明。中国文化与现代文明一脉相承，这是我的心得。要证明这心得，我的路，分两步走。证明中国文化的价值、历史进步作用，是第一步。证明中国文化与现代文明可以合逻辑地相结合，是第二步。”这朴实无华的话里，渗透的是邓老师的理想，更体现了一个学者的求真精神和儒者的淑世情怀。

邓老师博士毕业后在四川师范大学中文系任教，在繁忙的工作之余，仍孜孜不倦地耕耘，很快就迈出了他学术生涯的第二步。1995年，四川人民出版社出版了《儒家思想与民主思想的逻辑结合》一书。从该书中可以看出邓老师学术功底之厚。他在书中论述了西方近代民主思想的核心——自然法思想，同时论述了儒家的天道思想。此书从亚里士多德、格劳秀斯到洛克、卢梭、康德，直到当代，把西方近代民主思想的核心逻辑的进路归纳如下：自然法→天赋人性本善→天赋人性平等→天赋人权平等→政治权利平等→主权在民。而将儒家人性思想与政治思想的核心逻辑的进路归结如下：天道→天赋人性本善→天赋人性平等→(1)天下为公、选贤举能(政治理想)；(2)民本民贵君轻、君权有限合法性、君臣关系相对性(实际政治思想）。邓老师认为，儒家学说之所以未能开出完备的民主思想之花，是因为从人性思想到政治思想中，缺少了天赋人权这一关键环节，缺少了权利观念。由上可见二者的核心逻辑是具有一致性的，儒家思想与民主思想的结合路径可表示为：天道→天赋人性本善→天赋人性平等→天赋人权平等→政治权利平等→主权在民→(天下为公)。最后的结论是：儒家所说的天道与西方民主思想所说的自然法“具有本质上的一致性”，此一致性正是儒家思想与民主思想逻辑结合的基础。近年来，日本和东亚“四小龙”现代化的先后成功，也一再证明，儒家思想与西方文明并不是不可对接的。邓老师始终坚信“中国人有自己的根。由这自己的根，可以培养新的花果”，这并不是遥不可及的事，尽管任重而道远。

近几年，中华书局先后出版了邓老师的《诗史释证》和《唐诗说唐史》两部书。《诗史释证》运用诗史互证方法分别对陶渊明、杜甫、韩偓、陈三立等优秀诗人的诗歌、思想、事迹及其历史背景进行探索。《唐诗说唐史》则是从对一首著名的唐诗的解读分析入手，引出对唐朝的某个方面的详细解读，行文中仍然穿插了大量唐诗，使人们同时增加了文学知识和对历史掌故的了解。这些都是邓老师在文学研究方法上的新的探索。

在研究领域，邓老师倾注最多心血的，应该是杜甫研究了。邓老师发表过多篇论文，从思想、诗歌版本、诗歌本身进行探讨。杜甫最能打动邓老师的，应该是他的诗歌中所体现的那种“仁”的境界。在《杜甫：儒学复兴运动的先声》一文中，邓老师把杜甫和杜诗认为是唐代儒学复兴运动的真正先行者和先声。指出：“杜甫的尊王，乃是以道高于君为原则，以要求政治有道为现实目标的尊王。杜甫晚年达到首倡复兴儒学的思想高度，不仅是其长期忧患意识所激发的对社会现实的必然回应，还是其平生极为深厚的儒家思想修养与实践的必然结果。”

2008年汶川地震时，邓老师写了一首诗史式的长诗《四川大地震》，颇有杜诗之遗音。兹引一二：

“痛史戊子年，五月十二日。蜀中忽地动，雷鸣昼似漆。地作左右摇，地作上下跌。地作骇浪奔，地作沉舟没。青山何崔巍，摧崩陵已失。青山何联绵，驰突并为一。……爷娘挖废墟，十指见白骨。废墟百尺下，呼救声渐歇。……尔视民何如，民视尔何物。天听自民听，四海已鼎沸。齐州祸未休，羿彀谁能脱。忧端如沧溟，溟深波浪阔。”

看过此诗，心中有无限感触，好像重新看到灾民受苦难的情景。邓老师不仅忠实地记录了这次地震，更有对于灾难的深深思索。从中可以深刻地感受到邓老师内心对于灾难的悲悯情怀。

邓老师性格耿介，不趋炎附势，多年来一直过着清贫的生活，终年骑着一辆旧的自行车来往于住处和教学楼之间。但是他做学问从不吝于钱财，甚至有些“大手”。有一次，为了看一本善本，他坐飞机到南京，看完书后，为了不耽误第二天上课，又飞回北京。这就是邓老师对待学问的态度，为了学问可以克服一切困难。就是靠着这种“学痴”的精神，邓老师在学术上取得了累累硕果。

邓老师所做的，不仅是学术研究，更是做人的学问。在对传统儒家的研究中，邓老师身体力行，努力实践。每个与邓老师接触过的人，都会被他的人格所感染，所折服。他的人格魅力自然地流露于平时的谈话、举止中，令人近在咫尺，却不能望其项背。而邓老师总是很谦虚，面对赞扬，他只是说："那有什么，不过混口饭吃罢了。"对于自己的学生，无论在生活上还是学习上，都是不遗余力地帮助和教诲。在文学院邓老师非常受学生的尊敬和喜爱，曾获得"首都师范大学中文系最受学生欢迎的十佳教师"称号。

真正的知识分子从来都不是"两耳不闻窗外事，一心只读圣贤书"的人，即使在书斋里，他们也是心存天下的。对于中国和世界正在发生的一切，邓老师也是密切关注，他的骨子里有那种传统知识分子的执著，对于一切不合理的社会现实——道德沦丧、诚信缺失、以邻为壑、霸道横行、恐怖肆虐——都不肯随波逐流，不肯麻木地视为理所当然，不肯玩世不恭地接纳。这里我想借用邓老师在《谈以史证诗》中评价陶渊明的一句话："人们常说，陶渊明'乱也看惯了，篡也看惯了'，这似乎是对的。但这即使是对的，也只是一方面，另一方面，他还是乱也看不惯，篡也看不惯。"这种"看不惯"是一种知识分子对国家和民族深深的凝重的爱与责任感，这份社会良知，与杜甫的忧国忧民和仁民爱物的儒家情怀千载而一。邓老师经常提到"隐藏的异代知音"的话题，如果杜甫在现代社会有隐藏的异代知音，那邓老师当仁不让。

邓小军老师不仅在学术上建树颇多，而且在生活中也处处体现着平和谦让、质朴躬亲的学者精神。他对待一切学术问题，态度同等认真，不论是自己发现的问题还是同行交流、学生请教，他都严肃对待，绝不放过一丝一毫。他曾经在研究李白的《峨眉山月歌》时，为了搞清楚长江在峨眉山地区的走向，不厌其烦地查阅地图，甚至亲自打电话到当地相关部门，针对河流的走向、流速等地理专业问题求解。他经常告诉学生们，庞大的中国古代文学史中，还隐藏着无数的问题期待我们去发掘，而如果有一天我们发现了一个问题，就不要轻易放过，而要倾尽全力去解决它，甚至不惜一切手段去解决它，这是一个严谨的学术人应该做到的最起码的一点。

邓老师在日常生活中平易近人，和蔼可亲，对待学生可说是呕心沥血，倾尽所有精力。如果他的学生发现了什么新问题，提出什么新观点、新看法，他会比学生本人还要高兴。他已经毕业的一届研究生曾经回忆说，记得当时临近毕业答辩，为了能让他们顺利地按期毕业，邓老师日日夜夜都忙着为他们修改论文，还不顾炎炎烈日，无数次自己骑着自行车把修改好的论文纸本直接送到他们的宿舍楼下，当他们拿到被太阳晒得发烫的论文时，心里充满了感动和敬佩。邓老师对学生充满了关心和爱护，在校园中偶尔路遇，他会询问这个学生近期的情况，并询问其他同学的情况。他常说："你们彼此之间都是同门，要像兄弟姐妹一样相互关心，相互爱护，还要消除隔阂，多加交流。"邓老师对于学生的关心可说是细致入微，每当有新生入校，邓老师都会询问他们住哪个校区，宿舍情况如何，每天到学校走哪条路，坐什么车，并提醒大家路上要注意交通安全，女同学晚上回宿舍一定要结伴而行。有一次他带着一位女同学到超市购物，女同学拿了咖啡就要走，他及时提醒："你不要'伴侣'吗?"风趣亲和中包含着一位师长对后辈的浓浓关心。

邓老师潜心学术，著有诸多具有分量的著述和论文，而他本人却难得地持有一份淡泊宁静、远离喧嚣的生活态度，这在当下的学术界堪称难得。他也因此而深受同行的尊重和广大学子的爱戴。他以丰厚的学术成就、严谨的工作态度，用细心、耐心和爱心为莘莘学子筑起求真求知的园地，在长年的一线教学过程中，积累了丰富宝贵的知识和经验，甘为人梯，甘做春蚕，为学生付出了全部的心血。邓小军老师曾有诗云："诗史重溟亦传习，文心百世可宗师。高情夫子深期我，大愿斯文重振之。"诗史重溟，文心百世，这是邓老师的心愿，也正在他醉心学术、教书育人的年轮之中，慢慢开始变为现实。

（李　培）

历史造就了她的选择
——记徐蓝老师

徐蓝简介

徐蓝，女，首都师范大学历史学院教授、博士生导师、世界史学系主任，首都师范大学国家重点学科世界史学科负责人。主要研究领域为世界史、世界近现代史、国际关系史、冷战史、20世纪的战争与和平问题等。现任中国史学会副会长、国际第二次世界大战史研究会执行局委员、中国第二次世界大战史研究会副会长、中国国际关系学会理事、中国欧洲学会理事。国家基础教育课程教材专家工作委员会委员。曾赴美国、英国、法国、芬兰、澳大利亚、俄罗斯等国家及香港、台湾地区进行学术研究和讲学。

其科研成果和教学成果多次获得国家级和省部级奖励。1993年获国务院颁发的政府特殊津贴，1997年被国家教委和国家人事部评为“全国优秀留学回国人员”，入选北京市跨世纪优秀人才工程。2006年获北京市教学名师奖，2009年被评为全国优秀教师。

历史造就了她的选择
——记徐蓝老师

“为学为师，求实求新”，在首都师范大学里有众多的老师身体力行这一校训，历史学院的徐蓝老师就是其中的杰出代表。徐老师于1982年毕业于首都师范大学的前身北京师范学院，并以优异的成绩留校任教，现任首都师范大学世界史国家级重点学科、国家级教学团队负责人、教授、博士生导师。2006年获得北京市高等教育教学名师奖，2009年被评为北京市优秀教师，同年被教育部评为全国优秀教师，最近更是毫无争议地当选为中国史学会副会长。

留校任教28年来，徐老师以其认真严谨的治学风范、朴实低调的处事风格、高水平的学术造诣和努力保持学术前沿的奋斗精神，在一个普通教师的岗位上辛勤地耕耘着。她长期从事世界史和近现代国际关系史的教学与研究工作，先后开设世界近代史、世界现代史、世界当代史、现代国际关系史、战后国际关系史、专业英语、学术规范与史学方法等十多门本科生、硕士生、博士生课程。徐蓝教授科研成果突出，出版专著4部(独著2部)，教材4部(参加编写)，译著2部(合译)，在国内外重要学术刊物上发表论文70余篇，多次获得省部级奖励。到目前为止，已指导本科生毕业论文近百篇，硕士生24人(已有20人获得硕士学位)，博士生18人(已有15人获得博士学位)，国内访问学者2人，博士后3人(已出站)，以及美国富布莱特访问学者1人。

一

作为1966届的高中毕业生，徐老师的求学之路是曲折的。她“文革”期间上山下乡，曾到黑龙江生产建设兵团、北京市农林局所属农场等地工作。当1977年恢复高考的消息传来时，她十分激动和兴奋，因为党和国家终于给了她与其他人公平竞争的机会，得以圆其自“文革”以来就不敢再想的大学之梦。但是，当时的徐老师已经30岁，早就过了学习数理化的最佳年龄，尽管她那么喜欢数理化，喜欢理性的逻辑思维推理，出于现实的考虑她还是选择了文科。所以，徐老师常说，与其说是她选择了历史，不如说是历史造就了她的选择。

然而，当徐老师在北京市某县高考并获得了该县文科第一名的好成绩后，她却并没有被录取，后来才了解到是该县负责教育的官员以政审不合格为理由扣下了她的档案(他们后来解释说是为了把她调到该县的一所重点中学当老师，为该县的教育起飞作贡献)，其理由是她的父亲曾被错划为右派。徐老师认为这十分不公平，于是先后找到北京市和教育部的招生办公室，要求解决问题。经过20多天的努力，终于在当时教育部领导的直接批示下，她才能够走进大学的校门，被首都师范大学(当时为北京师范学院)所录取。因此，徐蓝始终感谢邓小平，感谢党的好政策，也感谢当年那些帮助过她的老师和领导的同情、理解和支持。她常对学生说，从她的经历可以看到，个人的命运是和祖国的命运紧密连在一起的。

整体上说，77级的学生是很刻苦的，可以用“如饥似渴地学习”来形容。其中的一个原因，就是这个上大学的机会实在是来之不易。徐老师也是一样。当她走进历史的殿堂时，她立刻就被历史长河的浩瀚、深邃和富有哲理深深吸引，决心把自己的后半生奉献给历史的学习、教学与研究。以致她常常为自己没有很好地尽到一个女儿、母亲和妻子的责任而感到内疚，对她的父母、女儿和先生的充分理解和全力支持而心存感激。

在徐老师上大学期间，正是国家开始实行改革开放的时候，随着国人再一次开眼看世界，她对世界史的关注也越来越多，尤其对世界近现代历史和国际关系史感兴趣。她觉得在大学期间的最大收获之一，是通过一些名师的教学，对历史研究有了一点儿感觉。例如齐世荣先生讲授的《现代国际关系史》和宁可先生讲授的《中国古代经济史》，就给她留下了深刻的印象，使她初步感觉到对历史的研究不仅要勾勒通史的发展，还要有对许多重要问题的个案深入探讨，而后者正是前者的重要基础和支柱；同时她对实证的研究方法也有所了解，“历史研究要用第一手资料说话”，“要具备马克思主义的理论修养”这两句话可以说是铭记在心了。但是真正开始世界史的研究，还是在留校任教和师从齐世荣先生攻读博士学位之后。

二

徐老师认为，把每一个学生培养成具有创新能力、应变能力、独立学习思考能力、分析问题解决问题的实践能力等综合工作能力，能够从事教育事业、科学文化事业以及各行各业社会主义建设的高级合格人才，真正担负起“科教兴国”的重任，是我们培养本科生、硕士生和博士生的总体战略目标。为此，教师的作用主要有三个：第一，就要重视培养学生正确的世界观和人生观，而学习和研究历史正是进行这一教育的最好途径。她常对学生们说，历史的教育对一个人的人格塑造有着潜移默化的作用。人类历史的发展尽管曲折，但最终是一个走向光明、走向进步的过程，通过学习历史，可以使人眼界开阔、乐观豁达、不怕暂时的困难和挫折，从而形成积极的、正确的人生观和世界观。因此，历史教育在一个人的成长过程中是不可或缺的。第二，要教育学生遵守学术道德和学术规范，要让学生懂得，做学问如同做人，要诚实，不要弄虚作假。一个人做人做得不好，很难做出好学问，更不用说什么创新了。第三，要在如何教会学生进行拓展性学习和从事创造性的科学研究方面狠下工夫，这就要求努力坚持“高标准，严要求”。这种“高标准，严要求”有两个方面的含义：一方面是针对学生的，即要把我们的每一个学生都培养成高水平的有用人才；另一方面也是针对教师自己的，即努力要求自己在教学与科研方面不断进步，跟上并保持在本专业领域中的领先地位。

1982 年 2 月留校任教到现在，徐老师先后为历史系(现历史学院)、外语系(现外语学院)、政法系和管理系(现政法学院)的本/专科生讲授过世界近代史、世界通史、美英法德俄(苏)日意等大国的历史、世界现代史、世界当代史、现代国际关系史、战后国际关系史、世界近现代史等课程；为硕士生和博士生开设现代国际关系专题研究、国际关系史料选读(专业英语)、世界近现代史专题研究、学术规范与史学研究方法、世界近现代史研讨等课程。徐老师对准备讲义十分认真，有的课程即便已讲授很多次，她仍会在上课前查阅相关资料，要么补充新的研究成果和研究动态，要么调整一些授课内容与结构。哪怕是为补充一些新颖的教学图片，她都会在网上或相关书本中反复挑选。她喜欢教学工作的那种与学生之间的互动，享受教学相长的喜悦，她的课与其说是授课，不如说是演讲。因此，她的课条理清楚，重点突出，深入浅出，旁征博引，不断补充新的研究成果和研究动态，信息量很大，特别是她的充满激情的讲演。因此，她开设的课程吸引着历史、政法、外语、教育、中文、音乐、美术、资环、物理、化学、生命科学等各个院系的大量本科生，她主讲的《现代国际关系史》更是成为学校的品牌课程。

徐老师已先后指导百余名本科生、硕士生、博士生的毕业论文。她认真对待学生的科研工作，从选题、查找资料、对资料进行归纳分析、撰写提纲、直到完成论文各个环节进行全方位的指导，使学生从中学习如何独立进行科学研究的能力。她所指导的 1994 级本科生刘作奎的论文《英国与鲁尔危机》曾获得第一届全国本科生史学优秀奖；指导的 2002 级本科生高昊的论文《1894 年英比协约与二 C 计划》已经公开发表，并于 2006 年获得全国史学新秀一等奖。她指导的硕士生多次获得校级优秀学位论文奖，指导的博士生李明、刘作奎、康民军相继获得全国百篇优秀博士论文提名奖、首都师范大学优秀博士论文奖。

在课堂之外，徐老师还积极进行教材建设与教法研究。她参加编写了《世界史·现代史编》(上册)、《世界史》现代卷和当代卷、《冷战时期的美苏关系》等教材，主持教育部“十一五”规划国家级高校教材《现代国际关系史 1900—

1945》的编写工作。她在《高教研究》、《史学理论研究》等刊物上发表多篇教学论文，讨论教学方法、培养观念、课程内容与体系、选修课程等话题。

她的教学工作得到了学生和学校的肯定，两次被评为校级大学生科研立项优秀指导教师，四次被评为校级优秀主讲教师，两次被评为校级研究生优秀导师，二次获得校级优秀教学成果奖。不仅如此，她的教学工作也得到国家有关部门的充分认可，对北京市乃至全国的高校教育产生了重要的影响。她主持建设的《世界近现代史》课程相继被评为校级、北京市级、国家级精品课程，主持编写的《世界近现代史》教材被评为北京市高等教育精品教材建设项目，参编的《世界史》(全4卷)被评为北京市高等教育精品教材，参编的《世界史·现代史编》(吴于廑、齐世荣主编《世界史》6卷之一)，获国家教委第三届普通高等学校优秀教材一等奖。她作为带头人的世界近现代史教学团队被评为北京市级、国家级教学团队。2009年，徐老师作为第一完成人的教学成果"精品课程建设的理念创新与团队建设"获北京市教育教学成果(高等教育)一等奖，国家教学成果二等奖，同时被任命为马克思主义理论研究和建设工程第四批重点教材《世界现代史》编写组首席专家。

三

徐老师在教学工作中取得的成绩与她的科研成果密不可分。她认为，科研是教学的生命，是教学强有力的支撑。1986年1月—1990年1月，她师从我国著名世界史专家齐世荣先生在职攻读博士学位，从此开始了真正的历史科学研究。1992年8月—1993年7月，她通过学校推荐和美方的选拔，得到美国亚洲高等教育基督教联合董事会的资助，到美国弗吉尼亚州林奇堡学院做访问学者。以后又多次到香港中文大学和英国伯明翰大学进行学术交流、合作研究和访学。这些国际学术交流活动，使她的资料积累更为丰富，研究视野更为开阔。

徐老师的研究主要涉及世界近现代史、国际关系史、20世纪的战争与和平问题等领域。在20多年的实践中，她对科研工作的体会主要有三点：第一，对历史发展过程中的重大事件的基于第一手资料的个案微观研究是十分重要的，它有助于我们对中观和宏观历史的更准确的把握，没有这种实证研究的基础，就不可能有真正的宏观考察；但是如果只有微观研究，而缺少站在更广阔的视野上进行宏观的考察，那么就看不清历史发展的整体脉络，也就会影响微观个案研究的深度。因此，只有把两者联系起来，一幅完整的历史画面才会比较清晰地展现在我们面前。第二，在今天学科界限日益模糊、学科交叉日益普遍的情况下，无论研究什么历史问题，都要求研究者具有历史学以及相关社会科学与人文科学的理论和方法论修养，具有深切的现实关怀。第三，要具有“板凳要坐十年冷”的刻苦钻研精神，不为一时之名利，不争一日之短长。只有这样，我们撰写的世界历史才会越来越接近客观的历史真理和客观的历史事实。

自20世纪80年代以来，她先后参加国家社科基金“七五”规划重点研究项目《绥靖政策研究》、“九五”规划重大项目《二十世纪的历史巨变》、“十五”规划项目《国际冷战中的大国战略关系研究》等课题的研究；独立承担国家社科基金“八五”规划项目《走向同盟，1937－1942年的美英关系》、“十五”规划项目《战争与和平：两次世界大战的比较研究》等课题的研究；并任国家“十五”规划重点图书《中国大百科全书·外国历史》卷第二版编委。到目前为止，她已经出版著作8部，在《历史研究》《世界历史》《史学理论研究》《光明日报》《人民日报》《新华文摘》和其他刊物上发表学术论文70余篇。

她的科研成果得到了学术界的一致好评，6次获得省部级奖励。她的专著《英国与中日战争1931－1941》1994年获得北京市第三届哲学社会科学研究优秀成果一等奖，1995年获得国家教委全国高等学校首届人文社会科学研究优秀成果二等奖；论文《英国与“九一八”事变》和《从“橙色”计划到“彩虹”计划》分别于1991年和1998年获得北京市第二届和第五届哲学社会科学研究优秀成果二等奖。她参加编写的专著《20世纪的历史巨变》于2005年被全国哲学社会科学规划领导办公室列为《国家社科基金成果文库》首批优秀成果，并在2006年获得北京市第九届哲学社会科学研究优秀成果一等奖。她的研究课题属于国内外学术前沿，其创新性成果使她在国内拥有较高的学术地位和学术声望，在海外也有一定知名度。她向国际历史科学大会建议的研究课题“战争与和平”被列为第20届国际历史科学大会三大主题之一。她1992年被评为北京市爱国立功标兵，1993年获得国务院颁发的政府特殊津贴，1997年被国家教委和国家人事部评为首批“全国优秀留学回国人员”，1999年入选北京市跨世纪优秀人才工程，是首都师范大学首批中青年学科带头人，在她的带领下，首都师范大学世界史学科被评为北京市重点学科、北京市学术创新团队和国家重点学科。2009年4月，在中国史学界第八次代表大会上，她当选为中国史学会副会长。

面对这些奖励和荣誉，徐老师淡然处之，她更看重的是作为一个教师的责任。她最大的心愿，就是希望学生超过老师，真正做到“青出于蓝而胜于蓝”。

（姚百慧）

以德治教　春风化雨
——记郗志群老师

郗志群简介

郗志群，男，1961 年出生，毕业于首都师范大学，历史学博士、教授、博士生导师。现任首都师范大学历史学院城市文化管理系主任、都市文化研究中心主任。主要从事北京史、城市与区域历史地理的教学和研究工作。兼任北京史研究会理事、当代北京史研究会理事、北京满学会理事。

近年来，先后开设《北京史》、《北京战争史研讨》等 8 门课程，主持 6 项国家和市级科研项目。《北京史》2004 年被评为北京市精品课程。先后被评为“北京市属市管高校中青年骨干教师”（2007 年）。“首都师范大学 2007、2010 年优秀主讲教师”和“首都师范大学师德先进个人”（2009 年、2010 年）等。

首都师范大学一向具有重视师德建设的优良传统，在50多年的发展历程中，学校涌现出一批师德高尚的典型，郗志群老师就是其中的杰出代表。郗老师是我校历史学院的博士生导师，主要从事北京史、城市与区域历史地理的教学和研究工作。他毕业于首都师范大学的前身北京师范学院，并以优异的成绩留校任教。郗老师热爱并致力于教育事业，在教师这个平凡的岗位上，孜孜不倦、无私奉献，度过了20多个春秋，将青春献给了母校。他用心血和汗水培养了大批历史专业人才，为学院的建设和发展作出了突出贡献。

一、教学为本

虽然身负多项科研任务，但郗老师仍坚持工作在教学第一线。他先后在校、院为本科生、研究生和大专班学生讲授《中国历史要籍介绍及选读》《史学文献检索及利用》、《北京史》、《北京历史与文化》、《北京历史文献选读》、《北京战争史专题研究》、《北京文化专题研究》、《城市与区域历史地理研究》8门课程。此外，还承担指导博士、硕士研究生，指导本科生教育实习和毕业论文、学年论文，指导“当代北京社会调查”等大量工作。

对于教学工作，郗老师一贯以科学、严谨、认真、负责为宗旨，表现出良好的师德和奉献精神，切实做到了教书育人、为人师表。他在对学生严格要求的同时又保持着极大的耐心。郗老师除了进行认真细致的课堂教学，还亲自带领学生们进行社会实践和乡土踏查。首都博物馆、真觉寺石刻博物馆、西郊的七王坟、丰台的大葆台汉墓、延庆的双营古城……郗老师的足迹遍布北京的城区和郊县，带领学生们开拓视野、增长知识。他开设的课程，教学效果优异，受到学生们的广泛好评，在学校网络上的“教学评估”中持续得到高分。此外，学生们的主观评价也普遍很高。有学生说：“老师讲课的深浅度适中，我从中学到一些有价值的东西，提高了对该学科的兴趣，提高了认识和分析相关问题的能力。在课堂上保持兴趣，感到老师对教学很热诚。”还有学生说：“郗老师授课很认真，讲课也很注重理论与实际的相结合，每次他都给我们带来自己收藏的书以便我们更好地理解课程内容。他留的作业也很能体现讲课内容，有助于我们更好地学习。”

到目前为止，郗老师已指导了数十篇本科生毕业论文，经他指导毕业并取得学位的硕士、博士已达20多人。尤其突出的是，我校历史学院“北京史”学科的教学工作在郗老师的主持下，通过与同学科老师的密切配合，开展了教学体系的改革和多媒体课件的制作，在教学应用中效果显著，得到了校内外一致好评：2000 年被评为“校级优秀教学成果奖”；2001 年被评为“北京市高等教育教学成果二等奖”；2002 年顺利通过课程验收，评为“优秀”；2003 年被评为“校级优秀课程”，并列入全国教师教育优秀课程推荐使用名录；2004 年被评为“北京市高等教育精品课程”；2006 年获得“北京市高等教育学会第六次优秀高等教育科研三等奖”，2010 年被推荐参加“国家精品课程”评选。

二、勤于科研

在优质完成教学任务的同时，郗老师还在科研领域辛勤工作。他具有广阔的学术视野及很强的学术研究能力，主要研究方向集中在北京史和区域历史地理两个方面，主要代表作有：《〈水经注疏〉版本考》、《京师八旗都统衙门の设置及び现状调查》、《封建科举、职官中的“官年”——从杨守敬的举人硃卷谈起》、《“人文奥运”与北京历史文化知识教育普及状况调查》、《2002 年度妙峰山春香庙会调查报告》、《“东富西贵”的由来与异说》、《(康熙)宛平县志版本考》、《崇南商贾文化初探》、《解读：不一样的南锣鼓巷》、《历史北京》等。

近年来，郗老师主持和参与了很多重要的科研项目，主要有：“20 世纪北京图书市场的发展与研究”(北京市教委项目，2001 年完成)；“北京战争史研究”(北京“十五”社科项目，2005 年完成)；“观海堂书目整理与研究”(国家社科基金项目，2007—2009 年)；“北京乡土历史的教育与传播”(北京市教委项目，2008—2009 年)；“北京军事地理研究”(北京市青年骨干教师资助项目，2008—2009 年)；“十一五”国家重大文化工程项目《中华大典》的编纂工作，任《土地制度分典》副主编。

科研是教学的动力和源泉。在多年的科研工作中，郗老师积累了大量新颖、极具价值的资料和研究方法，他在教学过程中有意地将这些新知识讲授给学生，使课程内容更丰富，实效性更强，学生也更愿意接受这些新知识。这对教学起到了很大的促进作用。

三、社会工作

郗老师还乐于承担社会工作，兼任北京都市文化研究中心主任、北京史学生社团“春明澄怀”顾问、北京史研究会理事、当代北京史研究会理事、北京满学会理事等职务。为了在民众中普及北京历史文化知识，郗老师长年参加北京市委宣传部、北京市社科联、首都图书馆等单位举办的系列讲座活动，他所作的《北京的历史》、《北京历史文化漫谈》、《话说三千年的北京城》、《“人文奥运”与北京市民历史知识及素质调查》、《北京“东富西贵”文化现象的解读》、

《南锣鼓巷的沿革及其地理特色》等系列讲座，受到广大听众的一致好评。这些讲座的音频和视频还挂在“首都之窗·数字图书生活”、“北京文化信息资源共享工程”、“首都图书馆·乡土课堂”等网站上免费供市民收听观看，社会效益显著。此外，2003年，郗老师与北京电视大学合作，同数位专家一起录制了《北京历史文化》教学片36讲，填补了北京电视大学课程中没有北京史教学片的空白。这部教学片从2004年起每年在BTV3教育频道播出两次，与此配套的《北京历史文化》教材及录像光盘也分别于2004年和2007年出版，这在电大学生及市民中影响很大，普遍反映良好。郗老师所做的这项社会工作在普及北京历史文化知识方面取得了非常显著的教育效果。

郗老师热心参与社会工作，因而得到了社会各界的好评及相关部门的表彰，2007年至2009年，他连续三次被市委宣传部评为“北京周末社区大讲堂优秀教授团成员奖”。

年年春雨，滋润桃李；岁岁秋风，捧出硕果。郗老师在培养了大量历史专业人才、作出了大量社会贡献的同时，自己也多次受到学校和北京市的奖励，先后被评为“北京市属市管高校中青年骨干教师”(2007年)、“首都师范大学2006—2007学年优秀主讲教师”、“2008年度首都师范大学本科生毕业论文优秀指导教师”和“首都师范大学师德先进个人”(2009年、2010年)。面对这些荣誉，郗志群教授处之淡然，他依旧在教师的岗位上勤奋耕耘，依旧坚守着自己对教育事业的热爱与追求。

（高　希）

学生的良师益友
——记方敏老师

方敏简介

方敏，男，汉族，1968年出生，祖籍浙江金华。中共党员。北京师范大学历史系中国近现代史专业博士毕业。现任首都师范大学图书馆馆长、历史学院教授。任北京高校图工委副主任。主要从事中国近现代史、中华人民共和国史的教学研究工作，目前的主要研究方向是中国现代思想史。曾主持参加国家社科基金、教育部、市教委等组织的多项科研项目。发表学术论文30多篇。所著的《"五四"后三十年民主思想研究》一书已由商务印书馆出版，与人合著的《20世纪论辩研究：中国历史人物研究论辩》一书已由江西百花洲文艺出版社出版。

"良师益友"一直是学生对老师的最高期待。在历史学院的众多优秀教师中，有这样一位老师，他以极其严格的教学风格闻名于学生，却以万分热情的教学态度感动着每一个学生。他自 1992 年 7 月留校工作，19 年来兢兢业业、任劳任怨，在平凡的岗位上做出了不平凡的事业。在"人类灵魂的工程师"中，他是不可多得的"能工巧匠"。他就是深受历史学院学生爱戴的方敏老师，他就是历史学院的师德表率——方敏老师。

一

方敏老师是一位良师。在教学方面，方老师是首都师范大学历史学院中国近现代史教研室的教学骨干，是该院本科教学的骨干教师。他一直担任着《中国现代史》、《中华人民共和国史》、《中国近现代史》等基础课的教学工作，还先后开设了《中国现代民主思想史》、《中国现代思想史》、《抗日战争史》选修课。承担的本科教学工作量在我院一直处于最前列。他对待教学工作认真投入，讲究教学方法，讲课生动活泼。尤其注重对学生作业的指导，每次作业后都要进行认真的讲评，帮助学生进步提高。学生的每一份作业上，都密密麻麻地写满了方老师精心编写的评语，跃然纸上的是一位普通的大学老师对自己学生深沉的热爱，这也正是每一个被方老师评改过作业的学生都感到幸福的原因。正因为这样，他的课深受学生欢迎，每次教学评估成绩都位居全院教师的最前列。

方老师还是我院教学改革的主力。他参加了《中华人民共和国史》、《中国近现代史》的课程建设，尤其对《中国近现代史》的课程建设贡献突出。他是《中国近现代史》新课程内容框架的主要设计者、课程教学大纲和考试大纲的主要编定者、课程内容的撰写者之一，为该课程新体系的创建付出了很大的努力。新课程付诸教学后，他又积极总结教学实践的经验，充分吸取任课教师的意见，对教案进行了修改。目前，我系《中国近现代史》的教学大纲、讲义，均是在他的修订稿的基础上形成的。

方老师又是我院中国近现代史专业硕士点的主要建设者。他承担硕士研究生工作已经多年，一直参与专业点各项工作的实施。从 2005 年起，他具体负责本专业硕士研究生的培养工作，在研究生入学考试命题、研究生复试、培养计划的制订、毕业答辩等方面，做了大量的工作。

二

方敏老师更是一位益友。方老师热爱教学工作，但他更热爱学生。他坚信，只有真诚地热爱学生，关心学生，才能真正教育好学生。他在专业学习上严格要求学生，但不分成绩好坏对学生一视同仁；他善于发现学生的优点，肯定学生在各方面取得的成绩；他注意对学生进行思想教育工作，引导学生积极向上，因为方老师的悉心教导与耐心辅导而展开新的人生画卷的学生不胜枚举。在给 1997 级本科生上课期间，他指导一名学习基础不太好的学生韩雪松写论文，下了大量工夫，仅与该学生面谈论文就达 20 多次。后来，他还当面帮助该学生修改论文的文字和标点，边修改边讲解。最后，该学生毕业论文成绩获得优秀。在给 1998 级本科生上课期间，他从政治思想、专业学习、为人处世等多方面指导学生王硕，对其全面发展产生了积极的影响。该学生学习不断进步，后来保送上了研究生；该学生思想上也不断进步，并由他做介绍人，在本科学习期间加入了中国共产党；该学生的综合能力也不断提高，在研究生阶段成为了一名优秀的学生干部。方老师有一名硕士研究生叫郑钟明，是从世界史专业转过来的。该学生在转专业前由于学习压力，一度出现了心理上的障碍，他的家长也不得不来学校求助，最后甚至决定休学以至要退学。方老师积极配合院里，多次与学生家长和他本人进行交流和探讨，设法从各方面真诚地关心、帮助和开导该学生，并通过该学生的同学渠道帮助他建立起良好的生活氛围和学习氛围，从思想、学习、生活各个方面都对该学生做了大量的工作，多次与该生交流到了深夜。几个月后，该学生克服了心理上的障碍，重新建立起了学习的信心和勇气，并逐渐正常地投入到了学习和生活中。这件事在全院教师、同学中深得好评。

方老师还在认真进行专业教学之余，积极指导学生如何对待大学四年的生活，积极指导学生参加各种有益的课外活动。他在教学中经常借教学内容指导学生如何正确对待大学四年的生活，引导他们在大学期间通过各种各样的学习条件、学习方式、学习内容、课外活动广泛探求知识，锻炼能力。他不仅给同学做过如何对待大学四年的座谈，还经常前往学生宿舍与学生交流。在很多学生的眼中，他既是一位严师，也是一位益友。他参加了大量的指导我系学生课外活动的工作，是我系参与学生工作最多的任课教师之一。他带过学生军训、教育实习、教学参观、社会实践；带队参加了七运会团体操的训练和演出；做过学生各种运动会的指导；做过学生歌咏比赛、教师技能大赛、大学生辩论会的评委；做过学生社团“杏坛”的指导和顾问等，可以说有学生活动的地方，就有方老师活跃其中的身影。

三

方敏老师不但是学生的良师益友，更是具有开拓精神和奉献精神的高校教育工作者。这不仅表现在平时的教育教学生活中，还表现在他担任历史学院副院长的行政管理工作中。他在担任我院院长助理、副院长期间，工作认真负责，兢兢业业，勇于开拓。为我院教学改革、基地建设、学位点建设等方面作出了重要贡献，这在全校都是有目共睹的。为了搞好工作，他全身心地投入，暂时放下了自己被现在几乎所有教师都十分看重的科研。他和其他行政工作人员一样，天天坚持坐班，还占用了大量的业余时间。有人说，学校的老师即使是一个管理者，他首先也是一个教师。但方老师坚持自己的信念，他认为作为一个管理者，首先的身份应该还是管理者，其次才是教师。因为管理工作不能首先保证，受影响的将是整个集体的工作、单位全局性的工作，而教师的身份由于管理工作的原因受到影响，那毕竟只是一个人的工作，相对于大局而言只是小处。这种观念在大学中是否完全正确可以讨论，但却能表明他有为工作勇于牺牲个人的奉献精神则是无疑的。

方老师是十分重视科研的。他认识到，高水平的科研是作为一个合格的高校教师所必需的，高水平的教学质量也要求有高水平的科研做支撑。他对自己的科研抓得很紧，尽管由于四年的行政管理工作影响了他对科研的投入，但他仍然通过自己的努力，在科研上走在了同龄教师的前列。目前，他发表了包括三篇权威核心刊物论文、十几篇核心刊物论文在内的约 30 篇论文，出版专著两部，参加和主持从校级到国家级的各级科研项目 7 项，成果是很突出的。

方老师的辛勤付出，得到了全院师生的肯定。他多次在年终考核中被评为优秀，是我校优秀青年骨干教师，在 2001 年被评为我校优秀共产党员，2006 年被评为我校优秀主讲教师。“为学为师，求实求新”的校训激励着一代又一代的首师人，而历史学院学生敬爱的方敏老师更是以 19 年如一日的辛苦耕耘，以俯首甘为孺子牛的奉献精神，在平凡的工作岗位上，谱写着不平凡的首师精神，影响着、感动着、激励着一代又一代历史学院学子奋发前行。

（李月明）

治学严谨　师德高尚
——记聂月岩老师

聂月岩简介

聂月岩，女，1954年出生，毕业于东北师范大学，法学博士、教授、博士生导师。现为首都师范大学中国特色政治发展研究所所长，政法学院政治学系主任，北京市重点建设学科“马克思主义中国化研究”学科负责人。兼任北京市政治学与行政学会常务理事；中国毛泽东思想与邓小平理论研究会常务理事，中华人民共和国国史学会高等教育专业委员会常务理事；教育部普通高中思想政治课课程标准实验教材编写委员会特邀审读专家。

主编著作和教材10余部，发表学术论文80多篇。曾获北京市第八届哲学社会科学优秀成果二等奖。主持省部级以上项目10余项。先后被评为首都师范大学“优秀共产党员”、“首都师范大学师德先进个人”和“优秀指导教师”、“北京市社会服务先进个人”和“首都师范大学教学管理优秀个人”等。

一、聂月岩老师有着严谨的治学态度、独特的研究风格，集中表现为她在学术科研方面成果丰硕

聂月岩老师长期从事马克思主义中国化与当代中国政治研究，其研究特色就是把马克思主义中国化与当代中国政治结合起来，并围绕这一研究方向，取得了一系列科研成果，在学术界有一定的影响。她自撰专著7部，主要有《邓小平与当代中国民主政治建设》《有中国特色社会主义政治研究》《生活中的邓小平》《从“共产党宣言”到“三个代表”》《毛泽东与周恩来》《新时期思想政治教育理论与实践研究》《当代中国政治制度》等。其中《有中国特色社会主义政治研究》获得第十二届中国图书奖。《从“共产党宣言”到“三个代表”》获得北京市第八届哲学社会科学优秀成果二等奖。主编《中国特色社会主义政治制度》《邓小平思想政治教育理论与实践研究》《社会主义民主政治专题研究》等著作和教材10余部。

聂月岩老师在《人民日报》、《中国教育报》、《政治学研究》、《马克思主义研究》、《毛泽东思想研究》、《高校理论战线》、《前线》等报纸杂志上发表学术论文80多篇，有的论文获得省部级一等奖和二等奖。2006年4月论文《中国共产党关于党的先进性建设的重要思想》获得中共北京市委宣传部、北京市社会科学联合会、北京市党的建设研究会联合举办的北京市“保持共产党员先进性教育活动与党的先进性建设”理论研讨活动优秀成果奖；2006年5月论文《政治文明建设与社会主义和谐社会的构建》获得中共北京市委宣传部、北京市社会科学联合会、北京市邓小平理论和“三个代表”重要思想研究中心联合举办的“北京市全面落实科学发展观”征文活动优秀论文奖；2006年9月主编教材《中国特色社会主义政治制度》获得首都师范大学优秀教材二等奖。

聂月岩老师在2003年和2004年代表教育部高等教育系统以文入选参加中共中央宣传部、中共中央组织部、中共中央统战部、中共中央文献研究室、中共中央党史研究室、中共中央党校、中国人民解放军总政治部七部委联合举办的全国纪念毛泽东同志诞辰110周年和邓小平同志诞辰100周年学术研讨会。2006年她应邀到台湾师范大学、政治大学等高校进行学术交流与考察，2007年她应邀参加美国政治学会与美国旧金山州立大学政治学系联合举办的国际学术研讨会《和谐世界与中国内政外交》，并在大会上发言。

聂月岩老师参与和主持国家级、省部级哲学社会科学基金项目《毛泽东的社会主义观》、《邓小平社会主义依靠力量理论研究》、《邓小平与当代中国民主

政治建设研究》、《中国特色社会主义政治制度研究》、《北京市国有股份制企业基层民主政治建设调研》、《关于完善党的代表大会制度的调查与思考》等课题；2003年她作为全国高等院校的唯一代表参加中共中央党建领导小组部署的由中共中央办公厅牵头的《党内民主是党的生命，坚持健全民主集中制》的调查研究课题，该课题成果直接为2004年9月党的十六届四中全会通过的《中共中央关于加强党的执政能力建设的决定》作参考；2004年她参加中共中央宣传部主持的马克思主义理论研究和建设工程重大项目《马克思主义中国化的历史经验研究》；2004—2005年她主持北京市哲学社会科学十五规划项目《北京市国有企业基层民主政治建设现状调研》；2006年她主持北京市党的建设研究会课题《关于党的代表大会制度的调查与思考》；2006—2009年她主持北京市哲学社会科学"十一五"规划重点项目《新时期民主政治建设的历史进程与基本经验研究》；2010年她主持北京高校党建研究会课题《北京高校党建党风廉政文化建设研究》。

二、聂月岩老师有着脚踏实地的工作态度、甘为人梯的精神境界，集中表现为她在教书育人方面成绩显著

聂月岩老师不仅重视科研工作，也非常重视教学工作，并取得了突出的成绩。她长期为本科生、硕士生、博士生分别讲授《邓小平理论概论》、《邓小平理论专题研究》、《邓小平理论和"三个代表"重要思想概论》、《毛泽东思想与中国特色社会主义理论体系概论》、《马克思主义中国化的历史进程与基本经验研究》、《当代中国史专题研究》、《政党政治研究》、《中外政治制度专题研究》等课程。聂老师尊重学生，关爱学生，坚持"以学生为本"，对工作精益求精，认真上好每一节课，保质、保量完成教学任务，每年的教学评估学生给的成绩都在90分以上，得到学生的一致好评。她主讲的《邓小平理论与"三个代表"重要思想研究》、《当代中国政治制度》、《中国政党与政治》等课程均被评为首都师范大学校级精品课程。2008年她主持首都师范大学重点教学改革立项《政治学与行政学专业建设与人才培养模式探析》，2009年她主持首都师范大学探究式课程《当代中国政治制度》，2009年她主持北京市精品教材《当代中国政治制度》。

聂老师注重培养学生的科研意识和创新精神。她在为本科生、硕士研究生和博士研究生指导学位论文时，总是逐字逐句地认真审读，斟酌字句，反复修改，精益求精，为学生撰写论文提出了许多建设性的意见，她所指导的学位论

文在校内外均有很好的口碑，有的论文被评选为国家级、北京市级立项和首都师范大学优秀论文。例如，她指导的论文《京郊村民自治现状与依法治村的调查研究》，获国家级大学生创新性计划项目，有的论文获得北京市级大学生创新性计划项目以及2008年度首都师范大学“本科生科学研究与创业行项目”立项等。她指导的大学生实践教学报告获得北京市教育委员会的奖励。

聂月岩老师特别关心学生的成长。她所培养的学生大多在高等院校和党政机关工作，受到用人单位的好评。伴随高校扩招、师生沟通不畅，不少学生的心理问题渐增。作为专业负责人，她尤其关注本科生的道德修养和身心健康，并利用大量时间为学生排忧、解难、释惑，引导他们正确看待社会、正确看待他人、正确看待自己，帮助他们正视现实、热爱生命、提升人生境界，树立正确的世界观、人生观和价值观。

由于聂月岩老师的突出表现，在2003年和2009年她分别获得“首都师范大学研究生优秀指导教师奖”；在2003—2005学年首都师范大学教学科研考核中连续3年被评为优秀；2004—2005学年获得“首都师范大学优秀主讲教师”称号；2008年荣获首都师范大学“优秀共产党员”荣誉称号(她所在的政治学系党支部被评为“先进党支部”)；2009年荣获“首都师范大学师德先进个人”奖励。

三、聂月岩老师有着务实的工作作风、无私的奉献精神，集中表现为她在专业和学科建设方面贡献突出

聂月岩老师不仅承担着繁重的教学和科研任务，还积极参与专业建设、学位点建设和学科建设等各方面的工作。她是首都师范大学政法学院政治学与行政学专业负责人、政治学一级学科硕士点负责人、北京市重点建设学科马克思主义中国化研究负责人。在学校和学院领导的大力支持下，在聂月岩老师的精心主持下，2004年她成功申报了政治学与行政学本科专业；2005年首都师范大学在全国百余所高等院校竞争中以100分的好成绩获得政治学一级学科硕士授予权；2007年又成功申报了北京市重点建设学科马克思主义中国化研究，从而使首都师范大学政法学院的专业建设、学位点建设和学科建设又迈上了一个新的台阶。2010年她负责的政治学与行政学本科专业获得首都师范大学特色专业建设项目。

聂月岩老师始终按照人民教师的职业道德和共产党员的标准严格要求自己，她忠诚党的教育事业，在思想上和行动上同党中央保持高度一致，充分发挥了党员教师的先锋模范带头作用。她教学效果突出，科研成果显著，治学严

谨，工作踏实，作风正派，为人师表，坚持以学生为本，教书育人。她具有大局意识、合作意识和奉献精神，作为政治学系主任、专业负责人和学科带头人对我校和学院的专业建设、学科建设、学位点建设和学生培养等方面的工作尽心尽力，尽职尽责地默默奉献，以自己的每一份心力努力为培养人才，为学校和学院的发展付出了辛勤的汗水，受到师生的一致好评。

我们同学常说："聂老师工作认真，办事果断干练，内敛而不张扬。"这一点深得学生们的认可。

这就是聂月岩老师——作为老师，她师德高尚、治学严谨；作为系主任，她工作认真、任劳任怨；作为学者，她矢志不渝、成果丰硕。她那扎实的理论功底、丰富的学术涵养、高尚的师德师风影响着一批又一批学生。

（首都师范大学政法学院）

春风化雨育桃李　润物无声谱华章

——记范燕宁老师

范燕宁简介

范燕宁，女，1955年出生，毕业于北京大学外国哲学系外国哲学专业、现任首都师范大学政法学院社会学与社会工作系主任、教授、博士生导师，中国社会学学会理事，中国社会工作教育协会常务理事，北京市社会学学会常务理事，北京市海淀睿搏社会工作事务所所长。承担省部级以上研究课题8项，出版学术专著5部，发表研究论文40余篇。曾获得“第六届北京市哲学社会科学优秀成果二等奖”，“第四届吴玉章人文社会科学优秀成果奖”。建设了校级特色专业、北京市精品课程、国家级司法矫正社会工作专业人才创新培养模式实验区。多次被评为“首都师范大学模范共产党员”、“师德标兵”，2010年荣获“北京市师德先进个人”称号。

范燕宁老师是我校政法学院社会学与社会工作系的教授、主任、博士生导师。1978年伴随着改革开放和恢复高考的春风，她来到首都师范大学的前身——北京师范学院政教系学习。1982年初，她以优异的成绩毕业留校工作。在以后三十几年的教学生涯中，她用自己的心血培养了一批又一批渴求着知识的莘莘学子。在自己的工作岗位上，恪尽职守、兢兢业业，勇于探索、积极创新，敬岗爱业、开拓进取，将自己的全部心血都奉献给了自己的母校、学生和所在的学科专业，成为教书育人的典范。

一、传　道

《礼记》中说，“师也者，教之以事而喻诸德也。”孔子说，“不愤不启，不悱不发”。师德，首先应体现在教师的职业道德和职业操守方面。长期以来，范燕宁老师始终把注重调动学生学习的积极性，培养学生的自主学习能力，通过自己的努力使学生“爱学，乐学”，看做是教师的根本职责。她注意通过课堂讨论、理论辩论、案例分析、角色扮演、论文讲评、科研立项、专业实习等多种形式开展教学活动，千方百计调动学生的学习积极性，提高学生的学习兴趣，使许多学生的学习态度发生了极大的改变，学习能力和专业素质得到了提升。

20世纪80—90年代，受当时一些社会风气影响，少数学生对学习马克思主义哲学等政治理论类课程表现出消极态度和情绪。为了提高学生的学习兴趣，范老师结合所教专业的特点，采取了“边讲边议，讲议结合”、“走出去，请进来”、模拟演讲辩论等多种形式开展教学活动，大大地开拓了学生们看事情、想问题的视角，提高了学生们明辨事非、思考问题的能力。

为了加深同学对课上所讲问题的理解，范老师经常给学生指定一些课下需要学习的书目、论文，鼓励学生成立课程小组或学生社团组织，经常参加学生学习小组的讨论，对他们的个别问题进行指导。90年代初，计算机知识尚未普及，有的学生在入学之初不能很好掌握计算机和网络的使用，范老师就亲自示范，教会他们如何使用计算机，如何上网，如何下载文件、建立邮箱。为了指导学生们深入细致地开展学习和有针对性地进行研究，范老师有时还带学生去国家图书馆，帮助他们了解馆藏以及如何使用图书资源，她还制作了专门的课件，指导学生使用中国期刊网。

在对研究生论文写作的指导上，范老师更是高标准、严要求，对每年的研究生论文都是逐字逐句地审查，殚精竭虑，倾注了无数的心血。记得在“非典”那年，我校有一名准备硕士毕业论文的教育硕士学习基础较差，大家非常担心该生不能顺利完成毕业论文及答辩。范老师及时找到这名同学，对他进行真心的鼓励和耐心的辅导。在“非典”流行，交通不便的情况下，范老师克服因难，通过网络电话等多种形式，反复指导该生如何收集材料、读懂材料、思考问题、撰写论文，甚至在春节期间还多次与这名学生讨论论文，字斟句酌地指导他修改毕业论文。终于，在范老师的悉心指导和学生的刻苦努力下，该生不仅顺利完成了论文写作和毕业答辩，而且使毕业论文达到了较高的质量。在答辩现场，有的老师看到这位学生突出的进步和变化，深深感叹道：“没想到这名学生在一年内发生了这么大的变化，学习进步这么快！这一定凝聚了指导老师的大量心血，真是不容易。”该学生自己也激动地表示：“如果没有范燕宁老师的帮助和指导，自己是无法完成毕业论文的写作与答辩的，是老师的辛勤耕作与灌溉才使得自己的未来展开了美好的蓝图。老师的恩情是无以言报的！”

二、授　业

一个好的教师不但千方百计要调动学生的学习积极性，培养学生的学习兴趣，而且更应该注意全面培养学生的学习能力，教会学生如何学习知识，培养学生的自学能力，不仅爱学、乐学，而且会学、善学，最终形成一种高效、便捷的学习技能，这是时代发展的要求，更是素质教育的需要和师德修养的体现。

多年以来，在培养学生实践反思能力方面，范老师花费了大量的心血。她经常向学生指定一些课下需要学习的书目、论文，并注意检查学生的学习效果，对自主学习收获较大的同学经常给予鼓励。在她所教过的班级里，几乎班班都有学生自发成立的课程小组或学生社团组织。每当给一个新的班级上课之前，范老师总是热情地把自己的联系方式告诉学生，欢迎大家在课下提出各种问题。她经常利用课余时间给学生具体的学习指导，有时还经常利用网络课堂在线学习的方式回答学生们的各种问题。一天，晚上 9 点多了，刘新成校长对北校区进行走访，发现在社会工作系的办公室里传来了教师和学生在一起热烈讨论的声音，他好奇地推开门，发现是范老师在和学生们讨论问题，就随口问同学们“你们经常在晚上和老师一起讨论问题吗”，在场的同学异口同声地回答“经常”，刘校长会心地笑着走开了。“严师出高徒”，在范老师的谆谆教导和严格要求下，她所指导的学生每年都有获奖、入党的，许许多多的学生取得了优异的学习成绩，顺利地走上了工作岗位。

社会工作实验室是社会工作专业的重要教学科研场所和基础设施，也是一所大学社会工作专业是否规范化、科学化、现代化的重要标志。为提高新专业建设水平，2003 年，范老师在广泛进行专业考察的基础上，千方百计向学校申请建立了社会工作实验室，经常利用实验室开展教学活动，大大提高了学生学习的积极性。此后，她又积极鼓动支持本系学生建立了"SPS社团"(社会力量工作坊，Social Power Studio)，热心支持社团的各项活动。在范老师的积极指导和支持下，SPS社团先后组织了社工节庆祝活动、校园助残日、成长小组学生心理支持活动等各种有意义、有影响的社团活动，被评为"首都师范大学优秀学生社团"。

范燕宁老师所在的社会工作专业具有较强的实践性和操作性，要求该专业的学生要有大量的专业实习时间。范老师带领本专业教师在对全国十几所大学进行了专业调研后，制定了800学时的专业实习标准。为了完成实习计划，让同学们更好地得到实习锻炼，范老师身先士卒，亲自联系实习单位、划分实习小组、分配实习任务、制定实习表格、选编优秀实习作业等，并组织学生在实习期间多次深入到社区、国家机关、非政府组织(NGO)开展专业实习活动。建立了12家专业实习基地，20余家专业实习合作单位。有一年，范老师刚刚做完胆囊摘除手术，又赶上开展暑期实习活动。由于此前她联系的云南戴托普戒毒中心，是当年新开辟的一个司法矫正社会工作专业实习点，其他老师不熟悉那里的具体情况，为了让学生有更快的进步，范老师毅然决然地承担了实习督导的任务，带领8位研究生、本科生同学出发了。由于实习地点远、条件比较艰苦、工作时间长，在实习结束时，范老师的胆囊炎病又犯了，不得不到医院打点滴。同行的学生看到老师日渐消瘦的身体感到有些着急，范老师却安慰他们说："在实习的过程中，我切切实实看到了你们的进步和变化，所以就是再苦再累我也觉得值得!"听到她的话，身边的学生激动地说："您真是'衣带渐宽终不悔，为伊消得人憔悴'呀！为了社工专业的发展，为了我们学生的进步您付出的太多了。"

三、解　惑

教育家陶行知说："先生不应该专教书，他的责任是教人做人；学生不应该专读书，他的责任是学习人生之道。"师德，也是对教师本质使命提出的根本要求。一个好的教师除了应在学业和研究上能够给学生以实际指导外，还应当能够鼓励学生树立积极的人生观，正确对待学业及生命过程中的各种跌宕起伏，克服各种人性的弱点，找到自己生命的积极意义，既当学生的良师，又做学生的益友。范燕宁老师不仅在学习上给予学生们细致的讲解与指导，而且在生活上、思想上关心学生、热爱学生。她曾多次承担本科生的班主任工作，期间，她细心地发现，有些外地来的学生时常想家。为了缓解学生的思乡情绪，范老师曾多次利用节日到学生宿舍看望慰问学生。记得某年中秋，她自己出钱给每位学生买了一块月饼，学生们喜出望外。事后，范老师说："小小的一块月饼算不了什么，但它代表了我的心意，沟通了老师和同学们的感情。我觉得自己和同学都是以校为家的一家人，虽然他们有的远离了自己的家乡和父母，但是他们来到了首师大，来到了一个新的集体、新的大家庭中，我作为他们的老师就会给他们新的温暖与关爱！因为我们是一家人！"

范老师对每年的新研究生不但要在学习上进行专门的指导，分阶段了解学习状况，而且也在思想上指导学生，经常找时间与学生谈心，及时了解学生的思想动态，发现学生有了错误的思想苗头，及时敲警钟、给予学生指导。比如，有一年春季，中日关系较为紧张，外校出现了个别学生行为偏激的情况，范老师听到这种情况后，亲自逐一打电话给每个研究生同学，提醒他们不要轻信谣言、随波逐流，要相信党和国家政府，要有判断事非的能力。

范老师十分关心学生的成长，不但与学生保持经常的联系，而且能及时发现学生存在的问题，及时给予提醒帮助。有一次，范老师发现她指导的一个女研究生入学后经常外出，应付校外亲友的社交活动，学习有所放松，就及时找到那名学生，用以往学生成长的生动事例提醒她要注意交往安全，防止出现各种安全事故，同时语重心长地提醒她要抓紧自己三年的学习时间，争取有较大的收获。听了范老师的话，那名女研究生受到一定的启发，当场表示自己今后一定要谨慎交友，抓紧时间努力学习。在范老师的严格要求下，那名女研究生后来在三年的学习时间中，发表了多篇研究论文，取得了很好的学习成绩，并且很好地处理了个人的恋爱婚姻问题。在与学生的接触中，范老师曾多次发现有较重精神压力甚至轻生念头的学生，她都及时向学生工作部门报告，及时采取措施进行了有效的危机干预和引导，使这些学生获得勇气走出精神困境。面对学习期间遇到有特殊经济困难的同学，范老师经常会在经济上、生活上给予热情帮助。对于面临毕业的本科生、研究生、博士生，范老师总是毫无保留地介绍自己认识的机构和单位，一遍遍地打电话联络接洽人和接洽单位，积极推荐学生前去求职试讲或实习，热心地向社会有关部门介绍推荐学生，毫不计较个人得失。

范老师对学生倾注了深厚的爱，同时也把学生看做是帮助自己个人成长和事业进步的朋友和伙伴。在谈到自己和学生们的关系时，范老师曾说过这样一段话："热爱每一个学生是老师的本职，学生与老师的关系是互补的。学生不仅仅是我的教学对象，更是我教学工作、教学改革的好帮手，我的教学工作和教学改革离不开学生的参与和帮助，因此，老师与学生更像是拓展了的同事关系、朋友关系、或是同一战壕里的战友关系。我没有高高在上的做教师的感觉，我对学生有着深厚的爱，我爱自己的每一个教学对象——每一个学生。因为每一个学生都是不可多得的人才，每个人都有自己的特长，都是教学的宝贵的人力资源。老师和学生是在教学的过程中相互促进的，我们要把教和学的过程看成一个老师和学生共同成长的过程。我已经深深扎根于学校的环境中，对教学有着深厚的感情，若让我离开学校、离开学生，我实在是难以割舍，这一切早已成为我事业中的一部分、生命中的一部分。我给予学生们知识以及做人的道理，同学们一些温馨的话语和卡片也给予了我鼓励与支持，我觉得自己也得到了回报。"范燕宁老师就是这样一位充满关爱，想同学之所想、急同学之所急、帮同学之所需，无私奉献、不求回报的学生们的良师益友。

四、进　取

范燕宁老师常说："好的教师不但要敬岗爱业，而且要能够善于更新自己的知识结构，摸准时代的脉搏，捕捉到最新的科研信息。既要当一个热爱学生的老师，也要做一个有水平、高水平的老师。要不断提高自己的知识水平，增强自己的授课能力。"本着这个原则，范老师严格要求自己，在几十年的教学生涯中，积极进取，不断求学深造，大大提高了自己的知识水平和教学工作能力。

为了做一个合格的高水平的让学生满意的教师，范老师在上世纪 80 年代初大学毕业留校工作后，很快考入北京大学哲学系攻读硕士研究生，获得了硕士学位。90 年代，她多次参加学校组织的现代教育技术师资培训班，在本校教师中较早地掌握了多媒体教学技术。1998 — 2000 年，她利用晚间和周末休息时间，历经三年，坚持不懈，学完了大学专业英语课程，获得了英语专业成人教育毕业证书。2001 年以后，为了建立社会工作新专业，她在本身教学科研任务繁重的情况下，率先到北京大学、中国青年政治学院等学校旁听了十多门新专业课程，并在北京、天津、长沙等地多次参加中国社会工作教育协会组织的社会工作专业师资培训班，分别获得结业证书。2004—2007 年，为推动新专业的发展，了解社会工作专业的办学理念及路径，范老师又亲身参加了香港理工大学与北京大学合办的社会工作专业师资培训 MSW(Master of Social Work)硕士课程班。为了完成这些课程，范老师付出了大量心血和时间。本来，按照范老师的教授职称、博士生导师的资格，她完全可以不必这样认真，完全可以生活得轻松些。有的老师曾不解地问她："你都是博导了，为什么还读硕士课程?"范老师回答道："我参加这样的学习，并不是为了个人的目的，而是为了更好地培养学生，办好专业。只有以学生的身份亲自到这些大学里面走一趟，才能更好地了解国际、国内优秀大学的办学理念和方法，获得直接感受和经验，使我校的专业建设水平与国际先进水平相接轨。”

范燕宁老师不愧为是我们身边的一位为了党的教育事业努力进取、积极奋斗的师德标兵。

五、奉　献

作为一个具有高尚师德的教师，不仅要注意自身的提高与修养，努力钻研业务知识，不断提升自己的业务水平，还应当注重为人师表“行为世范”，在党和人民需要的情况下，在专业学科发展中起到骨干教师作用，不计个人得失，努力奋斗，积极奉献。留校工作三十几年来，范老师先后在我校思想政治教育、哲学、社会学与社会工作等几个专业学科领域中担任助教、讲师、副教授、教授、博士生导师、教研室主任、系主任等职务。她干一行爱一行，始终努力工作和奉献。

多年来，范老师积极开展相关社会服务及科学实验活动，先后承担了北京市哲学社会科学重点科研项目 2 项，北京市教委、北京市司法局等委托研究项目及教学改革项目 8 项。围绕当代社会发展问题积极开展科学研究，取得了较为突出的科学研究成果。在《中国社会科学》《哲学研究》《哲学动态》《社会主义研究》《社会科学缉刊》《武汉大学学报》等权威期刊或核心期刊上，发表了几十篇研究论文。主持完成了北京市哲学社会科学“九五”规划重点项目《新时期中国发展观》，获得过北京市哲学社会科学优秀成果二等奖。主编了在全国富有影响的“社会工作经典译丛”和“社会工作实务译丛”教材，担任了中国社会学学会理事、中国社会工作教育协会常务理事、北京市社会学学会常务理事。

自 2001 年起，范燕宁老师开始负责我校社会工作新专业的申报和建设工作，先后承担了专业负责人、系主任工作。为了推动新专业发展，她身先士卒带领教师开展各种专业考察、业务进修、教材建设、教学改革、科学研究、专业实习、社会服务等工作，点点滴滴地积累专业成果，扎扎实实地推动学科专业发展，投入了极大的精力，带领全系师生在短短几年时间中建立了社会工作专业实验室，组建了国内社会工作专业急需的翻译教材体系，主持开展了多次国际、国内学术研讨活动，建立了社会工作教学论硕士研究生招生方向，2007 年建设了社会工作专业实习市级精品课程，2008 年建立了国家级司法矫正社会工作专业人才培养模式创新实验区。

（首都师范大学政法学院）

治学育人　以身立教

——记孙飞老师

孙飞简介

孙飞，男，1965年出生。1996年毕业于南开大学经济研究所。1999年毕业于吉林大学经济管理学院，获得经济学博士学位。2002—2004年在中国科学院做博士后研究工作。2004年到首都师范大学政法学院经济管理系工作，副教授、硕士生导师。自20世纪80年代以来，主要从事财政、税收及产权问题研究，曾出版《中国宏观税负理论模式研究》等专著、教材多部，发表学术论文50多篇。主持并完成中国博士后科学基金项目、北京市教委项目和北京市中青年骨干教师资助项目等。曾两次被评为“首都师范大学优秀主讲教师”，2007年被授予“首都师范大学师德先进个人”和“北京市中青年骨干教师”称号。

作为一名高校教师，孙飞老师以身立教，将治学与育人紧密结合。在他朴素的行为中，我们看到的是为人师表、淡定祥和、荣辱不惊、默默奉献的恬淡心境。在学生眼中，孙飞老师是知识的化身，是智慧的灵泉，是人格的楷模，是莘莘学子可靠的引路人。

一、治学严谨，锐意进取

孙飞老师严谨的治学态度，敏锐的学术眼光，开阔的学术视阈，锐意创新、不断进取的科研精神使其研究领域广泛、学术成果丰硕。孙老师的研究领域涉及马克思主义经济理论、财政、税收、国有资产管理、产权经济学等多个领域。

孙老师在学术上对自己有极高的要求，他不断地学习、完善自我，撰写了数篇高水平的论文，在国家和地方各级学术期刊上发表的论文近50篇，如在《财贸经济》上发表了《中国宏观税负转嫁模式创新初探》，在《财政研究》上发表了《中国税收流失的人性成因》，在《税务研究》上发表了《中西方个人所得税人性化差异透视》，在《中国行政管理》上发表了《中国个人所得税征收管理人性化探析》，等等；出版专著、合著和教材多部；参与了多个科研项目的研究工作，独立承担并完成了中国博士后科学基金项目。这些丰硕的成果都是孙老师深厚的学术功底和高深的学术造诣的体现。

在学术研究上，孙老师非常注重理论创新和方法创新。他在中国第一次提出了中国宏观税负理论模式为 MT＝A ± B，与此相关的专著和论文发表后，引起了理论界的很大反响，全国有多家学术组织和出版机构来信来函邀请孙飞老师参加各种学术会议并期望收录其文章。孙老师的科研方法不仅涉及经济学和管理学，而且还涉及很多相关学科。比如在他的博士后研究报告——《中国个人所得税的人性化问题研究》中，不仅有实证分析与规范分析、定性分析与定量分析，还有对其他多个学科研究方法的综合运用。这篇报告不同程度地涉及了经济学、心理学、社会学、管理学以及数学的相关知识和方法，并尝试从多学科的视角来分析和研究中国个人所得税的人性化问题。在由中国科学院陈锡康、魏一鸣等著名学者组成的答辩委员会上，孙老师突出的科研能力、独到的学术见解得到了专家学者的一致肯定，他们认为孙老师的这篇关于个人所得税的学术论文极富创新精神、具有很高的学术价值。

二、以智启智，激发共鸣

三尺讲台为孙老师提供了一个纵横思绪、洋溢学识的绚丽舞台。讲台上的孙老师极富激情，能够时时刻刻吸引学生的注意力。他善于用自己的情绪去感染学生，用自己的思维去启发学生，以智启智，用渊博的学识、娴熟的授课技巧激发学生的共鸣。孙老师的一堂堂课，仿佛在为学生打开一扇扇窗，让学生看到一个色彩斑斓的新世界。

孙老师自 1987 年从事教学工作以来，曾在不同院校先后给大专生、本科生和硕士生讲授过《国家税收》、《中国税制》、《税收概论》、《财政学》、《财政与金融》、《国有资产管理》、《政治经济学》、《会计学原理》、《微观经济学》、《宏观经济学》、《社会主义经济理论与实践》、《马克思主义经济理论专题》12 门课程；也曾开过《中国宏观税负理论模式研究》、《经济学发展未来的思考》、《中国税制改革前沿探索》、《中国经济体制改革思考》及《中国税负转嫁模式创新》等各种讲座。

对孙老师来说，传授知识是一种乐趣，是一门艺术。风趣幽默的语言，旁征博引的内容，有张有弛、悬念迭出的课堂结构，快慢相宜的语速，抑扬顿挫的语调，对于听课的学生来讲，这不仅是知识的吸纳，更是一种视听的享受。例如，在讲到西方经济学的理性人假设这一内容时，他引入了伦理学、心理学、政治学等学科的分析视角，引用了《道德情操论》、《中国人性分析报告》、《中国人的道德前景》等书籍来进行理论的佐证。再如，讲授《财政学》这门课时，关于财政补贴的补贴标准及明补、暗补这些内容对于初学者来讲有些晦涩难懂，孙老师抛开了传统课本上烦琐冗长的语言论述，通过对课件中诸模型的深入浅出的讲解分析，使学生对这部分内容有了明确、深刻的认识和理解。

授课时，孙老师既重视基础知识、基本技能的传授又重视培养学生理论联系实际的能力和创新性的思维。他时刻追踪科研和教学前沿，讲授每一门课程时，他都会把国内外最新的科研成果和学术动态介绍给学生，并在分析理论界的学术观点和中国经济及世界经济实践中形成的共识和出现的问题的基础上来阐述自己的观点，启发和引导学生创造性的思维。孙老师的授课内容从不拘泥于某一本书、某一观点或某一学派。这样的教学使学生的学术视野逐渐开阔，科研能力得到提高，并使学生们学会了用经济学的观点和方法去分析和解读中国乃至世界经济运行中的各种现象和问题。

在教学准备环节，孙老师始终如一地全力以赴。为了让学生们了解所学课程最具代表性的内容和最前沿的成果，他总是花费大量的时间和精力查阅资料和整理课件。每次上课前，他都要将讲义反复地看很多遍，推敲每个地方应该怎样讲才能使学生理解起来比较容易。例如在讲授《西方经济学》这门有一定难度的课程时，他每讲一次课所用的参考书都在10部以上，并设计制作出美观的、结构内容清晰明了的电子演示稿；他注重每一个细节，力求在课堂上给学生最清淅的表达和讲解，以提高教学效果。孙老师的教学工作量饱满，每门课程，他都是全身心投入，做到一丝不苟，将新的教学内容和教学理念融入到课堂教学中，收到了很好的教学效果，他的教学满意率一直很高，教学工作任务完成得相当出色。

学生对孙老师的教学评价极高，他们在网上这样写道："孙老师是我见过的最优秀的老师之一，他常提出新的理念和学术观点，人也很有个性，尤其对学生特别关心。无论从师德还是从人品角度来讲，他都是一个极其优秀的老师"；"孙老师是好老师，对教育热情又有教学才华"；"孙老师认真敬业、有魄力和个人魅力"；"孙老师对同学们非常负责人，讲课水平高，讲课方法独特，能被学生所接受"；"孙老师对工作热忱认真，对同学友好，课上的东西很有价值而且很容易接受，同时，也让我们学到了很多对人生起到很大作用的人生观和价值观，孙老师的课非常好"；"孙老师能够客观地对待所讲授的内容，充分了解本学科领域目前的发展趋势，教学幽默风趣"，等等。在首都师范大学的教学评估中，学生们对孙老师的授课打分平均都在90分以上，其中，在2008—2009学年上学期《财政学》教学评估中得到了98.28的成绩，学生到课率几乎是百分之百。孙飞老师曾被评为2007—2008学年首都师范大学优秀主讲教师。

孙老师对学生的教育并不只停留在传授知识的层面，他注重对学生全方位的培养，正如他经常所说的："大学教师在课堂上讲解学科本身已有的基础知识固然重要，但更重要的是要培养学生应对未来复杂社会生活的意识和能力，而不是所讲课程知识的本身，这是教育的本质和大学教师的职责所在。"

三、以行导行、率先垂范

孙飞老师严谨笃学、尊重学术、精益求精，这是他对自己的高要求。他对学生的要求也非常严格，他常常教导学生诚信为学、用心做人。他身体力行，用自己的言行感染和引导学生，学生们将孙老师视为终身效仿的榜样。他要求学生研读原著，认真做好读书笔记，维护学术尊严。他对自己指导的硕士研究生因材施教，对他们三年的学习过程分别提出了长期、中期和短期的读书规划和学习要求。

孙老师对学生的论文要求极高，特别强调文章的原创性，极力反对学术抄袭现象。孙老师经常对他的学生说，他可以容忍论文内容和观点的幼稚，但不能容忍半点的抄袭作假，他要求学生的论文要做到每句话都是自己的表述。为了保证做到这一点，孙老师会认真阅读每个学生的论文，及时纠正这类错误。他对每个学生的论文都会亲自指导多次，从资料的搜集到选题再到观点的确立、提纲的完成直至最终成文，每一个环节，孙飞老师都会和学生一起完成，论文的字字句句甚至每个标点符号，都凝聚着他的汗水。曾经有一位学生的论文实在不能过关，这个学生自己都失去了信心，觉得自己完成不了论文，孙老师就在办公室对这个学生进行辅导，从下午 2 点一直到晚上近 10 点，孙老师认真地给这位学生分析他的文章存在的问题以及解决的方法，告诉他论文的写作技巧以及应注意的问题，帮助他修改论文，直到最后完成。在孙老师的指导下，每位学生都能顺利地完成毕业论文并通过答辩，学生们不仅对所研究问题有了进一步的认识，而且对于如何撰写学术论文有了新的体会。有许多本科生的论文完全达到了对外公开发表的水平，其中政法学院 2005 年毕业的赵晨同学的论文还获得了“首都师范大学优秀毕业生论文”奖。

这就是一种以行导行、潜移默化的深远教育，这也正是孙老师的人格魅力之所在。

四、以德育德，关爱学生

感人心者，莫先乎情。孙飞老师从不把教书育人停留在传授知识的层面上，他以德育德，用爱心温暖学生。孙老师对学生的爱是理智科学的爱，是主动积极的爱。他将严与爱巧妙结合，爱中有严，严中有爱，爱而不宠，严而有格，平等对待每一个学生，尊重学生的人格。他非常重视培养学生树立正确的世界观、人生观、价值观、专业观和就业观。

孙老师刚来到首都师范大学政法学院工作时，就担任了 2004 级 3 班的班主任工作。他为了让学生能尽快融入大学生活，找到自己的学习目标，在全校新生军训前，他就以自己的阅历和经验为例告诉学生应该如何顺利度过中学学习生活到大学学习生活的过渡阶段，并给全班同学详细分析了当代大学生特别是首都师范大学政法学院的大学生应该如何安排 4 年的大学生活。孙老师每学期都会针对这一学期的阶段性特点和课程特点引导学生科学地安排学习生活。他关心每一位学生，尤其是对在生活上、思想上、学习上有困难的学生，他总是给予他们真切的关爱和及时的帮助，帮助这些学生摆脱困境。

2004 年 9 月，孙老师负责了政法学院劳动与社会保障专业 10 名学生的实习指导工作。这10名学生的实习地点非常分散，遍布海淀区、朝阳区、通州区、顺义区、丰台区，而且每个学生的实习单位性质和特点也不一样。他为了能够让每一位学生在实践中得到锻炼和提高，他针对每个人的特点提出了严格的要求，要求大家一是要尽快了解和熟悉所在实习单位的性质和基本业务情况，二是要把在学校学到的知识同实践联系起来，找到差距，发现问题，对学校没有学到但在实践中又非常重要的内容要注意积累，以便在以后的学习中要加强这方面能力的培养和训练。在不到一个月的时间里，他先后在北京的各区之间往返20多次，亲自到实习单位了解学生的实习情况以及每个学生所遇到的困难和问题。那段时间，孙老师不辞辛苦，常常是早上6点出发，下午5多钟才能回到学校，这样一直坚持到实习结束。

孙老师经常结合自己的学习、科研经历给学生讲解应该如何学习相关课程，引导和鼓励学生克服心理和学习方法上的障碍。他注重发现和激发学生的潜能，帮助学生制定合理的人生规划和生涯设计。他深信每个学生都有可塑性，即使再顽皮的学生也有其优点和闪光的地方，他在日常教学过程中会尽自己最大的努力去了解每个学生的性格和爱好，因势利导，针对其特点使用不同的方法进行引导和教育，用自己的真情感化他们。孙老师成为了学生们值得信赖的引路人。2007年，孙飞老师被评为师德先进个人。

孙飞老师以高尚的人格、无私奉献的精神感染学生，以丰富的学识、科学的方法引导学生，以真诚的爱心、博大的胸怀爱护学生，用健全的人格塑造学生的美好心灵。使学生亲其师，信其道，进而乐其道。这是一种深厚的知识内涵和文化品位的体现，这是一种严谨朴实的学术品格的体现，这更是作为一名教育工作者爱岗敬业、忠诚于教育事业的精神的体现。他对教学、对学生、对学术一往情深，默默地奉献着，孜孜地追求着，这是一种境界，这是一种生活态度。“桃李不言，下自成蹊”，孙飞老师的一言一行感动着学生。他学识之深、德行之高，使学生们奉其为圭臬，终身效仿。

（首都师范大学政法学院）

神采奕奕　诲人不倦
——记郭德俊老师

郭德俊简介

郭德俊，女，1939 年出生，教授。1981—1996 年任北京师范大学心理系普通心理教研室教授、博士生导师，在此期间曾在美国俄亥俄大学心理系做高级访问学者。1996—2004 年任首都师范大学教育科学学院心理系教授、博士生导师。2004 年退休。1993 年起享受国务院特殊津贴。1995 年获“宝钢教育基金优秀教师奖”。1995 年获“全国先进教职工工作者”称号。1997 年获“北京市优秀教职工工作者”称号。主持省部级以上项目 10 余项。曾获北京市哲学社会科学一等奖、教育部高等师范院校基础改革一等奖、国家级教学成果二等奖。曾任中国心理学会教学工作委员会副主任、中国心理学会教育心理专业委员会副主任、北京市哲学社会科学“十五”规划教育学科组副组长等职。

神采奕奕，是第一次见到郭德俊老师留给我的印象。过去是，现在是，我相信将来也是。郭老师是一位对待自己的工作精益求精、不知疲倦的人；一位对待同事团结、信任、密切合作的人；一位对待学生视同己出、诲人不倦的人；一位严于律己、宽以待人的人；一位对待知识学而不厌、永不止息的人；一位永远值得我们学习、值得我们尊敬的严师。

一、头顶云天，脚踏大地

顶天立地，是郭老师常对我们说的话，是她四十年研究生涯的写照，也是她对学生做学问的要求。"顶天"是站到学科发展的最前沿，与国际研究同步，理论上有所贡献；"立地"是立足于解决当前社会发展中的问题，与实际结合，为实践服务；顶天立地的本质就是理论与实践相结合。

20 世纪 90 年代中期，中国心理学正在经历从认知心理学占主导向认知神经科学的转变，郭老师以高屋建瓴的科学思考和务实严谨的科学精神，倡导并促成"人脑开发与素质教育研究中心"的成立。她语重心长地对我们讲，"人脑开发涉及脑功能定位、突触水平、细胞水平和生物化学水平等多层面心理机制的探讨，素质教育领域尚有教学目的、教学过程、教学模式、有效教学条件和教学结果评价等众多亟待解决的问题，将人脑开发的研究成果应用到素质教育实践中，这中间需要走很长一段路，虽然艰难，我们就是要把这两者结合起来，走前人没有走过的路。"现在想来，颇有逢敌必亮剑的"亮剑精神"，也譬如登山，虽看不见山顶，却知要永远向上。

方针既定，接下来的几年便是漫漫求索。郭老师不仅是"顶天立地"的倡导者，也是躬行"顶天立地"的典范。郭老师与北京同行共同制定了校际例会制度，成员有北京大学心理学系沈政教授、北京师范大学心理学系董奇教授，还有中央教科所的同志，例会的目的是深入探讨人脑的功能，每周一次。还建立了首都师范大学附属育新学校、北京师范大学附小、湖南岳阳实验小学等教学实验基地，取得了丰硕的教学成果。

顶天，不仅表现在使心理学研究站在国际和国内的最前沿，还表现在凭借敏锐的心理学直觉，十分睿智地把"动机与情绪"作为一个主要研究方向。她常向我们表达这样一个理念：目前国内一个非常重要的心理学领域，却是很少有人涉足的领域就是"动机与情绪"，这是人们谈论得最多的东西，也是人们知道的最少的东西，我们要把它作为突破口，形成我们自己的特色。谆谆教诲，犹在耳边，现在，"动机与情绪"早已成为硕果累累的"百花园"，也是全国重点院校心理学系逐鹿的热点。

立地，不仅表现为把人脑功能的研究成果应用于教育，还表现为推动心理学向各个领域发展，不畏艰险，勇攀高峰。在国内，率先开发了具有自主知识产权的“中国成年人动机特质量表”，目前广泛应用于人事部领导干部的选拔和培训，产生了良好的社会效益。

如今，首都师范大学心理学系已经成立了以脑功能研究为特色的基础心理研究所、以动机与情绪为重点的发展与教育心理研究所、以心理健康与人力资源开发为核心的应用心理研究所。这三个研究所，像三驾马车，驰骋于“天”“地”之间，几乎耕耘了心理学的所有领域。顶天立地的战略构想已日渐丰满，可以说，“顶天立地”确立了首都师范大学心理学系的发展框架，开启了首都师范大学心理学研究的新局面。在郭老师退休之际，作为对郭老师在首都师范大学心理学系工作的总结，中科院心理所前所长陈永明教授曾评价：郭德俊老师使首都师范大学心理学系得到了快速发展，没有郭老师就没有首都师范大学心理学系现在的局面。

二、高山仰止，景行行止

神采奕奕的内涵是饱满的热情和爱的能量。作为学生，在郭老师门下承教数载，感触最深的是她对教育的爱，爱自己的学生，爱自己的教育工作。

做郭老师的学生，是幸福的事情。

学生们最不能忘怀的，是开学第一天，郭老师总是亲自前往宿舍看望自己的研究生。特别是新入学的学生，从过去的经历到将来的打算，从学习中的困惑到生活中的困难，事无巨细，都会予以关注。对生活有困难的学生提供物质帮助，对学业上有困难的学生给予悉心指导，已经成为一种常态，让学生们都习以为常了。这些年，有多少个节假日是和学生们一起度过的，恐怕连郭老师自己都记不清楚了。在这些欢乐的日子里，老师的角色也不知不觉地由严师而变为慈母了，每个人在课题组里都感受到家庭的温暖。有个硕士生来自湖南，当她听说他是坐着火车硬座往返家乡和北京时，殷切地关照他身体是否吃得消，下次回家一定要买硬卧。有博士生来自贫瘠的、生活比较困难的西北人家，郭老师问寒问暖，恐其生活问题影响了学业。有个博士生刚毕业留校时，居无定所，郭老师看在眼里，毅然让其一家人搬进自己的家以渡难关。更有我们能够学到，但很难做到的是，郭老师把所有她自己的课题经费，都用在了学生身上，没有一分钱花在自己身上，为学生买书、复印资料、发劳务费，劳务费虽然微薄，其意义早已超越了金钱本身。

我国古时，有孔子与学生交往的记载。冉伯牛得了麻疯病，孔子执其手曰："斯人而得斯疾也，斯人而得斯疾也!"悲悯之情，溢于言表。孔子的学生樊迟问仁，孔子说："仁者，爱人"。世界教育史上，意大利教育家维多里诺被尊为"仁爱之父"，瑞士教育家裴斯泰洛齐被称为"慈爱之父"，他们都以充满爱的教育闻名于世。直到现在人们仍然把充满爱的教育称为维多里诺式的教育，把充满爱的老师称为维多里诺式的老师。郭老师对我们学生既"仁"且"爱"，我们很幸运有这样一位维多里诺式的导师，说实话，古圣人莫过此，维多里诺莫过此。

做郭老师的学生，绝非一件轻松的事情。

胡适曾经讲过：聪明人下笨工夫，方能做得学问。在学术圣殿中，郭老师正是这样要求我们的。她容不得你做过客、看客，每周一次的专题研讨会，雷打不动，从不间断。如果你付出了 6 天的勤勉，你自然会如沐春风；如果你蹉跎了 6 天的时光，你的感觉便是如坐针毡。博士生的论文设计不圆满，延期毕业没商量；博士学位论文，没有创造性发现，绝不能毕业。现在想来，过程虽然艰难困苦，结果却是清冽的甘甜。

一次，郭老师去美国，学生们都以为得到了一个难得的假期。但万里之外的老师，仍不忘记给研究生修改论文，寄回的稿子上满篇都是红色批注。回国后，她顾不上倒时差就召集研究生开学术例会，从她脸上看不到丝毫倦意，仍是那样神采奕奕。郭老师的严格，绝不以刁难为目的。每次例会前，她都会打电话给报告人询问报告准备情况，并给予认真指导。

勤学如春起之苗，不见其增，日有所长。在郭老师的严格要求和精心指导下，学生们每天都能感受到成长的欢欣与愉悦。康有为云：师道既尊，学风自善。的确如此!

做郭老师的学生，又是一件愉快的事情。

动机是郭老师关心的领域，而她本身的确也是一个动机激励专家，自己始终保持着很高的工作热情。学生们常常有这种感觉：郭老师是不老的！每一次见到她，都像第一次入学时见到她一样。从来都没有见过她有疲倦的时候，好像她休息时，都是充满活力地休息。让人不由得感叹：她哪里来的能量，心情总是那么开朗！每位学生都能感受到这股热情并且受到感染，每次和她的交谈后都感到备受鼓舞。她带领的团队不仅是一个团结的研究小组，也是一个温馨的大家庭。正是学术上的严格要求和生活上的悉心关怀使得学生感到强烈的归属感。

《诗经》有云："高山仰止，景行行止。虽不能至，然心向往之。"衷心祝愿恩师耕耘不辍，桃李芬芳!

（田　宝、罗　峥、汪　玲、方　平）

学者楷模　师德典范
——记宁虹老师

宁虹简介

宁虹，1951 年出生，中共党员。首都师范大学教育学院教授、博士生导师，享受国务院特殊津贴，北京市第三届高校教学名师奖获得者，北京市一级学科重点建设学科教育学原理学术负责人。2005 年被评为“首都师范大学优秀党员”。他参与项目“创设合作共同体，构建实践取向的教师教育模式”荣获第六届高等教育国家级教学成果一等奖（排名第三，2009 年）和北京市教育教学成果奖（高等教育）一等奖（排名第三，2008 年）。他负责的《教育研究概论》课程 2010 年荣获国家级精品课程。其代表性成果有《现象学教育学探析》、《教师成为研究者：国际运动 理论 路径 实践》等。

宁虹老师是享受国务院特殊津贴的专家，北京市第三届高校教学名师奖获得者，现为教育学院教育学系教授、博士生导师、教育基本理论研究所所长、教育学原理北京市一级学科重点建设学科学术带头人、首都师范大学教师教育中心主任。主持我校教育学原理学科建设，并于2000年获得教育学原理二级学科硕士学位授予权，2005年获得教育学原理二级学科博士学位授予权、教育学一级学科硕士学位授予权，为我校教育学科的建设发展，促进教师专业发展，服务北京市基础教育作出了重要的贡献。近十年来，宁虹老师始终不渝地坚守其学术理想，执著于学术追求，全身心地投入到学术研究、学科建设、课程建设、培养人才等各方面工作中，成绩斐然，深受上级领导和学界同仁的肯定，也获得了身边同事和中小学领导和教师的钦佩，更是赢得广大学生的热爱。

一、勤勤恳恳，严谨治学

在宁虹老师身上，师德并不是标签，而是已经内化到他的日常工作和生活中。在宁虹老师的心中，所有的工作都是他事业的一部分，是一个不可分割的整体。他每天都生活在创造性工作带来的无限喜悦之中，乐此不疲。

作为一名学者，他始终站在教育学研究的学术前沿，并以此带动整个学科的发展，这是宁虹老师始终不渝的追求，更反映出一个学者的高度责任感和事业心。数十年如一日，宁虹老师一直勤勤恳恳工作，严谨治学，为形成我校教育学原理学科的学术特色，提高我校教育学科的学术地位和影响付出了艰苦的努力，在教育哲学、教师教育、教育发展理论等学术领域作了重要的探索性贡献，并通过推进教师发展学校建设项目，为北京市基础教育发展作出了贡献。

二、勇于创新，超越自我

作为学者，宁虹老师始终保持锐意进取的学术勇气，大胆开拓，勇于创新，不断超越自我。宁虹老师的工作日程表，永远瞄准下一个研究目标，始终保持着旺盛的学术创造力。

现象学教育学研究是我国教育哲学界一个新兴的研究领域，也是一个极具挑战性的领域。宁虹老师敏锐地把握到这一新的理论生长点，组织学术力量投入这一领域研究，使我校成为我国最早开始这一领域研究的重要学术单位之一。宁虹老师在这一领域的研究，以马克思主义实践哲学为基础，吸收现象学运动哲学思想的启示，探索以马克思主义为指导的教育实践哲学研究，形成以实践为突出取向的学术特色。通过承担教育部重点课题《现象学与教育理论的实践建构》等重要基础研究项目，连续发表系列重要论文，建立该领域的国际学术联系，成功地主办了“现象学与教育学国际学术研讨会”。使我校在这一领域的研究初步形成体系规模，受到国内外学术界的关注，专家对宁虹老师和他所组织的学术团队在这一领域的探索给予了高度评价。

三、推进教师发展学校建设，服务北京市基础教育发展

作为首都师范大学的知名教育学教授，宁虹老师始终以一位学者的高度责任感和满腔热情关心着首都基础教育事业的发展。宁虹老师曾饱含深情地说：“中小学课堂是教育学的故乡。”正是这种“乡情”支撑着他的理想和信念——促进中小学教师专业发展是师范大学义不容辞的责任。正是出自这种崇高的责任感，宁虹老师常年坚持服务在首都基础教育发展的第一线，十年如一日，无怨无悔！

首都师范大学首倡的教师发展学校建设，形成全国性影响，受到高度评价，并广受欢迎。宁虹老师作为主要发起人之一和项目负责人，带领所在团队长期坚持深入中小学师生教育教学实践，成为深受中小学师生欢迎的大学教授。如今，教师发展学校建设已经走过了近十年的历程，这期间，宁虹老师几乎每周都会到中小学校与校长和老师们交流，风雨无阻。一些中小学老师在备课遇到问题的时候，也会在第一时间向宁虹老师请教，彼此之间电话和手机短信的交流一直保持热线状态。

总之，在宁虹老师的日常工作和生活中，工作和生活从来没有明显的界限，他一直在工作中生活，在生活中工作，时刻体现着勤勤恳恳、严谨治学的工作态度。

四、心系教学和课程建设，努力践行师德理想

多年来，作为教育学一级学科建设负责人和教育学院教师发展建设项目负责人，宁虹老师一直在超负荷工作。他始终坚持承担本科生、硕士生、博士生多门课程的教学工作，从未因研究和服务工作繁忙而松懈教学。宁虹老师努力实践着“学而不厌，诲人不倦”的职业道德理想。

宁虹老师一贯以严格的科学态度从事教学工作和课程建设。多年来，担任本科生、研究生专业基础课《教育哲学》、《教育研究概论》，研究生专业方向课《方法论研究》、《教师专业发展与教师教育研究》，教育系本科选修课《质性研究》，学校师范类本科生公共必修课《教育研究方法》等的教学工作。在教学中，宁虹老师结合自己的研究成果对上述课程做出了重要改革并取得丰硕成果。

近十年来，宁虹老师带领整个教学团队把《教育研究概论》课程建设成为国家级精品课程。这一建设过程可以概括为“十年建设，三轮改革，学生全面获益”。其中的甘苦，只有宁虹老师和他的团队成员才能够真正体会得到。从课程建设、教材编写、教学设计，每一环节都凝结着宁虹老师的智慧和心血。在国家级精品课程的申报过程中，一些年轻教师也曾气馁过，每当此时，宁虹老师总是鼓励大家：“我们辛苦付出不是为了那个精品课程的名，而是促进学生发展的实。看到学生那一份份沉甸甸的研究报告，看到学生在学业上的进步，这就是教师最大的满足。”宁虹老师就是这样脚踏实地带领整个教学团队一步一个脚印走过十年课程建设的历程。当得知《教育研究概论》获得国家级精品课程的时候，宁虹老师并未庆贺，而是紧锣密鼓地筹划着下一步工作，即精品教材建设。宁虹老师从不满足于已有的成果，总是朝着新的目标迈进。

宁虹老师执著、严格的学术追求也使身边的同事和学生深受感染。熟悉他的老师，曾经这样描述：“宁老师的课从教材文本、课件上是读不出来的。他自己对内容的精熟、倾注的情感更多地教育了学生。”宁虹老师的严格要求，对本科生来说确实有较大的难度，学生开始很不适应，通过学习，学生首先是被他的敬业精神和学术追求所感动，然后为他所阐述的学理所吸引，一学期下来，感受到了学术的成就感。教育系 2001 级本科班学生这样描述：“那段时间，我们每个人书包里都装好几本哲学书，闲聊的时候哲学都成了主要内容。”

中文系和教育系 2004 级本科生对《教育研究概论》课的反馈意见是：“在我们进入大学三年级的时候，学习《教育研究概论》这门课，对我们的触动很大”；“这门课程的难度是前所未有的”；“这门课程的收获也是丰硕的。一学期走过来，经历了严格科学的学术训练之后，看到自己写出来的研究报告沉甸甸的，也感觉出学术的厚重”；“老师的要求是严格的，起初有点受不了。当看到自己的研究成果时，才真正体验到学术的滋味。原来研究离我们并不远。如果继续努力下去，在学术的路上，也许我们还能走得更远。这门课增加了我们的学术自信”。

宁虹老师一直担任本科教学，坚持讲授本科基础课程，并取得了良好的教学效果。教育系本科生反映，宁虹老师的课是“少有的需要我动脑筋的课”，“学术含量最高的课”。宁虹老师指导的本科生毕业论文，多次被评为校级优秀论文。作为学科负责人，他主持并亲自承担多项我校本科生优秀课程建设，其中《公共课教育学》作为我校教师教育改革重要项目，取得显著成果，引起广泛关注，被评为学校优秀教学成果；教育系本科生教育研究方法课改革被评为学校优秀教学成果；他在教师教育改革中所作的重要探索“建设教师发展学校，促进教师教育一体化的研究”获北京市优秀教学成果一等奖(排名第一，2005年)，“创设合作共同体，构建实践取向的教师教育模式”获第六届高等教育国家级教学成果一等奖(排名第三，2009年)和北京市教育教学成果奖(高等教育)一等奖(排名第三，2008年)。与此同时，宁虹老师还积极参与促进职后教师发展的教师发展学校建设工作，通过促进教师专业发展来提升首都基础教育质量，其中的成果“求根务本：教师发展学校的八年建设”荣获北京市第三届基础教育教学成果一等奖。

五、呕心沥血培养学生，悉心呵护青年教师成长

宁虹老师执著的学术追求和严谨的治学态度在研究生培养中也有突出的表现。他的研究生中，每届均有学生在权威核心期刊发表论文。

宁虹老师在指导硕士生、博士生过程中总是坚持严格、科学的态度，严谨治学，一丝不苟。在教学过程中，宁虹老师既严格要求学生，又针对学生的个性特点悉心指导，因材施教。他从不放弃任何一个学生，总是耐心地发现每一个学生身上的点滴进步，并因势利导，促成学生个体真实的专业成长。有的研究生感悟：“跟随宁虹老师学习三年经历了一个学术洗礼的过程。宁老师总是‘学而不厌，诲人不倦’，他的治学精神时刻感染着我，他的治学方法锤炼着我，使我一步一个脚印走在学术之路上。”

的确，宁虹老师在与研究生交流过程中，时刻体现出建设教育学科的使命感与责任感，正是在宁虹老师这一精神的感召下，研究生们刻苦钻研，勇于探索教育理论研究的前沿问题。多年来，宁虹老师带领的研究生团队前赴后继致力于基于实践哲学的教育学理论建设，连续取得多项研究突破，每一届研究生的毕业论文都得到校内外专家的一致好评。现象学教育学研究也因此作为首都师范大学教育理论研究的一个突出成果在国内外教育研究领域取得一定影响力。

宁虹老师不仅对自己的研究生倾注全部心血培养，对于青年教师也是悉心呵护。作为教育学基本理论研究所所长，宁虹老师总是立足于教育学学科的长远发展规划所里的人员安排，悉心指导青年教师的学术成长。首先，宁虹老师亲自为青年教师上示范课，并且在课上课下毫无保留地传授自己的教学经验，拿出自己积累多年的教学笔记和教学课件，与全体教师分享他多年的教学心得。在宁虹老师的积极影响下，教育基本理论研究所形成了一个开放、向上、

团结的学术氛围。有青年教师说："和宁老师一起工作，切实经历了一个博士后的研究体验过程，在宁老师那里，充分体会到做人、做学问、做教学的统一。"

在与青年教师一起工作的时候，面对重担，宁虹老师总是身先士卒；面对荣誉，宁虹老师总是考虑给年轻人多一些机会，让他们早点成材。2008年宁虹老师领衔的教师发展学校建设成果申报北京市第三届基础教育成果奖，作为一个集体项目申报，必然要考虑成员的排序，这时，宁虹老师主动提出让青年教师蔡春博士作为该项目的负责人，排在他之前。不计名利，推出新人，这是一种为事业发展高瞻远瞩的眼光，更体现出宁虹老师的博大胸襟。正是在宁虹老师无私精神的感召下，积极向上的精神充盈着整个学术团队，并引领着青年教师前进的方向。

总之，宁虹老师的育人事迹体现在他日常工作和生活的点点滴滴中，这里仅是选取其中的几个片断，当然无法展现其高尚师德的全貌。宁虹老师面对一切荣誉的时候都是淡然一笑。记得宁虹老师2007年被评为"第三届北京教学名师"的时候，他有一段感言："我经常在思考一个问题：究竟是老师成就了学生，还是学生成就了老师？常言说，'铁打的营盘流水的兵'。对于学生，我可能只教过他一次，可是，一届一届的学生，却教着我作为教师的一生。我想，还是学生这些流水的兵，成就了老师'铁打的营盘'，最终是学生教会了我怎样做老师。有一首题为《感谢学生》的小诗，说学生是教师财富的一切，这对于我，是极真切的感受。"

我们相信，这段话是宁虹老师发自内心的真诚告白，也是一位大学教师职业生涯的真实写照！与他交往的每一个教师和学生，无时无刻不在感受其人格魅力！他就是这样一位严谨的学者，一位优秀的大学教师。

（朱晓宏）

命中注定的教书匠
——记邱耀德老师

邱耀德简介

邱耀德，男，1954 年出生。1982 年毕业于北京师范学院。现任首都师范大学大学英语教研部主任。1996 年开始，邱耀德老师利用业余时间兼做中国剑桥少儿英语考试的首席培训官，于 1998 年 10 月正式负责中国的剑桥少儿英语考试省级考官负责人的培训和监督工作。在这近十年的工作中，他利用业余时间一直在少儿英语教学中推行着一种新的教学理念，“学中玩，玩中学，让学生的英语学习快乐起来”。从 2003 年开始，开始招收少儿英语学习心理方向的研究生，研究少儿英语教学特别是英语学习心理的课题。

1971年，由于中美关系的发展和正常化，周恩来总理要求立即从小学开始开设外语课以适应形势的变化。于是，我刚刚要开始北京十二中的初三学习，学校的老师就把我和另外五个同年级的同学推荐到北京市外国语学校学习英语，我开始了中专的学习。两年之后，我被分配到西城区第三十九中学教英语。那时候，我才十八岁，跟自己所教的学生年龄相比，我比他们大四五岁，而有些高中生跟我同岁。

由于虚心好学，我很快地就熟悉了教学和班主任的工作。不知是年龄与学生相仿的缘故还是自己的确做得也不错，我所带的班几次被学校评为先进班集体，我自己还被评为西城区先进班主任。

回想起最初几年的教学和班主任工作，我感觉非常的有意思。我与学生同下乡，学习农民如何种田；也和学生一起到朝阳区的使馆区给修建使馆的工人当小工；我还和学生一起到工厂向工人们学习，生产马蹄掌上的钉子，等等。1976年毛泽东的逝世使许多人都非常悲痛，为了缅怀毛泽东的丰功伟绩，我以当时校团委副书记的身份发动全校的学生捐献有关毛泽东的图片、画报、书籍等，并在学校领导的支持下办了一个毛泽东的事迹展览，并培训了七名讲解员，为全校的师生，甚至学校附近中学的师生讲解毛泽东的生平事迹等，当时的展览受到了区领导的表扬和肯定。就在当年，为了宣传雷锋精神，我自编自导了一个由40多人参加演出的舞剧《雷锋》，并请作曲家为我设计的整个13分钟舞剧编写了舞曲，该舞剧先后在西城区礼堂及颐和园的国庆舞台上演出，受到了大家一致的好评。想起与学生相处的日子，我总有一种说不出的快乐。时隔三十多年了，我仍和教过的中学生有着密切的联系。2007年正月初六，当时我任教的三十九中的同学举办聚会，总计近一百人，学生们只邀请了我一个老师，说起原因，用学生的话说，“你是我们的大哥和同学呗!”其实，我与学生在中学的五年交情不是一天两天能够说完的。每当学生与我聊天的时候，他们都会说起一些有趣的事。有一次，一个学生问我：“邱老师，您那个时候为什么老带着我们班的同学粉刷教室呢？可是，刚粉刷完教室没有多久，我们又挪到另一间比较破的教室，您又带着我们粉刷，前后我们跟着您粉刷了十多间教室。”听到学生的问话，连我自己也不知道当时为什么老带着学生粉刷教室，但每次粉刷之后，看到一间洁白的教室心里有一种说不出的快乐。

1977年国家提出恢复高考制度，并举行了“文化大革命”后的第一次高考。我经过三个月的紧张复习，如愿以偿地考上了当时的北京师范学院外语系。在学习期间，我努力刻苦地学习英语，并进行了一些社会工作，以自己的实际行动影响和带动着同学们。每天早晨我都跑 1500 米，并在上课前坚持听英语广播。中午吃饭后，我基本就在教室里看书，做作业，晚上利用大块的时间阅读课内课外的小说。除此之外，我还做了大量的学生会工作。毕业时我被留在了本校的英语系，一边继续做学生及团委的工作，一边教书。从 1982 年留校至今已经有 25 个年头了，这 25 年，我也曾想换个职业，也有不少的人给我提供各种调动工作的“门路”。特别是 1993 年我从美国留学回来的时候，曾经有半年的时间在寻找自己理想的工作，但都没有找到。反思了很久，经过一番思想斗争，我认定了“教书”就是我最理想的工作。为了教好书，刚毕业的时候，我专门到我系语音教授的家里跟着他练习发音近半年的时间。为了教好课，我旁听了许多教师的课。其实，我对教书并不生疏。在许多人刚刚开始教书的时候，我已经有了近十年的教学经验。在英语教育系，我先后教过听力、口语、语音、视听说、青少年心理学、教育心理学、少儿英语学习心理等课程。无论上哪一种课，我都认真备课，倾听学生的意见并不断改善自己的教学方法。自从给学生上视听说的课程后，由于自己认真地准备教学材料和内容，学生都非常喜欢该课程。有些学生在给我的教学评语上这样说：“讲课很生动，充分调动了我们的学习积极性。为人随和、风趣，知识面广，理论联系实际，使讲课内容通俗易懂。”其实，学生的评语并非都是正面的，也有极个别的学生反映：“讲课不明白，听不懂，词汇量太大，抓不住重点等。”作为一个教师，面对学生的评语我们应该采取积极的态度，在自己身上找原因，争取使每个学生都满意。

我常常对一些老师说：“快乐来自于教师良好的心态；快乐来自于教师对学生的理解；快乐来自于教师上课的成功；快乐来自于教师渊博的知识；快乐来自于教师独特的教法；快乐来自于教师以人为本的理念。而学生的自信来自于教师的表扬；学生的自信来自于学生良好的交际能力；学生的自信来自于他们能顺利地完成教师所交给的任务；学生的自信来自于他们养成的良好的学习习惯。”因此，我们应该永远做快乐的教师并培养出自信的学生。

作为教师，我一干就是 34 年。我的小学同学、中学同学、大学同学甚至是自己的学生有许多人比自己做得更好。他们有的早已经成了正教授，当上了博士生导师，也有的开了公司，发了大财，提前退休，享受人生。面对周围的一切，我努力调整自己的心态。尽量不跟别人攀比，把每一天都当做快乐的一天。尽管自己年过半百，但仍然保持着年轻人的那种朝气和精神，坚持锻炼身体，坚持收听英语广播，坚持观看英语电视节目，坚持阅读当天的《北京青年报》等。我的想法是：努力做好自己的事，对自己负责，对学生负责，对周边的同事负责。教师中有许多人都有着自己的脾气，他们在某种特定的场合下会有些冲动，难免会说一些风凉话，甚至是不好听的话。但作为系主任，作为同事，我也在尽量地保持平和的心态，尽量帮助教师调解矛盾，解决心里的疙瘩。我认为，没有必要让一件小事影响我们一天的心情，更没有必要为一点小事而寻找烦恼。

1996 年，教育部考试中心中英教育测量学术交流中心从英国剑桥大学考试委员会引进了剑桥少儿英语的考试项目。由于一个偶然的机会，我被英国剑桥大学考试委员会负责中国该项目考试的官员所看中，并经教育部考试中心的同意，让我利用业余时间兼做中国剑桥少儿英语考试的首席培训官，我于 1998 年 10 月正式负责中国剑桥少儿英语考试省级考官负责人的培训和监督工作。在这近十年的工作中，我利用业余时间一直在少儿英语教学中推行着一种新的教学理念，“学中玩，玩中学，让学生的英语学习快乐起来”。正是如此，我开始参与教材的编写，并对教师进行上岗前的教学方法及教学理念的培训。虽然培训教师非常累，但为了推行“快乐学英语”的教学理念，我极力在相关报刊和媒体上发表自己对少儿英语教学的看法。从 2003 年开始，我开始招收少儿英语学习心理方向的研究生，与自己的学生共同研究少儿英语教学这个新的课题，特别是英语学习心理的课题。我深深地知道，这一切刚刚开始，我的面前还有很长、很长的路要走。但我坚信，只要自己锲而不舍，就一定能把少儿英语学习心理的研究工作做好。

（首都师范大学外国语学院）

师者为师　思行合一
——记宋洁老师

宋洁简介

宋洁，女，1968年出生，毕业于天津师范大学英语系英语专业，现任首都师范大学外语学院英语教育系教师、系主任、副教授。她多年耕耘在教学一线，担任本科、学术型研究生和教育硕士的教学任务，教学效果显著，受到学生好评。近年来发表教学和教改方面的学术论文多篇，参编市级精品教材一本。曾在首都师范大学青年教师基本功大赛中获奖，获得过“优秀主讲教师”荣誉，并获得过北京市教委授予的“高等院校优秀青年骨干教师”称号和市教委人才强教青年教师资助。

宋洁老师是一位工作认真投入、教育教学管理经验丰富的骨干教师。她自1992年进入首都师范大学英语教育系，多年来一直勤勤恳恳地在教学一线耕耘着。

宋洁老师坚信“德为师之本”，她认真实践“做教师首先是做人，做真诚的人，做正直的人”的原则。长期以来以自己的人格魅力感染和影响学生。她努力为学生创设民主与和谐的学习气氛，提升了教学效果。同时，她注重在教学中培养和提高学生的情商，在生活中关心爱护每一位学生，成为他们的知心人，受到了学生们的爱戴。

一、勤勤恳恳工作，认认真真做人

宋洁老师教书的格言是：“勤勤恳恳工作，认认真真做人。”随着她的一批批学生走上讲台，他们渐渐理解了这句话的哲学分量和人生观价值。宋老师是这么说的，也是这么做的。从教十七年来，她一岗定终身，在教学第一线努力地践行着勤勤恳恳工作的“伟大理想”。

业务方面。宋洁老师精益求精，曾在学校青年教师基本功大赛中获奖，获得过北京市教委授予的“高等院校优秀青年骨干教师”称号并入选北京市人才强教青年骨干教师项目。

政治思想方面。宋洁老师表现突出，曾被评为“优秀共产党员”，受到学校的表彰。她担任外国语学院英语教育系党支部书记一职，对工作认真负责，团结支部一班人，保质保量完成各级领导交给的各项工作和任务，使外国语学院英语教育系支部在2004年受到表彰，被评为校级优秀支部。

作为外国语学院英语教育系教学副主任，宋洁老师在基层教学管理工作岗位上更是任劳任怨，并勤于思考、探索与研究，追求高效的管理模式与途径。她团结同志，善于合作，在工作中以身作则，率先垂范，得到了全系教师的一致赞扬。

在一线教学工作中，宋洁老师长期承担超量的工作任务。著名哲学家罗素曾说：“思考是人类最艰苦的劳动。”教师是一种以思考为主要劳动方式的职业。宋老师凭着其勤奋、敬业的奋斗精神不断学习和思考，勇于创新，改善自己的教学方法，取得了显著的教学成果，在历年的教学评估中都获得了优秀的成绩，并获得了“优秀主讲教师”的荣誉。

宋洁老师在完成自身教学工作的同时，还承担了许多科研工作，并取得了丰硕的科研成果。最近几年来，她发表学术论文多篇，主编教材和教学参考书

20余册，计60余万字，其中包括教育部规划项目—《英语真实阅读实验用书》18册，该系列丛书受到中国教育学会外语教学专业委员会的推荐。宋洁老师参加编写的《英语学习技巧》一书被评为市级精品教材。她还应邀参加国际读书协会亚洲国际会议并宣读论文。

认认真真做人是宋老师自我人生观的缩影。“德为师之本”，作为一名教师，自身的师德修养是最重要的。做教师首先是做人，做真诚的人，做正直的人。不管是在平时的工作中，还是生活中；不管是在学生面前，还是在同事面前，宋洁老师非常都注重自身的形象，用自己的人格魅力去打动人、感染人，展示了为教育事业无私奉献的崇高理想和高度负责的敬业精神。每一天，她都默默实践着心中不变的誓言——以教师为职业、教育为事业，每一天她都过得那样忙碌和充实。

多年来，她一直担任本科生的实习指导教师，牺牲了自己大量的休息时间到实习学校耐心指导学生，讲授教学技能和方法，受到了实习学生的一致好评。她还一直担任续本科、本科生、教育硕士的论文指导工作，并且指导硕士研究生。尽管工作头绪繁杂，她的工作还是认真细致，耐心地把握住了每个细节。

她为研究生骨干课程班讲授的《跨文化交际研究》课程内容丰富新颖，时代感强，学员们纷纷反映受益匪浅。许多成人学生上完她的课后仍然与她保持联系，通过各种形式向她求教，她十分耐心地为他们解决工作中的难题。

二、创新教学，提升学生教与学的能力

宋洁老师在教学中认真探索，不断积累经验，更新知识，让学生们在课堂上积极动脑，活跃课堂气氛，让他们在愉快的气氛中吸收新的知识：变传统的教师讲授为中心的课堂为学生在教师帮助下主动参与学习的课堂，引导学生在主动积极的思维活动中获取知识，掌握学习方法，充分调动学生学习的积极性，激发学生的学习动机，最大限度地让学生参与学习的全过程。她注重突出学生在教学活动中的主体地位及教师的主导作用，同时积极引导学生主动利用各类图书报刊资料和网上信息，从不同途径获取新知识。除了课堂知识讲授，她还非常注重为各个层次的学生介绍不同的学习方法与学习策略，以培养他们终生学习的能力。

宋洁老师的课堂气氛总是活跃和热烈的，寻其根源，是因为她有着一套颇有见地的创新教学理念。宋老师长期培养师范生，她认为应该把学生的学习能

力和教学能力放在一起来培养。宋老师总是不厌其烦地告诉她的学生们如何才能做一位学生喜欢的老师，总是不厌其烦地培养学生们自己在讲台上的角色意识和思维取向，不厌其烦地锻炼她的师范生们上台授课的能力。这种种不厌其烦逼得学生们课前准备，课上展示，课后交流。不知从什么时候起也能表情丰富地表达了，也能顺畅地与人交流了，也能制作精美的课件了，更为重要的是他们更加自信了，更喜欢老师这个职业了，不知不觉他们也爱上了宋老师，正式进入了“亲其师，信其道”，“信其道，更亲其师”的良性循环。学生们说：“谢谢您，宋老师，因为我们跟您学到丰富的知识，但这并不是最重要的，最重要而难得的是我们跟您学到了做老师的表达能力、逻辑思维能力和感染他人的能力，知识只用一时，能力伴人终生。”宋老师的课在努力实践着古人“授人以渔”的教育理念。

上课时宋老师经常这样“检查作业”：首先请一位同学上台讲演，该同学讲完并不能马上回到座位，宋老师先要求该同学自评，又让同学们互评，最后由宋老师指点。环节虽然较多，时间掌握得却很精确，只有短短几分钟。同学通过课前准备、演练，课上讲演，老师点评一个完整过程，体会了一个微格教学片断。这对同学们增强自信，提升讲演、表达、互动等教学能力相当有帮助。每到这时同学们都很盼望能轮到自己上台展示。大家都认为宋老师演练情境教学非常实用，真正为他们未来走上社会做好准备。宋洁老师的创新教学模式就是以学生演讲、辩论、情景模拟以及师生换位教学等多种形式构成的崭新教学模式，旨在提升同学们教学的实战能力，同学们从中受益匪浅。

2009 年学校举办课件比赛。英语教育系三名学生分别获得一、二、三等奖。这三位学生全部出自宋洁老师教授的班级。这与他们平时受到的训练是分不开的。同学们说：“宋老师情境教学的课堂形式是有趣的，更是实用的，也是贴近我们生活的。通过宋老师的课我们变得更加自信了，更热爱教师这个职业了，教师基本功也越来越扎实了。”

总的来讲，宋老师的教学目标没有局限在教授知识上，她不仅培养学生“知道学什么”，更多地着眼学生“会做什么，如何去做”。这种做法完全突破了传统的教学观念，紧跟时代步伐，为学生创设无拘无束、和谐美好的思维空间，让学生尽情地参与和创造，培养能力出众、能够适应当今社会需求的人才。这种教学实践的效果是十分显著的。

三、育人为本，培养学生快乐情感体验

宋洁老师注重学生的全面发展，在传授知识的同时，既注重科学素质的培

养，也注重学生情感的培养，真正做到了教书育人。

国家最新颁布的《英语课程标准》明确指出，“综合语言运用能力的形成建立在学生语言技能，语言知识，情感态度，学习策略和文化意识等素养整体发展的基础上”。首次把情感态度列为英语课程的重要内容之一，体现了“以人为本，以学生的发展为根本”的人文主义观点。

教育理论家罗杰斯认为，教育的目的在于激发学生学习的动机，发展学生的潜能，形成积极向上的自我概念和价值观体系，最终使学生自己能够教育自己。罗杰斯在这里突出了情感教育在教育中的作用。首先，他认为教师应该用真挚的情感进行教育教学；其次，学生的认知过程与情感过程是有机的统一体；再次，要创造师生情感交流的教育教学环境。

宋老师注重引导学生通过学习，培育他们的情感，宋老师在教学中至少体现了两个方面的情感教育，即兴趣教育和成功教育。

兴趣教育体现在宋老师总是能够通过引导学生们思考有趣味的学习问题，激发他们内在的学习兴趣，让他们带着兴趣、带着自我探究的渴望进入她设计的课程。宋老师总是以课外而又相关的材料带学生们不知不觉进入课本内容，使他们原本预想的枯燥体验一次次落空。宋洁老师作为跨文化交际方向的硕士生导师，非常注重文化教学，在介绍西方文化、开拓学生视野的同时，引导学生热爱本土文化。另一方面，她善于利用异国文化来培养学生的创造性思维和批判性思维。对学生提出的问题她总是认真解答，注意培养和增强学生认真钻研的兴趣。

宋老师会适时地提示她的学生们收获自己学习和研究的“战利品”，从而使他们有非常刺激的成就感，不知不觉地进入她设置的成功体验环境中。这就是宋老师的成功教育。她总能通过创造条件、组织活动让每一位同学都有成功的体验，都有机会取得成功，然后体验成功。在学生们的某一学习过程结束后，她善于总结，在总结中突出学生们学习的成功点和他们的收获，学生们总是因此充满成功学习的快乐。苏霍姆林斯基说：“成功的快乐是一种巨大的情绪力量，它可以促进孩子好好学习的愿望。”教学实践表明，点燃学生渴求知识火花的最好办法就是让每个学生体验发现和解决问题的快乐，获得完成任务的成就感。

四、爱的启迪，共创师生成长心路

宋洁老师结合自己讲授的不同课程，不失时机地教育学生树立正确的人生观、价值观，学会理性地观察问题、分析问题、解决问题，时刻注意提高自己的道德修养和理性思维水平。同时她在学生身上倾注了自己大量的心血和爱心。

近年来，越来越多的专家学者将情商教育纳入到教育教学中来，并强调其对学生成长的重要性。情商反映的是一个人把握和控制自己情绪、对他人情绪的揣摩和驾驭、承受外界压力的能力、不断激励自己和把握自己心理平衡的能力，是属于非智力因素范畴。情商的形成往往伴随着一个人的成长过程，与人的成长环境、个人性格、所受的家庭和学校教育等关系密切。以前人们通常认为智商的高低与一个人的发展成就是密切相关的，然而现今这种观点被认为是片面的。美国哈佛大学的心理学教授丹尼尔·戈尔曼提出：智商在一个人的成功中所起的作用只占20%。其余80%取决于其他因素，而在这些因素中，决定一个人命运的关键是在于个人具有的情商方面的素质及技巧。

宋洁老师在长期的教学实践中越来越意识到当代大学生生活在社会压力空前大的现代社会中，心理和情绪问题成了许多学生学习和自身发展道路上的绊脚石，提高情商的学习也就成了大学生们专业课程之外的日常必修课程。宋老师注重情商并潜移默化地培养和提高学生们的情商。她在课上课下会经常把交流的话题引到情商的主题上来，引导学生们讨论和沟通，并给出驾驭自己情绪的种种办法，使他们在学习知识之外获得了终生受益的情商教育。宋老师还经常在阅读课上利用部分的时间和学生们分享一些提高情商的文章，如以成功、快乐等为主题的英语或双语美文，学生们称之为“心灵鸡汤”。有时宋老师还会把一些相关材料发到学生们的公共邮箱里，这样让学生们有更多的机会在阅读与欣赏中培养快乐的情感和追求成功的自信。曾有一个学生心事重重地走进宋老师的课堂，一年后，她对宋老师说：“宋老师，您是给我一生带来改变的人。”她和同学的关系得到改善，参加了不少校园活动，克服生活和学习中困难的能力大大提高了。

宋洁老师还长期担任本科学生的导师和班主任。她关心和爱护每一位学生，她总是愿意为学生们出谋划策，排忧解难。学生生病了，她总是嘘寒问暖，送去亲人般的关怀；学生遇到了情感问题，也都愿意找宋老师倾诉。她对学习和生活中有困难和问题的同学给予个别辅导与照顾，真正帮助学生解决了许多棘手的学习和生活问题，成了学生的贴心人，受到了学生的爱戴。

一次，宋老师的一个学生在美国实习，没有考虑到时差的问题，半夜给宋老师打电话，跟她商量自己不好启齿的事情，这分信任与依赖使宋老师深深感动，她后来与这位学生的家长多次沟通终于帮助她圆满地解决了问题。

每逢教师节、母亲节和感恩节等节日，宋洁老师总会收到许多的祝福。作为教师，宋洁老师认为这是她最幸福的时刻。虽然她年龄不是很大，有学生还是喜欢称她为“宋妈妈”。学生说：“宋老师虽然年轻，但辈份大。”

宋洁老师勤勤恳恳的教书育人获得了学生们高度的评价，他们说：“宋老师高尚的人格，沉稳的作风，渊博的知识，广阔的胸襟，对我们充满爱心的呵护深深地影响着我们每一个人，她不仅在学问上，而且在师德和诲人不倦的求是态度上也给即将走进教师行列的我们树立了良好的榜样。”宋洁老师以自己的实际行动言传身教，用自身的人格魅力为学生树立榜样，激励她的学生们在学习知识的同时，不断地去拼搏，去追求，去完善自我。

（方　红）

爱，让您如此美丽
——记刘晓红老师

刘晓红简介

刘晓红，女，1967 年出生，毕业于北京师范大学外语系，获英语专业文学学士、硕士，美国纽约州立大学布法罗分校教育硕士。现任首都师范大学外国语学院英语语言文学系主任，副教授。主要研究方向为外语教学理论与实践，为 2006 年北京市专项双语实验班英语专业教改试验项目及 2010 年校级教学改革研究重点项目负责人。曾获“1995 年北京市优秀青年教师”，“1998 年北京市高等学校优秀青年骨干教师”，2003 年及 2007 年度“优秀本科论文指导教师”，2007 年和 2009 年“师德先进个人”，2010 年“全国优秀教育硕士指导教师”。在国内外学术刊物上发表论文 10 余篇，参与译著一部，编写教材数本，参与编纂或审订词典 4 部。

也许有人说，女人的美丽是花季的年龄，是标致的面容，或是少女的身姿。然而，真正美丽的女人是没有年龄界限的，她给人们的是溪水涓涓的品位；真正美丽的女人不是以衣着、容貌、青春为标准的，她给人们的是心灵美与外表美合为一体；真正美丽的女人更是善良的，智慧的，博爱的。

我的导师刘晓红就是这样一位美丽的女人。第一次见到她，是在我们新生入学教育大会上。她没有浓妆艳抹，也不追求时装名牌，但看上去是那么端庄风雅。渐渐地，我终于明白，她的美来源于她心中炽热的爱，是对教育事业的钟爱，对莘莘学子的关爱。

一、对教育事业的钟爱

刘晓红老师1988年北京师范大学英语系本科毕业，1990年硕士研究生毕业。在那个年代，凭借她的才华和学历，可以很容易找到一分常人看来既体面又轻松的工作。可是，她却选择了人类灵魂的工程师——教师的职业。当有人问到她为何选择默默无闻、甘为人梯的教师来作为自己的事业时，刘老师沉思片刻，轻轻地说出了两个字："喜欢"。她说："只有你真正喜欢一件事，你才会投入十分的精力去研究它，做好它。有时我觉得自己很幸运，从事了教师这个工作。"刘老师说话时的表情是严肃认真的，然而，却掩藏不住从她心底里散发出的满足感和幸福感。

在教了9年书以后，刘老师接受学校的指派，去美国纽约州立大学布法罗分校留学。这是一个合作项目。布法罗学校为我校提供一个留学的机会，这名留学人员则要在布法罗学校教授中文。也就是说，在这两年的时间里，刘老师不仅要攻读一个硕士研究生学位，还要给美国学生教授中文课。可想而知，这对于初次走出国门，来到一个陌生国度的人来说是多么的艰难。由于语言上的沟通基本上没有问题，摆在她面前的难题就是文化差异以及快速的生活节奏。刘老师回忆道："在美国上课的强度非常的大，而这个强度大不是在课上，而是在课下。你需要做许多准备工作，因此非常忙，常常要熬到深夜。与中国的大学教学方法不同，美国的大学完全是学生处于主导地位。在课堂上的自主性非常重要，课堂上经常会有一些需要讨论的问题，你必须通过深入的思考自己去寻找答案。而这个通过独立思考解决问题的能力正是一些中国大学生所欠缺的。"在美国这两年的时间里，刘老师又拿到了一个英语教育学的硕士学位。中西教学方法的结合使她在英语教学理论的研究上迈上一个新的台阶。这两年的收获并不仅仅如此，它也使从事英语教学工作的刘老师对美国的社会和文化有了进一步的了解。

怀着满腔的热忱和对祖国教育事业的热爱，刘老师如期回到了首都师大外国语学院，继续从事教学工作，不久又担起了外语学院英文系副主任的担子。她将一些先进的教学理念和方法引进了课堂。她会给学生足够的空间去思考问题，她会通过各种形式的教学去调动学生学习的积极性。诸如，开一场辩论会，就某一问题让同学们各抒己见；组织同学作学术性的演讲，增强学生在公众场合发言的能力；有时还会让同学们表演话剧，帮助他们更好地理解国外的一些社会现象。在大三的时候，我选修了刘老师开设的《多媒体英语应用课》。她经常会通过很多生动有趣的例子来教授我们理论知识，并尽量多给我们创造动手实践的机会。这一方法取得了很好的效果，学生的学习能力逐步提高了。很多同学反映听刘晓红老师的课很过瘾，使学生既获得了宝贵的知识又感受到了学习的快乐。

2006 年，刘老师担任了英语语言文学系系主任。同时，她还要教授我们大四学生的《英语论文写作课程》。不仅如此，教育部对全国英语专业院校的评估工作也要在此时全面展开，从学校到院里都非常重视。一下子，她的工作量翻了好几番，工作性质也发生了质的变化。那时候，每每经过刘老师的办公室，总能够看到这样的场景：办公桌上叠放着一摞摞文件，她一边对着电脑忙着查资料，制定修改方案，一边接听电话。即便是这样，我们从没有在课堂上看到刘老师显示出一点倦容。她为我们准备的课件一直是那么丰富且有条理，对我们的作业总是及时地批改和反馈。有一次，我和刘老师聊天时说：“同学们都觉得您时时刻刻都是精神饱满的。”“那太好了！这几天我都只睡四个小时，还担心你们看出来呢。”刘老师脸上洋溢着孩子般喜悦的笑容。北京的初冬，寒风刺骨，许多人都没能逃过感冒这一劫，刘老师也患上了重感冒。但是她并没有休息，上课的内容和节奏也没有任何变化。她还带着浓重的鼻音风趣地对我们说：“My voice sounds more attractive(我的声音听起来更有魅力了)!”

在刘晓红老师的带领下，经过一年的努力，系里的各项工作开展得井井有条，出色地接受了专家组对英语系的评估，她也通过教授的论文写作课程帮助我们按计划圆满完成了毕业论文。刘老师对于教育事业的这分热爱不仅使她取得了丰硕的成果，也使她的才干、睿智展现得淋漓尽致，整个人看起来风采动人、格外美丽。

二、对莘莘学子的关爱

全国优秀特级教师于漪说：“对教师来说，力量的源泉就是对学生的爱，爱学生才会爱事业，才会对教育工作保持经久不衰的热情，才会充满献身精神。”

刘晓红老师对学生的爱表现在毫无保留地付出。她为学生奉献出了自己的精力、热情、才能和知识，使学生更好地受到教育，在知识上、精神上和品德上取得最好的结果。同时通过了解学生、理解学生、尊重学生，抓住每个学生的特点和志向，精心培育，使之成才。英国教育家罗素说：“爱是一缕金色的阳光。”作为刘老师的学生，我深深地感受到了这束阳光带来的温暖。

从大一到大三，除了上课，与刘老师的接触机会并不多，但她身上特有的气质和风度却给我留下了深刻的印象。到了大四，与刘老师的接触慢慢多了起来。她讲授的《英语论文写作课程》成为同学们普遍认为大四最重要的也是收获最大的课程之一。由于到了大学阶段的最后一年，许多同学忙于准备考研究生或是实习找工作，就不免上课不专心甚至缺课，但每周二的论文写作课是同学们必到的课程，而且课堂气氛十分活跃。这不仅归功于刘老师对课程的精心准备，还应归功于她对学生的体贴关爱，知道学生想什么，需要什么。

论文对于我们来说很陌生，尤其要撰写英语论文就更是茫然无措。因此，刘老师要从最基础的部分开始教授。但是时间紧迫，内容繁多，要想使全系将近 100 名同学都能掌握要领，对于既要负责全系的行政工作又要准备专家评估的刘老师来说实在是个极其艰巨的任务。为了使同学们在最短的时间内学到更多知识，她付出了大量的时间和精力来寻找相关资料，制作条理清晰、丰富生动的教学课件，并且把这些资料全部上传到网络上，以便于同学们在任何时间都能得到帮助。记得刚刚上课时，刘老师就把她的手机号码、家庭电话号码以及邮箱地址都留给了同学们。她说：“在任何时间，你们遇到问题都可以给我发邮件、打电话或是发短信。”作为一名教师，刘老师的工作量和工作时间已经远远超过了她所应该付出的，却没有给自己留一点私人时间，全部奉献给了学生。课堂上，刘老师经常组织同学热烈讨论、互相评价，这种积极活跃的课堂气氛在大学阶段已经很少见了。同学们全身心地投入，在轻松愉快的氛围中学到了知识。课间，同学们可以休息了，而刘老师总是忙于解答部分同学的问题，通常她上午四节课连喝水的时间都没有。

我很幸运，由刘晓红老师作为我的论文指导老师。这也给了我一个好机会，让我更加熟悉了解这样一位充溢着爱的好老师，这样一位蕴涵美丽风韵的女人。

从选题到开题，不知修改了多少遍，每一遍刘老师都会不厌其烦地告诉我进步在哪里，哪里还不够有逻辑性，还应该怎样修改。有时候看到有不少同学都已经进入下一步了，自己心里确实很着急。刘老师似乎看出了我情绪的波动，对我说："没关系，别着急，选好题是为了写好主题，写好主题是为了写好提纲，有了好提纲后面的文章就容易多了，环环相扣，咱们一步步来。"给我印象最深的是刘老师对我论文的修改。我还清晰地记得看到刘老师给我改过的初稿上满是红色笔迹，甚至细致到一个逗号的使用，当时心里充满了感激和感动。刘老师那么忙，还帮我修改得这么细致，这也激励我每一稿都要尽量改到最好。我的论文最终被评为系里的优秀论文，并被推荐为校级优秀论文，这一切都要感谢刘老师全心的付出！

刘老师实在太忙了，同学们早已习惯了她忙碌的身影和急促的脚步声。每次去找刘老师指导论文，我们的谈话总会被电话铃声打断。但是刘老师从来没有对我的论文放松过，我每次修改后交给刘老师，她总是像看第一遍一样认真。我们经常通过邮件和短信联络。好多次我注意到刘老师发给我邮件的时间都已经是第二天凌晨了。有时我发短信给刘老师提醒她要注意休息，别太累了。刘老师总是说："谢谢你，但我实在是太忙了。"有一次，刘老师打电话说和我周六在某个咖啡厅约会。原来是她平时实在太忙了，又怕耽误我的写作进程，就决定利用周六她的休息时间来帮我指导论文。

刘老师总是面带笑容，目光中透着慈爱和坚定。渐渐地，我觉得自己已经把刘老师当做了朋友。高考的失利使我的自信心受到了严重的挫败。而刘老师真诚的鼓励和帮助使我又找到了方向，重新燃起了希望。有的同学遇到了挫折或是情绪上的障碍，刘老师总是耐心劝导，还会叮嘱家长不要对孩子太严厉。有时候，我甚至从刘老师身上感受了一种浓浓的母爱，看到了这种最亲切、最真挚的爱所赋予一个女人的美丽。也许刘老师看到了我们每个人的成长，把我们都当做了她的孩子。

大爱无边。刘老师心中的爱体现在她的为人师表，她的满腔热忱，她的治学严谨，她的敬业精神，她的默默奉献，她的教书育人。我很庆幸能成为刘老师的学生。在不久的将来，我也将成为一名教师，而刘老师就是我努力的方向和追寻的榜样。对于刘老师，我总觉得她是那么美丽。她不像花朵般艳丽，她不像天空般高远。她的美来源于对教育事业的无私奉献和热爱，她的美来源于给予学生的真挚伟大的关爱。是爱，让她如此美丽！

（首都师范大学外国语学院）

基础音乐教育与教师教育改革的实践者
——记郑莉老师

郑莉简介

郑莉，女，1954 年出生。1983 年北京师范学院音乐系毕业，1996 年至 1998 年作为高级访问学者，公派赴匈牙利留学学习音乐教育。现任首都师范大学音乐学院教授、音乐教育系主任、硕士生导师，中国音乐教育学学术委员会秘书长，全国教师教育课程资源专家委员会“艺体委员会”委员，国际音乐教育学会会员，国际柯达伊学会会员，中国音协柯达伊专业委员会副会长，中国音协奥尔夫专业委员会常务理事，中国基础音乐教育课程改革专家组成员。2008 年至 2010 年，郑莉教授担任教育部“音乐新课程远程研修主持专家”，2010 年在“国培计划”——全国中小学农村音乐教师培训项目及中西部农村中小学骨干音乐教师远程培训项目中任领衔专家。

一提起首都师范大学音乐教育系郑莉老师，不论老师还是学生，都会用“忙碌”二字来形容她。多年来郑老师一直从事音乐教育理论与实践研究工作，除在校内担任音乐教育系主任、硕士生导师，还常年任中国音乐教育学学术委员会秘书长、国际音乐教育学会会员、国际柯达伊学会会员、中国音协柯达伊专业委员会副会长、中国音协奥尔夫专业委员会常务理事、中国基础音乐教育课程改革专家组成员。尽管教学工作繁忙，社会活动频繁，郑老师仍一如既往地热情工作，严谨治学，勇挑重担，无私奉献，为我国基础音乐教育事业呕心沥血，默默耕耘，挥洒着自己的热情与智慧，承载着心中的梦想与追求。从17岁走上工作岗位到现在，三十几年的教育生涯和十年研究生培养经历，使她先后培养了百余名研究生和一大批优秀音乐教育人才，不愧为我国基础音乐教育和教师教育改革的实践者。

一、关注国际教育视野，立足本国教育改革

任何一个国家的教育改革与发展都离不开国际教育改革的大环境与大背景。郑老师曾多次赴国外留学、访问并考察，对国外先进的教育理念与教学方法熟记于心。特别是伟大的匈牙利音乐教育家柯达伊“让音乐属于每个人”的艺术主张深深打动了她，使她很早就萌发了“让音乐属于每一个中国人”的梦想，看到国外的孩子快乐地学习音乐、享受音乐，郑老师总是在思索中国的孩子如何能喜爱音乐，与音乐为伴，这也使她在基础教育改革之初就提出了很多独特的见解与观点，积极进行国内教育改革的探索与尝试。

郑老师在学院率先开展了探究性课堂教学，一方面把国际上的先进理念引入到中国的课堂中来，另一方面在课堂上通过师生互动、问题教学、建构性教学等有效环节的运用，使师范生能够掌握世界上音乐发展的最新动态，了解国外先进的音乐教育体系，特别是引导他们结合自身的音乐教育实践，注重实践能力的培养。她始终坚持在师范生中牢固树立专业思想意识，坚持把学生带到实践中去，在江河湖海中学习音乐，摆脱过去书本式、教室式的束缚，在人才市场竞争激烈的大环境下，把学生引向一个真实的教育人才培养环境中。在教学的同时，还承接很多社会工作和很多国家项目，引领着全国基础音乐教育的大方向；不仅关注本校的音乐教育专业学科发展，同时引领全国很多地区的音乐教师的课堂教学实践，帮助教师们解决课程改革中面临的困惑、问题。事实证明，她的很多想法都非常符合现行音乐课程标准的理念与要求，通过多年的讲学、评课、培训等实践活动，她更坚定了自己对基础音乐教育改革的信念与

认识。在不断关注国际教育视野的同时，郑老师踏踏实实立足于我国基础音乐教育改革，除正常的教学工作之外，她参与了音乐课程标准的制定、相关教材的编写和新课标教材的音乐教师培训等工作，为我国基础音乐教育事业的发展作出了突出的贡献。

二、倾情奉献教育事业，累并快乐着

说起郑老师，只要是她教过的学生都会惊叹于她对工作的投入与饱满的热情。她每周的课时很多，有本科生、研究生还有教育硕士的课。除此之外，她还承担了学生的教育实习工作，各类学生的论文批改工作，系里安排的各项工作，还有开会、讲学、评课、培训等一系列繁忙而琐碎的工作。这些工作往往是接踵而来，让她没有喘息的机会，经常会看到，已经很晚了，郑老师的办公室还亮着灯；在吃饭的餐桌上，郑老师一手拿着筷子，一手拿着学生的论文；在回家的路上，边开车边回答学生的问题，有时忙得连饭都顾不上吃，只泡一碗方便面充饥，以至于身体多处有病却没时间去医治。

为了培养创新型音乐人才和具有宽广胸怀、新一代的音乐教育人才，更为了锻炼学生的实践、教育能力，郑老师带领首都师范大学音乐学院的同学们开展了一系列的大型音乐互动活动，“音乐连着你和我”，带领同学们走出校门，走向大山，走上舞台，在大自然的熏陶下、在山区同学们的热烈欢迎中，不断地磨炼自己，锻炼实力，丰富人生阅历，最终培养出一批优秀的准音乐老师。她还经常带领学生们下乡锻炼演出，体会农家的生活，如带领学生深入北京市昌平区瓦窑小学、北京市怀柔区喇叭沟门满族中心小学、北京海淀黄庄学校等，所到之处都受到广大学生、教师们的真诚欢迎。在四川省北川中学的支教过程中，郑老师表现突出，以她为带头人的团队被评为了“北川支教先进集体带头人”。

郑老师的这些实践活动不仅体现在对本科生的培养上，还体现在对研究生的培养上。郑老师总是抓住每一个机会让大家从实践中更快地成长。例如带领研究生去广州、深圳、上海等地听课，参与教学实践活动。在此过程中她与学生同吃同住，既拉近了与学生的距离，又让学生在真实的教学环境中提升了教学理念，对好的音乐课堂教学有了感性的认识与思考。深圳之行让大家至今难以忘怀，参观“刘宏伟艺术工作室”让大家开阔了眼界，看到了我国基础音乐教育发展的一些动向和存在的问题，专家的点评也使每位同学受益匪浅，找到了一些新的角度，有了自己的思维与想法。大家意识到，这样的实践活动远比在课堂上获得的要多，从而也更加珍惜与期待有更多类似的活动。

在同学们的心目中，郑老师总是不知疲倦地拼命工作，早出晚归，但却从未听到过她抱怨的声音。她总是说，“那么多工作不做能行吗”，“那么多学生等着不管能行吗”……多么朴实的语言啊，但这正是她内心的真实写照，她把教育事业当成自己的生命来做，在这里倾注了她所有的热情与心血，当看到工作顺利完成，学生又有了进步，她灿烂的笑容总是会告诉你，她是累并快乐着。

三、不断创新，教学科研双丰收

创新是一个民族进步的灵魂，而创新必须在反复的实践中得以实现。郑老师之所以有今天的高度与视角，与她多年的教学积累与勤于思考是分不开的。在音乐教育系，她可谓最忙碌的人，授课对象除师范本科生、统招生之外，还有教育硕士、高校公共艺术硕士、访问学者等。她讲授的课程也是“琳琅满目”，有《音乐教育学》、《音乐教育研究方法》、《当代音乐教育理论与实践研究》、《音乐教材与案例研究》、《国外音乐教育研究》、《音乐教学设计》以及专业实习、教育见习、微格教学、艺术实践等一系列音乐教育类课程，周课时多达25节以上。此外，郑老师还有许多实践性的教学工作，如常年同期担任本科师范班、高校公共艺术硕士班、音乐教育硕士班班主任工作；负责历年本科生音乐教育实践、毕业论文设计、审阅等工作；作为教育部“艺体基地”，连续多年任新课程音乐教师培训班班主任；多年任国家级骨干教师培训班班主任及主要负责人工作；担任院里青年教师培养工作等。

在多年的理论与实践教学中，郑老师不但勤于教学，而且善于总结，这使她在科研上同样成绩斐然。近年来，她发表音乐教育相关论文近40篇，出版音乐教育理论个人专著或主编理论书籍4部、合著6部，新课程音乐教材4册(含教参)，幼儿音乐教材12册，主讲卫星电视教学讲座、录像节目百余讲，点评现场音乐教学及教学录像课百余节，担任全国赛事评委十余次，赴全国各地培训教师两万多人次……

2007年，郑老师与前辈同行学者共创并长期亲自执教的《音乐教育学》课程，被评为“国家级精品课程”和“北京市精品课程”；她参与了国家“七五”课题——“普通学校音乐教育学研究”；她又陆续完成了“八五”、“九五”、“十五”的“基础音乐教育理论与实践”、“高等师范教育音乐教师培养”等科研课题。这期间，她还承担了“普通学校母语教育研究”、“中学生音乐能力培养”、“普通学校传统音乐文化遗产传承的理论与实践”、“基础音乐教育课程改革——艺术课程标准”的研制，“国际音乐教师教育比较研究——匈牙利子课题”、“四年制校内外‘双导师’培养模式研究”、“教育部高中音乐新课程远程研修”、“高中音乐新课程高端备课”、“教育部小学新课程远程研修”、“中国大典—艺术分典—音乐卷”等一系列国家级、省部级、市级、校级科研课题与科研项目；推出了“21世纪高师‘强教支边’教育模式的构建与实施”；提出了“双导师、双实践新型音乐教育人才培养模式”。目前，她又根据我国高等师范院校现状及未来发展趋势，积极创设“双轨制音乐教育人才培养模式”。

四、严师慈母育英才，硕果累累展英姿

新课程标准一再强调要关注每一位学生的成长，郑老师正是这一标准最忠实的倡导者与执行者。在学生眼中，她既是一位严师，更是一位慈母。说她严，一点都不夸张，如果哪个学生的作业达不到要求或不能按时完成，她会毫不客气地批评一顿，有时可能让学生下不了台。记得教育硕士论文开题时，一开始的选题总是不太理想，郑老师非常着急，言辞激烈地批评了大家，尽管都是些成人，也知道老师的用心所在，但大家还是觉得有些接受不了，有的同学偷偷地掉了眼泪。类似的事情不胜枚举，总之大家一提到上郑老师的课都不敢懈怠，都会加倍用心。但就是这样一位严师，却让大家更多地感受到了她的“慈母”心肠。在生活中，她对每一位学生都关爱有加，哪位同学生病了，哪位同学家里有事，她都会问及，并且热情相助，一点也没有教授的架子；当有的同学有了进步时，她会比谁都高兴，笑得乐开了花；当大家的开题顺利通过时，她又会加油打气，鼓励大家更好地完成下一个目标。与郑老师在一起，大家由最初的“紧张”到逐步的“放松”，甚至到了亲密的相处，无时无刻都能感受到一个慈母的关怀与期望，也使大家更坚定了信念，唯有努力学习才是对老师的最好回报。

一分耕耘，几多收获。郑老师所培养的学生多次获国家级论文评比奖、科研奖、教学案例奖及教学录像评比奖。以首都师范大学音乐学院2005级研究生和教育硕士为例，获奖率高达90%，在读期间文章发表率为93%；在第二届音乐教师教育研讨会上就有3名学生的论文同时获得一等奖的第二、第三及第十三名。郑老师所培养的学生已有2名考上博士生。目前，在园丁工程中培养的国家级骨干音乐教师更是成绩斐然，许多人成长为国家级教育名师、特级教师、高校研究生导师、教研员、地方教育局长、高师教法教师、课改专家组

成员、教育部课题核心组成员、音乐教材主要执笔者等，在全国各地音乐教育领域中，在基础音乐教育课程改革中发挥着重要作用。

在学生喜获丰收的同时，郑老师也满载着收获的果实。无论学校授予的荣誉，还是社会给予的认同，郑老师都当之无愧。她多年获首都师范大学“教育实习优秀指导教师”称号；连续三年获首都师范大学“优秀主讲教师”称号；多次获首都师范大学“优秀教师”、首都师范大学本科生“毕业论文优秀指导教师”、首都师范大学“优秀研究生论文指导教师”、首都师范大学“优秀研究生导师”称号；连续两届获教育部“全国优秀教育硕士导师”称号；作为教育部“音乐新课程远程研修首席专家”连续三年承接教育部远程研修任务；因在教育部“教育硕士培养”验收中成绩、特色突出，获得表彰；在首都师范大学“优秀教育硕士指导教师”评选中获得一等奖；《音乐教育学》精品课程获得首都师范大学“优秀教学成果奖”；荣获首都师范大学“师德标兵”称号；在师德先进评选中荣获“师德先进个人”称号；所执教的《音乐教育学》课程获得北京市级、国家级精品课程；作为带头人获得“北川支教先进集体”称号；等等。

2002 年，教育部主办的《神州学人》期刊在三八妇女节之际，以《郑莉：让音乐属于每一个人》为题，进行了专题报道；2005 年，中央电台《海外来风》栏目以特邀嘉宾形式对其进行了专题访谈；2008 年《中国音乐教育杂志》以“大学教授的基础音乐教育情结”为题，对其进行了专题报道；2008 年，中央电台(国际部)又对郑老师进行了专题采访。

“春蚕到死丝方尽，蜡炬成灰泪始干”正是对郑老师最真实的写照，她良好的职业道德及群众基础、较高的理论水平与实践能力，受到了师生们的广泛尊重与信赖。她把自己所有的爱都奉献给了自己钟情的音乐教育事业，以至于常年疾病缠身，但她却无怨无悔，义无反顾地为我国基础音乐教育事业奔波忙碌，殚精竭虑，正如郑老师所说：“伟大来自于平凡，追求体现于执着；成就产生于奉献，目标折射出永恒!”这正是她的人生坐标，也是她终身努力的座右铭。在我们每个人的心目中，她永远是基础音乐教育与教师教育改革当之无愧的实践者。

（首都师范大学音乐学院）

画品　师品　人品
——记孙志钧老师

孙志钧简介

孙志钧，男，1951 年出生，毕业于中央美术学院国画系。现任首都师范大学美术学院教授、博士生导师。同时兼任中国美术家协会理事、北京美术家协会副主席、北京工笔重彩画会会长、教育部艺术教育委员会委员、教育部艺术教学指导委员会委员。2001 年，孙志钧先生被中国文联评为“全国中青年‘德艺双馨’艺术家”；2005 年，他所带领的工笔画创作与研究团队被评为“北京市学术创新团队”；2009 年，他被评为“北京市优秀教师”。

孙志均先生在担任美术学院院长期间，带领学院取得了长足的发展。美术学专业从 2003 年至 2006 年连续 4 年在全国开设该专业的院校中排名第一；美术学学科于 2002 年被评为北京市重点学科，于 2007 年被评为国家重点培育学科。

孙志钧老师是一位颇有建树的艺术家，是一位可亲可敬的师长，是对首都师范大学美术学院的发展有重要贡献的领导和学者，是一位有强烈社会责任感的文化工作者。

孙志钧老师现为首都师范大学美术学院博士生导师、中国美术家协会理事、北京美术家协会副主席、北京工笔重彩画会会长、教育部艺术教育委员会委员、教育部艺术教学指导委员会委员。他从事美术教育和艺术创作三十余年，取得了丰硕的成果，培养出一批批优秀的美术人才，为美术教育事业作出了自己的贡献。2001 年，孙志钧老师被中国文联评为全国中青年“德艺双馨”艺术家，2009 年被评为北京市优秀教师。

一、一位卓有建树的艺术家

一名优秀的美术教育家，首先应该是一名成功的艺术家。

孙志钧老师是当代画坛较有影响的艺术家，他以工笔画著称于中国当代画坛，又在水墨画上创建新画风。以草原风情为主题的绘画创作是孙志钧老师工笔画的重要特色，经过了生活体验、情感融入、艺术锤炼与创作实践的漫长历程后，孙志钧老师的艺术形成了鲜明的个性化的形式、手法与风格，他的作品因而传达出一种特殊的意蕴与气息。

著名美术评论家徐恩存写道：“在孙志钧的作品中，总是洋溢着太多、太浓、太深重的情感气息……使他的作品尽管选择了具象，然而却不是再现性的描绘。画家以诗性的情怀，对曾经的生活和记忆片断给予了剪裁、取舍、提炼，加工并凝聚为‘记忆’性的诗意画面，并使之成为心灵的向往、情思与意趣的表达。在曾经的草原生活中，孙志钧老师提出若干记忆，给以删繁就简，使生活中的人与物、情景与氛围被提纯为诗意符号——晨雾、月色、草原、牛群、马群、蒙古包以及饱经沧桑的牧人等，在诗意的色彩、氛围、节奏、韵律的共同作用下，编织成内心的感受和情思的吟咏，它经过了画家心灵的过滤、精神的纯化，在简洁与单纯中构造画面。我们看到，孙志钧老师的作品因为注入了生命记忆而意蕴深邃、耐人寻味，让人在追忆和怀念中获得心灵的启迪和充实。”

在绘画技法和形式上，工笔画的严谨性在孙志钧老师笔下进行了某种程度的改造，融入了某种意象表现手法，以“造境”为主，体现的是“内心的风景”。这样的作品与样式一经出现，便体现出鲜明的个性、独特的风格和魅力。孙志钧老师的工笔画创作，在严谨中融入了写意绘画的空灵感，在具象中把意象因素上升为生命精神符号，透过表象可以发现它包含着自然本质和生命底蕴，把曾经的生命体验，以诗意的形态和特质，经过精心处理和艺术表现，一一转化为一种生命的感怀。

二、一位可亲可敬的师长

1978 年，孙志钧老师自内蒙古师范大学毕业后留校执教，1985 年考取中央美术学院研究生，毕业后到首都师范大学任教。在二十多年的教育生涯中，他爱岗敬业，为人师表，诲人不倦，是一位可亲可敬的师长。

孙志钧老师热爱自己的本职工作，他认真备课，精心组织每一次讲稿，认真对待每一次讲课，尽可能地把更多的知识传授给学生。在为研究生讲授新课程之前，孙志钧老师总是召集几个研究生成立一个课题组进行论证，分头搜集素材，将相关材料汇集整编，再进行筛选、提炼，最后梳理成章。学生从课题的选择、立项到素材的收集整理，梳理过程中将项目的结构、主题、核心思想基本搭建成型。这种方式既锻炼了学生的课题研究方法和能力，又启发了学生的思维，并且为学生撰写论文打下了良好的基础。课堂上，孙志钧老师将个人道德修养融入传统绘画艺术讲授中，努力践行“传道、授业、解惑”的师道传统。他的教学中总是穿插着对学生做人态度、做人方法、正确的世界观、价值观和良好的思想品德的教育。

在孙志钧老师的严格要求和人格力量的感染下，他的学生也表现出良好的学风和尊师重教的作风。孙志钧老师有一个著名的工作室在教学四号楼，他工作室的学生刻苦好学，在美术学院是出了名的。一位学生在转为正式党员的思想汇报中谈到孙志钧老师时说：“我的心灵从老师的言行中得到了净化。大家能够保持画室的清洁，来自老师对良好习惯的培养；大家良好的修养，来自老师舒缓从容、平和的风范；大家严格遵守纪律，来自老师每天早晨 8 点准时出现在画室……”。无论节假日，只要没有公共课，每天早 8 点学生们都会雷打不动地进行写生或者创作训练，从不间断。每年的教师节，孙志钧老师工作室的学生们都会为全体教师送上花篮，带去他们的问候……

在学校里，教师是学生最亲近、最尊重的人，也是学生最直接的榜样。教师的崇高人格，像丝丝春雨，“随风潜入夜，润物细无声”，潜移默化地影响着学生的品格。孙志钧老师为人处事公平合理，不抱偏见，对自己所有的学生一视同仁，树立了较高的威信。每一位学生都渴望得到老师的爱，尤其是现今大多数家庭都是独生子女，父母的期望、社会竞争的加剧，使一些学生负担很重，形成了很大的心理压力。孙志钧老师就经常挤出时间把学生聚在一起，坐下来一起吃饭，边吃饭边交谈，减少了与学生的距离感。在情感沟通中，学生释放了压力，学到了知识，建立了自信，找到了出路。自然老师成为了学生成长的伙伴，成为了学生成长的引导者和鼓励者，成为了“朋友”。

“一日为师，终身为父”是学生对老师的尊敬之言。既然做“父亲”，他就全方位地关心爱护学生，从学习到生活，从培养到就业，从人生观到身心健康；他尊重学生，对学生高度负责。他对学生的爱，是一种只讲付出不计回报的、无私的爱。这种爱是神圣的，是孙志钧老师教育学生的感情基础。学生一旦体会到这种感情，就会“亲其师”，从而“信其道”。在教育中，孙志钧老师是教学生怎样做人的老师，他始终保持着一颗纯朴、真诚、自然、率直的心以及对真善美的执著追求，对假丑恶的毫不妥协。火热的激情、正直的品质，永远是孙志钧老师的人格品质和魅力！

丰富的艺术实践和宽厚的处世态度使孙志钧老师获得了对教育的深刻感悟，总结出了独特的教育教学理念与方法。如今，他的许多学生都活跃在美术界的前沿，有的在美术教育行业继承师业，继续为我们国家的美术事业作贡献。如，刘彦、王海滨毕业留院任教，刘彦的作品多次获得国际国内大奖，现为首都师范大学美术学院副教授、知名画家；王海滨的作品获得第五届全国工笔画展银奖，入选第三届全国青年美展和第十一届全国美展等国家级展览，部分作品被中国美术馆收藏并作为国礼赠送国际友人。在其他学校教学岗位工作的学生有宣俊杰、谢亚冰、谢爱、乔尹冰等；在美术机构从事美术文献研究出版和国家展览的几位硕士研究生有王勇、董竟成等，董竟成积极投身国家重大美术活动的编辑、组织、策划、策展、出版、重大展览组织实施等项目工作，如《第十一届全国美展》、迎奥运《“同一个世界”联合国总部展》、《灵感高原——中国西藏主题美术作品展》等；王勇编辑出版了《南京博物院藏·陈之佛工笔花鸟》、《南京博物院藏·傅抱石中国画》、《贺天健精品集》、《荣宝斋珍藏》系列、《首都师范大学美术学院教师工笔画创作与教学研究丛书》等精品美术图书，并多次获得优秀图书奖项以及优秀标兵等文明称号。

三、一位有远见卓识的领导

在三十多年的教育生涯中，孙志钧老师担任首都师范大学美术学院院长职务达 14 年之久，可以说首都师范大学美术学院的成长壮大离不开孙志钧老师的努力贡献。

20 世纪 90 年代初，孙志钧老师敏感地意识到高等美术教育改革的问题。他多次考察国内外美术馆、博物馆、美术院校及艺术家工作室，对国内外美术形态发展有深入的见解和把握，继而在首都师范大学美术学院长期发展方面，进行了规划、论证和实施，他认为：随着对外开放政策的深入、经济高速发展，受外来文化思潮的影响，美术教育改革势在必行。首都师范大学美术学院，也要顺应美术教育改革的形势，才能保持不断发展的态势。他意识到首都师范大学美术学院要立足首都，面向全国，要发展优势学科，首先是师资问题。他在加大培养在职教师的力度的同时，成功地在全国范围内引进了大批卓有建树的画家、教育家、美术理论家，如尚扬、刘进安、段正渠、尹少淳、谢继胜、王珂等，并先后成立了现代艺术研究所、中国工笔画研究所、现代水墨画研究所、亚洲美术教育发展研究中心以及汉藏佛教美术研究所等科研机构。这一系列举措，改善了师资队伍，扩大了学院的影响力，进一步确立了美术学院在同类院校中的学术地位，为美术学院的发展打下了良好的基础。

工笔画学科方向是首都师范大学的传统强项，为了发挥这方面的优势，首都师范大学美术学院成立了工笔画创作与研究团队，孙志钧老师担任团队负责人。这个团队，无论从年龄结构、学缘结构、创作水平和学术成果上都处于国内先进水平；在工笔画创作、教学及理论研究上取得了突出的成绩，在国内该领域中处于领先地位。学院设有国内艺术院校中第一个中国工笔画研究所，并建有工笔画材料实验室。

在当下弘扬中华文化的大背景下，加强对中国工笔画的研究，并通过群体方式在现代工笔画创作上体现其社会艺术价值，以团队的形式形成整体效应，这在艺术院校中尚属先例。首都师范大学美术学院在这方面凸显出特色与实力。现在，团队工作不断深入并取得了实效：团队的理论成果《中国工笔画史》是国内史论界第一本工笔画方面的专著；团队以和谐、开放、创新的思想，展开和其他工笔画团体的合作，提升了当代工笔画的创作、研究水平，同时提高了我校的学术地位和竞争能力，推动美术学科达到全国同类院校的领先水平。

工笔画创新团队 2007 年在中国美术馆举办了传承与创新——首都师范大学美术学院教师工笔画创作与教学研究汇报展，同时举办了学术研讨会。2008 年出版研究画集(一套 9 本，与荣宝斋出版社合作出版)，目前正在编辑《中国工笔画史》；团队成员作品近年来获各等奖项 15 次，发表论文 20 篇，作品 100 多篇幅，出版专著 15 本，为课题的研究打下了良好的基础。以团队为平台，初步形成了集工笔画教学、科研、创作为一体的学术阵地，在社会上形成了广泛的影响。团队还计划建立中国工笔画研究资料库，为老一辈工笔画家建立资料档案，在此基础上建立中国工笔画网站，依托研究所逐步建成中国工笔画研究的中心。

学科的不断发展，使得首都师范大学美术学院在全国众多艺术院校中脱颖而出。在孙志均教授的带领下，美术学院取得了长足的进步，专业从1个发展为7个，统招学生规模从百余人发展为800多人，美术学专业从2003年到2006年连续4年在全国开设该专业的院校中排名第一，美术学学科于2002年被评为北京市重点学科，2007年被评为国家重点培育学科。近年来，美术学院招收的工笔重彩人物创作、现代水墨研究与创作、山水技法与创作、油画古典技法与材料研究、表现性油画研究与创作、重彩画材料技法研究与创作等绘画高级研修班为社会培养了大批的美术创作人才，社会反响良好。

四、一位有强烈社会责任感的文化工作者

孙志钧老师还担任北京工笔重彩画会会长、北京美术家协会副主席等职务。

作为引领北京市工笔画事业发展的北京工笔重彩画会，办公地点也设在首都师范大学美术学院，孙志钧老师担任会长，开展了大量工作。工笔重彩画会作为一个法定的社团组织，是立足北京、面向全国的工笔画家交流的平台与阵地，其学术价值被社会所公认。近年来以本团队成员为主，组织了“学院工笔”——首届全国艺术院校青年工笔画名家艺术展；“当代风骨”——首届全国工笔画名家线描艺术展，并出版同名画集；“自然之歌”——悉尼中国花鸟画线描艺术展；“学院工笔”——首届全国青年工笔肖像画艺术展，并出版同名画集；北京工笔重彩画会2005年度艺术展，并出版同名画集；面孔中国制造——中国工笔肖像艺术展；南北对话——当代工笔画展，并出版同名画集；形象对话——中国油画、工笔重彩、水墨肖像艺术展，并出版同名画集；学院工笔——第二届全国青年工笔画名家艺术展作品集，并出版同名画集；北京工笔重彩画会2007年度艺术展，并出版同名画集；学院工笔——首届全国青年工笔画新锐艺术展，并出版同名画集；精品2008——中国工笔画名家新作展作品集；微观与精致——第二届全国工笔重彩小幅作品艺术展，并出版同名画集；“学院工笔——中国工笔画学术邀请展”，并出版同名画集等。

孙志均教授是一个有强烈社会责任感的艺术家，一方面，他对艺术价值观有着独到的见解，他的见解发挥着广泛的影响力；另一方面，他身体力行，多次在历次国家遭受重大灾害的时候，组织画家捐款、捐画，用实际行动担当社会责任。

孙志钧老师为推动工笔画的学术性作出了重要贡献，其宽广的胸怀、高瞻远瞩的视野为首都师范大学美术学院的长久发展打下了坚实的基础，其个人的艺术追求必将成就一位伟大的艺术家，他的博爱、他的宽厚、他的孜孜育人精神必将培育出满园的芬芳。

（首都师范大学美术学院）

默默奉献　循循善诱　孜孜以求
——记戎小春老师

戎小春简介

戎小春，男，1954 年出生。1982 年毕业于北京师范学院数学系，后在数学系攻读硕士，1986—1990 年到美国纽约州立大学石溪分校读博士，现任美国罗格斯大学（新泽西州立大学）数学系终身正教授、首都师范大学数学系特聘教授。

戎小春是国际著名的微分几何专家，在国际数学界有很高的学术知名度和影响力，1996—1998 年曾荣获美国 Sloan Research fellow，2002 年应邀在世界数学家大会上作 45 分钟报告。自 2003 到我校工作以来，每年在国际知名学术刊物上发表多篇学术论文，组织高水平学术会议，邀请专家来校访问，为学院提高学术科研水平作出了贡献。他还为基础数学国家重点学科、一级学科博士点、北京市一级重点学科的取得做了大量卓有成效的工作，发挥了重要作用。

戎小春老师 1954 年出生于北京，1970 年从北京 142 中(现宏志中学)初中毕业后分配到北京中型齿轮厂做车工。1977 年恢复高考后考入北京师范学院数学系，并于 1982 年本科毕业后考取了本系教授梅向明先生的硕士研究生。1985 年去美国读博，1990 年在纽约州立大学石溪分校获得博士学位。1996 年获得美国新泽西州立大学(罗格斯大学)副教授(终身)职位，2002 年成为正教授。

从 2003 年起，戎老师回到母校首都师范大学担任特聘教授，在此期间他坚持每年讲授研究生基础课和专业课，开设研究生专题研讨班，举办国际学术会议，邀请国际上著名学者讲授短期课程等，并积极开展与国内同行、年轻教师和研究生们的合作研究。

一、赤子之心奉献祖国　努力工作回报母校

回想起当初回国工作的日子，戎老师充满感情地说："记得那是在出国 14 年以后的 1998 年，我作为美国代表团成员第一次回国参加学术交流活动——中美两国科学院联合举办的第二届'中美前沿科学研讨会'，并受到李岚清副总理的接见。那是我第一次亲身感受祖国特别是北京发生的巨大变化，这种翻天覆地的变化深深地震撼了我的心，我在为祖国发展感到欢欣鼓舞的同时也萌发了为祖国的现代化贡献自己力量的强烈愿望。因此，2000－2003 年，我接受了北京师范大学的聘请担任长江学者特聘教授。回到北京工作的 3 年里，我时时刻刻关注着母校的发展变化，与数学系的老师们保持着密切的联系，在他们的盛情邀请下，我于 2003 年 3 月回到母校担任特聘教授，这一做就做了 7 年，直到现在。在回国工作的日子里，我的感觉就像是回到了家，回到了母亲的怀抱，总有一种温暖和亲情在环绕着我。"

从 2000 年起，戎老师就开始了美国一中国之间的跨国学术之旅。每年的寒暑假和学术休假，他都回国讲学和从事学术交流。在科学研究方面，从 1998 年第一次回国至今，戎老师在国际知名学术杂志上共发表学术论文 26 篇，其中绝大多数论文署名为国内、国外两个工作单位。从 1997 年开始，他与方复全教授(原南开大学陈省身数学研究所教师、教育部长江学者特聘教授，2004 年起调入首都师范大学，担任北京市特聘教授)一起合作至今，共发表了 8 篇学术论文。同时，他还和首都师范大学数学科学学院几何拓扑方向的同事们一起努力，推动这个方向的学术团队不断发展进步，现在首都师范大学数学科学学院几何拓扑科研团队及学术成果已经得到国内国际同行的认可，有些成果受

到国际同行的高度评价。

二、对工作一丝不苟，对学生严格要求

戎老师从2003年开始，每年都会利用暑寒假时间，回到首都师范大学授课或举办数学讨论班。虽然时间有限，但是戎老师每次回来授课及举办讨论班时，都一丝不苟、严格有序地完成教学和科研计划。

戎老师上课时非常认真，答疑时仔细耐心。他在课前会把研究专题的来龙去脉讲清楚，比如为什么研究这些问题，反映了什么样的深刻内涵，前人都有哪些结论，都用到了哪些工具，等等。他特别强调基础与直观，对于一个抽象复杂的数学概念，他认为应该用具体的例子来说明，并进一步抓住问题的核心与本质。戎老师的讲课风格清晰明了，常常把一个非常深刻的问题和繁复的解决方法用比较浅显易明的方式解释清楚。

戎老师在数科院开设过的课程包括在黎曼几何方面很前沿的内容，他结合自身的研究兴趣，总结了研究领域里近年的最新研究成果，并把这些内容用教材而非论文的语言写成了讲义。在授课过程中，戎老师不拘泥于讲义的范围，鼓励同学们自己思考提出问题，并坚持与同学们互动。对于同学们遇到的问题常常加以引申，引导同学们作更深刻的思考。通过课程的学习，使我们初步掌握了研究这些领域的工具。这是为我们进一步开展研究工作迈出的第一步。对于刚刚进入研究生阶段学习的学生，一时还难以适应许多现代观点的数学知识。戎老师充分考虑到同学们的现实困难，用大家熟悉的数学方法介绍现代黎曼几何的基本知识，而把比较抽象的概念放到课程后面部分来讲授，作为对之前内容的提炼。这一教学方法，使得同学们既摆脱了对抽象概念的苦思不得其解，又能在较短的时间内掌握更多的内容。

除了上面所说的授课和讲座之外，师生之间的交流，还主要以一起参加专题讨论班和一对一的单独讨论为主。无论身在国内或是国外，只要时间允许，戎老师每周都会和学生们单独讨论一次，有效地帮助指导和督促了学生们的研究工作。戎老师在美国期间，就通过MSN视频语音讨论，指导督促学生们的学业。这些年来除了戎老师参加学术会议外，这样的讨论从来没有间断过。戎老师为了他的学生们，花费了大量的时间和精力。

三、为学生开拓视野，对学生悉心关怀

为了提升学生们的学术水平，戎老师为我们创造了和许多著名数学家当面交流的机会。每年暑假期间，戎老师都会联系许多供职海外的教授来首师大访

问并作报告，帮助同学们扩充视野，了解最新的科研进展。在过去的几年里，他还作为主要组织者，组织了多次几何拓扑方面的学术会议，邀请到很多位国际知名的专家与会，在交流学术的同时也进一步扩大了首都师范大学在国际上的影响力。戎老师还邀请研究相关领域的专家学者来学校授课，或者带领我们参加其他高校研究所举办的学术会议和短期课程。其中，给我们授课的很多数学家都是当今数学界各自研究领域的顶级专家。有时候，同学们在同这些数学家交流时会有一些压力，一是会遇到语言上的障碍，二是不知道如何确定讨论的内容和方式，对于这些情况，戎老师会给大家提出良好的建议。比如在介绍自己的研究工作时，什么东西应该讲，什么不应该讲，该用什么样的语气，等等。

我们在读期间的研究工作得到了戎老师至关重要的指导和帮助。在选题方面，戎老师把学科内有重要地位的选题方向介绍给学生，并鼓励学生自己找问题开展研究工作；刚开始进行数学研究的时候，对待研究的问题往往无法下手，他就鼓励我们大量阅读文献，通过阅读思考提出自己的问题。戎老师一直强调，发表论文不是最重要的，重要的是要把问题彻底弄清楚，问题的核心在哪，解决的关键在哪，等等。在讨论问题时，戎老师循循善诱，启发我们独立思考，有自己的见解；在我们经过长期反复的思索偶有所得时，戎老师往往会大加鼓励，并指点我们更加深入地思考。戎老师要求我们，一旦在某方面有新的发现，应该立刻总结并写出严谨的思考笔记，通过反复思索，就会慢慢深入其中而得到新的发现。这样，从开始入手时一个很小的问题慢慢深入，发现更多的联系，最后可能会得到刚开始想象不到的深刻结论。

为了帮助学生更好地完成研究工作，戎老师为学生做了细致的指导工作，他帮助学生确定文章的导言和框架结构，逐字逐句地帮学生修改文章的具体内容。戎老师一直强调一定要对自己发表的论文负责，要尽自己最大努力完善。通过戎老师无微不至的帮助，学生们对学术论文写作过程中遇到的问题有所认识，研究能力和写作水平都得到了较大的提升。

四、对母校热情回报，为学院倾力付出

戎老师在美国供职的罗格斯大学数学系在美国排名位居前列，历史悠久，培养了许多杰出的数学家和在其他领域中取得杰出成就的人士。戎老师在该系曾担任教学和研究生管理的有关工作。对于美国大学数学系的教学科研体系与管理服务机制有着很深刻的体会。在如何建设国际前沿的大学数学学科方面，戎老师将他宝贵的经验毫无保留地回报给母校。

戎老师在首都师范大学数学学院担任学术委员会委员，他积极参与学科建设发展、人才引进和职称评定等工作，学院领导会向他咨询国际通行的学术评价规范、人才引进和职称评定等方面的制度，戎老师也积极献言献策。他的若干建议在学院的改革措施中得到体现，他的辛勤工作也得到数学学院同仁的理解、认可和支持。多年来，戎老师和数学学院的老师们一道团结奋斗，见证了首都师范大学数学科学学院的成立、发展和走向成熟。现在的首都师范大学数学科学学院，已经成为拥有“数学”一级学科博士点、“基础数学”国家重点学科、“数学”北京市一级重点学科、“数学与应用数学”教育部本科特色专业，集人才培养、教学科研和社会服务于一体，在国内高校居于领先地位，在国际上具有一定知名度的综合性教学研究型学院，其成绩和地位为国内外数学界同行所肯定。戎老师觉得，能为首都师范大学数学学科的发展尽一份努力，他感到很自豪，也是自己对祖国的最好回报。

在数学学院，戎老师也把自己多年来的教学研究经验无私地奉献给学生们。除了讲授一些研究生的课程以外，戎老师还为本科生作报告，将前沿的科研成果用通俗易懂的语言介绍给刚刚接触高等数学的年轻人；他还以校友的身份多次和同学们座谈，讲述自己当年在首都师范大学求学的经历，并把自己多年来学习研究数学的经验与同学们分享。

五、严于律己　为人师表

戎老师每天坚持早上游泳锻炼身体，风雨无阻，并且鼓励学生们也锻炼身体；戎老师生活简朴节约，为人谦虚，和蔼坦诚，非常注重礼节；戎老师工作勤勤恳恳，是为人师表的优秀教师典范。

戎老师多年来往返于国内国外，在他心中，一直有着对家人的深深歉疚。他曾经说：“如果说在我心中有什么牵挂，那就是我远在美国的家人。我的夫人现在美国教书，两个孩子都在美国上学工作，这些年来，我每年都有大约半年时间与他们分离，我的夫人不得不独自承担起照顾家庭和孩子的责任，每当想起这些，我的心里都会涌起深深的不安，为自己不能尽家庭责任而自责。”但当他看到母校的不断发展和学院的不断进步，看到学生们充满自信与年轻的脸庞，他感受到从事自己热爱的教师事业的无比自豪与快乐，因此，他仍旧这样，默默地工作着，默默地奉献着，就像他曾经说过的那样：“回报祖国，服务母校，培养人才，我——无怨无悔。”

（首都师范大学数学科学学院）

精于术业　宽以待人
——记李克正老师

李克正简介

李克正，男，1949 年出生，现为首都师范大学数学科学学院教授、博士生导师。1979 年 10 月，由国家公派出国，到美国加州大学伯克利分校数学系读研，师从 Ogus 学习代数几何，1985 年 5 月获得博士学位。博士毕业后到芝加哥大学数学系做讲师。后来回到祖国，先后在南开大学、中国科学院研究生院任教，2005 年来到首都师范大学。现担任中国数学会交流委员会委员和组织委员会委员、《数学通报》等多个学术刊物的编委。李克正教授致力于算术代数几何学科的发展，主持了新学科建设、教学系统的改革等方面的工作，取得了显著的成绩。

一、精于术业，勤于耕耘

李克正老师的高中时期，正逢“文革”，一切只能靠自己自学。自学数学对没有数学天赋的人来说，虽然可以入门，深度却不足，只能略窥现代数学的奥妙，但李老师以个人的勤奋努力和数学才情及悟性，在几年后中国恢复研究生招考的时候，一举考进中科大研究生院数学系和复旦大学数学系，他最终选择了前者。两年后，又受国家公派去美国加州大学伯克利分校留学。

多年来，李老师对每个他读过的数学定理都要用自己的想法重新证明一遍，以求得最简洁、最美妙的证明方法。这种学习数学的方法，非有极大的毅力并且经得住尘世中许多物质诱惑的人，是坚持不下来的。但李老师坚持了下来，因此也造就了他精湛、深厚的数学功底。记得一位老师曾这样评价李老师：“出的作品不多，但篇篇都是精品。”的确，李老师写论文，如果不是有很大的创新，他是决计不会拿出来发表的。拿出来发表的论文或者书籍，他会把里面的定理证明和文字叙述精简到不能再精简为止。很多学代数几何的学生和老师都读过李老师写的《交换代数与同调代数》。它不仅仅是一本教科书，更是一本诗集。书上的一句话有时需要你去琢磨一天、两天甚至更多的时间，而当你终于理解了其背后的思路时，你会觉得它很“美”！数学是困难的，为了书中那些与众不同的，有时雅致、有时磅礴，但无一例外都是那么简洁美好的证明，不知道有多少个不眠之夜，李老师是与一盏灯、一支笔和一大堆稿纸一起度过的。

与李老师相处越久，越觉他学问功底之深厚。上讨论班的时候，每每有学生有了疑问，往往都是他充当救火队员。无论是多么艰深的问题，他在谈笑间都能轻而易举地解决。不仅是学生，许多老师都会去找他讨论问题，而最后解决问题的也往往是他。李老师学问之深厚，不仅表现在他对他的专业——代数几何上的精通，更表现在他对所有数学领域的深刻理解上。分析、代数、几何，似乎没有哪个领域的问题能难倒他，甚至连集合论、数理逻辑、平面几何这些现代数学的冷门专业，他都下过很大的苦工并取得了不平凡的成就。记得他讲过，在学习集合论时，他曾经将 Hausdroff 的巨著《集论》细细研读过；而在平面几何方面，他成功地用自己的观点将曾经遗失的几何问题的证明重新写了出来。

李老师从没有放松对自己的要求，即使是现在，他依旧每日勤学不辍。他积极参加各类讨论班，认真听每一个他感兴趣的讲座，上课时是在讨论数学，下课后依旧在讨论数学，甚至吃饭、睡觉、生病，都在讨论数学。有一段时间，李老师因为小恙去医院做了手术，需要住院静养一周。学生们去医院看他的时候，他兴奋地讲述起这几天他在病床上想到的有可能用来解决某个数学难题的方法。大家那时终于明白，为什么在许多人面前都是高山仰止的代数几何在李老师手中却是那么的驾轻就熟，那是因为李老师对数学的爱与执著。

二、循循善诱，积极引导

很多导师不喜欢他的学生去学一些不是本专业的东西，但李老师不是这样。每当学生向李老师述说他当前感兴趣的一个课题时，无论这个课题是不是本专业的，李老师总是会宽厚地一笑："你要是感兴趣，很好啊……"然后就会给他许多关于学习这个专业的建议，包括这个专业的背景、整体内容以及好的参考书等。而当这个学生兴趣转移，又开始对新的课题感兴趣时，李老师也不会气恼，他从来不说"你半途而废"之类的言语，而是依旧鼓励他在新的课题中努力学习，并给他很多很好的建议。为什么李老师能做到如此？我想，是因为他能深深体会到年轻人身上那种对什么都感兴趣、什么都想尝试的激情。虽然这种激情并不持久，但却需要人去保护它。李老师小心地呵护着他的学生们勇于探索的心，他也相信，随着年纪的增长、眼界的开阔，他的每一个学生都能找到真正属于自己的领域，为它全身心地付出，取得应有的成绩。

学生们在上讨论班讲演的时候，大都忐忑不安，觉得讲演内容太浅，水平不高，怕老师不满意，但李老师从不以为然，他端坐在讲台下，一如既往地与学生互动，积极发问，时时提出若干可供改进的讲法。常有学生抱怨学好代数几何太困难，此时李老师往往宽慰道："学代数几何不能急功近利，或者妄想走捷径，要一步一步来，先从最基础的概念出发，慢慢地把书念懂。只要你时时想着代数几何中那些抽象的、复杂的概念，持之以恒，绝对会有收获的。这种情况下，代数几何的难入门，对你就绝对只是假象；但是，如果你只抱怨它难学，而不真正花时间、下工夫去了解它的难处之所在，那你就永远不会懂得它的吸引人的精妙之处，也永远就是一个门外的旁观者。"最后，李老师往往不忘强调道："只要你花时间去弄它，就绝对会有收获，对于这一点一定不要怀疑。"

李老师常说："真正重要的是在课后的讨论。"他看重的是学生在课后与他面对面的交流。无论是在什么时间，只要有学生向李老师请教问题，李老师都会耐心回答，不但会解释到学生彻底把这个问题弄懂为止，而且还会从学生的问题出发，进一步阐发，引导学生进入一个更高的层次，给他们留下进一步思考的空间。这样的“解惑”方式，令求教学生收获的东西比最初想得到的还要多。李老师承担了本科生、研究生的许多课程，很多时候上完课时，就已经是吃中午饭的时间了。但面对学生络绎不绝的提问，看到一双双求知若渴的眼睛，李老师总是不忍心拒绝，常常是饿着肚子答疑直到一点多，等把所有来求教学生的问题都解答完，才能去食堂吃饭。但那时，常常是已经没有什么像样的饭菜了。答疑解惑，是李老师最独具魅力的教学方式。四楼的办公室里，只要他在，总是挤满了学生，成为数学学院的一道美丽“风景”。

无论是探讨数学问题还是其他平常的交往，李老师总是把自己和学生放在平等的位置上。李老师来到首师大以后，很多学生都慕名而来，希望报考他的研究生。虽然平时科研、教学任务繁重，但只要有这样的学生找他，他会丝毫不吝惜自己的时间，尽可能地与学生多多交谈，热心向他介绍代数几何的发展前景，首师大数学学院的环境等，令学生还没有进首师大，就已经感受到了家一样的温暖。李老师尊重他们的选择，力争让所有的学生能够自由飞翔，为了实现这样的目标，他甘愿当学生的铺路石，让学生踩在自己的肩膀上达到新的高度。

三、悉心关怀，热诚帮助

在不认识李老师的时候，很多学生会以为，李老师是大教授、中科院晨兴数学中心算术几何小组负责人之一，想必有些大牌的架子，然而，与李老师一接触，这种顾虑立刻烟消云散。李老师待人随和，甚为健谈，数学之外的见识也非常渊博。记得曾经听他说过，年轻时为一解当时内心的诸多困惑，发奋读过一阵文史哲方面的书籍，所以与李老师交谈，收获很多。

李老师是一位非常典型的热心肠的人，在生活中对学生经常慨然相助。有位学生大学毕业来到北京，经自己的大学老师推荐与李老师见面，李老师和蔼可亲地和他交谈，了解他住在何处，平时在读什么书，介绍他参加讨论班，难得的是每次讨论班时间有变化，李老师都亲自发邮件或短信通知。后来为参加讨论班的方便，李老师帮助这个学生联系住所并安排在数学院图书馆兼职工作，使他能够专心于学业，逐渐入了代数几何的门。这也让学生们深深感觉到李老师对学生的爱护。

另一位学生在尚未进入李老师门下之前曾经给李老师写过电子邮件，请求李老师帮忙找一篇论文。那篇论文最初是用俄文发布，刊在俄罗斯数学杂志上，不易找寻，结果，李老师居然找到了那篇俄文论文，并且扫描成电子版发到学生的邮箱，着实让学生感动。

还有一位学生下定决心要跟随李老师学习，通过李老师当时一名学生的引见，终于在李老师的办公室里见到了他。当时颇为紧张，先忐忑地描述了一下个人情况，然后直截了当地对李老师说想做他的研究生，希望能够跟他学代数几何。李老师开始大致介绍一番首都师范大学数学系数论组以及组中各位老师的情况，并且说首都师范大学数学系很不错，尤其数论组中其他诸位老师皆是对数学有深刻理解的人，能来这里念数学应该不错。交谈之际，李老师时时发出爽朗的笑声，大大缓解了学生当时紧张的心情。后来这个学生顺利地考上了李老师的研究生，想利用暑假到晨兴中心听报告，但苦于没法解决住宿问题。他惴惴不安地去找李老师，将自己的困难表达了出来，李老师二话不说，就与晨兴那边联系，费了好大的周折，终于为这个学生安排好了宿舍。

有一次，一个学生因为恋爱与学习的矛盾没法解决，也找到了李老师，向他讨教方法。李老师很热心地开导他，并拿自己作例子。他回忆自己当年读书岁月的艰辛与快乐，与自己妻子在美国读书时的趣事，还谈到了人生的意义。李老师凭借着他的智慧、耐心以及一颗爱学生的心，终于解开了那个学生思想上的疙瘩。

李老师非常关心学生们的就业情况。他并不要求他的每个学生都能成为有名的数学家，只希望学生都能找到自己合适的岗位，进而能发挥最大的能力回报社会。李老师会积极为他的学生联系工作，并运用他的智慧和经验，给学生提出特别好的建议。他的学生遍布社会的各个行业，并都取得了很好的成就。

（首都师范大学数学科学学院）

真情流淌　师爱无痕
——记马恩林老师

马恩林简介

马恩林，男，1953 年出生。1978 年毕业于北京师范大学数学系。现为首都师范大学数学科学学院副教授、硕士生导师、数学科学学院教学指导委员会委员、中国数学会《中学生数学》执行编委。曾获得“首都师范大学‘红烛礼赞’教书育人优秀教师”奖及“首都师范大学优秀主讲教师”、“本科毕业论文优秀指导教师”等奖励。著作有《概率论与数理统计》（主编）、《概率论与数理统计学习指导》（主编）、高级中学新课标教材《风险与决策》。

何谓“师爱”？师爱与众不同，不同于母爱、友爱、情爱。母爱容易出现溺宠，友爱重在礼尚往来，情爱少了几分严谨，而师爱是严与爱的巧妙结合，是理智的科学的爱。而师德，恰恰是能够让学生体会到师爱的精神体现。马老师获得过“红烛礼赞”优秀教师和师德先进个人的荣誉，他讲课深受学生欢迎。采访马老师的工作很艰难，马老师总是“拒绝”我们的采访，他总是说：“我没有什么可写的，我做的只是一名老师应该做的事情。”在笔者的不懈努力下，马老师终于答应了我们的采访。马老师说：他对于教师的认知来自于他在北师大求学时老师对他的影响。老师们严谨的治学精神、对学生认真负责的态度使得他在自己的求学经历中受益匪浅，自己走上讲台做教师也是受到了大学老师对他的影响。马老师说，一名老师的治学精神、处事原则以及对学生的态度，决定了学生将来的发展和人生轨迹。在这种理念的指引下，马老师也实践着“学高为师，身正为范”的品行与操守。

一、教学严谨，一丝不苟

马老师对待教学很严谨，这可以从他的板书说起。他写得一手好字，板书一向都是工工整整，看了令人赏心悦目。在马老师十多年前的学生的回忆中，大家都还对他的板书赞不绝口。

以小见大，马老师在教学方面更是没有过丝毫懈怠。他讲课清楚明了，富有激情。他的课被学生公认为听得“最明白的课”。凭借着多年的教学经验，他可以预先知道学生容易出错、容易混淆的知识点，配合例子加以讲解，使学生分清、弄懂这些内容。如果说数字是有着特殊含义的符号的话，那么学生就可以通过马老师的课，把数字背后这些特殊的含义剖析出来。马老师讲课不枯燥，他总能找到恰当的事例去解释，这一点绝不是轻而易举就能做到的，这需要丰厚的知识底蕴，既包括数学方面的，也包含生活方面的。基于此，马老师上课有一种本能的激情，那分激情是出于对数学无比的热爱，是出于对教学的认真负责，更是出于对下一代青年寄予的莫大期望。听马老师的每一次讲课，都是一次思想的洗涤。他让我认识到自己所拥有的知识远远不够，也让我感受到自己对数学的热情与数学研究者们相差甚远。在他的课上，我可以排除杂念，充分感受沉浸在数学当中的快感。

应该说，大学的学习都靠学生自觉，很少有老师追着学生交作业，但马老师就是这样为数不多的老师中的一位。他在每学期开学都再三跟学生强调一定要按时交作业，不然他就会追着要。我印象比较深刻的是上大三的时候，马老师教“多元统计分析课”，是一门选修课。他在一次课上说：“上次的作业有6个人没交，下次不能了，这6位同学将上次的作业和这次的一起交。”那次课后学生都评价这位老师事太多了。但过了一年之后，我和同学聚会时，偶然间谈到马老师，大家都称赞他是一位“负责任”的好老师，如果不写作业就什么都忘了，但大家对多元统计分析知识还有些许记忆，这无疑是马老师的功劳。

无论是作为本科生论文指导教师还是科研立项指导教师，马老师对学生的论文要求都很高。马老师总是认为，既然选择了做，就一定要认认真真、踏踏实实地做好。所以马老师指导的论文总是能够获得优秀，马老师自己也因此经常被评为优秀指导教师。

对自己所带的研究生，马老师更是严上加严。我记得我们写完毕业论文初稿后，导师要进行修改，当我拿到改完之后的初稿后，我惊呆了，本来打印出来的是白纸黑字，全被一片红所覆盖，页页如此。马老师逐字逐句地进行审阅，在旁边写批注、修改意见等，很多符号、标点错误也被圈出来了。我感到非常惭愧，但惭愧之余，更多的是感动，我被马老师一丝不苟的治学态度所震撼，在之后修改论文的过程中，我都是改了又改，直到自己找不到漏洞的时候才拿给导师看。

二、兴趣广泛，热爱生活

马老师能够让数学课堂生动有趣源于他对生活的热爱。他的兴趣比较广泛，虽然课上看起来总是严肃无比，但课余时间总是有说有笑。马老师说过他很期待退休之后的生活，他有好多事情想做但就是没时间做。比如说画画，他喜欢画画，想画出自己所见到的景观，用美的东西去渲染生活。马老师虽然今年已经57岁，但心态依然很年轻。小时候学会的吹口哨和用树叶吹曲子，他现在在闲暇之余还是会去吹吹。在2009年数学科学学院组织全体老师去井冈山的时候，他边走边吹口哨，一位20多岁的年轻男教师听到之后很感兴趣，就开始请教他，马老师就不厌其烦地一点点教，一老一少，一教一学，那清脆的口哨声在山间回荡，营造出一种轻松惬意的气氛。

另外，马老师喜欢计算机，热衷于研究计算机的相关知识，从最早的dos到如今的windows，他都能够轻松驾驭。要做应用统计方面的研究，学习各种应用统计的软件是必不可少的。SPSS，SAS，AMOS，R语言等软件，马老师都能够认真清晰地指导学生进行学习应用。在教课之余，他还经常自己写程序，编个小软件，上百页的程序都不在话下。这对一个非计算机专业的教师而言，已经相当不易了，而这都源于他对计算机的热爱。其实在马老师刚毕业时，计算机对中国人来说还是一个很陌生的东西，但那时马老师就对它产生了浓厚的兴趣，把它作为自己的研究方向，现在马老师一提到这个，还是饶有兴趣地给我们讲他当年的研究，让我们看他当时写的一本本厚厚的程序，那种对计算机的热爱是我们这些年轻人望尘莫及的。虽然后来因为种种原因马老师没能继续进行计算机方面的研究，但是马老师现在的计算机知识仍然具有一定的水平，这些都源于他对计算机的热爱以及他年轻时打下的基础。

三、一身正气，乐于奉献

研一入学之初，我的研究生同学中有很多不认识马老师。一天，我和一位同学在二号教学楼道里走，正好碰到了马老师，问了声好。过后，那位同学说："他一定是一个特好的人，你看他的眼睛，特别清澈。"确实，马老师有一双特别清澈的眼睛，让人第一眼看见就认定他是一个好人。

他正直善良，乐于奉献。学校里组织的各种捐款活动，但凡得知，他都会献出自己的一分力量。有一次在学生活动中心门口，物理系的一些同学正在为一位身患疾病的同学组织募捐，我在远处看到了马老师，虽然大家都驻足观看，但前去捐款的人寥寥无几。马老师在那里倾听了一会儿，走上前去捐出了300元，虽然不多，但却触动了我。这是学生自发组织的献爱心活动，马老师却能如此关注、如此支持，这样的一个小举动，瞬间便拉近了师生之间的距离。有些捐款是不得不捐的，但对于一些不留名的捐款又有多少人能够主动伸出援助之手呢？

一位好的老师不应该仅仅能够教好课，更应该为学生树立正直善良的榜样。师范，即"学高为师，身正为范"。在我们这样一所师范院校中，大部分的学生今后都会从事教育事业，走上教师岗位，如何能够让学生做到为人师表，就需要每一位教师引导好，做好表率。一位正直的人是值得大家尊敬的，一位充满正气的老师是会影响他的学生一生的。

四、嘘寒问暖，无微不至

作为马老师的学生，我们无疑是幸运的，马老师不仅对我们的学习很关心，而且在生活上也给了我们无微不至的关怀。马老师经常会问我们有没有什么困难，在大学中，能够得到这种如母亲般的关怀实在是难能可贵。当马老师知道我们上研究生是自筹经费，需要交高额的学费时，马老师总是会想尽一切办法帮助我们寻找勤工俭学的机会，来缓解生活上的压力。在研三找工作阶段，马老师经常给我们发短信询问有没有新的进展，鼓励我们继续努力，不要泄气。他的话在那些焦虑不安的日子里给了我们莫大的力量，鼓励我们前进。

记得有一次面试失利，马老师就连续几天每天给我打电话，静静地听我倾吐心声，帮我分析失利的原因，不断鼓励我振奋精神，继续努力。很感谢马老师在那段日子里给我的关心，让我有了坚持下去的信心和力量。当我被一个中学正式接收之后，我第一时间将这个喜讯告诉了马老师，听得出来马老师也很欣慰。后来我们的每次见面谈话，马老师总会关心地问问，学校那边怎么样，现在实习怎么样，我也会把自己最真实的想法跟马老师分享，将自己的困惑说给马老师听。凭借他多年来的教师经验，马老师总是会给我一些建议，将我从这些困惑中解救出来。

马老师可能是大学校园里为数不多的会帮学生准备答辩材料的教授。因为毕业生都在工作单位实习，没法请假，也就没有时间来准备这些材料，马老师就帮同学们把所有材料都准备齐，让学生能够踏实地参加实习，安心地准备答辩。

五、师德高尚，身正为范

马老师高尚的师德体现在他的一言一行之中。马老师一向对我们都是严格要求，他希望我们能够在三年的学习中，把基础打好，为将来的研究做好准备。可是在好几次的讨论中，我们都没有认真准备，对于马老师提出的问题，我们都没法回答，这使得马老师很生气，但是他并没有大声训斥我们，只是说“我现在给你们时间来好好思考这个问题”，说完便离开了教室。虽然马老师不训斥我们，但这却让我们的心里倍加难受，没有珍惜大好的学习时光，辜负了马老师对我们的期望。这也使得我们在以后的学习过程中，时时记住马老师的教诲，认真对待学习。

在我决定要去做一名中学教师时，马老师很开心。他常常教导我，要做一名好的中学老师，精湛的业务水平是不可或缺的，所以要不断学习，来巩固自己的知识体系。马老师总是一遍遍地给我强调不要丢了我们研究生阶段所学的统计相关知识，这些在我将来的研究工作中是很有用的。另外，马老师跟我说得最多的是，“作为一名中学老师，一定要有高尚的师德，因为你有什么样的行为，你的学生就会有什么样的行为，一定要给学生树立一个好的榜样。不管有多么生气，做老师的都不能随意地呵斥学生甚至于骂学生。”他说，他经常担任师范生实习的指导老师，他对所有的学生都有一个要求，不能动不动就骂学生。有一次，一个实习的老师在办公室对着学生大声呵斥，正巧马老师走进办公室，他看到马老师似乎也意识到了自己刚刚行为的不对，非常不好意思。这个时候正好赶上中午吃饭的时间，马老师就召集所有的实习生，要把这个问题解决好，大家再吃饭。马老师说："我只要求你们一点，就是不要随便呵斥和辱骂学生，因为学生将来也会用同样的方式对待别人，当学生出现了问题，犯了错误，老师要不厌其烦地去给他讲道理，让他真正认识到错误，这样学生才会真正地接受批评，否则学生不但听不进去，还有可能会记恨你这个老师。"这些话我都深深地记在了心里。这就是马老师的真实写照，我既然选择了做老师，就应该要像马老师那样做一名师德高尚的老师。

（首都师范大学数学科学学院）

爱岗敬业　奉献尚德
——记沈京玲老师

沈京玲简介

沈京玲，女，1957 年出生。中国科学院物理研究所博士研究生毕业。首都师范大学物理系教授、硕士生导师。现为中国物理学会、中国光学学会会员，中国光学学会光电专业委员会委员。主持和参加了“973”、“863”、国家自然科学基金重点项目、北京市自然科学基金重点项目等，在毒品检测领域取得了系列成果。以第一发明人获批的国家发明专利 1 项、实用新型专利 1 项。先后获得中国分析测试协会科学技术奖三等奖（第一获奖人）、“北京奥运会优秀志愿者”、“‘北京市统战系统参与奥运、服务奥运’先进个人”以及首都师范大学优秀教学成果奖、优秀主讲教师、师德先进个人、研究生优秀导师奖等。

一、对待本职——敬业奉献

沈京玲老师热爱教育事业，对教学工作的态度始终是全力以赴，一丝不苟。近年来沈老师承担了本科生的《原子物理》、《信息光学》、《非线性光学》等课程，尽管这些课程的内容对于沈老师来说都是非常熟悉的，但是对于每一次课，沈老师都充分备课，不管有多少其他工作任务压在身上，上课的前一天她一定放下其他工作或者占用休息时间来认真备课，这已经成为她多年养成的习惯。她根据课程内容和学生的具体学习情况进行教学，收到了很好的教学效果，她讲授的课程受到学生的好评。

师德，首要的是对于事业——教育事业的投入和无私奉献，具体体现就是认真上好每一堂课。对于课堂教学投入的多少反映了教师道德水准的高低。可以说，沈老师对于教学投入了百分之百的精力。榜样的力量是无穷的，言传身教，教风带动学风，换来的是学生的喜爱和信任，是课堂上良好的学习氛围。在沈老师的课堂上，迟到、旷课与上课不听讲、开小差的学生少，更多的是认真听讲和记笔记的学生。沈老师就是这样用对科学的热爱、对教育的热爱、对学生的热爱去感染学生、影响学生。由于她教学与科研水平都比较高，所以在学生中有比较高的威望，她教育学生时学生更能听得进去。

沈老师热爱学生，但不溺爱、放纵和无限制地宽容，而是对学生要求很严格。无论是三十多人的小课还是近百人的大课，她都会使用不同的方法对于每次课进行考勤。缺课达到三分之一或以上的学生则取消参加期末考试的资格。同时，沈老师利用课外答疑机会进行质疑，针对成绩不好或缺课较多的学生更多被叫来进行辅导和谈心。通过辅导，让他们有一定收获和提升，同时也指出他们的问题，使他们在思想上也得到提高。沈老师还经常利用课堂上一两分钟的时间针对学生问题与学生交流她的一些想法和感悟，虽然时间短，却收到事半功倍的效果。例如，通过对当前毕业生求职过程的了解，沈老师希望同学们苦练内功，同时要求大家平时注意提高语言表达能力，要善于表达和推销自己。这些立刻引起同学们的关注和共鸣，有些同学下课与老师继续交流这方面的感受和想法，师生之间更像朋友。

沈老师为了更好地建设光电信息专业，曾担任了4年该专业2003级的班主任。这个班是该专业招收的第一届本科生，为了这个班学生的发展，也为了这个新建专业的发展，沈老师倾注了大量心血。从入校时的专业介绍、到课程学习过程中的选课和学习指导；从个人学业发展到考研专业选择；从实习基地建设到国外实习推荐，沈老师为同学们付出的太多太多，学生们的收获也很大。

首先，沈老师很早就开始鼓励同学们明确自己今后发展的方向，计划考研究生的同学早动手规划和准备。沈老师请来各年级的在读研究生讲考研经验和读研体会，并分派他们担任班里的顾问，留下他们的手机号便于随时联系。此外，又请来2002级刚刚考完研究生成绩优异的同学介绍经验。于是班里形成了一种氛围，尤其到了大四，40%的同学每天到图书馆自习，奋发苦读。同时，沈老师向同学们提供了许多考研信息，为同学们参考具体考研目标。最终，这个班有12名同学分别考上了清华大学、北京交通大学、中国政法大学等学校的研究生，还有一名同学拿到了英国Strathclyde大学物理系博士研究生奖学金。这个班的考研率达到21%。

其次，沈老师开动脑筋想办法，利用自己的学术联系为学生提供良好的发展环境。她利用在英国工作过的关系，先后邀请了两位英国同事来系里为同学们作报告，开阔了同学们的眼界，同时也激励了一些学生学习英语的决心和热情。最终，与英方达成协议，将Strathclyde大学物理系的TOPS实验室作为光电信息专业的一个实习基地，首先打开了该专业国际化的办学渠道。大四的时候，2003级3班的杨雪和陈思嘉两位同学前往位于苏格兰的该实验室进行了为期4个月的实习和毕业论文工作，实习取得圆满成功。由于两位同学的出色表现以及沈老师的鼎力推荐，陈思嘉同学拿到了博士研究生奖学金，2009年9月再次赴英国，读博士研究生。杨雪同学从另一个渠道得到资助，也成为英国的博士研究生。两位同学为能有这样的机会感到非常高兴，同时他们从心底感谢沈老师为他们提供了这个机会。

沈老师对研究生的指导也花费了很多心血，并取得了令人瞩目的成绩。她每年招收2—4名硕士研究生，每年沈老师名下的在校研究生保持在10人左右。她对学生严格要求，悉心指导，每周定期召开课题组会，检查工作，研讨学术问题；对学生写的论文逐字逐句修改，特别是投出去的英文论文，都是经过沈老师反复多次修改而成。近几年她的研究生每年都能够在国外学术期刊发表影响因子2.0以上的论文，并有1人获得校级研究生奖学金特等奖，2人获得一等奖。

师德即教师道德，也就是职业道德。教师是教育学生的，要教育好学生首先要爱学生，没有对于学生的爱，就不会全身心投入到教育学生中去。沈老师为学生付出了很多，她为了自己的学生，花费了很多时间和精力去写推荐信、写邮件，去搜集整理资料和文件，去搞调研和沟通关系，而她做这些工作没有任何人要求她，也没有任何额外报酬，但是她却非常积极主动地去做了，因为她爱学生。沈老师教育得法，爱学生却不溺爱他们，她把学生当成自己的孩子，为学生们无私地奉献，就像母亲对自己的孩子那样无私。

沈老师的科研工作也非常出色，她从理论和实验上证明啁啾脉冲光谱仪探测法测量太赫兹时域谱存在时间分辨率极限，提出啁啾脉冲互相关太赫兹辐射探测法。此方法是对已有太赫兹辐射探测技术的补充，在单脉冲实时测量、提高太赫兹光谱测量精度和成像测量速度等方面具有非常重要的意义。2002 年沈老师作为主要筹建人参加了首都师范大学物理系太赫兹光谱与成像实验室的建设工作。2005 年以来，她的主要研究方向是太赫兹光谱和成像技术的应用，已经在毒品检测领域取得系列成果，并在国际国内一些重要期刊发表学术论文 60 余篇。

二、承担家庭责任——孝老爱幼

沈老师在学校是一个好老师，在家里也是一个好女儿、好妻子、好母亲。沈老师的父亲身患脑溢血瘫痪，并多次复发，最终处于植物人状态。她的父亲自 2001 年 9 月患病到 2008 年 3 月去世，在近七年照顾老人的历程中，沈老师付出了太多的艰辛。与父亲相关的各项事务如住院治疗、开方取药、雇佣保姆等均由沈老师负责。然而，沈老师并没有因为家务繁重影响工作，她在教学、科研和管理工作中都投入了大量心血，做出了突出成绩。回顾七年的时光，沈老师是在高度紧张状态下度过的，没有休闲，没有娱乐，没有自我！她所做的一切都是在为别人：为了她的学生们，为了她的父亲，也为了她的儿子。

沈老师在教育儿子方面也取得了比较突出的成绩。她的儿子吴天际 2006 年毕业于人大附中超常儿童培养实验班，并被保送到清华大学电子工程系学习。在 2005 年，吴天际发明的“圆弧半径测量尺”帮助他赢得了当年“明天小小科学家”的称号，他本人和人大附中因此各获 5 万元的免税奖金。“明天小小科学家”是我国对青少年科技创新活动的最高奖励，每年在全国包括港澳地区只授予三名中学生，而他是那一年的第一名。孩子取得的成绩固然与天分有关，但是作为母亲的沈老师对于孩子的引导、教育和爱也是起了重要作用的。

三、志愿奥运——助人为乐

2008 年 8 月北京成功举办了第 29 届奥林匹克运动会，中国人民实现了自己的百年奥运梦想。沈老师作为几十万奥运志愿者中的一员，亲身经历了奥运，近距离感受了北京奥运。她的志愿服务内容是代表团联络员，她出色完成了奥组委交给的任务，即进一步加强与国家奥委会及相关人员的联络，及时了解代表团的需求，在奥运会赛前和赛时，当好代表团团长的助手，起到了代表团与北京奥组委沟通信息、交换意见、反映需求的桥梁和纽带作用，保证了各项工作顺畅运行，为成功举办奥运会做出了最大的努力。

沈老师具体担任新西兰代表团的联络员。除了代表团联络员，北京奥组委根据代表团的规模还为每个代表团配备了一定数量的助理，他们大多是学习语言的在校大学生。新西兰代表团有 6 名 NOC 助理，他们分别来自北京外国语大学和外交学院。沈老师和 6 名助理一起从 2008 年 7 月 20 日代表团到达第一天的注册会议(DRM)起，到 8 月 26 日首都机场为代表团送行后回到奥运村进行签出的各种验收工作为止，基本形影不离地跟随新西兰代表团走过了北京奥运会赛前和赛时的每一天，见证了他们践行“奋进、超越、同心(inspire，excel，together)”的奥运理念，也分享了他们获得奥运奖牌的喜悦，同时还向他们展示了北京这个历史文化名城的独特魅力和北京奥运志愿者的热情、友好、奉献的精神风貌。

新西兰在北京奥运会上的参赛运动员共有 182 人，是他们自 1908 年第一次参加奥运会以来人数最多的一次，加上教练员和官员，新西兰代表团由 300 多人组成。这在参加北京奥运会的 204 个代表团中是一个相对比较大的代表团，因此 6 名 NOC 助理显得人手紧缺，于是沈老师从代表团到达的第一天就和助理们一样参与团里的各种工作，协助新西兰代表团完成各项管理任务，其中包括很多繁重的工作，如布置办公室、医务室，搬桌椅、布网线，而全然不顾自己已经年过 50 岁；也有很多琐碎的工作，如分发各楼层的钥匙，检查各个房间的设施，分发运动员入场服装，等等；还完成了一些非常关键的工作，如北京奥运会动员大会暨新西兰参加奥林匹克运动 100 周年庆祝大会的各项准备工作，包括场地布置、节目审核、交通路线等。在整个奥运服务中，每天都是从早工作到晚，时间远远超过一天 8 小时，有时晚上 11 点多才能到家。工作是辛苦的，但是沈老师总是尽自己最大的努力做好任何一件事情。她和助理们热情周到、高效率、高质量的服务得到了新西兰代表团团长、副团长和团部其他工作人员的认可和赞扬。

经过奥运服务，沈老师对“我参与、我奉献、我快乐”这句口号有了深切的体验，她认为这句口号非常贴切地描绘了志愿者的心情。由于沈老师在奥运会期间的出色表现，她被北京奥组委授予“优秀志愿者”称号，同时也被评为“北京市统战系统参与奥运、服务奥运”先进个人。

（首都师范大学物理系）

当认真成为一种习惯
——记王福合老师

王福合简介

王福合，男，1963 年出生，毕业于钢铁研究总院材料物理与化学专业。现担任首都师范大学物理实验教学中心主任、教授、硕士生导师。先后主持或参加国家自然科学基金 3 项，主持北京市自然科学基金 1 项，参加国家“973”项目 1 项，先后发表科研论文 50 余篇。2007 年获“课程建设学校优秀奖”。2007－2009 年连续 3 年被评为“校级优秀主讲教师”、2009 年被评为“师德先进个人”、2010 年被学生评为最受欢迎的“十佳教师”。

王福合教授是物理系一位非常优秀的教师，备受同学们的喜爱和拥戴。他在本科生教学中主要讲授《近代物理实验》、《普通物理实验》和《固体物理》等课程。同时，王福合教授还有另外一重身份——本科生2007级1班的班主任。生活学习中，他不仅是一位德高望重的教授、一位教学有方的优秀教师，更是同学们心目中和蔼可亲的大朋友。王福合教授认真负责的教学态度和严谨求实的教学宗旨都为同学们留下了深刻的印象，而认真是王老师的一种习惯。

一、认真对待教学

王老师认为教师职业道德的基础在于对教育事业的热爱、对教学工作的认真负责，因此他十分注意各项具体教学工作。在本科生《近代物理实验》教学中，王老师有着自己的一套独特方法。实验课是一门综合的实践课程。他精心准备、设计实验内容，努力培养学生的动手能力、综合分析问题能力，让学生从实际收获中增加学习兴趣。他以学生作为主导，鼓励学生设计实验步骤，讲解实验原理，分析解释实验现象，把验证性实验做成研究性实验。为了保持实验的新颖性，王老师不断开设新的实验题目，如扫描隧道显微镜(STM)等，每个新的实验题目意味着更多的备课劳动。由于STM是进口仪器，所有视窗均为英文，为此他编写英文讲义，对一些专业词汇进行中文注释，从而实现部分双语教学。每次实验课，他都要穿梭在4个实验室之间。7.5课时的实验课中，预习需要2.5课时，做实验需要5课时，王福合老师每次上课就是这样孜孜不倦地重复着这样的过程。每次实验后都会进行很长时间的讨论，因为王老师认为，仅仅做出一个符合理论要求的实验结果并不算一个实验的成功，真正的成功是同学们能够透彻地理解实验原理，明白实验现象产生的原因，能够清楚地分析现象，解释现象。于是不论哪一组学生进行实验，他都会亲自和这一组的2—3个人一起讨论问题，有时会很严肃地“质问”某个同学，有时又会循循善诱，慢慢引导，直到大家都透彻明白为止。有些词汇和语句在王老师的课堂上每次都会被重复，但始终是抑扬顿挫、层次分明。有时候同学们会因为将要上王老师的课而紧张不已，有时候甚至会产生一种“畏惧”。但是一堂实验课结束之后，同学们又会觉得他的认真和严厉都转化成了同学们进步的动力，所以同学们对他又有油然而生的喜爱和敬畏，也都明白了他的良苦用心。

二、认真对待学生

作为本科生2007级1班的班主任，王老师也有自己的一套教育方法。为了提高同学们学习的积极性，了解年轻人的生活学习想法，他主动请缨，担任了一群和自己孩子一般大的年轻人的班主任。对待这样一群在他眼里还是孩子的大学生，“父亲”和“师长”的角色在他身上不断地转变着。同学们刚入学，王老师就跟同学们座谈设计四年的大学生活，通过人生规划，让同学们尽快适应大学的学习和生活方式，不仅在学习方法和目标上做要求，而且要求学生培养独立的生活能力、管理能力、合作精神和创新精神。他经常给学生开设普及讲座，讲解物理学及其与相关学科的联系，介绍物理系学生考研努力的方向，鼓励学生好好学习，打好扎实的专业基础，提前做好进一步学习的专业知识准备。王老师一直教导自己的学生做人最重要的就是要诚信，“诚信做人”也是以身作则的王老师的人生格言。每次接到校、系的通知，不论事情大小，他都会出现在第二天本班学生的课堂上，仔细地向大家传达各项通知。每个学期结束后，王老师都会带领自己班的同学们进行学期成绩总结，王老师认真观察比较，为同学们分析原因。还记得大一学年过后，王老师担任班主任的2007级1班班级平均成绩和同样为师范班的2007级2班平均成绩相差近10分，看到这一结果他焦急万分，迅速召集同学们进行总结分析，找出成绩不好的原因，和同学们一起探讨好的学习方法，督促同学们认真学习，让同学们摆脱了在中学都已经形成的“中学好好学习，到大学再玩”的错误心态，针对学生的特点，循循善诱，谆谆教诲。经过同学们一个学期的努力，2007级1班的平均成绩在大二学年已经基本上同2班不相上下。他还总结出2007级1班之所以落后的一个非常重要的原因就是大一的“高等数学”基础没打好，导致后期的理论物理课程跟不上，所以他说以后再当班主任，一定在大一的时候就对大家强调“高等数学”的重要性，防止重蹈覆辙。在大学的校园里，为同学们的落后而着急不已，为同学们的进步而喜悦万分，对待自己的学生如自己的孩子，这是一个怎样令人敬爱的老师！王老师用他严谨认真的工作态度为自己师范班的学生树立了一个榜样！

三、认真对待工作

除了担任本科生教学和班主任的工作外，王老师还担任首都师范大学物理实验教学中心(北京市实验教学示范中心)主任。他为本科生发挥动手能力、培养创新意识开创了一个特别好的平台。通过王老师的工作和努力，2009年首都师范大学首届物理实验竞赛顺利举行，他在督促、组织评选方面做了充分的工作。王老师还与其他指导老师一起带领物理系的同学们参加了北京市大学生物理实验竞赛，连续两年都取得了好成绩，其中2008年他带领的4支参赛队伍全部获奖，分别获得一个一等奖、两个二等奖和一个三等奖的好成绩，在北京市所有高校中排名第四。每次比赛结束，他还要认真总结经验教训，为今后的参赛积累更宝贵的好经验。

在科研方面，王老师更显示出一位大将的风范。他一直坚持科学研究要注重合作和交流，至今他带领的研究生和其他高校学生之间在科研方面都还有着非常好的合作交流关系。他给研究生选题的自由度非常大，充分尊重学生们的想法和选择，他会给学生充分的时间去研究思考选题的可行性。对待科研，王老师的思路开阔，学识渊博，他总会抓住最重要、最前沿、最有价值的部分进行研究。通过他的引导，同学们在科研方面都得到长足的进步。到目前为止，共有50余篇科研论文发表在中外学术刊物上，并承担国家自然科学基金2项。

四、认真对待生活

在生活中，王老师还是同学们的一位和蔼可亲的大朋友。他愿意现身说法，把自己的经历和收获、经验和教训真实地讲述给同学们听，让同学们获得人生的捷径，避免太多的弯路。他鼓励同学们积极参加学生工作，担任班干部，只要符合条件的同学，都可以参与班里学生干部的竞选，选票够数的同学就可以担任班委。他说自己年轻的时候没有参加过学生干部工作，以致在担任物理系副主任时感到吃力，后悔上学时没有积极锻炼自己。所以他鼓励自己的学生多参加班干部的工作，这样不但能锻炼自己的相关组织协调能力，还能在工作岗位上提高自己的竞争力，为将来的工作打下基础。他还说，和年轻人在一起，可以为自己保持一颗年轻的心。生活中的王福合老师是一位朴素的教授，没有华丽的外表，却有一颗火热的心。对于穿着打扮，他从来都不讲究，朴素大方却从来不失雅观。注重生活细节的他更让同学们敬佩不已，他不但教导同学们节约用电，对于不必要的实验器材的购置更是思而再思。坚持着勤俭节约的生活原则，他的办公室里面至今还摆放着一台旧电脑，完全看不出它属于一位在教学科研上不断追求先进、现代的一位教授。

繁忙紧张的工作之余，王老师还喜欢去乒乓球室挥动几下球拍，和朝夕相伴的同事们一起酣畅淋漓地挥上几拍，不但可以缓解压力，锻炼身体，还能让王福合老师信心倍增。每周繁忙工作的他，不可能天天都有时间去打球，只要有时间、有对手，身在乒乓球室外的我们就一定会听到他自信的呐喊，那种状态不同于课堂上的严肃幽默，却别有一番风味。

王老师还是一位“好学”的教授。曾经同学们惊讶地发现王老师出现在图书馆给学生的讲座中，这是一场关于“中外文数据库文献查询和处理”的讲座。他这种活到老学到老，不放弃学习新事物的精神更值得我们学习和赞美。

五、认真成为习惯

王老师曾经认真地说：“到我现在这个年龄，多发表几篇论文，还不如多多培养学生，与其说把自己的精力全部搞科研，不如集中更多的精力来培养教育更多有知识、有能力优秀的学生。”多么淳朴的一位大学教授啊！他把自己的教学事业看得远比自己的科研成果重要，学生获得的荣誉远比自己的荣誉重要。尽管王老师一直强调自己所做的一切都是一位教师应该做的，但是真正像他这样做到，又做得好的老师又有几位呢？找不出什么最合适的词语来形容这位倔强、淳朴、谦逊、严谨、敬业的王福合老师，“春蚕”、“蜡烛”、“萤火虫”……，都不足以用来描述一个真实完整的他。因为他已经把认真当成了一种习惯，这个习惯一直贯穿在他的工作生活科研中，容不得半点马虎。这就是我们敬爱、可爱的王福合老师，“四度春风化绸缪，几番秋雨洗鸿沟。黑发积霜织日月，粉笔无言写春秋。蚕丝吐尽春未老，烛泪成灰秋更稠。春播桃李三千圃，秋来硕果满神州。”用来形容王老师再合适不过了。希望王福合老师在教育的道路上越走越远，为首都师范大学、为物理系培养出更多德才兼具的优秀人才。

当认真成为一种习惯，王福合老师教给我们太多为学为师的道理，他是我们的榜样，他是首都师范大学的骄傲！

（首都师范大学物理系）

爱的阳光
——记黄勤妮老师

黄勤妮简介

黄勤妮，女，1949 年出生，毕业于首都师范大学生物系。生命科学学院副教授。曾获“北京市普通高校优秀教学成果二等奖”。发表教学改革论文 8 篇，发表学术论文近 50 篇。1999 年荣获“曾宪梓教育基金会”授予的“全国高等师范院校优秀教师”三等奖，2000 年被评为首都师范大学“红烛礼赞教书育人优秀教师”，2002 年被评为首都师范大学“优秀共产党员”，2003—2005 学年两次获得首都师范大学“优秀主讲教师”称号，2004 年被评为“全国师德先进个人”、“首都师范大学先进个人”。

有人说，她像慈祥的妈妈，无微不至地关心学生；有人说，她是严格的师长，兢兢业业地教育教学；有人说，她是勇于尝试的改革者，考试方式的创新让学生受益匪浅；还有人说，她多才多艺，手风琴拉得很好……她，就是有这样一种魅力，一种散发阳光的魅力，而这温暖的阳光中蕴涵的是她带给身边每一个人温暖的爱。

如果你来到生命科学学院，这里会有这样一位老师，用她的真心、真情、真爱深深地感染你；如果你来到生命科学学院，这里会有这样一位老师，用她三十年不变的严谨认真的治学态度和改革创新的精神影响你；如果你来到生命科学学院，这里会有这样一位老师，她会深深地吸引你，你会由衷地敬佩她，因为在过去的岁月里，每一天，每一分，每一秒，无时不刻，她都用爱诠释着"为学为师，求实求新"的真正含义。

她是黄勤妮，是学生心目中最好的黄老师，也有人叫她"黄妈妈"。黄老师很漂亮，不管是年轻的时候或是人过中年，都一样地有气质。黄老师很慈祥、很和蔼，和学生们在一起的时候，她总是微笑着，给人一种温暖的感觉。她对学生的关心更是无微不至，无所不在，怪不得总有学生叫她黄妈妈。

黄老师经常说，每一个学生都是她的孩子，对孩子的爱应该是无时无刻的，应该是无微不至的。这种爱，在学术上的体现就是严格，在生活中的体现就是用心的关怀。可以说黄老师的每一个学生都时刻沐浴在她爱的阳光下。

一、兢兢业业　改革先锋

黄老师一直非常重视教学改革，她始终认为对学生学习和科研能力的培养是重中之重。对此，她在自己的教学工作中做出了一系列卓有成效的改革措施。黄老师办公室的书柜里摆满了植物生理学、细胞生物学相关的各种书籍，从国内到国外的参考书应有尽有，其中不乏学科领域内最前沿、最先进的研究成果。学生们每一次到办公室找黄老师的时候，看到的情景都是她在办公桌前戴着眼镜认真地看书和学习，一贯如此。黄老师特别注重钻研教材，她说，只有广览中外教材、天下群书，才会让自己对学科领域知识的理解越来越接近科学的本质，只有这样，才能最有效率地把最真实的知识传授给学生。

在教学改革中，黄老师是敢为人先的。她首先从教学内容的改革开始。比如，在本科生的实际教学中，她在讲解每一章节的时候，除了讲授指定教材的内容以外，还要加入很多最新的研究进展，特别是在分子生物学和实践应用上的研究工作。黄老师一直要求她的学生们要有与时俱进的思想，要走在科研的前沿，走在时代的前沿，每一节课都增加大量的前沿知识以便最大限度地开拓学生的学科视野。黄老师教学内容改革的另外一个特色就是注重学生理论与实践的结合、注重研究思路与实验方法的改革。黄老师要求学生勇于实践，她说她喜欢的学生一定是能够把书本知识转换成核心生产力的学生，她把学生的科研能力和实践能力的培养始终放在第一位。为了适应时代的发展潮流，黄老师也逐渐尝试双语教学，近几年完美地完成了从完全中文课堂教学到双语课堂教学的过渡。黄老师除了在重点章节中引用外文教材的内容以外，还选择了英文教材中相关的章节作为教学的补充材料。黄老师定期安排学生对外文原著进行翻译并写出综述，以提高学生的专业外语水平。

在教学方法方面，黄老师更是改革先锋。要问生命科学学院的学生黄老师上课的特色是什么，学生一定会说一些相同的关键词，这就是：启发和互动。黄老师的课绝对是以学生为主体的。黄老师非常善于运用各种提问调动学生学习的积极性和主动性。黄老师会不断地启发学生，力求达到全堂互动的效果。学生们都说上黄老师的每一节课都像是一场头脑风暴。的确，黄老师的课堂上学生们的思维都很活跃、很积极。黄老师注重培养学生发现问题、分析问题和解决问题的能力。教材中每一部分的重点知识黄老师都会以专题的方式提出来，在课堂上让学生进行讨论。黄老师鼓励学生勇于“质疑、批判、继承、创新”，以此来调动学生学习的主动性，不仅使学生加深了理解，也能提高学生分析问题和解决问题的能力。

对于实验指导的改革也足以体现黄老师重视学生科研能力的培养。黄老师是学院中最早实施“开放实验室”机制的老师之一。她在开设的一些重要实验中，有选择地将几个相关的实验联成一组或者组成一个系列，让学生创新地设计技术路线和实验方案，促使他们主动查找相关资料，要求对实验中出现的问题进行分析，找出原因和解决的方法，最后根据结果写出综合分析实验报告，完成一个小的研究课题。这样学生既掌握了实验技术，又培养了综合分析问题的能力。同时，严格要求和提高本科生和研究生毕业论文的水平，利用课余时间积极指导学生科研立项工作，通过各种措施加强对学生学习能力、实践能力、创新能力的培养。

黄老师对于考试方式的改革，更可谓是一场真正翻天覆地的革命。首先，她率先实行实验考试改革。根据既定的目标，让学生自由选题、自行设计、自主实验、制作多媒体课件、课堂讲解、师生讨论并回答质疑的方式考查本科生的综合能力。另外，黄老师是唯一在学院里附加口试考核的教师。每一个年级的所有学生在学完植物生理学这门课程之后，无一例外地都要独自接受黄老师的“挑战”。黄老师会一对一地对学生进行口试考察。每一位同学的口试时间大概都有二三十分钟左右。在这段时间里，黄老师会深入地了解每一个学生对学科知识掌握的真实情况，同时黄老师会针对学生的问题进行简要的解答。更重要的是，黄老师非常重视学生通过口试反馈给她的信息，她说这是她改变教学策略、改进教学方法的原动力，更是她继续推进教学改革的原动力。黄老师的口试项目，无形中给自己加大了劳动强度。每一年的口试都要在期末期间连续一周左右，每天从早上八点到晚上八点，接连不断。全院一百多名同学，而黄老师忘记了疲惫，始终认真负责地对待每一个学生。她说这样做的目的只有一个，这就是培养学生自学、查新、分析、表述和应变的综合能力。

黄老师三十年如一日地工作，如今取得了不少成绩。黄老师承担的本科生的三门必修课得到历届学生的好评，据学校近五届毕业班学生的问卷调查结果显示，她的综合评分在生科院教师评选中名列前茅。她作为硕士生导师所承担的研究生方向课被评为了校级精品课，在教学课程建设和教书育人等方面黄老师也取得了突出业绩，她曾获“北京市普通高校优秀教学成果二等奖”、“曾宪梓教育基金”“全国高师院校优秀教师”三等奖、“全国师德先进个人”、首都师大“红烛礼赞教书育人优秀教师”、“优秀共产党员”称号等十余个奖项。改革、开拓、创新成为了黄老师教学工作中的不变主题。

二、讲坛良师　生活益友

已到退休年龄的黄老师被学院返聘回来，继续给本科生授课。对待自己的学生，她就像对待自己的孩子一样，在生活和学习中给予无微不至的关怀。

黄老师的好脾气是全院学生公认的，她从来都不会对任何一位学生发脾气。在她的脸上，我们看到的永远是慈祥的微笑，她的和蔼可亲感染着每一个人。研究生实验不是一帆风顺的，有挫折有反复，经常是做了很多遍都得不到理想的实验结果。遇到这种情况，黄老师从来不批评学生，黄老师做得更多的是鼓励与安慰，和学生们一起分析实验失败的原因，一起探讨改进实验方法。她从来不会急于求成，而是让学生们放松心态。黄老师经常带她的研究生爬香山，游植物园，大家在学习以外的时间里慢慢增进了感情，成为了一家人。黄老师的学生们都觉得读研究生并不是一件枯燥的事情。“其实我们都是在轻松愉悦的氛围中完成每天的提质粒，PCR，跑电泳，测序列，在我们实验室你不会感到任何压抑。”学生们如是说。

“实验没结果，没关系，再做；出成绩，好，有奖励。”黄老师经常这样说，这也成为了黄老师实验室一直坚持的原则。在操作间你经常会看到黄老师忙碌的身影，她会和学生们一起播种水稻，一起栽培烟草。“脏，没关系，洗洗就好了。”在实验田里，你也会看到黄老师劳动的身影，她会和学生们一起插秧，收获种子。“累，没关系，休息一下就好了。”正是这种其乐融融的氛围使她实验室中的每一位成员都有家的感觉，正是黄老师的这些爱凝聚了每一位“家里人”的心。研究生毕业论文凝聚了三年的实验汗水，写起来费力，老师修改起来也很费力。一位黄老师的研究生回想起当年黄老师帮助她修改毕业论文的情景：“我的毕业论文的完成凝聚了黄老师很多的心血。记得那时，论文初稿完成得一塌糊涂，前言部分条理不清，主要内容不突出。黄老师看到我的初稿后细心地讲解，帮我找出实验的主线，给我补充推荐了一些很好的文献。论文的每一页几乎都有黄老师圈圈点点的印迹。有了黄老师的指导，我觉得思路更加清晰，按时交回了第二稿，这次黄老师也不放过任何细节，指出了我很多小地方的问题。第三稿，第四稿，第五稿……数一数我的论文文件名称已经十稿有余了。黄老师经常会忘记晚饭，和我讨论到晚上 8 点多才回家。当我修改好后，第二天一早又给我指出了新的问题。她的耐心细致使我对自己的实验更加清楚明白，也对自己的论文更加有信心，正是带着这分信心，我泰然自若地站在硕士毕业论文答辩的讲台上，流畅地回答着答辩委员会每一位老师的提问。正是黄老师的认真细致修改使我的毕业论文被评为优秀论文。”

三、用心付出　爱与被爱

在与学生一起的每一分每一秒中，黄老师都把她无私的、无微不至的爱毫无保留地献给她的学生。在黄老师的实验室，有一张黄老师和她所有研究生的合影。合影中，学生们簇拥着黄老师，照片里的每一个人都在阳光下快乐地笑着。到实验室参观的人偶然间看到这张照片的时候也会发自内心地微笑。黄老师的实验室一直是学院里最和谐的实验室，不但科研成果丰富，更重要的是每一个人都能团结合作、互相关心，就像一个温暖的小家庭。

虽然黄老师不图回报，但黄老师用心的付出，收到的却是学生们满满的感激、深深的敬重和真心的祝福。

2005 级硕士研究生靳思说：“第一次见到黄老师就觉得黄老师人特别好，我觉得黄老师的教学就跟她的名字一样，像黄牛一样奉献，勤勤恳恳的。我们都支持黄老师，我们爱黄老师。”

2005 级硕士研究生汪星说："从本科的时候黄老师给我们上课，我们就能够感觉到她治学的严谨和讲解的耐心，给大家都留下了非常深刻的印象。只要是评选优秀老师，黄老师一般都会名列前茅。"

博士研究生李鹏说："黄老师在更多时候更像我们的妈妈，所以她不仅仅是我们科研当中的导师，同时也是我们生活当中和人生的导师，黄老师是我们心里最最喜欢的老师，相信黄老师也会成为全校同学最喜欢的老师!"

2003 级本科生张雪说："黄老师为人非常的亲切，而且上课的时候思路非常的清晰，我们支持黄老师。"

2003 级本科生刘海金在植物组培室做实验的时候说："我们在精心地照料这些小苗，黄老师就像我们照料小苗一样悉心地照料着我们每一个人。她手把手地教我们如何做无菌操作，如何培养这些小苗。黄老师在生活中就像我们的妈妈一样，在实验中又是一个非常严格的老师，我们在此特别感谢黄老师为我们做的一切。"

2005 年，全校学生投票评选心目中最喜爱的"十佳教师"，黄老师的学生们为她制作了拉票歌。当年，黄老师以总票数第一的成绩成功当选全校十佳教师。在黄老师当选十佳教师的那个晚上，学生们为黄老师唱起了歌，歌的名字就叫"爱的阳光"，因为同学们觉得黄老师的爱就像阳光一样普照在他们的身上和心里。

三十年，黄老师慢慢地变老了。而这三十年，黄老师一直这样默默地奉献着。黄老师是快乐的，因为她热爱自己的学生和事业。黄老师是幸福的，因为她，爱的阳光照亮了每一个人幸福的未来。

（首都师范大学生命科学学院）

阳光事业　快乐使者
——记李雅轩老师

李雅轩简介

李雅轩，女，1965年出生，毕业于北京师范学院生物系。现任教于首都师范大学生命科学学院副教授。发表论文40余篇。主编出版发行了两本教材《普通遗传学》，《遗传学综合实验》；主编出版了《遗传学学习指导》和《遗传学》名师点拨系列；她所主持的“遗传学课程体系优化设置与教学方法改革”教改项目被评为校级优秀教学成果奖。2005年荣获“北京市优秀辅导员”称号，2009年被评为校级“优秀主讲教师”和“师德先进个人”。

个头不高但眼睛很大，常常面带微笑；嗓门儿不大却热情亲切，让人感觉贴心。对同事，她真诚率直，乐于助人；对学生，她富有爱心，深得敬意和爱戴；对工作，她兢兢业业，辛勤耕耘。她是明媚的，让人感到总有一股阳光的气场围绕着她、滋养着她、推动着她。她恬静，却精力充沛；她温柔，但坚韧不拔；她仁爱，如慈母怜子；她聪慧，绘多彩人生……大家说，她是快乐的使者，为绿色生命播洒惠泽。她就是首都师范大学生命科学学院的教师——李雅轩。

有这样一句话："一个平凡的人＋一件平凡的事≠新闻，但一个平凡的人＋一件平凡的事＋很长的时间＝新闻"。应该说，李老师就是这样一位平凡却又不凡的教学工作者。

当时光步入2010年时，李雅轩老师已经在高校从事教育与教学工作近23个春秋。时间仿佛白驹过隙一般，匆匆而过，好似不曾留下任何痕迹，但是当回首往事的时候，岁月的沉淀与赠予常常让我们感动。当我们问到李老师这二十多年有什么收获的时候，她这样告诉我们："在过往的岁月中，我收获了多多的快乐，满满的幸福。因为在我的身边，有我所爱和爱我的亲人与朋友们，有我所爱和爱我的学生们！在二十多年的教书生涯中，每当看到学生求知若渴的眼神，我就会深深地体会到肩上责任的重大；每当看到学生获得知识后满意的笑容，我会感受到幸福和快乐，从而更加努力地为他们的成长不断钻研和付出；当学生围绕在我的身边，唧唧喳喳说个不停的时候，快乐早已溢满了我的心怀……，看到一届一届的学生满载知识和希望踏上人生的征途，我就会由衷地感到自豪，感到幸福。"确实，从李老师的身上，我们感受到了播撒知识者的勤勉和责任，更感受到了传道、授业、解惑者的光荣和魅力。

一、严谨治学，因材施教，收到显著成效

在多年的教学工作中，李老师的课常常获得学生的好评，获得优秀的教学评估成绩。她一直坚持严谨的治学理念，她认为，遗传学本身是一门理论性极强的学科，因此必须注重它的严谨性。作为一名主讲教师，她对教学有着自己独到的理解和鲜明的教学风格。在课堂上，李老师更注重培养学生分析问题的能力，激发学生探索实践的潜能，让学生通过学习遗传科学知识，能够学会自己思考问题、分析问题、解决问题的路径和方法，她认为只有这样，学生才不仅仅是单独为了学知识而学知识，才能领悟到学习的价值和乐趣。

在多年的教学过程中，李老师始终强调因材施教的重要性，她认为，只有

根据学生的特点，准备传授知识的深浅，才能使学生真正从课堂上学到知识。因此，李老师非常注重备课环节，她认为备课是当好一个教师的基本功，备课不单单是准备知识，安排课堂结构，更重要的是结合学生的特点准备讲授的内容。从教以来，李老师给大学本科生、专科生和业大成人班讲授过《普通遗传学》，给生科院的学生开设过专业选修课——《医学遗传学》。在每次上课之前，李老师都要对每一个班级做细致的了解并加以分析，了解学生所需的学科内容，确定教学内容的深度与广度。对于本科生而言，有了成熟的教学大纲，教学的深度好把握。但是随着时间的迁移，学生的特质也发生了很大的变化，所以也要根据不同的班级特点来准备教学的内容和教学方法。李老师在给成人班上课之前，总是要先问问学生的来源和所从事的职业，如果班级中中学老师偏多，那么在教学过程中她就会注意与中学的教学内容相结合；如果班中研究单位的技术人员较多，她就会在生物遗传技术的发展及应用方向多加以准备。同时，李老师在每次上课的第一节课都会给学生发一个调查表，了解学生对遗传学方面所需要的知识，以便在教学的实施过程中加以讲授。由于讲授的内容与学生的实际需求结合密切，学生在学习过程中会更加感兴趣。“兴趣是最好的老师”，因材施教的方式使李老师的每次教学活动都取得了很好的教学效果。

2010 年，李老师又接受了讲授全校公选课——《遗传与优生》的教学任务。刚刚接受任务，了解到选课的学生大多是文科生的时候，李老师就到处打听谁家的孩子是文科生，文科生在高中阶段生物课程讲授了什么，并和高中生一起探讨他们对遗传等生物知识的兴趣。正是通过这种调研加上问卷调查的方式，李老师充分地掌握了学生的需求，并据此进行了教学内容的调整，探索运用了新的教学方法，尽量以生动直观的方式将知识传授给学生，同时教给学生利用基础知识和基本原理分析解决实际生活中所遇到问题的手段和方法。使学生在学习遗传知识理论的同时，了解到了许多有趣的遗传现象，还学会了预防遗传病发生的基本方法，遗传病的诊断与治疗方法等有用的知识。李老师认真严谨的治学态度，丰富多样的教学方法和与学生交往中亲切谦和的真诚态度，得到了学生的一致好评。学生在给她的邮件中这样写道：“谢谢您这一学期的教导，您不仅教给我很多有用的知识，也用自己的行动告诉了我怎样做个心中有爱的老师。”

工作过程中，李老师将自己严谨的治学理念及成功的因材施教的教学思想毫无保留地与同事分享，她常说：“知道教学对象的特点可以帮助教师极大地提高教学效率，收到更好的教学效果。”

二、重视科研，专于教学，取得累累硕果

在多年的教学过程中，李老师非常注重将教学实践与教学原理、教学方法相结合，通过实践取得的成果促进理论水平的提升。“科研对于每一位大学教师来说都是十分必要的”，李老师在谈到科研时说道，“在时间上，它可能与教学产生一定的冲突，但从本质上讲，科研与教学是相辅相成、相互促进的。”

李老师在教学过程中，主持和参与了多项相关学科的精品课程建设、教改立项和网络教学等建设项目。在核心期刊上发表科研论文、教学研讨论文 40 余篇。她所主持的“遗传学课程体系优化设置与教学方法改革”教改项目被评为校级优秀教学成果奖，与赵昕老师合作主编的《遗传学综合实验》被评为校级精品教材，她是遗传学精品课(北京市)的主要建设者。

自 2002 年开始，李雅轩老师先后担任主编出版发行了两本教材——《普通遗传学》、《遗传学综合实验》(均由科学出版社出版发行)；主编出版了《遗传学学习指导》和《遗传学》名师点拨系列(副主编，科学出版社出版)；参与编写了中科院考研试题分析丛书的遗传学部分内容。应北京市教委的委托，她参与编写了中小学生科技活动教材——《实验与探索》(新视角探秘身边的生物)，还参与编写了与生物奥赛相关的《精英教案》(生物赛题分析)。她所出版的图书从中小学的课外教育到大学教材及考研辅导，内容涉及面广泛，逻辑性强，编写精良，都收到了很好的反馈意见。

科研上的显著成绩，使李雅轩老师在专业教学上有了更多的理论支撑，她将这些理论成果与教学相结合，更好地促进了教学水平的提高，实现了科研与教学的相辅相成。而她发表的科研论文、教学研讨论文、出版发行的专业书籍更是为生科院遗传学的学科建设做出了扎实有效的努力，描绘了浓墨重彩的一笔。

三、待人真诚，与人为善，收获满园春色

待人真诚，与人为善，是李老师给同事留下的最深刻的印象。很多同事对李老师这样评价：“李老师的乐于助人，是天性使然，流露出自然的真诚。虽然她没做过什么惊天动地的助人之举，但她待所有人的真诚和热心，就像春雨润物一般，平淡却真切地传递给了她周围的每一个人。”

在工作中，李老师帮助很多人解决了生活和工作中的难题，她关心和爱护身边人的例子举不胜举。在她工作的二十多年中，与她配合的实验室工作人员换了四次。由于学科的特点，并不是每一个新来的实验员都可以轻松胜任实验

室的工作。每一次她都会给新来的实验员以无私的帮助，大到实验中培养基的配制，仪器设备的调试，小到实验中的注意事项，方方面面，事无巨细，都给予新来的同事细致的指导和帮助，使得他们能够尽快地熟悉实验流程，使实验课程得以顺利进行。还记得有很多次做蟾蜍细胞染色体的观察实验，因为需要前一天晚上九点进行预处理，考虑到当时实验员的年龄较大，李老师就自己主动承担了这项任务。当夜幕降临的时候，我们可以看到在实验室的灯光下李老师带领着学生给一只只蟾蜍进行药物注射，从注射方法、用量的计算都细细地叮嘱，还不时地嘱咐学生注意用药安全。因为所用试剂是剧毒药品，注射用量过大会导致实验动物死亡，而不小心弄到学生的皮肤上，那更是危险的事情。由于李老师的细致，学生们每一次都能够顺利完成任务。待到完成预处理任务时，大多都已经是晚上十点多了，她会关照学生收拾好实验室，关好灯和门窗，照顾学生离开后才走出学校，此时学生们可能还并不知道她还要坐一个多小时的公交车才能到家。尽管比较辛苦，李老师却无怨无悔，一直坚持着。

有一次，一个刚刚参加工作的新同事向李老师打听班车的地点和路线，由于她对这条路线也不熟悉，尽管当时还并不相识，但李老师还是马上带着新来的同事来到了车队，详细地询问了班车的路线和班车站点，使新来的同事顺利地坐上了班车。多年以后，这位当年的新同事还会时常说起这件事，正是这件不起眼的小事，使她感受到了亲人般的温暖，感受到了真挚的关心和爱护，使她很快地就融入了生命科学学院的集体当中。

李老师的真诚，感动和带动了很多人，很多同事都愿意与李老师交谈，他们常说，与李老师交谈是一件非常快乐的事情，不管你有什么忧愁，和李老师聊完以后，总会有豁然开朗的感觉，并且和她交谈不会有任何心理负担，她是一个非常好的倾听者，她那一双温暖的眼睛会认真地关注着说话的对象，及时地给予反馈，使你得到满意的回复。此时的李老师是一个善解人意的好朋友。在问到李老师为什么总是能够这样快乐的时候，她这样告诉我们："真诚是快乐的源泉，与人交往需要真诚，学生工作同样需要真诚。人生的岁月告诉我，镜像关系是普遍存在的，当你真诚待人、热心帮助他人的时候，周围的人也会同样回报你，你便会收获无尽的温馨与幸福；当你真诚学习工作的时候，你也会收获许多成果，感受到无边的幸福与快乐。""授人玫瑰，手有余香"，李老师在真诚待人的过程中，也深深地体会到了幸福与快乐！

四、关爱学生，辛勤耕耘，赢得桃李芬芳

李老师是一个非常富于爱心的老师，无论班中哪一位同学因压力过大而心

中不快或是生病不适，她都给予热情的帮助，嘘寒问暖，倾听学生的心声，帮助他们尽快走出困境。在担任班主任期间，她经常主动与学习主动性不够强的学生的家长进行联系。一次，当她发现有一个学生与家长的沟通存在问题，学生不愿意与家长联系，家长常常联系不上孩子的情况后，便主动和这位学生进行了深入的沟通，发现他实际上是一个非常懂事的孩子，老师所要讲的道理他都明白。在了解了这名学生的成长经历、他的困惑、他的不满后，李老师不是简单地指出他的问题，而是试着从学生的角度理解他的想法，但同时也劝解他试着从家长的角度想一想，进行换位思考。另一方面，李老师与学生的妈妈进行了多次交流，以一个母亲的身份从闲话家常到孩子的教育方法、教育手段等多方面与学生的家长交换意见。通过对双方进行的细致工作，家长和孩子都转变了想法，孩子也定期和妈妈联系，学习上也有了很大的进步。

李老师多次承担教育实习指导工作，每一次都兢兢业业、认真负责，对实习学生除了在专业上进行细致的指导以外，在生活上也给予了更多的关心。有几次李老师所在的实习学校离首师大很远，学生每天早出晚归，非常辛苦。再加上刚刚接触社会，第一次登上讲台，这中间有许多学生都不能很快地适应环境。李老师坚持只要学校没有任务，就每天到实习点去，关心学生的身体状况、关注学生的思想动态，给学生买来应季的水果，从精神世界和物质基础两方面帮助学生降低心火，顺利完成教育实习任务。当年的学生们还清楚地记得李老师给他们洗干净的圣女果，酸甜宜人，李老师买来的芦柑，香甜可口。可是学生们至今都不知道李老师的手背上有一个疤痕，就是那时她在手背受伤的情况下仍给学生们清洗水果而不慎感染所留下的痕迹。还有一次，一个学生在实习中突感不适，头晕眼花，李老师二话不说，开车把学生送到了医院，学生得到了及时的诊治。李老师常说："学生就像是自己的孩子，家长把孩子送到学校，老师就要像家长一样关心他们的生活和成长。"

很多学生都说，李老师是一个温柔的老师，像慈母一样，不会给他们难堪。因为李老师常说："每一个学生在家都是宝贝儿，每一个学生都有他的长处。发现孩子的长处，表扬与鼓励的作用或许会比批评申斥的作用更大，这样可以更好地调动学生学习的积极性。"学生们反映，上李老师的课不会有太大的压力，因为她从不会当面批评责备学生，看到学生听课注意力不够集中的时候，她会用一个眼神、一个手势或是临时设计一个小环节，吸引学生注意或帮助个别学生"收魂儿"。

在同学们眼中，她不单单是老师，更像亲人和朋友。记得在她担任班主任的时候，学生要进行义务献血，她像母亲担心自己的孩子一样，不厌其烦地对每个学生讲献血前该注意什么、献血后该怎样将养，她为献血现场做足了服务功课，为每个献血后不回家的学生安排了一对一“看护”，还买来了整箱的牛奶和大枣，送到学生宿舍，一遍又一遍地嘱咐他们有任何不适都要及时就诊并尽快通知她。那一天多的时间，她一直里里外外忙个不停，那样子很容易让人联想到为小燕四处觅食飞进飞出的老燕。看着她因担心、劳累而泛红的脸庞，同学们心疼地安慰她：“老师您歇会儿吧，我们都很好，您就放心吧。”此时同学们的心里感到暖暖的、甜甜的，他们真的觉得自己正在被妈妈的爱包围着，有的同学还落下了感动的眼泪，因为，李老师因疲惫而略显沉重的步履踩疼了他们的视线……

二十多年来，李老师一直深爱着她所从事的事业、工作的学院和学生，她曾说：“我是一个幸福快乐的教师，学院就像一个大家庭，给予我数不清的帮助。在这里，我感受到了在逆境中恩师的鼓励；在这里，我体会到了困难时领导的支持；在这里病痛中我得到了同事们所给予的热情帮助和学生们的殷勤问候；在这里，我收获了成功的喜悦，在这里的一切，都让我感受到了家庭般的温暖，在这里，我承受了太多的关爱和期待，我也定将这暖暖的爱心传递给我的同事、我的学生……传递给社会，永远做一名幸福快乐的教师”。事实上，李雅轩老师也正是用她的爱岗敬业、严谨笃学、辛勤耕耘的行动做到了她的平凡承诺。

李老师就是这样一位幸福快乐的教师，她在用全部的爱丈量这三尺讲台，我们无法掂量她的爱是如何的沉重，我们却知道，这里有她挚爱的青春学子，这里有她钟爱的阳光事业。她是一位美丽快乐的使者，播种着鲜活灵透的种子，抛洒着莹润甘甜的雨露，收获着绿色的累累硕果，也收获着金色的幸福与快乐！

（首都师范大学生命科学学院）

平易之师　儒雅之范

——记李学东老师

李学东简介

李学东，男，1961 年出生，毕业于首都师范大学生物系。现任教于首都师范大学生命科学学院，副教授。兼职北京植物学会理事、北京旅游学会理事。主持多项科研项目，参加了中国第五次南极科学考察，全面地采集了中国长城站及附近岛屿的苔藓、地衣和南极发草标本，为教学提供了极大帮助，丰富了首都师范大学的标本储备。他还曾两次赴日本进行合作交流，建立了与日本、英国、澳大利亚等国极地研究所的资料标本交换与学术交流关系。1992 年被评为“北京市优秀青年骨干教师”，2005 年被评为“优秀主讲教师”，2007 年被评为“首都师范大学师德先进个人”。

在首都师范大学美丽的“园子”里有这样一位老师，他衣着朴素，他面带微笑，他如谦谦君子，他是忠厚长者。他在首都师范大学已经学习、工作和生活了三十年，他用心浇灌着这片园子里的“花草树木”，用毕生心力默默诠释着“为学为师、求实求新”的校训。他是学生眼中和蔼可亲的师者，平易近人的学者，也是儒雅可敬的大朋友。他，就是生命科学学院的植物学老师——李学东。

一、默默耕耘——三尺讲台上的常青树

三尺讲台，一颗爱心，放飞希望，乐此不疲。这就是李学东老师从师几十年来的真实写照，也是他的执著追求。

早在李学东老师在生命科学院的本科学习期间，他就对植物学产生了深厚的兴趣，他喜欢校园里的一草一木，常常静静地关注着它们的“一举一动”，从发芽、成长、开花、结果又至凋落，他琢磨着在这些变化中植物器官的“成长”和“成熟”，每一个唯美的生命过程都使他感叹大自然的神奇。也正是这样发自内心的喜好和欣赏，以及他对母校深深的情怀，李学东老师选择了毕业留校任教，把他学到的、发现的、热爱的生物知识传授给一代又一代的学子。秉承这样的信念，他在首师大已经扎根了近三十年，培养了一大批的学生，不经意间白发已悄然出现，但岁月的痕迹并没有冲淡李老师“一心一意为学生，勤勤恳恳为教学”的信念，他依旧活跃在简单而神圣的三尺讲台上，向一批批学生讲授着心中永远钟爱的植物学，将知识的种子默默播撒，等待他们成长为苍天大树的一天。

在校执教期间，李学东老师一直从事《植物学》、《环境植物学》、《花卉栽培》、《苔藓》、《地衣》等教学与科研工作。课堂上的李老师语言凝练而不失幽默，他稍显内向的性格使得他不像很多教师那样健谈，加之长期专业的科研训练形成的缜密思维习惯，他虽说话不多，却句句精练，配合上适时的“冷笑话”，哄堂大笑的场景比比皆是，“李氏”笑话轻松活泼，欢笑中专业知识已进入了学生们的脑海。我们惊叹于李老师能如此细致地解析生物体，从宏观到微观，从整体到局部，层层递进，他形象生动的描述和深入浅出的讲解使得课本上枯燥的生物专业知识变得简单和有趣了，同学们也渐渐形成了对植物学的整体感知，潜移默化间科学的种子已悄悄埋下。

生物学是一门实验科学，除了理论课，实验课更加重要，这是将理论上升到实际应用的关键。李老师在教授本科生的植物学实验课程时，大家又发现了

这位说话一向慢条斯理的儒雅老师干净利落的一面。实验课上，他精湛的植物形态解剖技术“震撼”了学生们，徒手切片制作临时装片，“快，准，好”，实验操作迅速，动作到位，随着刀片轻松划过载玻片，滴上水，用镊子盖上盖玻片，赶走气泡，将水封装片放在显微镜下，薄而整齐的植物组织细胞就展现在学生们面前，小小的植物叶片如魔术般幻化成实验的材料，引起大家一阵惊叹。而对于学生们的操作失误，耐心的李老师总是不遗余力地一遍遍做示范，纠正大家的操作错误。他从不急躁，认识他的人都没有见过他发火或者斥责学生，他总是一如既往地微笑，憨厚可爱。李老师注重课程教学创新和实验技术的科技化、现代化，植物学实验室是最早引进显微拍照的，每位学生对应的双目显微镜同时配有拍照和实时跟踪显示的功能，同学们可以随时举手让老师将自己显微镜下的装片拍照采样，投影到大屏幕上向全班同学展示，利于大家讨论问题，互动性很强。另外，李老师很注重培养学生的兴趣，实验课上我们总能看到李老师精心准备的视频，有时是科普类的《人与自然》，有时是经典的实验操作片段，既有趣味性又有可操作性，深受学生的喜爱，比起面对黑板和课件，年轻活泼的我们更喜欢在李老师的实验课上亲手描绘自己心中奇妙的植物学。

李老师的教学会将我们自然而然地带入植物学的世界，师生之间似乎跨越了“传统”的界限，他没有教授的架子，没有过多的语言修饰，有的只是亲切的笑容和他特有的幽默风格。从师几十年来的默默耕耘，换来的是同学们对他深深的敬重和喜爱。

二、潜心钻研——大自然中的生力军

对于理科学院的教师，教室和实验室的三尺讲台是其主要的教学场所，而对于植物学的老师还有一个主战场——大自然。李老师的教学方式非常具有生科院的特色，作为一名教授植物学的老师，需要带领同学们真正走近自然，让大家真正了解植物才能学以致用。

如果你留心生活，你会发现——每年春季，当新叶爬上枝头，繁花盛开于首师大这美丽的校园时，当人们时而被花香吸引而驻足流连于美艳的鲜花时，总有一位面带微笑的和蔼老师带领着一拨“唧唧喳喳”的生科院大一新生在校园中“认植物”，每年这都是校园一道亮丽的风景线。李老师和生科院其他的植物学老师一样，最喜欢这样和学生们一起“逛园子”，这是生科院的优良传统，教师把课堂搬到大自然，在鸟语花香中让我们用身体的各个感官体味植物学的魅力。在校园里，同学们总会簇拥在李老师身旁问东问西，“这是什么植物呀?”“哪一科的?”“花瓣数目多少?”“果夹有什么特点?”“茎四棱，叶对生是哪科的植物?”那争先恐后的提问，你追我赶的辨认植物，求知的眼神透露了学生们充满童真和好奇的心。如果没有进入生科院学习，如果没有遇到如此可亲的老师，如果不是这样灵活的学习方式，我们面对着平时习以为常的植物，从没有想过到近处观察它们。原来叶片的形态可以如此多样，叶片像花儿那样可以有各种不同的味道，叶片的着生位置标志着植物的不同种属……小小的叶片竟蕴涵着如此多的知识，通过植物我们看到了大自然的奇妙。这样“逛园子”总是让学生们很兴奋，李老师灵活地运用了校园中的植物，使课堂中生硬的知识变得更真实、更生动，极易使学生理解。他介绍起校园里的植物，用他的理解为这些植物们赋予了新的生命，通过他的讲解，让学生们对于植物学的知识有了更加深入的了解，也对校园有了特殊的感情。

除了校园方寸之地的美丽，更令同学们神往的是野外实习。缥缈奇美的雾灵山、鹫峰和松山是我们植物学实习的基地，假期到来时，当其他学科的老师们可以享受长假的闲暇时，生科院植物动物学的老师们却是最忙碌的时候，他们要带领着全年级一百多名同学进行野外实习，而这段经历对每一位生科学子都是极为珍贵和难忘的。带学生去野外是非常辛苦和富有挑战的工作，老师们都神经高度“紧张”，不仅需要教专业知识，更得时刻挂念着学生的安全。李老师是植物学的任课老师，自是首当其冲扮演着“大家长”的角色，管理好这一群童真未泯、天性好动的学生实非易事，而李老师却把它当成是一种享受，无论一天的工作有多累多苦，他总是时刻谦逊地微笑着，好像永远不知疲倦，他耐心地解答我们的一个个问题，依旧不变的风格，简洁幽默，大家忍俊不禁。当我们在山里走散了，只要听到他手里的小喇叭奏响音乐时，大家就知道老师在身边，同伴在不远处，大队伍在召唤，顿时就安心了。真正地走进大自然，那种真实纯净的天然气息是最吸引人的。山峦重叠，绿树成荫，虫鸟齐鸣，曲流溪涧，烟雾浩渺，如塑似画。杜鹃花、丁香花、忍冬花、金莲花等竞相开放，姹紫嫣红。随着海拔高度的不同，树木的绿色也显出了浓淡不同的色彩，一片生机盎然，顿感亲近大自然的无限美好。初入山林，学生们明显发现自己的知识是多么匮乏，满眼都是不认识的植物，好在李老师在身旁，他指导大家用平日在学校学习的植物分类知识辨别植物，收获颇丰，理论和实践的确要结合起来才有效。山上山下，活跃着同学们的身影，更时刻记录着李老师的脚步，大家七手八脚地从各个角落采集植物标本给李老师，他通过对花、果实、叶片的仔细观察，总能辨识出植物的种类。有时，几位植物学老师的意见不统一，他们会为了捍卫真理而争执，最终告诉学生准确的答案，看他们讨论的过程本身就使我们长见识，于是也又一次惊愕于李老师扎实的植物学基础和严谨的科学态度。野外实习时与李老师朝夕相处的日子，同学们都被这位为学严谨、为人和善的老师深深吸引。

本科生植物学教学是李老师亲近自然、发现自然的平台，而这只是广度意义上的走进生命科学。李老师注重自己专业的学术研究，长期以来还主持多项科研项目，完成硕士研究生的培养工作，并指导着本科生的科研立项等，这则从深度上探求大自然的秘密，揭示生命的科学。他曾代表陈阜东教授主持的"南极苔藓等陆地植物考察"课题组参加了中国第五次南极科学考察，全面地采集了中国长城站及附近岛屿的苔藓、地衣和南极发草标本，为教学提供了极大帮助，丰富了首师大的标本储备。他还曾两次赴日本进行合作交流，建立了与日本、英国、澳大利亚等国极地研究所的资料标本交换与学术交流关系，广泛搜集了大量相关文献资料，为准确的分类鉴定奠定了坚实的基础。并合作编著了《南极菲尔德斯半岛苔藓植物手册》，并发表了多篇论文，两次参加国际学术会议，并宣读研究论文。李学东老师近年来还参加了包括北京、河北、湖北、内蒙古、山西、陕西、安徽、深圳、浙江、贵州等地生态园规划和生态旅游发展总体规划，兼职北京植物学会理事、北京旅游学会理事，而其指导的本科生科研立项已获北京市挑战杯三等奖两项。在2009届本科生中，李老师指导学生完成论文《太行菊顶芽离体高效再生系的建立》时，他亲自带领科研立项的同学们远赴山西实地采样，培养了学生严谨治学的科研态度和不畏困难的科研精神。李老师就是这样在平凡的生活中永远富有生气地寻找着点滴的自然之美、科研之美。

三、品味生活——平易近人的儒雅之师

李学东老师除了作为专业课老师任教外，还曾担任过2005级本科生班主任，作为100多名本科生的班主任是辛苦和极具挑战的，需要投入的精力和工作量可想而知，而李老师仍旧保持着一贯的本色，用真诚的微笑面对每位学生。他不定期地召开班会，充分了解学生的整体需求，也私下找同学们聊天谈心，既是一位经验丰富的长者，又是一个极富爱心的大朋友。学生们认为最可贵的是李老师从不把学生当做学生或者小孩子看待，而是看做平等的个体和同样的成年人来进行交流。言谈间我们总能学到很多不同于教科书内容的知识，

他告诉我们："现在的教材由于课程改革趋势的影响，体系比较混乱，需要同学们自己总结。这就更要求学生要学会看书，看书是一个研究的过程。虽然现在网络资源很丰富，但希望同学们能认识到网络的方便往往造成看书能力的下降，看书能力是会学习的一种体现，学会自己寻找解决问题的方法比学到更多的知识更重要。我们都是普通人，精力总是有限的，为了节省精力，提高效率，寻找知识并且抓住知识之间的联系是很重要的。"我们的确处在一个知识爆炸的时代，在众人都追求高速度增长时，我们往往只是被动地去接受海量的信息，而没有时间消化这些信息背后隐藏的内容，更无闲暇去理会信息之间的关联，然而这恰恰是取得突破和精进自我的关键。正如李老师所说，应当学会选择性读书，学会归纳整理，学会理清脉络。在学习中发现了问题就要敢于提出，遇到可发掘的资源可以通过各种渠道进行深入了解，逐步建立和完善自己的知识体系才不会迷失在知识的大森林中。

李老师还经常结合专业特点，悉心地教导我们生物学要"重合作"。现在独生子女不能吃苦、效率低、不善于合作，这就直接影响了其走入社会的竞争力。要学会合作，学会利用资源，通过充分地与身边的同学、老师、朋友合作来实现个人和团队的价值，不应把个人利益放在首位，要互相帮助、互惠互利，集体力量起着推进社会进步的良性主导作用。

儒雅的李学东老师总是很留心生活，在他的世界中总是鸟语花香的。平时生活中的他喜好养花，也喜欢看别人养花，当在路边看到有人种植的小苗蔫了，他忍不住又当起了"护花使者"，还和学生们聊起养花的经验和养花人的性格。他会在课上让学生们闻花香，人文式的关怀让学生们觉得他非常体贴。野外实习时捡到的小苗将带回实验室种在小盆里，再过一个年头我们回到实验室时，当年那瘦弱的小苗都已经长得很茁壮了。学生们都说，李老师是一个很热爱生活的人，他安安心心、平淡如水地生活，但生活得颇具情趣。

李学东老师像养植物一样的培养学生，用一颗爱心撒播"种子"，用温馨的汗水为"小苗"浇水施肥，用贴心的阳光"语录"滋润"植株"，他默默地重复着一件事，身为平易之师、儒雅之范，等待着来年丰收的时节。

（首都师范大学生命科学学院）

以身作则　开拓进取　在实践中育人

——记刘永顺老师

刘永顺简介

刘永顺，男，1988 年毕业于南京大学地质系，1991 年和 1994 年在中国地质大学（北京）地质矿产系分别获硕士和博士学位，1994 年在北京大学地质系做博士后研究。1997 年 4 月从北京大学地质系博士后出站来到首都师范大学地理系从事高校教师工作。曾先后任地理系副主任、地理科学专业负责人，现为首都师范大学资源环境与旅游学院副教授、党委书记，中国矿物岩石地球化学学会火山与地球内部化学专业委员会理事，中国灾害防御学会火山学专业委员会理事。

一、以身作则，教书育人，在实践中积极探索教育教学改革

长期以来，刘永顺老师坚信要做一名好教师，就要全心扑在教学上，去点燃学生内心追求光明的火种；要对学生负责任，要爱护学生的成长；要在实践中增长学生的能力和才干；教学不能因循守旧，要不断探索和创新。严格中有慈爱，民主中有纪律。教学相长，相互切磋，共同提高。多年来，刘永顺同志就是本着这样的理念来实践的。

1997 年他刚到学校，就担任了地理系 1997 级 1 班班主任，当发现整个年级的学生的英语水平较差后，他就主动与 1997 级 2 班班主任刘建中老师商量，无偿地为整个年级 100 多名学生补习英语，包括讲课、答疑、考核、批阅等，受到了学生的普遍欢迎。他讲授了多门课程，在课堂上他经常激励学生去发现自己的潜能并鼓舞学生为之而奋斗。根据地球科学野外实践性的特点，来首都师范大学 14 年来，几乎承担过地理科学专业所有的本科野外实习，每年都要带学生进行多次的野外实践活动。在野外实践中，去锤炼学生细致观察、形象表达、发挥想象、推理求证、悟道求真的综合能力。有些外行人看到这种情况，往往认为去野外实习就是游山玩水。而他却告诫学生，正是在严格野外训练基础上的“游山玩水”才造就了优秀的学生，造就了地球科学教师的教学风格和水平。他还说：“对学生来说，野外实习就是一次不寻常的人生经历，焕发了学生热爱生活的激情，在伟岸的自然面前心灵会受到很大的震撼。对教师来说，也意义非凡，因为当你每次面对同一个自然现象的时候，都会有温故而知新的感受，都会发现新问题。我们无法穷尽自然的规律，在自然面前我们教师也永远是小学生，我们只有不断地谦虚地学习和实践才能离真理更近一些。”近年来，虽然他承担着繁重的党务工作，但课堂和野外教学仍兢兢业业，在教学评估中得到了学生们的高度赞扬。

刘永顺老师是我校首批开始探索双语教学的教师，在实践中积极探索双语教学规律，表现了较高的教学水平和技能。2000 年在与美国纽约州立大学坎顿学院合作教授双语课程《地球科学》和《地球科学实验》中，他承担了中方学生的教学辅导、室内实习和组织协调工作，受到学校和学生的好评，课程结束的总结中，同学们写道：“‘这门课对我来说很有吸引力’，‘我感到收获很大，网上的教与学十分新鲜有趣’，‘本课程的内容十分丰富，超出了课本原有的范围，扩展了我们所学知识的广度和深度’”。2003 年 10 月在教育部本科教学水平评估工作中，他的双语教学课程被专家组随机抽查，在事先没有任何思想准备的

情况下，表现了较高的教学水平，教学能力和教学效果得到了专家组的高度赞誉，为首都师范大学迎评工作争得了荣誉。

本着实践的教学理念，2004 年 7 月，刘老师积极组织、推进了与美国纽约州立大学布法罗州立学院合作的《中国地理》野外实习课程。实习的主要内容是以中国独特的区域自然景观与人文地理为主线来认识中国中部从北到南的地域差异及其成因。中美两校联合进行中国地理野外实习课程，不仅为中美双方学生提供了学习中国自然景观和文化历史的独特机会，而且有机地把中美学生组织在一起，在穿越中国中部的旅行中，促进了中美学生共同学习和交流。实践证明：中美学生联合进行野外实习考察，是我院建院以来首次进行的中外合作的教改探索，对提高双语教学质量、塑造良好的学风、推进中外课程交流起到显著的作用。

二、严谨治学，求真务实，不断探索科学研究新领域

要做一名好教师，就要有不屈不挠严谨治学的精神，不断探索和开拓科学研究的新领域，就要培养学生具有继承和超越前辈的远大志向和创新精神。为提高教学质量，他潜心科学和教学研究。以科学研究的求真求实态度来对待教学，努力探索符合教育规律和时代要求的教学新内容、新方法、新手段。

地质流体力学是当今正在成长中的新学科，是地球科学发展的新方向。在中国，由于传统教育的缺陷，造成懂地球科学的人(尤其是擅长野外实践和室内实验的人)数理基础薄弱；而懂数理的人，又不了解地球科学，所以能真正胜任地质流体力学研究的人员匮乏，能紧跟或赶超国际先进水平的人员更是凤毛麟角。从事这一基础研究，常常不被人理解，要坐冷板凳。但当他看到“定量化和各种随时间而变化着的动力学的综合”必将是地球科学未来发展方向后，就毫不动摇地一直坚持开拓这一研究方向，他经常对自己的研究生说“在这一方向上将来必定有人会获得光环的，但我心甘情愿做这条路上的一块铺路石”。

经过 14 年的探索，以及在中国东北的五大连池、长白山天池、龙岗等第四纪火山区和北京西山中生代火山岩区的长期考察，目前他在火山喷发流体动力学方面的研究已得到了同行的认可。率先在国内招收此方向的研究生已 10 年，培养毕业研究生 12 名。近几年主持和参加国家及省部级火山方面的项目 6 项，参与发表该方向有关科研论文近 15 篇。在首都师范大学先后主持申请国家自然科学基金项目三项，分别是《黑龙江省五大连池新期火山喷发的流体动力学及模拟》、《典型基性与酸性火山爆炸与溢流喷发方式转换的机理》和《基性

与酸性熔岩远离平衡岩相结构成因》。2005年开始，在於崇文院士的影响下，他认识到地质系统的复杂性是在当前地学发展中居于战略地位、对地学基础研究和矿产资源的寻找产生深远影响的生长点之一后，他就主动放弃了个人的得失，毅然开始了新的探索，先后考察了赣南大吉山钨矿和南岭有色金属成矿区（如湘南的骑田岭、黄沙坪，桂东的花山和姑婆山等）。经过几年的学习、消化、继承和参与地质系统复杂性理论研究，他又开始火山系统复杂性理论的探索，陆续发现了基性熔浆的流动、火山碎屑形貌、孔隙的复杂结构和气泡的生成、岩浆房的动力机制、远离平衡岩相结构等方面都存在着多组成耦合和相互作用、平衡与非平衡共存、整体的自组织、遍在的分形、间断平衡等复杂性现象。火山系统的复杂性理论的探索将是揭示火山活动规律的新方向。

这些交叉学科的研究使他体会到地球科学的课程可以从更高层次来认识和讲授，从整体思维来认识地球各层圈的相互作用。学科的基础应深深地扎根于基础学科，促进学科之间的有机融合。这样可以使学生感悟到地球科学的有机整体性。在科研、教学上，他经常用自己在研究中所悟出的道理来启发学生思考，教导学生不迷信权威，重视实践是一切知识的真正来源。正是在这种思想的指导下，多年来在指导本科毕业论文时他总是要求学生到实地去考察、去收集资料，有时还亲自带队去，取得了很好的教学效果，例如，2000年他曾带领三位本科生前去黑龙江省五大连池新期火山考察并参与他的科研项目工作，在本科毕业论文答辩中这三位同学的论文都先后被评为校级优秀论文。以上这些说明科学实践对教学是有极大影响的。

三、团结协作，顾全大局，发挥党员的先锋模范作用

有团结协作精神，发挥集体力量和党员先锋模范作用，是他工作的特点。刘永顺同志曾担任过资源环境与旅游学院党委委员、地理系副主任，专业负责人，现在承担学院党委书记工作，工作中他顾全大局、坚持原则、开拓进取，努力克服各种困难，团结带领师生，完成学校和有关职能部门布置的各项任务。在1999年旅游管理专业初创时期，作为主管教学的副院长，他组织和领导专业建设小组深入实际，细致调研，虚心向兄弟院校和同行学者学习，不断完善教学计划和野外实习基地建设，为新专业的发展奠定了基础。2003年在教育部本科教学评估期间，学校为改变实验楼布局不合理的状况，要求一个月内完成实验楼内各院系实验室的调整。而资源环境与旅游学院的地质标本室（上万块标本）的搬迁的速度直接决定着相关院系及整个实验楼的搬迁速度。在极

其困难的条件下，他克服重重障碍，积极组织、带领10名教师和同学，放弃国庆节休息时间，用了七天的时间，每天从清晨到晚上10点多，将近万块地质标本，用托盘一盘盘运到实验楼顶层，为迎评抢得了时间，保质保量地完成了繁重的搬迁任务。他的行为表现了一个党员以身作则、顾全大局、勇于承担重任的高尚思想品德和境界，受到学校各职能部门及学院师生的广泛好评和由衷称赞。

刘永顺老师为人正派，品行端正，谦虚平和，待人宽厚，工作中勤勤恳恳，任劳任怨，不争名利，对自己要求非常严格。在多次评选先进、晋级、评聘工资档次中，每次遇到矛盾都是主动谦让。2000年1月在“迎五十年大庆，做跨世纪先锋”爱国立功竞赛活动中，被北京市教工委评为“爱国立功标兵”。2005年6月被中共北京市委教育工作委员会评为北京市高校优秀共产党员，并受到市教工委和学校的表彰。2007年9月在首都师范大学首次师德评选活动中被评为师德先进个人，多次被评为校优秀主讲教师、野外实习教师，在历次教学评估中都居于全院前列。在成绩面前，他多次诚恳地表示，他所做的工作与党和人民对人民教师的要求还有很大差距，与名师的教学水平和风范以及学校和学生的要求还有差距。这些差距，激励着他要秉着红烛精神，继续拼搏，燃烧自己，照亮学生，不负祖国和人民的寄托和教师的崇高称号。

（聂保锋）

言传身教　孜孜不倦
——记王艳慧老师

王艳慧简介

王艳慧，女，博士，副教授。1998 年 7 月和 2001 年 3 月分获中南大学学士、硕士学位，2005 年 6 月获中国矿业大学（北京）地图学与地理信息系统专业博士学位。2005 年 7 月至今在首都师范大学从事地理信息系统教研工作。现任国家特色专业——地理信息系统专业负责人，兼任地理信息系统系系主任。入职五年来，在教学科研和管理岗位上一直勤勤恳恳，爱岗敬业，为学生成长、为学科建设和学院平台建设尽心尽力地做好每项工作，努力践行着一个党员教师应尽的职责。

言传身教　孜孜不倦
——记王艳慧老师

作为一名普通的教师，入职五年来，王艳慧老师工作一直勤勤恳恳，爱岗敬业，在平凡的岗位上尽自己最大的能力默默付出，无怨无悔，不计较个人得失，为学生成长、为学科建设和学院平台建设尽心尽力地做好每项工作，努力践行着一个党员教师应尽的职责。

在申报北京市及国家实验教学示范中心的近3个月时间内，王老师除完成正常的教学与科研工作外，在上级领导的安排下还负责项目申报文档的撰写与附件支撑材料的收集整理。虽然学校距家较远，怀有身孕，她仍旧克服了身体的不适反应，顾不上去医院检查身体，一次次开会、讨论、修改，经常晚上加班到十点多才回家，几乎没有休息过一个周末。在准备专家现场考察的前一天，修改答辩材料，熬到凌晨三点才匆匆离校返家，第二天早上不到七点又到校准备答辩环节的点点滴滴。最终在全体老师的共同努力下，申报工作获得了专家的一致肯定，顺利通过答辩，获批成立地学类第一个国家级实验教学示范中心。

在2009年年末，王老师一向身体康健的母亲被查出身患中后期癌症，需要马上住院手术。学院领导和同事体谅地让她请假照顾病人，但为了不影响学校的工作，她咬紧牙关一直坚持着，狠下心把刚刚一岁多的孩子托付给外地亲戚照料，每天趁中午吃饭间隙和下班后的时间去医院照料母亲，料理病人的相关事务。在母亲治病的大半年内，几乎没有歇息过一天，没睡过一个完整觉，虽然身心压力非常大，但只要有需要，王老师就会抖擞精神准时出现。无论是晚上在办公室加班，还是指导学生研讨，抑或是周末学院、实验室的公益事情或学术活动，王老师从来没有请过一次假，从来没有因为个人私事耽误过一天工作、缺席过一次会议。保质保量、尽职尽责地完成了自己的本职工作。

几年来，王老师承担了《地理信息系统》(国家精品课程)、《计算机制图》、《空间数据库》等地理信息系统专业本科生及研究生专业课教学工作；组织讲座教授开设专题研讨课程，并向国内科研院所和高校开放。本科生、研究生在这类实验课程中合作学习、研究，学生学习的积极性和自主学习、掌握高新技术应用能力得到提高。

近年来她先后主持国家自然科学基金、中国博士后科学基金(一等面上资助、特别资助)、“十一五”国家科技支撑重点项目子课题、北京市科技新星项目、北京市优秀人才资助项目等8项国家和省部级研究课题，作为骨干人员参与国家863、973、国家科技支撑、国家自然科学基金、省部级科研课题共10余项，在多尺度空间数据库系统、道路网多尺度空间数据模型、多尺度可视化、多尺度导航电子地图等领域进行了多年的探索，具备了良好的研究基础，积累了丰富的研发经验，形成了一定的特色，取得了一批富有创新性的研究成果。以第一作者身份在《中国科学》、《测绘学报》等国内外权威核心学术期刊及学术会议上发表论文 30 余篇，其中，被三大检索收录 25 篇(SCI 收录 2 篇，EI 收录 14 篇，ISTP 收录 9 篇)，获奖论文 2 篇。2006 年被破格评为副教授，获得 2008 年度“北京市科技新星”等多项荣誉称号。

王老师还负责地理信息系统专业教学体系与人才培养模式的研究、改革与实践。负责地理信息系统专业本科生人才培养方案制定工作；参与“地理信息系统”国家精品课程及北京市精品课程建设；主持校级青年教师教学研究项目“地理信息系统本科专业课程体系设置探讨”；主持《空间数据库》、《数字高程模型》、《区域分析与规划》三门课程的课程建设工作，并顺利通过课程验收；发表教改论文 5 篇，获 2008 年校优秀教学成果一等奖。

王老师担任地理信息系统专业本科生班主任工作，言传身教，努力为学生成长创造各种有利条件。对学生循循善诱，把学生视为弟弟妹妹关怀备至，与他们平等交流，细心观察他们的反应，创造条件，耐心帮助解决他们学习生活中遇到的各种问题。所在班级中 10 余名同学获得国家和省部级各种学科竞赛和社会实践奖励，学生四级通过率达到 97%，考研率达到 27.3%，一次就业率达到 96.88%，处于学校前列，获“校级先进班集体”、“北京市五四红旗团支部”等荣誉。主持的科研项目向本科生开放，先后组织 30 余名本科生参加课题组，对本科生、研究生进行互动培养。曾担任过资源环境与旅游学院地理信息系统专业共 15 名毕业生的毕业设计与论文指导工作。指导地理信息系统专业 9 名本科生的大学生创业计划项目、科研立项、实验室开放基金的申报与实施；作为硕士生导师指导 4 名硕士生的日常科研工作，每周主持一次本科生、研究生科研进展讨论会。1 项本科生科研项目入选北京市和国家级“大学生科学研究与创业行动计划”，5 名本科生获得市级、校级学科竞赛奖。

作为地理信息系统专业负责人，王老师承担了专业建设及日常事务管理工作。以“教学、科研、团队协调发展，学科、专业、课程相互促进”为发展理念，以重点学科建设为核心，以学位点建设为杠杆，以教学平台、学术梯队和研究基地建设为基础，依托 4 个国家、省部级优秀教学平台和 4 个国家和省部级科研创新平台等，将系列课程建设及其与教学平台和科研创新平台紧密结合，高水平科研与教学相互结合和促进，加强开放、交流与合作；深入开展以促进学生知识、能力、素质协调发展为目标的创新性教学改革，完善人才培养体系，积极探索专业建设新模式。我校地理信息系统本科、硕士专业和地理信息系统博士点得到了迅速的发展，在师资队伍建设、教学体系和课程建设、实验室条件建设、教材建设等方面取得了很大的进步，学生学习效果良好。整个专业建设工作有条不紊地展开，学科建设也在稳步向前推进。2008年，地理信息系统专业被评为国家级特色专业，以本专业师资队伍为主要力量的师资团队被评为国家级优秀教学团队。专业师资近年来承担“国家973”、“国家863”、国家科技创新基金、国家重点专项和国家自然科学基金等93项国家和省部级科研项目，获得国家科学技术进步二等奖，国家测绘科技进步一、二等奖，北京市科技进步二、三等奖等10余项国家和省部级科研奖励，获得国家高等教育教学成果奖二等奖、北京市高等教育教学成果奖一等奖等教学奖励10余项。同时，本科生的实践和创新能力也有了显著的提高。近年来，获校级大学生科研立项38项，获实验室开放基金43项；获全国大学生“挑战杯”大赛北京市一等奖、全国大学生数学建模与计算机应用竞赛北京市一等奖、北京市数学建模竞赛一等奖等国家、省部级和校级各种奖励47项。

王老师参与地理学国家级优秀教学团队、地理科学与技术国家实验教学示范中心、地理学一级学科等学科平台的申报与建设工作；负责国家实验教学示范中心的中期检查及各种信息上报统计工作；主笔“211工程”建设、国家实验教学示范中心、国家精品课程的绩效考核工作；参与学院教学平台其他日常建设工作。

作为骨干人员她还参与了国家重点实验室培育基地的申报，参与所在5个省部级重点实验室的年度检查、验收、国家及省部级科学技术奖申报等；负责GIS名词委(北京会议、张家界会议)会务工作，参与学院承办的地理学年会、欧盟－科技部龙计划培训等会议的会务工作；参与实验室其他日常建设管理工作。2009年获批民政部“灾害评估与风险防范”重点实验室，2010年获批国家重点实验室培育基地。

（王文利）

爱岗敬业　开拓进取
——记吴敏华老师

吴敏华简介

吴敏华，女，教授，1965 年出生，毕业于南京大学计算机科学与技术专业，现任首都师范大学信息工程学院教学副院长、计算机科学与技术实验教学示范中心常务副主任、中国信息技术教育专业委员会理事、中国教育信息化理事会理事、北京计算机基础教育研究会理事。2008 年入选北京市科技创新团队，2009 年入选国家和北京市优秀教学团队计划。先后获得北京市高等教育教学成果一、二等奖、北京市基础教育教学成果二等奖。

1998 年被评为“北京市优秀青年骨干教师”，2002－2007 年连续 5 年被评为“首都师范大学优秀主讲教师”，2008 年获得“首都师范大学优秀教师”称号，2009 年获得“首都师范大学就业先进个人”称号，2010 年被学生评为“首都师范大学十佳教师”。

认认真真，兢兢业业是她的一贯作风。上课前认真备课，坚持用通俗易懂的语言讲课，课上课下经常与学生交流，教好每一个学生是她的教学目标。认真批改每一个同学的作业，并鼓励同学树立努力的目标。坚持每周答疑，既解答同学学习过程中遇到的问题，又指导学生的科研。担任本科生导师，为每一个同学建立学习档案，认真指导学生的选课和学习方案，让每个同学都学有所获是她最大的心愿。

她衣着朴实，貌不惊人，却在学院人尽皆知，课堂、讲座、学生科研、竞赛，到处都有她的身影；她工作繁忙，却始终平易近人和蔼可亲，还不时透露着轻松诙谐的幽默。

不管她有多忙，都会先放下自己手头的工作，全力帮助同学们解决问题；她不仅关心同学的学习情况，还帮他们解决生活上遇到的问题。课上课下，课里课外，兢兢业业，无微不至，一丝不苟，二十多年，始终如一。

她就是我们都熟悉的吴敏华老师。她是北京市优秀青年骨干教师，国家级教学团队主要成员，连续五年获得学校优秀主讲教师称号，连续两年被评为师德先进个人；主持市级教改项目，获多项北京市、教育部优秀教学成果奖，是同学毕业后印象最深刻和最感激的老师之一。

一、注重师德垂范的力量，加强自身修养，身教重于言教

吴敏华老师在工作上爱岗敬业，精益求精，有强烈的主人翁责任感和事业心。她十分重视加强和保持自身的政治理论水平、道德修养、业务素质，注重为人师表，完善自我，多次参加党外人士学习班，坚持把提高自身综合素质作为搞好教学的首要条件。

她热爱教育事业，对本职工作有很强的事业心和责任感，团结协作，治学严谨，教风端正，师德垂范，身教言教，对学生既热情关心又严格要求，在学生当中树立了良好的形象，具有很高的威信，深受学生爱戴。

二、爱岗敬业、教学工作取得重要进展

1. 教风学风明显改善

针对信息工程学院教风与学风存在的问题，自 2006 年 4 月以来，在教学院长吴敏华的主持下，学院开展了一系列扭转教风、学风的活动：加强师德教育；加大辅导员和班主任的工作力度；使教学观摩和教研活动常规化；成立学院教学督导组；抓好新生工作；严肃考风、考纪；召开往届毕业生经验座谈会；加强沟通交流，召开学生家长会。

同时，吴老师甘做学院教师教学研究的铺路石。积极鼓励、组织、推动教师申报课程建设、网络辅助课件项目、教学改革项目、精品教材立项的教学研究工作。2006年以来，学院在专业建设、课程建设、教学改革、教材建设等方面取得了许多突出的成绩。

经过几年来的教学秩序整顿工作，现已初见成效，学院教风和学风建设出现了较大的转变。

2. 专业建设取得突破

正在建设1个国家级特色专业、1个北京市特色专业，1个校级特色专业。

3. 教学成果取得突破

2006年获得2项校级优秀教学成果，2008年获得5项校级优秀教学成果奖，4项北京市优秀教学成果奖，其中包括一项基础教育教学成果奖，体现了首都师范大学为北京市基础教育作贡献的行动。

4. 课程建设取得突破

所有课程都有课程小组，规范了课程建设标准；建设1门国家级精品课，3门北京市精品课程，10门校级精品课程；获得教育部—微软精品课程建设项目，这是我校在国家级“教育部－微软精品课程”建设项目上第一次成功申报。

5. 教材建设长足进步

两本教材入选国家“十一五”规划教材；5本教材入选北京市精品教材；9本教材成为北京市精品教材建设立项项目。

6. 教学改革创新思想

实现“3＋1”办学模式，倡导建立双师型的培养模式，近五年获得4项北京市教改项目，41项校级教改项目，连续两年设立院级教改项目。

7. 实验教学条件改善

计算机科学与技术实验教学示范中心成为北京市首批实验教学示范中心，每年获得千万元经费用于实验室建设。

8. 学生竞赛成果显著

近五年来学生获得多个国家级、北京市级学科竞赛奖励，其中2008年获得SCILAB竞赛国家级一等奖中的第一名(全国只有2个一等奖)；2009年获得计算机仿真竞赛全国一等奖，参加Sun 2007创新之源－opensolaris校园程序设计大赛，在一等奖空缺的情况下，我们荣获国家级二等奖一个，三等奖一个；参加2008年ALTERA亚洲创新设计大赛，600多个队伍参赛，我们进入前25名。

9. 学生科研有了较大飞跃

2008 年大学生创新实验项目，获得国家级项目 3 项，市级项目 5 项，校级项目 9 项；2009 年获得校级项目 15 项，占全校理科项目的 37.5%；实验室开放基金项目在学校所占的比例逐年提高，近三年都在 25%以上；我们以不足全校学生总数 1/8 的学生获得了全校创新学分的 45%以上。

三、积极进行教学研究和改革，强调学生综合素质的提高，注重理性教育

作为计算机科学与技术师范专业的负责人，针对专业要求和学生今后工作的特点，建立科学合理的课程体系，牢固专业基础，突出技能训练，要求学生不仅要具有扎实的基础理论知识，还要掌握多学科知识，注重实践能力的锻炼和提高，培养学生具有良好的思想素质、道德素质、专业素质、心理素质、创新素质等，提出“五个一”工程为计算机科学与技术师范专业必备的技能。2008 年获得 3 项北京市优秀教学成果。

吴老师备课认真，花费大量的时间和精力去设计教案，从重点、难点，到有关背景和相关资料，都力求掌握准确，了解深入，使自己能教有所得，学生能学有所获。准备充分，授课内容丰富，教学态度认真，教学效果优秀，授课语言精练，具有独特的教学风格。

用亲情教育的方式培养学生的理性思维。带着责任去教课，带着感情去教课，师生关系亦师亦友。为更好地了解学生的特点，加强教学效果，课下对学生提出的问题总是认真解答，增强学生认真钻研的兴趣。在学校的网络学堂教师参与讨论次数统计中，吴老师有三门课的统计数据位列全校前十名。结合所讲的不同课程，不失时机地教育学生加强自身修养，教育他们树立正确的人生观、价值观，学会理性地观察问题、分析问题、解决问题，时刻注意提高自己的道德修养和理性思维水平。积极组织学生申报各类项目，建立学生研究梯队。

共同进步，个性化发展。整个教学过程，着眼于学生的全面发展，主动发展，注意调动全体同学的积极性，引导同学们共同参加各项教学活动，通过教学和实践活动使同学们的信息科学知识和水平不同程度地得以提高。比如，用课堂实例讨论等方式让每一位同学都有发言、锻炼的机会。同时，鼓励学生的个性化发展，特长发展。

培养学生对信息科学实践的感性认识，加强运用理论分析解决实际问题的

能力。在教学过程中，通过启发式教学，创造和谐的教育氛围，充分调动学生在学习中的主动性，激发学习兴趣，思考兴趣。授课过程中，有目的、有计划地组织学生讨论、分析与课程相关的实例，要求学生能够运用理论分析解决实际问题，注重对学生的素质教育和能力的培养。

四、亦师亦友，无私奉献

吴敏华老师不仅教会学生如何学习，更教会了学生如何做人。吴老师关心学生，平等、公正对待学生，尊重学生人格。她善于发现每个学生的闪光点，并且视同至宝，精心呵护与引导；她充分地了解自己的教育对象，包括他们的性格、习惯、兴趣、爱好、特长、潜能和心理状态、家庭状况以及落后的原因，做出客观公正的评估，避免偏颇，给学生以尊重和关爱。把大学生当做自己的孩子那样关心爱护，精心指导学生的学习、生活。经常用自己的生活、工作经历和体会引导学生，班上学生不论是生活上还是学习上出现困难或疑虑，她都会在第一时间了解掌握信息，并且想方设法去帮助排解。她热爱教育事业，热爱学生，敬岗敬业，乐于奉献。自参加工作以来，一直从事教学一线工作，教学工作热情饱满，遵纪守法，爱岗敬业，具有强烈的责任感和事业心，积极主动认真地学习专业知识，工作态度端正，认真负责。乐于为教师和学生服务。经常早出晚归，加班加点，兢兢业业，及时认真完成工作任务。扎实的工作作风，无私奉献的敬业精神，以身作则的榜样力量深深感动和激励着她身边的工作人员和学生，在学生的心中她是一位好老师，在教师的心中她是一位好同事。

正确评价学生，能够给学习困难的学生鼓励、指导。能够及时发现学习方面的问题，给予学生指导、帮助。大学的学习环境和教学方法与中学有明显的不同，它更强调自学与学习方法和教与学的协调，为了做好这项工作，吴老师除了经常指导学生的学习方法外，还根据各个学习阶段、学习环节进行指导，让每个学生了解基础课与专业课之间的关系、每个知识点与今后专业学习的联系，作为一名教师，她凭借对许多其他教师教学方法的了解，指导同学努力改变学习方法去适应不同教学方法的老师。

引导学生转变就业观念，能够为学生就业提供指导、帮助。毕业生是教师的产品，他们能否就业直接关系到学校的生存，吴老师经常关注学生的就业，同时也会利用各种机会引导学生更新就业观念，帮助毕业生找到适合自己的工作岗位。能够为学生排忧解难，帮助学生消除思想困惑，及时纠正学生错误思想倾向，引导学生身心健康发展。一个人做好工作不仅要具备必要的知识和技能，更离不开感情和爱心的投入。

吴老师经常在课下与学生交流，了解学生的意见和心声，征求学生对自己教学方面的建议或要求，针对学生在思想、学习和生活上的问题，她耐心解答、正确教育和引导，鼓励学生珍惜求学时光、掌握正确学习方法，培养良好的心理素质，这些都为学生成长成才起到了举足轻重的作用。为全面贯彻党的教育方针，提高学生的整体素质，吴敏华老师在完成常规教学任务的同时，积极为学生们答疑解惑。

吴老师深知教师在人才培养中的重要作用，教师的一言一行对学生都有潜移默化的影响。在上好课的同时，她还时刻注意言传身教、为人师表、教书育人，以自己治学严谨、讲课认真、工作勤奋、待人诚恳、无私奉献的精神感染影响着每位学生，既是学生学习上的良师，也是生活上的益友，深受学生和老师的爱戴和好评。

作为学生的引导者，她不仅善于放飞学生的梦想，点燃学生的激情，激发学生的创造力，鼓励学生不断开拓进取，更以自己的人格魅力为学生树立起了一个学习的榜样。在圣洁的教坛上她尽心竭力、不畏艰难，以自己的奉献和责任真诚面对学生的前途和学院的未来。

（首都师范大学信息工程学院）

亦师亦友

——记徐克强老师

徐克强简介

徐克强，男，1951 年出生，1978 年进入首都师范大学任教，主持完成了《离散数学》、《信息技术导论》、《数值分析》、《教材教法》课程的建设工作及其相应课程的网络教学系统。他指导过 20 余届的本科生教育实习和专业实习工作，担任过 6 届本科生的班主任工作。先后获得首都师范大学“红烛礼赞教书育人优秀教师”、“优秀主讲教师”、“优秀教育实习指导教师”、“优秀毕业论文指导教师”等称号。

如果你也是首都师范大学信息工程学院一名普通的学子，如果你也是活跃在北二区芳馨校园中的一只快乐的蝴蝶，那么你是否也会在生命掠过睫毛的瞬间，是否也会在成串的知识符号拂过大脑的刹那，留意过他的存在——一个身材高大、肤色黝黑而健康的身影……

你总是可以在计算机导论的课堂上听到他滔滔不绝的讲授；你总是可以在各种各样名目繁多的课表、院级和校级的优秀人员名单中找到他的名字；如果你是毕业生，那你更是隔三岔五就要跟他联系……总之，无论你是一位老师或是一位学生，你都能感受到：在信工学院最基础最实际的一些工作中，他都在默默无闻地为你服务为你奉献……他就是徐克强老师。

在首都师范大学，徐老师度过了他 30 多年的教师生涯。1978 年起他在数学系教授高等数学，1988 年转入计算机专业进行师范生必修课程的教学。1995 年我校成立计算机系，2002 年组建的信息工程学院徐老师就加入到了这个崭新专业的行列当中，默默耕耘一直到现在。

一、以先进理念开展师范生课程教学工作

徐老师在 30 多年的教学中先后担任过《高等数学》、《微分方程》、《信息技术科学导论》、《pascal 程序设计》、《数据结构》、《数据库基础》、《计算机应用基础》、《离散数学》、《数值分析》、《信息技术教材教法》等十门基础课程的教学工作；在教学方面，徐老师不断探索计算机理论的更新和实践应用，关注计算机发展的新动向，及时调整授课内容，给同学们提供最新知识。在教学方式上，徐老师采用各种方法训练学生的实际操作能力：组织学生到中关村进行市场调查和观摩，及时组织同学们讨论交流，丰富了同学们对计算机的认识；在校内，组织同学们自己动手拆装计算机，破除了对计算机的神秘感，增强了同学的动手能力，使刚刚跨入校门不久的师范生就做了计算机的“老朋友”，甚至还成为了计算机的“专家”。他还想尽各种办法与亚洲最大的数据处理中心联系建立了学生的认识实习基地，帮助学生了解巨型计算机的功能及其工作方式，加深学生的专业兴趣。在徐老师的热情鼓舞下，同学们经常自发地利用业余时间参观各种计算机展览会，翻阅各种计算机书刊，有的学生还积极向权威计算机杂志投稿，发表自己的学术见解。

徐老师的授课范围涉及广泛，这与他在学习阶段打下的扎实基础不无关系。徐老师在自己求学期间就是一名学习拔尖的学生，只要是他选修的课程他都务求最好。他把自己有效的学习方法整理归纳在教学的过程中，向学生传授学习方法，培养他们的学习能力。他经常说：“其实对于任何人来说，学习基

础知识都是一个繁复而艰辛的过程。某些人学得好，不能证明他找到了学习的捷径，只能说明他比你更有毅力，比你学得更有方法。”徐老师一直反复强调学习基础学科的重要性，它可以活跃一个人的思维，培养逻辑的严密性和全局性，可以提高一个人分析事情、考虑问题的能力。目前我们的本科、硕士、博士学位的评定准确来说更应是对一个人学习能力的界定，而不应是对于一个人掌握了多少知识的衡量。学习基础学科又是最有效的培养个人能力的方法，一旦能在基础学科的学习道路上驾轻就熟，那么一个人的前途将无限光明。所以，鉴于基础学科的重要性，同学们必须树立明确目标，抛开一切的侥幸心理，狠下工夫，扎扎实实自主地学习。同时，学习方法也是一个相当重要的因素。学习本来就是一个艰辛的过程，基础学科的学习更是难上加难。所以我们要把时间和精力都用在刀刃上，一分钟要有一分钟的效率，一分精力的付出要能换取一分功力的增长。这也就要求我们要在学习中不断归纳和总结，将不同知识点进行分门别类的归纳，再将各类知识点进行细节和宏观上的分层总结。只有这样在不断的学习知识和整理知识的循环往复中我们才能真正有所收获。孔子那句“学而不思则罔，思而不学则殆”，也许是徐老师对基础学科学习的建议和忠告的最好总结。“时代总是在迅速发展，可我们学的知识总是不够，甚至于我们今天还颇为得意地费尽心机学来的一点知识在明天不过是一堆垃圾。我们不能拿昨天的知识教育今天的孩子去适应明天的社会。所以一个人的自学能力，一个人思维的活跃程度便成了我们步入社会后以不变应万变的制胜法宝。”徐老师发自肺腑地忠告着大家。

二、全力投入到培养学生动手能力的工作中

徐老师在 30 多年的教师工作中付出最多的还是在课堂之外。他希望大家现在能“学”好，也希望大家以后能“干”好。他说，对于非师范的同学来说，最重要的当然是专业知识要过硬，但为人处世也不能小视，高尚的道德品质也是未来社会对每一个普通劳动者的必然要求；而对于师范生同学，徐老师则寄予了更高的期望。他说教育是一门高深的艺术，担负的责任也很沉重，因而需要学习的东西更多，要求也更高。他自 1995 年后一直负责全院学生的教育实习和专业实习工作，包括工科学生的实习大纲制定、专业实习的管理细则、专业实习基地及教育实习基地的建立、电装实习方案的确定、教育实习及专业实习的具体指导和总结等工作均兢兢业业落实。十几年来徐克强老师奔波在本市的十几所中学和各个科研机关、公司，建立了 8 个相对稳定的教育实习基地，为学生的实习教学打下了良好的基础。为提高工科学生适应社会的需要，增强学

生的动手能力，徐克强老师又想方设法地到涿州建立了石油物探局实习基地，并与三个公司建立了专业实习和毕业设计挂钩的实习基地。十几年来徐克强老师为信息工程学院的实习教学付出了大量的精力，作出了很大的成绩。徐老师还亲自担任过24届近三百多名学生的教育实习指导工作，其中有57名学生获优秀实习生称号，经毕业跟踪调查表明，他们中的大多数人已成为中学的教学骨干；在对同学的教育实习指导过程中徐老师言传身教，不仅教授同学如何讲课，更要引导同学们热心教育事业，树立强烈的专业思想。徐老师本着边带边教边改的思想指导学生的教育实习过程，及时发现问题，及时总结经验。在对多年的教育实习中问题和经验进行反复的思考后，制定了“课堂教学评分标准”，又与其他老师合作撰写了《教育实习中课堂教学技能的训练》的教改论文，因其具有实际指导意义，反响强烈，在学校历次评选的优秀实习指导教师中均有徐老师的名字。

徐老师对学生的能力培养还延续到毕业离校后，多次组织毕业生的座谈会，了解他们的教学情况和对母校教学的建议。徐老师还经常往返于北京市教科所的信息技术学科教学组、各区县教研中心和北京市的各个中学，了解本学科的教学发展以及毕业生的教学情况及教学需求。由于信息技术的发展非常迅速，一些新兴的技术不断涌现，毕业生的知识结构需要补充。徐老师在充分调研的基础上，对发现的普遍问题及时组织进行本专业在职教师的多次免费培训，许多毕业生回到母校进行培训感到非常兴奋，都说母校没有忘记他们。

三、以教书育人为教师的首要职责，努力做好班主任工作

徐老师先后担任过1989级、1996级、1998级、2001级、2002级和2007级学生的班主任工作。在做班主任工作期间，他坚持定期随堂听课，掌握学生的听课情况，狠抓课堂纪律，保证课堂出勤率，保证课堂作业率，严肃考试纪律，了解学生课后学习动态；在担任2001级(4)班的班主任期间，为提高班里的学习氛围和英语成绩，在外语教师的配合下，组织同学利用每周日的业余时间进行英语练习，坚持了近一年的时间，最后的收获是全班42名同学四级英语通过率为90%，六级英语通过率为25%。他在政治上为学生把关，尽力挽救犯错误的学生。班里有个学生中了“法轮功”的流毒，但该学生的学习相当优秀，为使他尽快摆脱这种思想的毒害，徐老师与该生谈心，有一次为了避免他去参加“法轮功”活动，徐老师从早上6点钟就到宿舍与他谈心直到中午。后来该学生不仅断绝了“法轮功”的影响，还考取了中科院的研究生。徐老师时常到教室和学生宿舍，了解学生的思想和生活情况，并及时帮助学生解决各种生活

难题；同学们忘不了在大学度过的中秋节，忘不了在大学度过的第一个除夕夜，在举家团聚的佳节，徐老师却和远离家乡异地求学的学子们在一起度过。徐老师说，每一个学生都是他的孩子！一些边远地区的贫困学生忘不了徐老师在第一次入冬时节资助的棉衣。徐老师多次组织召开各类主题班会及形式多样的研讨会、联欢会，丰富了学生的业余生活，培养了健康活泼的班级风气。班级以学风、班风良好而深受系、教研室领导和教师们的好评。徐老师2002年被评为“红烛礼赞教书育人优秀教师”。2007年在信息工程学院学生会主办的评选“我最喜欢的教师”活动中，徐老师以高票当选。

四、任劳任怨，热情认真地完成院里的各项公益工作

徐老师是院教代会主席和院工会委员，他每周的工作量很大，可他始终毫无怨言，一直都在快乐地为学院、为老师、为同学奉献着服务，他觉得能把自己知道的东西毫无保留地传授给学生是他最大的快乐，他觉得能在繁重的工作之余，组织其他老师开展一些活动，大家其乐融融欢聚一堂是他最大的幸福。他觉得学生们都能在毕业后找到好的工作岗位，能最大限度地为社会服务就是他最大的欣慰。所以，他一直都在乐此不疲地忙碌着。他说，大家快乐的时候就是他最快乐的时候，再苦再累也值！这在他自己看来或许不值一提，但在我们每个人心里都深深明白：这不是偶尔的心血来潮所能维持的一段漫长时光，也不是一朝一夕的付出所能换取的肯定，而是一个祖孙四代的教育世家历经岁月沧桑沉淀下来的教育精神的发扬，是一个立志献身教育的平凡却伟大的人所铸就的坚贞信念的表达。

作为一名普通的教育工作者，三十多年来徐老师把对教育工作的理解、对本职工作的热爱、自己份内工作一生不息的热情，全部投入到了不计名利得失、任劳任怨的实际工作中。他热爱学校，热爱教师工作，本着立足本职、守岗有责的敬业精神，严守教师的职业道德。在教师的工作岗位上，始终保持着一种严谨、朴实、热忱、谦逊、周到、尽责的工作风貌和工作态度。

徐克强老师就是这样一位值得学生从内心深处去喜欢他、崇拜他、信任他的人。他一直用渊博的知识孜孜不倦地教育着下一代学子，用博爱的心无微不至地关心着每一位学生，用身体力行向每一位学子诠释了“为学为师，求实求新”的高尚！不管是在校还是毕业离校，每一位信息工程学院的同学、校友，都不会忘记这样一位鞠躬尽瘁为教学，全心全意为学生的徐老师，他用自己的付出践行了这句名言：“桃李不言，下自成蹊”。

（首都师范大学信息工程学院）

淡泊以明志　宁静以致远
——记樊磊老师

樊磊简介

樊磊，男，1963年出生。博士、教授、硕士生导师。中国系统工程学会会员，中国系统工程学会模糊系统委员会理事，《模糊系统与数学》杂志编委。现任首都师范大学教育技术系副主任，北京师范大学教育技术学院知识工程研究中心外聘教授、硕士生导师，中央民族大学理学院外聘教授、硕士生导师。主要从事理论计算机科学和知识工程等领域的研究。1994年至今，参加和承担多项北京市及国家级项目，发表相关领域研究论文近40篇(其中SCI检索3篇，EI或ISTP检索7篇)，专著或教材12部，译著1部。

樊磊老师是一位德才兼备、敬业务实、素质全面、成绩突出的高校教师。他长期坚守在高校教学科研和管理的第一线，多次获得师德标兵等荣誉称号。多年来，他以自身丰富的专业理论和实践知识，不断钻研进取的精神，认真的教学态度和精湛的教学艺术，赢得了同学们的欢迎和好评。他对工作的认真态度、高度的责任心、精湛的讲课艺术和渊博的知识始终感动着他的学生。2004年樊磊老师调入教育技术系担任本科生及研究生课程的教学工作。2007年他被任命为教育技术系副主任。然而无论职务有任何变化，他始终牢记自己的教师身份，一直工作在教学第一线。他甘于奉献，在教师这一平凡而神圣的岗位上，修德敬业，为人师表，将教书育人作为立业的根本。虽然教学和科研的任务繁重，但是樊磊老师始终没有放松对自己的要求，在圆满完成教学工作之余还潜心科研工作。他以锲而不舍的精神、润物无声的信念、耿耿赤诚的丹心，演绎着一个个朴实而动人的故事。

一、严谨治学，以人为本育人才

樊磊老师备课认真，热爱三尺讲台。多年来，无论自己职务的高低，他始终牢记自己的教师身份，一直工作在教学第一线。他以自身丰富的专业理论知识和实践经验，不断钻研进取的精神，认真的教学态度和精湛的教学艺术，赢得了同学们的好评，也感动着他的每一个学生。他甘于奉献，在教师这一平凡而又神圣的岗位上，将教书育人作为立业的根本。在教学中，他尊重学生的个性，确立以学生为本的理念，启迪学生的创造性思维，孜孜不倦地探索教学艺术，不断改进教学方式，认真上好每一节课，教学效果优秀。教学中他不局限于传授给学生多少知识、解决了多少疑难，而是坚持授人以鱼不如授人以渔的教学思路，更加注重通过科学的教学方法把如何获取知识的方法传授给每一个学生，使同学在体会到徜徉知识海洋快乐的同时，真正爱上自己的专业和研究。课堂上，他讲课风趣幽默、旁征博引，课下则乐于与学生交流，理解学生的意见和心声，征求学生对自己教学方面的建议或要求，针对学生在思想、学习和生活上的困难，他耐心解答、正确教育和引导，鼓励学生珍惜求学时光、掌握正确学习方法，培养良好的心理素质，阅读优秀书刊，这些都为学生成长成才起到了举足轻重的作用。在本科生的多项科研立项和毕业设计中，樊磊老师都担任了他们的指导教师。从选题到指导，他始终用心支持。他不认为本科生在科研上力量薄弱，总是鼓励他们利用自己年轻人的勇气和想象力创造力，帮助他们选取新颖且具实践意义的课题立项。在项目进行中，帮助他们收集相关文献与资料，并尽力在硬软件上满足学生的科研要求。学生在研究过程中出现问题，他总能指出症结所在，并给予适当的提示或指示，使学生的问题迎刃而解。这样既对学生起到了指导作用，又让学生独立进行了思考与研究，真正学到了东西，也锻炼了能力。在他的指导下，先后有两名本科生在国际会议上发表了论文，其成果受到了认可。

樊磊老师本着为学生的未来着想的理念，从多个渠道了解社会所需人才信息，再结合本系的特点制订出有利于学生个人发展的教学培养计划，让学生学到社会实用的本领。从全校的就业率来看，教育技术系一直处于比较领先的地位，这无疑是对樊磊老师默默辛苦付出的最好回报。他还特别关心学生的素质教育，利用一切机会来扩大学生的知识面，提高学生的动手能力、适应社会的能力等。2009 年 4 月樊磊老师和惠普公司合作，举办了首师大第一届惠普图形计算器应用大赛，这次比赛引起了全校多个院系本科生的广泛关注。图形计算器是惠普公司新开发的一个产品，也是国际尖端的技术之一，在比赛准备阶段，樊磊老师利用自己的休息时间免费给全校各院系报名参赛的本科生就图形计算器的原理和操作进行了深入细致的培训。图形计算器的使用无疑对学生拓宽视野、提高动手能力有很大益处。我校本科生通过这样的大赛获得了和著名公司以及先进技术接触的机会，不仅学习到了新技术，也提高了自己的综合素质。此外，樊磊老师还担任校公选课程的教学任务，他开设的密码学课程，拓宽了学生的知识面，深受选课学生的一致好评。由此可见，樊磊老师作为首师大的一名教授，他的影响不仅仅在于本系学生的发展，对全校学生综合素质的提高以及视野的扩展都产生了一定影响。

二、修德敬业，重视研究生培养

作为研究生导师，细心的樊磊老师能发现每个学生的特别之处并根据学生自身的特点给予具体指导，因材施教，同时给学生足够的学术发展空间，鼓励学生发挥自己的特长，注重培养学生自身的兴趣爱好。他在尽可能满足学生科研在软硬件上需求的同时，给予学生以最大限度的科研自由。课上，他以丰富渊博的专业知识、幽默诙谐的谈吐吸引着学生，申请的各类课题和项目更是为学生提供了充分的科研空间和锻炼机会。

学术上，他注重学科前沿知识的最新发展，更鼓励学生做科研的时候，从最新最近的成果中找研究点。对研究领域内国际最新的论文与文献发表，他了如指掌，并总是第一时间内将文献交给学生。丰富的文献资源加上新颖新鲜的研究课题与理论，使研究生收获颇丰，在2008—2009年短短一年间，学生在国内外重要会议及刊物上刊发论文13篇，其中国外文献12篇，均为EI检索级别。学生多次参加国外会议及各类暑期学校形式的培训课程，在国际学术交流上走在了整个院系的前列。课余时间，他更积极组织各类丰富多彩的学术活动，像学术讨论班、小学期报告会等，不仅加强了学生与导师间的学术交流，更培育了浓厚的学术氛围。讨论班上，学生与老师间真诚互动，虽然是严谨的学术讨论，却充满了欢声笑语。轻松的氛围使学生更加放松，各抒己见，滔滔不绝，而他则在旁仔细聆听，或偶尔指点。每次讨论班的时间不长，但总能让学生有所收获或感悟。耳濡目染间，不仅丰富了自己的专业知识，同时更培养了严谨的科学态度、精神以及方法。他以亲切和蔼的态度，无微不至的关怀，与学生间培养出了深厚的感情。逢年过节，甚至是他的生日，樊磊老师都会抽出时间与学生们举行聚餐，有时候甚至是携全家人一起与学生庆祝，师生间建立起了温馨的感情与联系。已经毕业多年的学生也经常会回学校来探访他，并与师兄妹们一起畅谈学术，交流经验。像他所期望的那样，在他带领的知识工程这个方向里，一种良好平和的学术氛围已建立起来。

三、科研骨干，丰硕的科研成果

在圆满完成教学工作之余，他还潜心科研工作。科研是教学的基础与保证。樊磊老师在认真完成日常的教学与管理工作同时，惜时如金，克服多种困难，积极学习专业基础知识，关注学科发展的前沿动态，努力保持、提高自己的科研能力和业务水平。从教至今，在承担大量的教学及教学管理工作的同时，从未放松科学研究，科研硕果累累。樊磊老师之前从事理论计算机科学和知识工程等领域的研究。1994年作为第一合作者参加《教育督导信息管理系统》项目开发(1995年通过国家教委技术鉴定)；1995年参加《多媒体教学软件开发》项目开发(95国家科技攻关96750项目)。作为主要成员完成国家自然科学基金项目五项："Locale理论的研究"(1993—1995年)，"现代拓扑学中的若干问题"(1997—1999年)和"格上拓扑学中若干问题的研究"(2000—2002年)，"Domain理论与拓扑学研究"，"基于量化Domain的Fuzzy拓扑及其计算解释"。作为主要成员完成北京市教委项目一项："量化Domain理论与优化新算法研究"。发表相关领域研究论文近40篇(其中SCI检索3篇，EI或ISTP检索17篇)，专著或教材12部，译著1部。

四、良师益友，和师生打成一片

教学主任的工作琐碎而繁重，想要做好必须投入大量的时间和精力。熟悉他的学生都知道，樊老师是没有工作日与周末之分的。周六日的办公室里，经常能见到他的身影。有时候出于无奈，管理工作与教学时间冲突，他常常需要无偿加班，将工作挪到下班后或周末完成。身为系主任，他非常重视青年教师的培养。平时尽最大努力为年轻老师创造条件，送他们参加培训，鼓励他们多申请课题，在各个方面予以照顾，以其在最短时间内，为系里培养出更多的骨干教师和科研人员。对待广大学生，他就像对待自己的孩子一样，既严格要求，又充满着深情的关爱，他以极大的热忱关注学生，以真诚坦率的态度对待学生，以宽厚的爱心关爱学生，言传身教，无私奉献，不求回报，用良好的师德与人格魅力，“传道、授业、解惑”，寓德育于智育之中。他利用与学生接触的各个教学环节和同学们谈专业、谈人生、谈理想，鼓励同学们勤奋学习、立志成才。在本科生课程设计、毕业设计中作为指导教师，他从选题到指导的全过程均进行了认真细致的组织准备，注重学生分析解决实际工程问题能力的提高，培养学生严谨、认真、负责的工作责任感，以严谨的治学态度、良好的教风和优秀的教学效果深受学生欢迎。

在生活中，他又是一个非常随和而重感情的人。在单位，他和师生们谈笑风生，始终和大家打成一片，没有丝毫的官架子。秉着“吃苦在前，享受在后”的原则，面对机会、荣誉，他总是退一步，为年轻或资质更老的老师让出位子。他以热情、真诚关心着身边的每一个人，深得全体师生的信赖和爱戴。他热爱学生，很愿意与他的学生们做朋友，在和学生说话时没有老师的架子，总是笑呵呵的，很平易近人。不管是本科生还是研究生，不管是学习上还是生活上的问题，学生都随时可以到办公室找樊老师“聊一聊”。这种时候，无论手头有多少工作他都会放下，转身和蔼地倾听，并给出自己中肯的意见。在交流中，他不会以老师的身份居高临下地教育学生，而是以朋友的身份，把自己的看法和建议娓娓道来，为学生解除烦恼，鼓励学生积极上进，让同学们从低谷走出来。学生们都说：每次和樊老师聊完天，总会感觉信心百倍！

樊磊老师除了和学生们聊天谈心，还总是抽空参与学生组织的各种活动，走到学生中来。他虽然主管教学工作，但他参与的不仅仅是学生的学术活动，文娱活动他也积极参与，比如在研究生新年联欢会上，他不是以系领导的身份看一看就走，而是坐下来一直和学生们玩到结束，看到学生们有趣的节目他开怀大笑，在学生的鼓动下他还上台一展歌喉……联欢会结束后同学们都说：虽然这次联欢会有老师参加，但并不觉得拘束，依然玩得很开心！

樊磊老师是一个素质全面的人，是一个典型的“双肩挑”领导干部。他既有较高的教学和科研能力，又有较为突出的行政管理能力，既教好书，又育好人。可以说，他是把业务工作和行政管理工作协调得比较好的典范。他工作思路清晰，工作作风严谨，工作方式灵活。他在认真学习和研究思想教育工作的特点和规律的同时，及时总结提炼教育和管理的工作经验，从而不断提高自身从事学生工作的管理能力和教育水平。他十分注重"以人为本"的教育理念，对待自己的工作对象——广大学生，就像对待自己的孩子一样，既严格要求，又充满着深情的关爱，时刻为学生着想。淡泊以明志，宁静以致远。面对众多的荣誉和成绩，他始终保持着学者的淡定。敬业者，人恒敬之。

（首都师范大学教育技术系）

玉壶存冰心　德高铸师魂
——记张凤霞老师

张凤霞简介

张凤霞，女，1964年出生，北京师范学院中文系毕业，首都师范大学初等教育学院教师，副教授。先后主编、参编了师范类文科教材四部，发表了与小学教育和诗歌朗诵有关的论文多篇。先后获得“北京市优秀青年教师”、“北京市优秀德育工作者”、首都师范大学“红烛礼赞教书育人优秀教师”、“优秀主讲教师”、“师德先进个人”、“优秀共产党员”等称号。

张凤霞老师从事师范教育二十多年来，始终工作在教学第一线，她培育了一批又一批合格的园丁，赢得了一届又一届学生的尊敬。

每年春节前的最后一个周日，是她和历届的学生相聚的日子。大家聚在一起，向张老师汇报着这一年的收获和不足，张老师分享着、分担着这些教学或管理骨干们的点点滴滴……题目上的两句话，就摘自 2010 年春节前夕聚会时，93 届毕业生送给她的贺卡。

一、良师——学生成长路上高扬的旗帜

1988 年，北京师范学院中文系毕业后，张老师走上了师范教育的工作岗位。从走上工作岗位的第一天起，她就抱定一个信念：要像那些无私帮助过她的老师们一样，尽自己最大的力量帮助每一位学生！她深知多数中国孩子一般 3 岁入园，23 岁大学毕业，一生中要有 20 年与老师相伴！所以，每次走上讲台之前，她都会提醒自己要给学生的成长留下浓重的一笔。她经常对学生说："你们的手上托着孩子的未来，你们的努力关系着无数家庭的期盼，你们的肩上承载着民族的希望！因为我就是教师，我知道教师责任的重大；我也是家长，我也知道良师对于学生家庭的重要；我还曾经是学生，我更知道良师对于孩子成长的影响！"

"亲其师，信其行"，当她用精妙的教育、教学艺术，把做人的准则、把中华文化的魅力传达给学生时，学生们不仅接受了她，更接受了她所传导的教师意识，也清晰地意识到了肩上那份沉甸甸的责任。

二十多年师范教育的经历，收获的是一批批走上教育教学第一线的教师和他们发回的一份份喜报。2009 年 9 月 10 日，一位曾经在上学时让她操心最多的学生，给她打来电话："老师我今天去人民大会堂参加颁奖典礼了，我被评上了北京市优秀教师。"这已不知是张老师收到的第多少份喜报了，而这个喜报更让她激动。这个男生毕业时，曾经紧紧地握住张老师的手说："老师，您放心，我将来一定做一个比您还好的老师，像您一样用人格魅力征服每一位学生。"他到了位于北京东南郊的一所偏僻的普通中学，从一位普通老师、班主任，慢慢走上了骨干教师、教育管理者的岗位，步入了市级优秀教师的行列。

2006 年，通州区柴厂屯中学校长召开青年教师座谈会，参会的 30 多名青年教师中有 20 多名是张老师的学生或在校时曾被张老师辅导过。他们不约而同地谈到了张老师。于是，好奇的校长拨通了张老师的电话，他想知道：一个老师是如何赢得那么多学生的交口称赞和由衷尊敬的。后来这位校长把张老师

请到了学校，让她给全校教师作了一次现身说法的师德汇报。不仅如此，这位校长还把张老师推荐给了另外三所中学。

学院里的学生活动，张老师参加的最多。这样不仅可以使她了解学生，恰当施教，而且也在潜移默化中把高尚的师德浸润到学生的心中。院团委、学生办组织的朗诵会、演讲比赛、讲故事大赛、微型教学比赛从比赛章程的制定到比赛的串词梳理，从赛前的逐个辅导到赛后的专业点评，张老师总是全程参与，毫无怨言。从学生的习作到科研课题、从不同班级的班会到学生朗诵社团、话剧社团的排练指导张老师倾注了太多的心血。有很多毕业了的学生，在教学中遇到问题，都愿意和她探讨、向她请教。每年的教育见习、实习和毕业设计，她总是强调学生要立体化学习，而她则全方位地对学生施行"习"、"熏"、"悟"、"化"。

作为一名共产党员，在教育教学中，她经常利用业余时间和青年学生谈心，鼓励他们向党组织靠拢。积极协助青年业余党校工作，把最优秀的积极分子推荐到青年党校学习。对院党委宣委工作认真负责，并取得了良好的效果。

张老师深知：良师，就是学生成长道路上高扬的旗帜，她和她的同事们一起，在学生成长的道路上把这面旗帜高高扬起，让学生感受到崇高师德的魅力，体会到为人师表的重要。

二、责任与爱心——教育工作中的航标

热爱学生决定着教师的行为选择和趋向，没有爱，就没有教育。张老师用智慧、从容、魅力与爱，走进学生的心灵，润物无声地把良好的师德带给了学生。在张老师的语言中，从未有过"好学生"、"差学生"的字眼，她始终以一种肯定和尊重的态度对待所有的学生，既循循善诱又严格要求。对于学习成绩偏低的学生，张老师称其为"成绩还不够理想的同学"，对于纪律比较松散的学生，称其为"自我约束力还比较弱的同学"。并时刻注意把不给学生贴标签的教育方法渗透给未来的教师们。

从 1988 年 9 月第一次当班主任开始，张老师就在努力用优秀教师的师德标准要求自己。当时，面对与自己相差才四五岁的学生，她利用年龄的优势，找学生交谈，了解他们最关心的事情；平时住校，打球、吃饭、散步、聊天都和同学们在一起，简直就是他们中的一员！在和他们的交往中，既注意观察他们，接近他们，同时也展示着自己。她组织全班同学去中南海春游、去公园划船，培养学生的团队精神；接班一个多月后的中秋节，她把全班同学带到运河

大桥旁的河套里，开了一个篝火晚会，让大家敞开心扉，从此学生真正地接纳了她，她在班里开展的各项工作都比较顺利。所有这些是想用实际行动告诉未来的教师们：要做好班主任工作，是不能光靠教师的权威打压来实现的。

张老师所带的第二个班，也是一个三年级班，这个班的特点是男生虽少，但聪明调皮。于是经常和男生打交道就是她的日常工作。经接触发现他们虽然调皮，但每个人都有自己独到的长处，且非常团结。他们可以团结一致搞一台非常成功的主题班会，但也会集体违反学校纪律。为此，张老师引导他们根据自身的需要和心理特点自行设计组织了各种主题、各种形式的班会。特别是"我想有个家"的主题班会，真的使班集体有了家的氛围。经过两年的努力，班集体出现了巨大的转变，毕业后也涌现出多位教育管理者。每年和张老师聚在一起，他们都会说：张老师的因势利导、因材施教，为他们的成长奠定了坚实的基础。有一次这个班聚会，有位女生特意带着她的丈夫来参加，原因是她的丈夫想要认识张老师，向老师表示感谢，感谢老师帮他塑造了一个贤妻，弄得张老师一头雾水。还是这个女生的解释，才让张老师恍然明白："老师隔一段时间就把我们女生单独召集在一起和我们探讨现在、将来如何做人的话题。潜移默化中，让我们对自己未来的多重身份有了一个明确的定位。不仅我，咱班的多数女生也像您一样，工作生活都很出色。"这个例子，张老师也讲给了以后的学生，让未来的老师们认识到教育工作的特点不是急风暴雨，而是春风化雨、润物无声。

现在，张老师又接了一个新班。虽然大学提倡个性教育，但她还是每周要和全班同学一起上一个早读，指导这些未来的老师们进行《小学必背 80 首古诗词》的讲、诵训练，并分组训练钢笔和粉笔字的书写，以打好扎实的从教基本功。在注意引导学生参加各种活动中，促其形成开阔的视野、博大的胸襟，提升了学生"为师"的思想境界和认知水平。美国南加州大学教育系教授里欧·巴士卡里雅说过："一个理想的教师就该肯于把自己当做桥梁。他邀请学生跨上这桥，并在帮助他们走过来之后，高高兴兴地把它拆掉，鼓励学生筑造他们自己的桥梁。"她正在努力成为这样一座"桥梁"。

三、学识与方法——教学工作中的双翼

在讲授《教师口语》课堂上，张老师曾经给未来的教师们讲过这样两个例子，让学生参与互动：一个 5 岁的女孩准备上幼儿园，母亲带着她先来感受一下环境。走进幼儿园，看到满墙的画，女孩说："谁画得这么难看?"母亲非常

不高兴，批评说："你画的还没人家好呢!"而旁边的一位幼儿园老师却说："在这儿没有必要一定要画漂亮的画。"接着，孩子又拿起一辆坏了的玩具消防车说："谁弄坏了这个车?"妈妈说："这和你有什么关系?"老师又说："玩具就是拿来玩的，有时就会坏的，没有必要大惊小怪。"孩子听了这句话笑了。张老师让这些未来的教师思考：老师为什么会说那样的话？孩子为什么笑了？通过讨论大家得出结论：老师非常了解孩子那种怕到了幼儿园画不出漂亮的画、怕弄坏了玩具被惩罚的心理，正是幼儿园老师的话消除了她的担忧。由此这些师范生认识到：准确理解孩子的心理对于正确施教多么重要！另一个例子是苏联著名教育家苏霍姆林斯基任乌克兰巴弗雷什乡村中学校长时发生的一件事：校园的花房里开了一朵非常大的玫瑰花。这天早晨，苏霍姆林斯基在校园里散步，看到幼儿园的一个4岁女孩在花房里摘下了那朵最大的玫瑰花，抓在手中，从容地往外走。苏霍姆林斯基很想知道这个小女孩为什么摘花，他弯下腰，亲切地问："孩子，你这朵花是送给谁的？能告诉我吗?"小女孩害羞地说："奶奶病得很重，我告诉她学校里有这样一朵大玫瑰花，奶奶有点不信，我现在摘下来送给她看，看过我就把花送回来。"张老师创设情境，向师范生寻求处置方法。最后，张老师把苏霍姆林斯基的处理方法告诉了大家：他搀扶着小女孩，在花房里又摘下了两朵大玫瑰花，对孩子说："这一朵是奖给你的，你是一个懂得爱的孩子；这一朵是送给妈妈的，感谢她养育了你这样的好孩子。"以这个例子引导这些未来的教师们感悟：教师在塑造孩子健康灵魂上是多么重要！

要达到美妙的育人境界，必须具备精深广博的知识，这样才能提升教师的内在魅力。工作中，她一直认为，一名合格的教师首先应对自己的专业知识十分精通，掌握专业的重点和难点，能深入浅出地讲解，同时教师的知识不能只局限于书本上所达到的程度，也不能只局限于自己的本专业。特别是当今知识时代，教师的知识结构必须涉及知识本身构成的规律，在掌握较为精深的专业知识的同时，涉及广博的、综合的方面，摆脱封闭状态下知识结构的局限性，使学生得以在教师的影响下，跟上科学发展的步伐，以后更好地为社会服务。

张老师自己每年都有自己的学习计划。优秀教育家及著作、教育专著、电视专题、长篇、杂志、小学各门教材都是学习的对象；假期、睡前、乘车、等人都是学习的时间；而且读书就做笔记，营造自己的材料库。当这些被内化并转化为教育教学内容的一部分时，教师在课堂上就会如卡拉扬指挥乐队一般美妙！

有了丰富知识储备和育人的意识，还需要恰当的方法在师生间架起沟通的桥梁。谈到教法，她常把《法国菜单》这篇文章介绍给师范生以提醒他们：有了责任与热爱，你就会想尽办法，分层教学，真正达到"有教无类"。

为博采众长、充实自我，她把系统听课与选择听课相结合，既同老师互相听课，共同探讨；又去听不同学科的课，只要学生反映好的课，就去找任课老师，要求听课。她先后听过数学、音乐、历史、地理、物理等课。这样以别人之长，补己之短，使她收益甚大。她还去校外听课：利用教育实习的机会去小学听课，利用寒暑假去教师研修中心旁听；总之，只要对自己提高有好处，就一定要去学习。教学之余，她做了大量的摘抄、剪报，并从互联网上下载了许多有用的教学材料，最大限度地占有了材料。她还积极做课，倾听来自不同老师的批评意见。多年来她和教研组的老师相处得非常融洽，他们资源共享，真诚交流，不仅营造了良好的工作氛围，还收获了大家的共同进步。每学期学生和教师给她教学评估所打的分数总是处于前列。她多次被学生评为最喜欢的老师，同时也获得了市级、校级、院级多种荣誉称号。

张老师在课堂上精彩的讲述、巧妙的点拨和渐入佳境的引导把文本的内涵挖掘到了极致。她指导学生从细节入手更深层地解读鲁迅笔下的每一个典型人物。如"孔乙己"外形上有什么特点？透过这种外形你都知道了什么？重点指导学生思考作者为什么不让孔乙己自述、不选酒客和掌柜作为叙述者、不用作者自己作为叙述者而从一个酒店小伙计的视角来写？以深入体会鲁迅作品深刻的思想内涵和非凡的艺术魅力。教师除在课堂上恰当地讲解、指导以外，还要充分发挥学生的主体作用，将课堂向课外延伸。张老师还把一些专家学者对某一名篇的不同观点印发给学生，刺激学生去关注、去思考。如，把文学研究中对"阿 Q"这个文学形象的不同观点用索引的形式印发给学生，指导学生去查阅材料。同时，让学生在熟读作品、体会专家及学者的观点和论证方法后，写一篇《我眼中的"阿 Q"》或《我看"精神胜利法"》的作业。这样有系统地进行训练，就会强化学生主动学习、主动钻研的意识。所有论文式作业，张老师一律要求学生手写完成(不得打印)，既减少了学生从网上直接下载的现象，又同时检查了学生的汉字书写水平；最后还要把好的文章以手写的方式编辑成册，每班一本，互相传阅学习。

进行"名家名篇鉴赏朗诵会"，让学生在朗诵表演中，进行艺术再创造。她还利用课余时间指导学生排演课本剧。如，教授《雷雨》时，要求每班自选《雷雨》中一段，进行编排，平行的四个班一起汇演，为其录像后，针对录像让学生就自己的表演与人艺演员的表演比较，体会曹禺先生原著的艺术魅力。讨论后，让学生就自己未来在小语教学中如何指导学生编排课本剧或就讨论中争议最大的蘩漪形象写一篇作业。这样，既避免了作业单一的模式，也激发了学生的学习兴趣。在了解了学生对某一作家的喜好后就会安排这个学生，就这个作家的创作搞个主题讲座。如，有学生喜欢白先勇，张老师就指导他搜集了大量白先勇的素材，协助备课，由学生上台主讲。在讲授《朗诵艺术》选修课时，不仅详细介绍了朗诵的相关知识，而且每一篇作品都要和同学讨论后做认真的示范；不仅指导学生学会朗诵、鉴赏名家名篇，还要启发他们思考在小学语文课堂上如何范读、如何指导朗读；最后还要指导所有选修同学面向全院，全员参与举办朗诵汇报演出。朗诵选修班有个同学业余时间喜欢写诗，每个周一的晚八点到十点都会和这个同学一起探讨他一周的诗作，整整坚持了一个学期。在教学中把学生的主体和教师的主导作用落到了实处，营造了和谐、互动、共进的课堂文化，使教学成为师生共进的催化剂。

热爱学生、热爱事业是形成张凤霞老师高尚师德的力量源泉，同时也是她奋发向上、锐意进取的内在动力。二十多年来她以良好的师德风范教育和影响着学生和同事；以忘我的工作精神实现着入党誓言，勤奋工作，默默耕耘，追求着自己的人生价值。学生的那句“玉壶存冰心，德高铸师魂”是对她二十多年孜孜工作的一个恰当概括。

（綦永仁）

德高业精　为师为范
——记付华老师

付华简介

付华，男，1964年出生。1994年毕业于南京农业大学，获博士学位，自然地理学专业，首都师范大学教授、博士生导师，北京市高校中青年骨干教师。现任首都师范大学物理系党委书记、资源环境与旅游学院学术委员会委员，旅游规划与设计研究所所长。担任中国土地学会规划分会理事、北京地理学会理事、北京土壤学会理事。发表学术论文140余篇。主持与参与北京大兴留民营、山东新泰县和圣园、北京大杨山森林公园等地旅游开发规划。曾获“北京市科学技术进步三等奖”、“大兴区人民政府一等奖”、“北京市教育委员会高考改革研究突出贡献奖”。2008年北京市精品课程《北京旅游》主持人。

一、热爱教育事业，不断提高师德修养

付华老师热爱党的教育事业，切实履行教书育人的职责。作为一名教师、一名共产党员，深知不断学习在教师职业中的重要作用。认真学习马列主义毛泽东思想、邓小平理论以及"三个代表"重要思想，把科学发展观落实到具体工作之中，认真贯彻党的教育方针，坚持改革，创新思想。每天坚持阅读学习《人民日报》、《北京日报》。超额完成中层干部在线学习规定的学时，将学到的理论知识应用到各项工作中。在日常的教学工作中，用实际行动诠释师德的真正内涵，提高道德修养，将教师道德要求转化为个人的内在品质，遵守社会公德。严于律己，尊重同事，积极奉献，为人谦虚谨慎，团结同志。受到师生好评。

二、真诚关心学生，在教学过程中实践师德

热爱学生是老师最基本职业要求。付华老师在教书育人过程中，承担研究生、本科生和专科生等不同层次的教学工作，积极真诚地关心学生的成长。努力培养学生正确的人生观、价值观和世界观，用强烈的责任感、使命感、人格魅力和道德风范来影响教育学生。经常在教室、实验室或寻找其他时间和学生交流谈心，和学生一起参加活动把握学生心理动态，用爱心开启学生心灵的窗户。在教学实践中不断探索师德建设，实现师德内涵的升华。每年讲授的课程有《生态学原理与应用》、《房地产评估》、《污染生态学》、《房地产市场学》、《自然地理》、《论文写作》等，共计 232 课时。付老师认真组织材料备课，精心上好每一节课，力求让每一个学生每一堂课都学有所得。课后认真辅导学生和批改作业，为每一位学生给出个性化评语，以教师的人格魅力影响学生，通过潜移默化激发了学生课程学习的积极性。在房地产类课程教学中，由于房地产业具有很强的时代性特点，知识更新速度快，付老师随时关注国家有关房地产业政策、制度和法规的制定和颁布情况，并及时补充到课堂教学中，帮助学生正确认识和把握各项法规，分析各种房地产经济现象，提高他们认识社会、适应社会和服务社会的能力。近年来学生对教学质量评价成绩均为优秀。曾担任 2006 届地理科学本科班主任，该班考取研究生的比例为 40.7%。

付华老师还重视通过论文指导，培养学生求真务实的学风和实事求是的治学精神。每年指导的研究生数量 15 人左右，指导本科生撰写毕业论文 3—5 人，成人学历毕业论文 3—4 人。其中，2009 年指导的成人旅游管理专业刘志芳同学毕业论文《基于 WebGIS 的旅游信息系统建设》在核心期刊《测绘科学》上

发表。2008 级硕士研究生赵艳昆获 2010 年度首都师范大学学生科研二等奖。2007 届在职研究生王宝钧回到工作岗位后，成为教授，担任张家口教育学院副院长。

三、通过挂职服务，拓展师德内涵

中组部、团中央每年从国家部委、高等院校选派一批博士人才组成“博士服务团”到西部地区挂职服务，是为实施西部大开发人才先行战略提供人才支援、智力扶持的一项重要举措。2008 年 10 月至 2009 年 10 月，付华老师积极响应学校支援西部、促进边远地区发展的号召，克服孩子准备高考升学，女儿独自生活、需要照顾的困难，作为中央组织部、共青团中央第九批博士服务团成员，赴内蒙古自治区兴安盟挂职，担任盟长助理兼旅游局副局长的工作。结合挂职服务，把师德建设与智力奉献紧密结合起来。在主管盟长的直接领导下，以旅游工作为主，还承担了文化产业、扶贫、社会稳定、廉政建设、卫生、安全监察等工作。

在兴安盟挂职期间，付华老师作为兴安盟行政公署学习科学发展观宣教团成员之一，参加全盟学习阶段总结阶段检查汇报会。为盟直行政部门开设专题讲座，结合专业特点，每周为旅游局和兴安职业技术学院干部开设一次学习讲座。在继续教育学院的大力支持下，付老师组织了阿尔山“旅游实用人才”专业培训班，自己组织教材结合兴安盟地区经济发展的实际亲自上讲台义务授课。在付老师的主持下，同时又聘请了具有扎实理论基础和丰富实践技能的有关专家教授担任主讲，义务授课，受到了当地政府领导和学员的欢迎。针对旅游管理和资源开发面临的问题，与旅游局其他同事共同研究探讨，撰写研究报告论文和报告 3 篇。结合参加 2009 年自治区文化体制改革和文化产业发展工作会议，撰写的《兴安盟文化旅游业发展策略》提交给兴安盟委、行署决策参考。《内蒙古自治区兴安盟旅游资源单体的特征与开发》刊登于权威核心期刊《地理研究》2009 年第 6 期。组织首都师范大学旅游管理专业 5 名硕士研究生对兴安盟及阿尔山旅游资源开发、旅游管理问题进行调研，为当地政府制定旅游业发展战略出谋划策。

四、把师德建设和管理工作结合，推动继续教育转型与发展

师德建设是一个系统工程，贯穿渗透于教学管理过程和各个环节中。在教学管理中突出师德建设，建立师德建设的长效机制，是教育教学管理中需要研究和探索的问题。

在担任资源环境与旅游学院副院长期间，付华老师克服爱人身患重病的巨大困难，认真负责本科教学管理工作。制定了学院有关教学管理的一系列规定，突出师德建设的重要作用。关注每一位教师的教学状况，善于团结有不同意见的老师。关心新引进教师的工作和生活上的困难，帮助他们尽快适应教学工作，树立爱岗敬业、恪守教师职业道德、为高等教育事业开拓奉献的崇高理念。每当修改培养方案、制定专业建设计划期间，付华老师总是加班加点，夜以继日地工作。

自 2008 年 1 月调入成人教育学院以来，付华老师热爱继续教育工作，在学院领导的主持下，深入开展继续教育发展的研究，先后执笔起草了关于《新形势下成人教育学院更名为继续教育学院必要性》的调查报告和《继续教育“十二五”发展思路》等。并以成人教育学院更名继续教育学院为契机，积极探索新形势下成人学历教育与继续教育的转型与协调发展的新途径。

2008 年 5 月，根据学院要求，付华老师积极带领有关同志到兄弟院校学习并实地调研和考察北京地区多所继续教育学院的办学情况。提出要发挥首都师范大学的学科优势，根据首都经济建设和学校发展的需要，增办适合学院特点的新专业。在充分调研和论证的基础上，并于当年成功申报了酒店管理专业。目前，该专业生源充足，已开始招收两届学生入学，为成人高等教育专业的发展增添了活力。

2009 年 10 月结束挂职，付华老师回到首都师范大学继续教育学院以后，继续负责教学、教务、继续教育和培训工作，参加和实施教育部“国培计划”、北京市教工委中小学校长研究生课程进修班培训、房山区校长骨干研究生课程进修班、燕山地区校长骨干研究生课程进修班等。在学院的大力支持和相关科室人员的努力下，探索市场化培训的途径，招标并完成温州教育局的中学教育管理培训班工作。

付老师长期在教学第一线工作，有着丰富的教学和管理工作经验，尤其是在继续教育工作岗位上，勇于探索孜孜追求，在新形势下为首都师范大学继续教育可持续发展贡献着自己的力量。

在继续教育成人学历教学管理方面，老师深入学习和贯彻北京市教育委员会关于进一步提高继续教育质量的文件精神，以提高教育质量为核心，加强学校成人学历教育的管理。先后组织开展学历教育课程计划检查、任课教师资格审核、学生出勤率和毕业论文抽查等，针对成人教育学历的实际情况，确立了重视教学过程的管理理念，先后检查学历教育课程计划、任课教师资格、学生出勤率、毕业论文等，从教学环节上紧紧关注教育质量的提高。重视发挥成人教育督导组专家作用，每学期定期召开督导专家会议，听取学历教育教学过程中的经验、存在问题和学生反馈等。

在全面贯彻落实《北京市教育委员会关于进一步加强成人高等教育和继续教育管理，提高教育质量的意见》的工作中，为全面提高首都师范大学继续教育质量，付老师深入教学实践之中，组织专家召开论证会，根据教学中出现的不同情况提出整改措施，并于2010年3月，按照北京市教委要求组织撰写了首都师范大学继续教育学院首份成人高等教育质量年报，受到了好评。

五、刻苦钻研业务，提高个人师德影响力

业精为师，具备渊博的专业知识是发挥师德影响力的必要保证，也是教师师德魅力不断提高的重要源泉。

在科学研究方面，付老师积极从事自然地理、生态保护和旅游资源评价等领域的研究。三年来，主持和参加省部级以上项目3项，独立或合作完成论文44篇，出版《生态学原理》《旅游教育与就业》两部著作。“大兴区长子营镇生态观光度假区规划”获2007年度大兴区科学进步一等奖；作为第三主持单位，“北京市土壤(作物)重金属污染及其健康风险评估技术与应用”获北京市科学技术进步三等奖。

在教学研究方面，付华老师结合自己的教学实践，探索学生学习过程中的重要课题，主持了“旅游管理专业人才培养体系与就业机制”“旅游管理专业自然地理学探究式教学”等教改课题。主持的《北京旅游》获2008年北京市精品课程；作为第二参加人的《土壤地理学》获2009年北京市精品课程；主持的《地理科学专业学习质量的多元化过程评价》获2009年首都师范大学优秀教学成果奖；主要参加的《北京旅游课程的社会化服务》获2009年首都师范大学优秀教学成果奖等。

（张汝胜）

春风化雨　润物有“生”
——记蒋勋蓉老师

蒋勋蓉简介

蒋勋蓉，女，1971 年出生。1992 年北京外国语大学英语图书信息学专业毕业后，在首都师范大学大学英语教研部任教。主要从事大学英语教学及研究工作，发表论文十余篇，翻译书籍、编写教材数百万字。2000 年荣获了“首都师范大学教书育人优秀奖”，2005—2007 年连续三年被评为“优秀主讲教师”。

在大英部有这样一位老师，在学生眼里她是一位认真负责、充满激情、富有感染力的老师，在同事眼里她是一位待人真诚、乐观向上、乐于奉献的同事，在领导眼里她是一位业务过硬、勇于创新的工作骨干，她就是蒋勋蓉老师。

蒋勋蓉老师1992年由北京外国语大学毕业到我校大学英语教研部任教，至今已十七年。多年来，她热爱教育事业，兢兢业业地做到为人师表，教书育人，积极创新，教学效果突出，深受历届学生爱戴。

一、教学中以学生为中心，教学方法不断创新

多年来蒋勋蓉老师一直承担着繁重的教学任务，但她从未消极埋怨，而是始终坚持敬业爱岗的工作作风，对教学一贯充满热情。由于工作成绩突出，多次获得校级奖励。更为难能可贵的是，蒋勋蓉老师多年来能够积极自觉地进行教学方法的改革，努力研究新的教育理念，探索新的教学方法，积极尝试各种方法来提高学生创新能力以及英语自主学习和综合运用的能力。

在本科生的大学英语教学过程中，为了开阔学生视野，蒋勋蓉老师时常向学生介绍外语教学理论中关于学生以及外语学习过程、学习策略的最新研究成果，让学生参与课堂活动的设计，利用自己的业余时间指导学生自办英语角活动，尝试用建构主义理论来指导开设英语阅读课，结合课堂教学的内容向学生介绍英语国家的文化，积极利用现代信息技术辅助教学。由于在教学中的大量投入和不断创新，蒋勋蓉老师为本科生开设的大学英语综合课程，以及曾开设的口语课和阅读技巧选修课，都受到学生的喜爱。

1999年她在北京市大学英语教学研究会开设了听力观摩课，教学方法和效果受到研究会及来自我市各高校教师的一致好评。2005年4月大英部承办了北京市大学英语教学研究会组织的“大学英语听说课观摩课”活动，蒋勋蓉老师对我校参加观摩课的年轻教师进行了指导，使他们的教学展示获得极大成功，受到各高校同行的高度评价。

近年来，蒋勋蓉老师在教学实践中大胆尝试合作学习的教学方式，以期改变传统的以教师为中心的教学观念，实现以学生为中心的教学思想。她在教学中投入了极大的热情，坚持不断创新的精神，她的努力不仅得到学生的充分认可，引起了较好的反响，提升了学生英语学习的兴趣和英语语言运用的能力，提高了教学质量，还进一步增强了学生的自主学习能力、实践能力和创新能力。

除了本科生的英语课程，蒋勋蓉老师还同时担任研究生大学英语听说课程的教学任务。在教学中，蒋勋蓉老师从学生需求出发，不照本宣科，而是根据研究生的特点精心设计每一节课的教学内容和教学方法。为满足研究生水平的英语学习需要，拓宽所用教材的文化内涵和语言运用价值，她引入并编辑了大量信息含量高的 CNN 和 Discovery 等频道的声像资料，对教材进行了有益的补充。她的教学方法受到历届学生欢迎，收到了良好的效果。

由于蒋勋蓉老师多年来在教学中的积极投入和不断创新，她多次获得学校奖励。1997 年获我校“优秀青年教师”称号，2004—2006 年连续三年获“优秀主讲教师”光荣称号。

下面的文章题为“让人忍不住说好的老师”，是文学院的一名研究生在校报上写下的关于蒋勋蓉老师教学过程的描述，这段文字真实地反映了蒋老师在教学中的投入，对教学的钻研，以及对学生英语学习热情的积极影响。

人家说，能够碰到一个好老师，是一个人一辈子的幸运。没有通过英语免修考试，却因此碰到一位好老师，这是我不幸中的万幸。之所以喜欢 Miss 蒋，是因为她让我知道了别样的课堂，别样的英语。

Miss 蒋把知识性、趣味性融为一体，带动同学将听力和说话交叉运用于整个课堂中。她会精心准备符合年轻人口味的文化、名人访谈录的光盘或者电影，播放我们想看的内容，第一遍了解概况，第二遍带着问题寻找细节，小组讨论，集体解决问题。每个人都仔细在听、认真在记、用心在学、努力在说，谁都不甘落后。即使讲课本的内容，Miss 蒋总会将大部分时间留给大家，让 Partners 按情景对话即兴表演，幽默的对话、滑稽的表情，使课堂充满了欢声笑语。在小组讨论的时候，Miss 蒋会加入我们中间，流利的英式英语，丰富的肢体语言，再加上亲切的笑容，让人愿意时间为此停留。影响是潜移默化的，不知不觉中，我觉得英语不再讨厌，经常到图书馆借阅英语书籍或刊物。当然，研究生的学位资格考试也顺利过关。

当我在宣传栏里看到“优秀主讲教师”里有 Miss 蒋的照片和名字时，我情不自禁地向同伴炫耀：“看！我的英语老师！”

Miss 蒋，就是这样一位值得人去夸耀、让人忍不住说“好”的老师。

二、以学生为本，以人本主义思想教书育人

蒋勋蓉老师认为，作为一名工作在第一线的教育工作者，工作中每时每刻

都与学生进行直接或间接的交流是非常必要的。在她看来，从人的发展阶段来看，大学生正处于社会化的关键时期，人生观正在或即将形成，因此蒋老师在教学实践中一直坚持以人为本的教育理念，真心热爱学生，努力促进学生的全面发展。

多年来蒋勋蓉老师形成了这样一个习惯，每次在给新生上的第一堂课上，她都会郑重地在黑板上写上一个大大的“人”字，告诉学生们她对“人”这个概念的认识，并向每个学生传递一个重要的信息：在蒋老师的英语课堂里，学生是首先作为一个人受到老师尊重，其次才是作为一名外语学习者得到老师的指导和帮助。多年来，她的这个做法不仅帮助学生树立起正确的自我认知、并在她和学生之间建立起以平等和信任为基础的沟通的桥梁，同时也使同学们相互尊重和帮助，在课堂上形成真诚友善的学习氛围。

有这样一件小事，在 2000 年暑假为初等教育学院的新生进行入学前英语补习时，由于受当时学生座椅条件的限制，答疑时为了方便学生，蒋勋蓉老师很自然地半蹲在那位同学身边为他进行讲解，没想到这令那位同学大为感动，甚至有些受“宠”若惊，他说从未看到老师用这样的“低姿态”来给学生授课，更何况是“差学生”。蒋老师说这件小事给了她很大触动，她感到一名教师要想贯彻以人为本的教育理念，必须将其融化在血液里，表现在一言一行中，因为学生思想的改变可能从老师的每一个习以为常的举动开始。这种认识和一贯的坚持使得蒋老师赢得了很多学生的信任，他们向她倾诉烦恼，她也不惜业余时间倾听他们的心声和困惑，这其中有些是具体的英语学习问题，更多的则是更为复杂和深层次的问题。例如，关于学习目标的问题，与父母的关系问题，与同学的人际关系问题，对社会现象的认识问题，人生目标问题，甚至自杀问题等。有时面对那些复杂深入的问题，蒋老师便有目的地阅读一些相关领域的书籍，或亲自向心理学专家咨询，然后再给学生以有效的帮助。有一次，为了帮助班上一名学生解决心理问题，蒋老师甚至清晨跑到北医六院(精神病专科医院)为她挂专家号，并陪伴在她身边听取专家的意见。

在一次又一次与学生的思想交流中，“教师是人类灵魂的工程师”这句至理名言在她的身上得到了生动的体现，也正是在这样的思想交流中，蒋勋蓉老师与许多学生成为朋友，在学生们毕业后的很多年里保持着友谊，学生们的来信、短信、邮件无一不是师生间深情的见证。

对于我校很多学生而言，英语学习是件困难的事，导致困难的最主要的原因是缺乏对英语学习的兴趣。如果进一步了解会发现，不同的学生却因不同的原因对英语学习丧失了兴趣，要从根本上扭转这一局面只有依靠大量细致的思想工作，挖掘原因，进而谋求对策。于是，蒋勋蓉老师在课堂内外通过大量的工作，通过各种方法激发学生的学习兴趣，使许多学生萌发了对英语学习的兴趣，并找到了学习英语的有效方法。有的学生甚至说，"蒋老师，我学英语全是为了你。"每每看到学生能够战胜自我，体会到学习带来的乐趣，蒋老师都感到无比欣慰。

由于蒋勋蓉老师在教学过程中始终能做到教书育人，积极与学生进行课内外的思想沟通，调动学生的学习热情，并取得较好的教学效果，从而使得她于2000年荣获了我校"教书育人优秀奖"，2009年获"师德先进个人"光荣称号。

三、真诚待人、乐于奉献的教研室主任

蒋勋蓉老师多年来担任教研室主任一职，直到现在仍然保持着待人真诚，热情投入的工作作风。她对待同事真诚热情，在工作中严格要求自己、勇挑重担、乐于奉献。她对工作的热情和投入，对教学的钻研和创新，对同事的关心和爱护，使得她深得同事们的信任。在她的带动下，大家常常利用午餐时间用温馨的谈话相互化解生活中的烦恼，在教研室的研讨会上开诚布公地讨论工作中的棘手问题，如此形成和谐信任、互助互爱的良好工作氛围，令每一位老师感到集体的温暖。由于她多年来注意团结教研室教师共同工作，调动大家的工作积极性，使该教研室还获得了学校"职业道德先进集体"的称号。

人们常常把教师比喻成蜡烛，燃烧了自己照亮了别人，这是教师职业的牺牲精神的生动写照，而在蒋勋蓉老师看来，与蜡烛的自我牺牲相比，她更愿意用"春风化雨，润物有'生'"来概括自己对教师职业的理解。她认为，春雨润物的同时使自己的生命融入新的希望中，伴随着与新生命的成长发展而得到永生，教书就是一个教师与学生共同成长、获得新生的过程，周而复始，生生不息。

（王文山）

德高身正求至善　大爱育人拄长天
——记李松林老师

李松林简介

李松林，马克思主义教育学院院长、教授、博士生导师、国家精品课程主持人、北京高校“思想政治理论教学研究基地”负责人。李老师30多年来一直坚持第一线教学，在教学中爱岗敬业，甘于奉献，数十年乐在其中；以身作则，循循善诱，以解决思想实际问题为关键点；以饱满的政治激情进行以爱国主义为核心的思想政治教育，才思敏捷，催人奋进；教书且育人，教导学生干正事、走正道、成大器；教法灵活，因材施教，“四性教育”效果好。正是李老师高度负责与精心教学，获得了广大同学的一致好评，被多家高校聘为兼职和客座教授。

德高身正求至善　大爱育人拄长天

——记李松林老师

李松林老师现为首都师范大学马克思主义教育学院院长、博士生导师。长期从事马克思主义理论与思想政治教育的教学与研究工作，是国家精品课程、北京市精品课程负责人、国史学会高校专业研究委员会常务副理事长、北京高教学会中国近现代史研究会理事长、北京高校“思想政治理论教学研究基地”负责人、国台办海研中心兼职研究员、北京市哲学社会科学北京党建研究基地特约研究员、北京讲师团专家团成员、国史学会理事、全国台研会理事、北京高教学会理事、北京大学等多家高校客座教授。

李松林老师长期奋斗在教育科研的第一线，他自觉将党的路线、方针、政策同教育教学实践紧密结合起来，兢兢业业，教学得法、求实创新，深为学生所折服，受到学生们的一致好评。早在1992年李松林老师就荣获“北京市青年骨干教师”称号，同年被评为我校第一届最受学生欢迎的“十佳教师”；1994年荣获“北京市青年学科带头人”称号；1995年入选北京市百人工程；1996年入选北京市跨世纪人才工程；同年，他讲授的“中国革命道路问题”专题讲座获得北京市教学优秀成果二等奖；2004年再度评为全校“十佳教师”，同年被学校评为“优秀主讲教师”；2005年荣获“北京市德育先进教师”和“北京市党史先进工作者”称号。2006年他所主讲的“毛泽东思想概论”课被评为北京市精品课，同年被评为“北京市先进教师”。2008年他主编的《思想政治理论课教学模式研究》获北京市第五届教育教学研究优秀成果二等奖；《新时期思想政治理论课教学体系研究》荣获2008年北京市教学教育成果(高等教育)二等奖。2010年，在创先争优活动中被评为育人标兵。

一、爱岗敬业，甘于奉献，数十年乐在其中

人民教师使命崇高，责任重大。教师要忠实地履行职责，必须要有强烈的责任意识。李松林老师始终认为：一个好的教师首要的职责就是要爱岗敬业，教书育人，为人师表，甘于奉献，只有这样，才能不辜负教师的称号。他是这样说的，也是这样做的。他每年都承担着大量的教学任务，先后为本科生、硕士生、博士生等开设主讲多门专业课和专业基础课，教学态度认真，备课一丝不苟。同时还长期担任着大量的科研、管理及其他方面的工作。

2002年“两课”教研部单独建制以来，他对工作全身心的投入，使学科建设取得了重大进展，在我校“211”工程建设过程中，与政法学院同行一起，“马克思主义理论与思想教育”被列为校重点学科；2010年思想政治教育学科成为市级重点学科。同时还与政法学院同行共同建设马克思主义理论学科的博士点与

硕士点。

在学术研究方面，4 年多来，除了自己完成科研任务外，李松林老师还带领马克思主义教育学院教师共同承担国家社会科学基金项目 4 项和国家自然科学基金项目 1 项，其中获得国家社会科学基金重点项目 1 项；国家教育部重大课题委托专项 3 项；北京市哲学社会科学、北京市教育课题项目 11 项；中国社会科学院项目 2 项；获得北京市哲学社会科学优秀成果二等奖 2 项。

在北京市高校马克思主义理论与思想品德课重点建设过程中，李松林老师带领马克思主义教育学院教师积极参与评估活动，获得了北京高校“马克思主义理论与思想品德课重点建设示范单位”称号；2005 年，马克思主义教育学院单位分别获得学校和北京市德育先进集体称号；2006 年 7 月，李松林老师主持的《毛泽东思想概论课》被评为北京市级精品课，为我们教学再上一个台阶创造了良好的条件。

李松林老师的理论研究功底非常扎实，做学问特别讲究搜集使用第一手资料。一辆破旧的自行车，载着他奔波于北京东西城各大图书馆之间；一摞摞手写的笔记，陪着他度过做学问那些年深日久、冷暖自知的寂寞。他的研究成果，从《晚年蒋介石》到《蒋氏父子在台湾》，从《台湾 40 年》到《王朝终结》，从《晚年蒋经国》到《蒋经国大传》，从《蒋介石兵败大陆》到《中国国民党大事记》，都像他的为人一样扎实厚重，真实可靠。这一本本著作里面饱含着李老师几千个日夜的心血，是他夜以继日、认真思考、努力钻研的结晶。教学提供科研以灵感，科研给予教学以底蕴，二者密不可分，但同时兼顾又需要常人难以想象的艰辛，李松林老师不但做到了，而且都做得有声有色，诚然可贵。

由此可见，一分耕耘，一分收获。李老师 1987 年晋升为讲师，1991 年评为副教授，1995 年就被破格评为教授。任教几十年来，始终积极面对自己所承担的社会责任和社会义务，立足本职工作，对学生负责，对教学负责，对科研负责，不断自觉主动地完善自我，超越自我，才取得了令人瞩目的成就。

二、以身作则，循循善诱，以解决思想实际问题为关键点

教师是学生增长知识和思想进步的指导者和引路人，教师的一言一行、一举一动无时无刻不在潜移默化地影响着学生。特别是教师的思想政治素质和职业道德水平直接关系到大中小学德育工作状况和亿万青少年的健康成长，关系到国家的前途命运和民族的未来。因此，李老师特别注意寓教育于教学过程中，坚定大学生正确的政治方向，帮助大学生进一步树立“三观”。李老师有一

句口头禅“讲马列，首先是自己信马列”。他非常推崇革命先烈的拼搏精神和老教师们甘做人梯的精神，他把马克思主义理论与思想政治教育不是当作职业来做，而是当做终身的事业来做。李老师始终坚信共产主义必定要实现。他认为只有自己信马列，讲授起来才能理直气壮，才能更好说服那些产生“信仰危机”的学生，使他们树立起远大的共产主义信仰。

李老师特别注重坚持以实际问题为中心，有针对性地对大学生开展马克思主义理论与思想政治教育，这也是他教书育人的第一步和一贯风格。实际问题分为两个层次，一个是学生自身存在的深层次的思想认识问题，一个是影响国家发展的重大理论问题与实践中遇到的重大现实问题。针对前者，李老师经常走访主管学生工作的老师，每年授课前，都坚持对各院系学生做思想调研，深入了解学生思想状况，在备课时有针对性地加以准备，有计划、有目的地分章节逐一解决大学生中存在的深层次的思想认识问题。例如在讲授近代中国社会时，他着重解决如何评价帝国主义入侵中国的问题，使同学们深刻认识到帝国主义入侵中国，虽然使中国自然经济解体，资本主义提前发生，但是资本主义并没有成为中国社会的主体，中国通向资本主义之路的正常过程被打断，最终沦入半殖民地半封建社会的深渊。针对后者，李老师坚持与时俱进，用发展着的马克思主义指导教学，及时将党和国家的大政方针同授课内容有机结合，使学生在对实际问题的思考中不断提高创新思维能力。例如，党的十七届四中全会召开后，对于党的自身建设，同学之中有不同看法，李老师结合党的历史和现状，对党的性质和阶级基础作了深刻分析，使同学们增加了对党的政治认同和情感认同。此类例子不胜枚举。

三、以饱满的政治激情进行以爱国主义为核心的思想政治教育，才思敏捷，催人奋进

李老师主要对大学生进行马克思主义理论与思想政治教育，因此他深知爱国主义是动员和鼓舞中国人民团结奋斗的一面旗帜，是推动我国社会历史前进的巨大力量，是各族人民共同的精神支柱。他无论讲授哪一门课，都以强烈的爱国主义热情去感染学生。早在1996年，劳动出版社就出版了他独立讲授的“爱国主义教育讲座”（八讲，共计400分钟）录像带，受到全国青少年的好评。讲授科学发展观时，他用翔实的数据为青年学生展示了我们党为国家描绘的美好未来，这些积极的正面引导使广大同学对党、国家、民族和自身的命运充满了信心，坚定了刻苦学习、报效祖国的决心。

爱国主义教育的重要内容之一是进行“和平统一、一国两制”方针的教育。李老师多年来一直从事台湾问题研究，对党的对台政策有深入的理解。他每年都在校内校外为本科生、研究生等举行专题讲座，台湾“总统”大选时，他再度为学生讲授台湾“总统”大选的基本情况，揭露其本质，有2000多学生聆听了报告，其慷慨激昂的讲解和深刻独到的见解，赢得了学生们经久不息的掌声。李老师讲授台湾问题时，总是让学生们强烈地感受他的爱国情和爱国心，他以实际行动践行着苏霍姆林斯基的著名教育理念“热爱祖国，这是一种最纯洁、最敏锐、最高尚、最强烈、最温柔、最无情．最温存、最严酷的感情。一个真正热爱祖国的人，在各方面，都是一个真正的人。”

四、教书且育人，教导学生干正事、走正道、成大器

教育是一个灵魂唤醒另一个灵魂。师说有云，师者，所以传道授业解惑也。教师不仅仅要传授知识，更要教会学生做人做事的道理，不仅仅是言传，更需身教。几十年来，李老师一直十分重视培养学生健康的心理、健全的人格和高尚的品德。以学生为本，更多地从学生角度考虑问题，这已经成为他的个人习惯，甚至是思维本能，并且逐渐摸索出了自己一套独特的方法。

利用文学作品走近学生内心，巧妙加以引导，让一些好书影响学生一生是很有效果的一个方法，这是跟李老师深厚的国学功底分不开的。李老师向所有他教过的学生都推荐过一本必读书——路遥的《平凡的世界》，认为这是青年人必读的人生教科书，在课下还会跟同学们交流读后感，深入分析人物性格和命运，探讨人生真谛。一位通过自考读研的于同学说“带着好奇心读的这部书，却成了我精神上励志的范本，学习遇到困难时，母亲罹患重病时，实习遭到否定时，我都会想起李老师，想起孙少平，然后告诉自己我能行，只要我鼓起勇气去不断奋斗!”很多学生谈起李松林老师，常常一脸钦佩，说从李老师的课堂上不仅学到了扎实的专业知识，最新的理论热点，而且学到了《红与黑》，学到了《圆梦》，学到了《马丁伊登》，学到了一个人应具备的自尊、自信、自立、自爱、自强。

李老师常说“师者，人之模范也”，为人师道，端品为先。在日常生活中，他时刻注意为人师表应具备形象，包括自己的治学态度、为人处事、行为习惯甚至仪容仪表。李老师的课时很多，常常从周一到周五天天有课，还有繁杂的行政事务。但是为了保证上课效率，李老师上课几乎从不坐着，无论是二三百人的大课堂，还是小班授课，一站就是两三个小时，如果没有固定的扩音设

备，他会站着并且一直把话筒握在手中，举在胸前。夏天，他的衬衫是湿的，冬天，他的额头泛着薄汗。他带的一位研究生刘同学说“多年的操劳影响了老师的身体，颈椎、腰椎常疼，包里每天都装着一小瓶速效救心丸，站着讲课时停顿的间歇他常会抓住桌子的一角支撑身体。他是累了，但怕坐下讲后面的同学听不清，讲课效果不好。我们是又感动又心疼。”

李老师还经常用自己丰富的人生阅历和经验教导学生，给他们提出中肯建议。他的课旁征博引又生动活泼、风趣诙谐又恰到好处，浸透着沉甸甸的人生哲理和责任心，但是他告诉学生自己刚做老师时，教学经验几乎为零，表达能力很差，没开口脸就先红，语速又快，后来自己虚心向老教师学习，下大力气一遍遍纠正，甚至背过教案，慢慢地讲课才算有了点儿水平。生物系学生董培平说李老师在课上“教导我们很多做人的道理”，“他的奋斗经历给我们很大动力，让我们全力以赴。”李老师的言谈举止带着强烈的正义感，他时常告诫学生要身在校园，心系天下，讲学习、讲政治、讲正气，克服懒散和畏难心理，去做正事、走正道、成大器。物理系学生王明忠说：“听了李老师讲授革命先辈的事迹，使我从一个消极的人变为积极的人，后来又从试读生变为正式生。”

五、教法灵活，因材施教，“四性教育”效果好

每一位学生都是独特的，李松林老师主张因材施教，他根据多年的教学实践，总结出为增进思想政治理论课教学实效性，必须坚持“四性”教育。所谓“四性”即针对性、差异性、参与性和多样性。对文科、理科以及不同班级，采取不同的教学形式，例如在文学院上课，他经常在课堂上结合教学内容分析中国现当代文学作品，学生们都认为他有很高的文学修养。2003 年他领衔组织研究生进行“红色经典”系列电影回放，通过影片，使广大同学接受爱国主义教育。他组织开展“人人都来当老师”的活动，让同学们备课，讲课，并当堂点评，注重培养学生的教师素质和表达能力。经常开展生动活泼的课堂讨论，使同学既增长知识，又澄清认识。他亲自带领本科学生参观革命遗址，重温历史，如卢沟桥与抗日战争纪念馆、焦庄户地道等；组织学生进行党的知识竞赛；赴红色革命圣地缅怀先辈，给党员积极分子上党课；邀请首都高校的著名党史、中国化研究专家举行系列专题讲座；等等，这些举措都收到了事半功倍的效果。

“学而不思则罔，思而不学则殆”。教育的根本在于学会思考。李老师十分注重培养学生的自我思考、主动思考、善于思考的能力。认为思考才能融会贯

通，才能求实创新。在课堂上，他不是填鸭式的灌输，而是引导学生自己用尝试、讨论等办法去寻求真理，通过自主学习、合作学习、探究性学习，真正调动学生的学习兴趣，实现学习方式的根本性转变。同时，李老师十分谦虚，丝毫不摆老师的架子，他非常欣赏“吾爱吾师，吾更爱真理”的精神，总说自己也有很多不了解的领域，跟学生一起交流也是自己学习进步的好机会。同学们都说李老师的课是“小课堂，大世界”，在这里，阳春白雪、下里巴人、上下五千年、古今中外、东西南北中都一网打尽，真理越辩越明，火花越撞越多，一堂课结束，绝无入宝山一趟、空手而归的惆怅和失落。

在多年的马克思主义理论与思想政治教育课程改革过程中，李老师始终强调不断更新教学观念。他认为开展马克思主义理论与思想教育的根本目的，是要让当代大学生掌握马克思主义的立场、观点和方法，并在纷繁复杂的社会生活中，自觉运用这些立场、观点和方法来分析和处理不断遇到的新情况和新问题。李老师认为，要培养青年学生的创新思维能力，作为教师所讲授的内容，必须反映时代发展的最新要求；反映理论研究的最新成果；立足于培养学生的创新意识和创新精神；应体现马克思主义的科学精神和人文精神，应“以学生为主体，以教师为主导”，以激发学生的创新思维。李老师这种教学模式受到历届本科生、硕士生、博士生的好评。1996 年，学校组织 95 级学生对任课教师教学质量进行评估。李老师在教学评估的十项指标当中共计得分 93 分，其中备课充分认真、教学重点突出、内容充实、注意理论联系实际与学生分析能力等指标，均得到满分。2003—2004 学年，教学质量评估中，他在马克思主义教育学院又得到最高分。2006 年，他所讲授的课程学生给他打 91 分。

六、大爱大德，无言亦无疆

全国劳模、北师大林崇德教授说过：“疼爱自己的孩子是本能，而热爱别人的孩子是神圣!”可见，心中有爱对一个教师何等重要。有爱才有德，无德无以为师。现在的大学生几乎都是 80 后、90 后，李老师在新生第一堂课上常会提到四个字“学会感恩”，要做学问，首先要学会如何做人，要有一颗感恩的心。这是他对这个群体的年轻人语重心长的教导。一些本科学生都表示，以前认为父母对自己的付出是理所当然的，接受起来也心安理得，不知道父母生日，也从不主动打电话问候家人，听过李老师的思想政治课后，才意识到自己的自私，虽然上了大学其实并没有真正长大，并下决心马上改正，都表示学会感恩是自己可以铭记一生受用一生的品质。

对同事的关爱，使李老师成为一位受人尊敬的长者；对学生的关爱，使李老师成为一位慈祥宽厚的恩师。李老师常说“观人观大节，略小故”。他对学生的错误，从不厉言批评，而是静心分析，帮助其认识根源后再改正，不给学生心理压力。帮助别人似乎是李老师最大的快乐。他常挂在嘴上的一句话是“要多给予别人机会，能帮到别人的时候要尽力而为”，却从不要求任何回报。当H1N1流感病毒在全球蔓延时，李老师得知他教的两位女学生暑假赴美实习后，就经常发邮件询问她们的身体状况和安全状况，一再叮嘱有困难一定告诉他，他会尽力帮助解决。两位女生说在完全陌生的大洋彼岸两个多月里，李老师的问候和支持让她们觉得格外温暖。有的学生回到寝室，会忽然发现桌上多了一本自己苦苦寻找而不得的论文参考书；有的学生父母病了，在家接到了李老师询问病情的长途电话；还有的学生遇到感情问题，像无助的孩子一样找李老师倾诉……李老师从来都是那么心细如发，耐心细致，推心置腹，对学生的爱融于生活的点点滴滴，时时处处。细节，让李老师的爱无比圣洁，让人性得以发扬光大，让人有血有肉，可以感知，可以触摸，真实而动人。大爱，造就恩师；大德，成就大师。学生真正感受到了他的关爱，真正折服于他的品德，才会“亲其师、敬其师”进而“信其道、乐其道”。

（刘倩倩）

责任铸就师魂　爱心传承师风

——记刁永祚老师

刁永祚简介

刁永祚，男，1954年出生，吉林省长春市人。1982年毕业于吉林大学，获经济学硕士学位。现为首都师范大学马克思主义教育学院教授、博士生导师，主要从事社会主义经济理论和邓小平理论的教学研究。出版学术著作5部，发表论文130多篇。多次主持和承担国家社会科学基金、教育部社科项目和北京市社科研究项目。

责任铸就师魂 爱心传承师风
——记刁永祚老师

教师是人类灵魂的工程师，是落实科教兴国战略、推进教育创新、全面实施素质教育的主导力量，是学生增长知识和思想进步的指导者和引路人。师德，则是教师工作的精髓。所谓“学高为师——师德之基，身正为范——师德之本，热爱学生——师德之魂”。刁永祚老师几十年来在教育领域兢兢业业，努力付出，以其“师爱为魂，学高为师，身正为范”的准则赢得了广大教师和学生的好评。

他在教学和科研的实践中，任劳任怨，师德高尚，赢得广大师生的尊敬和爱戴。他矢志教学改革，求实创新，敢于拼搏，勇于奉献，凭着强烈的事业心和严谨的治学态度，取得了令人瞩目的成绩。

一、爱岗敬业、献身教育

教师的职业有苦也有乐，平凡中见伟大，只有爱岗敬业，教师才能积极面对自身的社会责任和社会义务，才能自觉、不断地完善自我，才能在教育活动中有所收获。任教几十年来，刁永祚教授严格遵守国家法律和学校、学院及教研室的各项规章制度及教学纪律，严格遵守教师职业道德规范，在自己的岗位上尽职尽责地做好教书育人、科研、管理以及其他方面的工作。

刁老师每年都承担着大量的教学任务，先后为本科生、专科生、硕士生、博士生主讲多门专业课和专业基础课。教学态度认真，教风端正；认真备课，一丝不苟。坚实的基础知识、精深的专业知识和较高的学术水平，能使学生产生一种信赖感，进而转化为一种很强的人格力量，去激励、鞭策学生。讲课过程中，他十分善于将最新的理论和学术动态融入到具体的课程讲授中，比如结合 2008 年起爆发的次贷危机，专门在社会主义市场经济的课程中加入了对次贷危机的专题讲授，帮助学生及时把握了最新的经济动态，起到了很好的效果。

刁老师十分注意教学方式的运用和改革，讲究教育的科学性、实效性和及时性，注重思想教育与科学知识的结合，特别注意培养学生对集体、民族、国家的责任心和自身的进取精神，能够结合不同课堂和听课对象的实际情况，采用启发式、互动式的方法进行教学，教学效果良好，受到学生的普遍欢迎。他曾经反复谈到课堂教学要从以“教”为出发点转变为以学生的“学”为出发点，教为学服务。课堂要成为学生学习的用武之地，成为学生在教师指导下获取知识、训练能力、发展智力以及思想情操受到良好熏陶的场所。

在研究生的教学过程中，他率先采用了“每周沙龙——研究生学术研讨会”

的教学形式，组织学生就感兴趣的学术问题展开课堂讨论，具体分为个人主题发言和小组集体讨论两大部分，最后就每个学生的发言情况进行有针对性的点评。该教学形式极大地激发了学生们的学术热情，培养了学生们的科研和语言表达能力，并且帮助学生尽早熟悉相关的研究领域，起到了很好的效果，赢得了学生们的一致好评。学生自己用尝试、讨论等办法寻求真理，通过自主学习、合作学习、探究性学习，实现学习方式的根本性转变，大大提高了学习兴趣。

他的学生曾经回忆道："记得当初刚来读研究生时，突然间发现没了依靠，什么都要自己看自己学，这让我们很是苦恼。然而刁老师给我们的感觉却是完全的不一样。还记得去年在学习《资本论》的时候，很多同学都读不懂马克思那简洁又略显晦涩的语言，而刁老师却用他的教学艺术生动地把资本论里最精辟的论述展现在我们眼前，一个学期下来，同学们都说受益匪浅，弄懂了很多以往不知道或不清楚的问题。刁老师是一个严谨而不失幽默的人，永远都那么的平易近人，他总能把晦涩难懂的专业知识清晰地展现在你面前，总能让枯燥的课堂充满欢快的笑声。"

二、热爱学生、教书育人

"爱与责任是师德之魂"，教师对学生的爱是一种需要把全部心灵和才智献给学生的真诚。这种爱是无私的，它要毫无保留地献给所有学生；这种爱是深沉的，它蕴涵在为所有学生所做的每一件事当中。教师要做一个具有"大爱"之人，教师对学生的爱要体现在学校教育的全过程，体现在学生学习、生活、情感等各个方面。

刁老师坚持教书育人，强调科学知识与思想品德教育相结合。他不仅传授理论知识，而且在教学过程中深入开展教书育人工作，始终保持与学生良好沟通，深入了解学生的思想、学习状况，帮助学生不断进步。他关心爱护学生，对学生负责，以自身形象为学生树立榜样，以实际行动来言传身教，使学生在学习知识的同时，培养良好的思想品德。2008 级硕士生焦同学说，在 2008 年 9 月刚开学的一次师生交流会上，刁老师语重心长地给新生们上了研究生生涯的第一课。从治学到做人、从生活到理想，谈了一个多小时，知无不言、言无不尽。其间，刁教授提到最多的词是付出，他一再强调：做科研跟做人一样，必须踏踏实实，勤勤恳恳，有付出才会有回报。这位同学动情地说："我从刁老师身上懂得了人生的意义和价值。"

“刁教授批改学生作业总是一丝不苟。”他的博士生沙占华说。每到批改论文时，刁老师的家就成了图书馆，到处铺满打开的书，供他随时查找。每次看到刁老师弯腰认真查找资料时的情景，都会被深深地震撼。刁老师看过的学生论文，几乎每一页都夹有小纸条，纸条上除了对论文的框架和立意提出建议外，还有对错字的勘误——常常比学生自己还要认真。

在日常工作和生活中，刁老师积极关心学生成长。本着“以学生为本”的方针，刁老师从研究生入学起就开始为学生们设计人生发展和职业规划，并建立了制度化、规律性的导师见面制度。每个学期初他都召集学生见面，布置该学期的学习和研究任务，学期结束时则要求学生系统汇报该学期的学习、读书和研究成果。在刁老师的严格要求下，学生们在研究生期间都有了长足的进步。在就业工作中，刁老师积极地关心学生，他十分重视毕业生的心理发展，为每个学生都建立了发展卡。每隔一段时间都会及时地了解学生们的就业动态和心理情况，有针对性地对每位学生进行辅导，帮助毕业生们克服就业的焦虑和紧张情绪，并鼓励毕业生们互相之间加强联系，互相帮扶，形成个人之间的良性循环。在他的努力下，2006 级学生在就业形势并不理想的情况下实现了全部就业。他以自己严谨的治学态度和学术精神赢得了学生们的一致尊重和好评，是一位人格和学识魅力兼备的优秀的人民教师，的确是师德的典范，师生的楷模。

全国劳模、北师大林崇德教授说过：“疼爱自己的孩子是本能，而热爱别人的孩子是神圣！学生一旦体会到这种真情，就会‘亲其师、敬其师’，从而‘信其道’，也正是在这个过程中，教书育人就实现了其根本功能。”刁老师在学生心中不仅仅是传授知识的老师，更多的是值得交流的益友、受人爱戴的慈父。所谓“一日为师，终身为父”的意义就在于此吧。

三、以身作则、为人师表

教师以德为本，身正为范。教学质量的提高，很大程度上取决于教师影响力的大小，身教重于言教，因为教师职业的示范性极其重要，所以要求自己必须时时、处处用模范的言行去影响学生、教育学生。教师以身作则，才能起到人格感召的作用，培养出言行一致的人。

刁老师曾经说道，作为一名人民教师，自己的为人处事、治学态度、行为习惯甚至服饰仪表，一言一行、一举一动都处在严格的监督之下，都会直接对学生产生影响，起着极为重要的作用。自身要为学生和社会作表率。

刁老师谈到年轻时的教学经历时曾说道："记得刚毕业工作那会儿，我对教育不熟悉，教学经验近乎于零，挺苦恼的，压力很大，但既然选择了教育这一行就要把它做好，所以我就告诉自己要虚心向别人学习、向前人学习，向老教师学习，把这些作为自己奋飞的起点，通过学习老教师的工作经验和敬业精神，来丰富自己的认识、知识及才能。同时我常静坐独思己过，剖析自己的不足，加以改进。总之，不能让学生怀疑自己的学问。这么多年一步步走来才有了一点点小成就，你们现在还年轻不要怕苦，要脚踏实地虚心的学习，不能太浮躁。现在社会上的人和那个年代比起来太浮躁了，所以你们要想有所成就就要有一颗安静的心，静下心来去做自己感兴趣的事，而不能人浮于事。"当问及以后学生的工作意向时，刁老师也谈道："以后你们当中有的会做老师，作为老师一定要记住不断地致力于自我教育，只有当你不断地致力于自我教育时，你才能教育好别人。在敢于担当培养一个人的任务以前，自己就必须造成一个人，自己就必须是一个值得推崇的模范。"刁老师以其自身的经历教育学生如何走好人生之路，学生们从他身上学到的，不仅仅是渊博的知识，更多则是做人的哲理。

四、终身学习、不断进取

时代在发展，社会在进步，知识经济时代，知识更新的速度越来越快，现代教育科学技术的迅速发展也给教师在业务方面提出了更高的要求。刁老师虽然是老教师了，但他的思想并不古板，他总是给学生创造一种民主活跃的学术气氛，鼓励学生都能在他面前大胆发言讨论，甚至和他辩驳，丝毫不摆老师架子。刁老师曾说："作为教师保持'职业青春'常在的秘密只有一条，那就是终身学习、不断进取。现在你们这些年轻人老抱怨命运不好，没有施展才能的机会。机会总是垂青于有准备的人。我觉得影响青年人成长的最大障碍，不是环境和他人的作用，而是自己的惰性、满足、自我原谅、自我开脱，是不甘寂寞、大事做不来、小事又不做这种轻浮的'潇洒'。人生对绝大多数人来说不会都是'艳阳天'，总会遇到一些沟沟坎坎。我们既要想到不耕耘就不会有收获，更要想到有十分的耕耘并不一定有十分的收获。但是最重要的是先要去耕耘，因为人生的'季节'是不等人的。"

一分耕耘，一分收获。也正是因为对教师工作岗位的热爱，对教师职业的执著，刁老师作为首都师范大学政治经济学重点建设学科负责人，在社会主义市场经济理论研究方面取得了很多成果，多次主持和承担国家社会科学基金、教育部社科项目和北京市社科研究项目，公开出版学术著作 5 部，发表论文 140 多篇。他不断地进行教改研究，主持教改项目 3 项，主持编写教学参考书 1 部。多年的积累使他如今硕果累累，桃李满天下。

学为人师，德为世范。为人师道，端品为先。从教几十年来，刁永祚老师一直用实际行动践行着“教书传道，授业育才”的职业理念，责任铸就师魂、爱心传承师风，不断塑造崭新的自我，执著追求，书写了他教书育人的无愧人生！

（郑誉颉等）

工作并快乐着

——记贾宝剑老师

贾宝剑简介

贾宝剑，男，1965年出生，教育学硕士，副教授，铁人三项国家级裁判员、游泳国家一级裁判员。发表学术论文数十篇。2005年“首都师范大学优秀主讲教师”，2005年“北京市体育局优秀裁判员标兵”，2007年“首都师范大学师德标兵”，2008、2009年“北京市体育场馆优秀管理者”，2009年中华人民共和国第十一届运动会“体育道德风尚奖”，2010年国家体育总局“全国优秀裁判员”。

他说，他只是一个很普通的老师，还没有别的老师优秀；他说，他只是一名普通的党员，践行着党员的基本职责；他说，他只是在自己平凡的教育岗位上做自己应该做的事情，并乐在其中。是的，他在平凡的教学岗位上做着平凡的排球项目的教学工作；可是，同时他又是不平凡的，他是铁人三项国家级裁判员，是游泳国家一级裁判员，他参加过多次重大比赛的裁判工作，担任过2008年奥运会铁人三项国内技术官员，他是北京国际铁人三项洲际杯赛的技术代表……

6月12日，记者在体育教研部见到了贾宝剑老师，他给人的第一印象就是热情而亲切。由于均是第一次采访，记者们难免显得有些紧张，倒是贾老师随和而幽默，一再鼓励我们不要紧张。作为一个体育老师，话题自然而然从“体育”开始。

一、体育，生活中不可或缺的部分

贾老师从小就喜欢体育运动，活泼好动、身体素质良好的他中学时就是校篮球队员。他1986年毕业于北京体育师范学院排球专业，现在首都师范大学体育教研部主要从事排球课的教学。体育是他的兴趣所在，多年来，体育成为他生活中不可或缺的部分。他说：“以前，不管是学生还是老师，都很重视文化学科，而把体育同美术、音乐一块作为一个附属学科来看待，其实，这是很不公平的。体育是生活中不可或缺的一部分。体育对于生理心理方面的健康那是非常重要的，同时对于培养学生健全的人格素养同样有着举足轻重的作用。”每次上排球课，贾老师都会让学生一对一地配合，同时教导他们不要因为对方的不足或失误而怨恨对方，也不能因为对方比自己好而嫉妒人家，而应该互相学习、相互尊重。每一场比赛，贾老师会告诉他们要注重相互间的协作，树立强烈的集体荣誉感。每年跑1800米的时候，贾老师都跟在后面，鼓励他们要克服困难、坚持下去……这些都是培养学生心理素质的良好途径。

二、工作，从热爱开始

贾老师在上学的时候，就喜欢教师这个职业。他觉得能够把自己知道的东西一代一代地传下去就是一种快乐；看到自己训练的学生穿着代表学校的服装去迎接每一场比赛，就更觉得非常高兴了，仿佛自己的理想就实现了。学校组建了排球队，贾老师就心甘情愿地为他们进行辅导训练，希望他们学有所成，代表学校的荣誉威风凛凛地站在赛场上。

贾老师把跟学生交流看成是一件快乐的事情。他总是习惯于将学生称做孩子，他说：“当老师永远都不会觉得烦，因为学生永远在变，在学生面前就什么烦恼都没有了。如果自己哪一天退休了，接触不到孩子了，一定会失落好一阵子”。在学生心中，贾老师是他们的大朋友。他们有什么事都愿意跟贾老师说，学习的、感情的、生活的。贾老师也欢迎他们来跟自己谈心、交流，即使是细枝末节的事，贾老师能听的就耐心地听着，能解决的就尽力帮学生去解决。他认为学生来找你是信任你、喜欢你，如果一个老师远离了学生，那这个老师无疑是失败的。他还认为跟学生交流可以让自己学到很多的东西，比如说时尚的、现代的，这种学习，也不失为一种快乐。这些从学生身上获得的快乐让他热爱教师这个职业，并且将自己的全部热情倾注到教学上，虽然辛苦，但同样乐在其中。

三、他让学生体会到排球的乐趣

在排球授课过程中，贾老师既注重基础，又有所创新。每堂课他都详细地讲授传、垫、扣、发球和拦网的基本技术动作和简单的进攻、防守战术的方法。面对学生排球水平的参差不同，他因材施教，注意发现每个学生的特点和优势，让他们从不同的方面和角度都能得到最好的学习和训练。贾老师力争把排球课当成一种乐趣，而不是一门死板的课程，从而使学生更加热爱体育运动。当学生遇到技术上的难题时，贾老师总是手把手地传授动作要领，让学生学得更标准、更专业。遇到练得不好的学生，贾老师并不会忽视他，更没有歧视他，相反地，而是主动与这个学生亲密接触，手把手地教他，跟他组队，一块儿训练。只要这个学生有一点进步，就鼓励他、表扬他，然后接着一起训练，帮助他取得更大的进步。

每次上课，在传授了基本知识的前提下，贾老师都会留出时间让学生进行教学比赛，从而使他们能够具备排球比赛的基本能力，并且在实践中得到学习，更好地理解体育的精神。每次，他也会参与到比赛当中，以便更直观地发现在平时教学中的欠缺和遗漏，从而和学生一起学习，一起进步。这样有助于使学生养成团结协作的集体主义精神和良好的体育道德风尚，培养学生终身体育锻炼的习惯。

他说，现在科技发达了，热爱体育运动的同学可以通过网络等途径获得许多资源，有时他们也会模仿专业运动员的动作，这些动作很漂亮，但是有些可能并不适用。这时候老师的示范作用就特别重要，贾老师总是通过向同学做出标准而优美动作而给他们以指导。

尽管是在大学，很多时候，男生和女生之间交往还是会存在许多的顾忌。为了充分利用男女生的优势，贾老师打破男女生之间的界限，让他们相互组队，相互学习，优势互补。慢慢地，同学们之间的相处也更加自然，更加融洽了，排球让同学们体会到了运动的乐趣。

四、作为教师，就要为人师表，不断提高

从教多年来，贾老师每天在自己的岗位上辛勤耕作。多年的教学使他深深地认识到，作为教师，要为人师表，不断提高。

贾老师认为作为老师不仅仅是给学生传授知识，更重要的是要引导学生学会学习、学会做人、学会生活。因此，他始终把建立平等、民主、和谐的师生关系贯穿在自己的教学实践中，用自己对事业的热爱和良好的情绪感染学生，在课堂上尽量给学生创造宽松和谐的学习氛围，建立起了和谐的师生关系。

教师的一言一行直接影响着学生，是学生模仿的榜样。教师自身的表率，教师的思想行为、作风品德、工作态度等无时不在感染、熏陶和影响学生，是一种生动、直观、很有说服力、感染力的教育手段。基于这样的教育理念，贾老师在教学中一直对自己严格要求，每次上课都提前到场地，绝不迟到和早退，认真对待每一次课。在学生疲累或上课积极性不高时，他会以饱满的精神面对，以激励学生。

他认为，教师的职业特点决定了教师要时刻加强自身学习，不断提高自己。他说，过去是学生需要一杯水，教师要备满一桶水，现在是教师要成为学生知识的源头活水。随着科技的进步和知识体系的不断丰富和更新，教师也要不断加强继续教育，不断充实和提高自己。

五、作为教师党员，他时刻以身作则

贾老师作为一名教师党员，不仅在教学工作中时刻以身作则，在体研部的其他工作中也积极起到表率作用。

作为体育部主抓行政、场地、群体、运动队工作的副职，他能够协调好与正职的关系，在群训教研室主任、场地办公室主任配合下做好自己的本职工作。在近几年我校高水平运动员的招生工作中，坚持“三会”原则，积极听取领导班子和教练员的意见和建议，多次与校领导、招办主任进行报告和沟通，使近年我校高水平运动员的招生工作正规化、公开化。同时在工作中遇到问题和困难时，积极向体育部的书记主任汇报，积极与体育部班子成员进行沟通，使问题和矛盾得以化解。他讲究办事效率，凡是他所承担的任务，都能够争取在

最短时间内保质保量完成。在工作中出现具体情况时，能够主动承担责任，正确对待，做到对事不对人。

他说，作为一名普通的党员，也没想别的，就是想着自己的一言一行都被大家看在眼里，就应该以身作则，处处带头。

六、为了学生，他挺身而出

2004 年 5 月 31 日，在校园网上曾出现过一条新闻，标题是“体研部教师、共产党员贾宝剑见义勇为”。新闻记述的是 5 月的一天，学校篮球场上正在举行高校篮球联赛，就在大家聚精会神观看比赛的时候，突然间，一个身材高大的校外青年男子和我校历史系一位学生打了起来，我校学生两颗门牙当场被打掉，嘴唇撕裂，血流不止，情况十分危急。就在这时，正在裁判席工作着的贾宝剑老师奋不顾身，拦腰抱住了那名男子，并与其进行了激烈的搏斗，最后，在体研部其他教师的共同努力下，终于将打架伤人者扭送到派出所。在场的所有学生都被贾老师这种见义勇为的大无畏精神所折服了。

我提起这件事时，贾老师连忙说，“别别别，这不是我一个人做的，当时在场的还有其他老师，再说谁看见了都会管，何况我还是一个老师、一个党员，就应该奋不顾身地冲在前面……”

七、作为裁判，在遇到突发事件时他临危不乱

作为铁人三项国家级裁判员和游泳国家一级裁判员，贾老师拥有担任比赛裁判的丰富经历，当问及他在担任裁判期间印象最深刻的事情时，贾老师说，印象最深刻的事，就是那年在云南大理进行铁人三项赛，他们在洱海救了 54 个人。

他说，那一次比赛他担任水上裁判长，比赛当天下着雨，水温只有 14 度。虽然赛前大家已经做了比较充分的准备，但是由于许多业余选手没有防寒泳衣，加上恶劣的天气情况，许多选手跳下跳台之后不久就耐不住又深又冷的水，开始回游。当他发现这个情况时，赶紧组织摩托艇前去救援，当时他们的摩托艇一次承载了 7 个人，都已经开始下沉并进水了。在这样的危机的情况下，贾老师临危不乱，冷静地组织救援，最终将 54 名不适宜继续比赛的队员全部营救上岸。

贾老师说，现在回忆起这件事情他还心有余悸，平时比赛也可能发生回游情况，但是像这么大规模的、情况这么危机的只有这一次。作为裁判员，不仅要保证比赛的公正进行，也要最大限度地保证运动员的人身安全。

八、参与奥运，他说这是值得珍藏一生的记忆

作为一名体育老师，贾老师一直都非常关注 2008 年的北京奥运会，把积极参与奥运会看成是自己的责任，同时也把它看成一种荣誉。他说，能通过层层选拔和多轮培训，最终作为 2008 奥运会的铁人三项国内技术官员，代表学校参与在中国举办的奥运，是他一生都难忘的经历。

问及他奥运会的经历，他说这种高水平的比赛更加要求体现裁判的专业素质，要求裁判敏锐地对各种细节做出判断。此外，他还谈到参与奥运期间自己努力最多的就是提高外语水平，因为要与多国的运动员和裁判员进行交流，并在比赛中使用英语判罚，所以那一段时间他着实在英语方面下了一番苦功。

此外，贾老师还参加过好多次奥运会志愿者培训。从培训中，从与学生志愿者以及外国朋友的交流中，他觉得受益匪浅，学到了好多东西，不仅是知识上的，还有精神上的。这些都让他感到无比的快乐和自豪。他说，参与奥运的点点滴滴都是值得珍藏一生的记忆。

九、荣誉只代表过去，生活要努力前行

贾老师在近年的教学和比赛中获得了数不清的荣誉，光是有记录的大型比赛裁判工作就有 21 项之多，此外，2009 年他还获得了全运会体育道德风尚奖、全国优秀裁判员，2005 年获北京市优秀标兵，2004、2005、2009、2010 年均被评为学校优秀主讲教师。

若不是我们坚持要他讲一讲他获得的这些荣誉，朴实的他连一项也不会提及。他说，作为一名普通的体育教师，他只是感到肩上的责任更加重大。在传授给学生体育技能的同时，更重要的是传授给他们体育的精神和内涵，让学生更好地理解奥运精神，热爱体育运动和体育精神。荣誉都是过去的事，生活却要努力向前，在平凡的教学岗位上尽到自己应尽的职责，这才是他作为人民教师无悔的选择。

（首都师范大学体育教研部）

授业管理“双肩齐挑” 既为良师又作益友
——记何永超老师

何永超简介

何永超，男，1958 年出生，1982 年毕业于北京体育大学运动训练学专业，现任首都师范大学体育教研部主任，教授。全国高等师范院校学校体育协会常务理事，北京高等学校体育学术委员会委员，北京高等院校高尔夫球分会、冰雪分会、轮滑分会副主席，校教学指导委员会、学术学位评定委员会委员。发表论文几十篇，参编教材 3 部，主编教材 1 部，个人出版教材 2 部。

一、且教且学，不满足于“一桶水”

当笔者走进何永超老师的办公室时，他正忙于案头工作，经与何老师攀谈后了解到，他正在忙于主编一部普通高等学校体育通识课程教材《大学体育》的编写。何老师说：“这本书是我校第四代体育课程的教材。该教材是在总结了我校多年体育教学实践经验和目前学校体育发展的现状的基础上，汲取和借鉴了国内外一些专家、学者的研究成果后，组织了以本部门中青年教师为主的编写组，经过近半年的编写，这本40万字的教材已经基本完成，9月份就可以作为我校2011级新同学的教材使用了。”何老师又说：“这本教材的主要特点是对体育的本质特征、形成与发展、体育的概念与功能、现代社会生活与体育、体育与健康教育、运动与健康、营养与健康、健康测评与运动处方、田径运动、球类运动、游泳运动、健身健美运动、武术运动、户外运动和休闲运动等进行了较深入的阐述。力求将以往的体育理论与实践集一书之中，使学生一书在手，可以全方位地学习和掌握体育的相关理论知识，并指导自己的运动实践。”笔者注意到这本教材在每章节前设有内容提要，文中设有知识窗，每章节后设有中英文对照的关键词、思考题和参考书目。书中的一些动作示范照片，就是我校体育教研部的老师和本校的一些学生，使人看后感到非常的亲切。

环顾何老师的办公室，书柜中摆满了各种书籍。如果把知识比做水，人们常说老师要给学生一碗水，自己必须得有一桶水，但是何老师觉得，“一桶水是远远不够的，必须得源源不断地更新。”多年来，他注意不断地自我学习和完善。1985年9月至1986年9月，何老师曾被公派到美国纽约州州立大学科特兰学院进修学习，主修体育教育专业。1996年9月至1997年7月又在北京体育大学管理学院硕士课程班学习，主修体育管理专业。多年来，何老师结合教学实践，对高校体育教学进行了深入的探讨，先后在体育核心刊物和本校学报上发表了《高等学校体育改革若干问题的探讨》、《试论我国学校体育思想的发展趋向》、《试析首都师范大学体育副修专业的若干问题》、《“十一五”首都师范大学体育改革整体方案的设计与实施》、《“十五”首都师范大学体育课程改革设想》、《首都师范大学体育课程改革与课程设置》、《1985－2000年首都师范大学学生身体形态、机能、素质的研究》、《现代奥林匹克运动与大学体育教育的关系》、《北京市大学生体质状况的研究与分析》、《高校体育教学改革要面向二十一世纪》和《体育消费关系结构与体育产业的发展》等论文几十篇，其中，《“十一五”首都师范大学体育改革整体方案的设计与实施》荣获全国高等师范院校第十届科学论文报告会一等奖。何老师还参编了3部教材，独立出版了普通高等学校教材《体育理论教程》和普通高等学校双语（中英文）教材《足球》。其编著的《体育理论教程》2007年3月获得了北京市高等教育精品教材奖。目前，北京市普通高等学校获此殊荣的教材仅有2部。另外，何老师还完成了校级以上课题多项。2008年由他主持的足球课程获得了校级精品课程。

何老师认为，对于任何学科的一名教师来说，教学都应该是且教且学，都要注意不断地积累和提升自己，并且要努力钻研业务，只有这样才能传授给学生更多知识。多年来，何老师注意自己的继续教育，给学生树立了榜样。

二、“授业”永远是第一位的

作为体育教研部唯一的一名在职教授兼部门“一把手”，同事们说何老师两方面都很出色。工作近30年来，何老师很少因私请假。自1997年任部门副主任以来，虽然有许多公事，何老师也尽可能不影响或少影响教学。何老师认为：“作为一名教师，搞好教学工作是第一位的，也是教师的本职。”何老师长期工作在教学一线，先后教授过普通体育课、专项体育课、运动训练课和体育辅修专业的体育理论课等课程。何老师热爱体育工作，始终把教书育人放在首位，注意加强自身的职业道德修养，认真履行教师职责，以身作则，为人师表，全身心投入教学，深受广大学生的欢迎。笔者近期采访了几位上过何老师课的同学和校足球俱乐部的同学。他们都说：“我们都很喜欢何老师，跟他上课或训练我们能学到很多东西，也充满了乐趣，说他是学生们的良师益友当之无愧。”学生们还说：“无论是上课还是训练，何老师首先强调如何做人。其次，要求我们掌握一定的体育知识、技能、技巧，培养体育的兴趣和爱好，掌握2—3项锻炼身体的技能，养成锻炼的习惯，达到终身受益的目的。最后，他还要求我们通过体育运动这种形式，培养道德和意志品质以及团队精神，特别是对我们这些独生子女来说，尤为重要。”

文学院的几名同学说：“我们已经连续两年选上何老师的足球课，他是一名很好的老师，对待工作认真负责，对学生一视同仁，能够上何老师的课我们很开心，虽然他已经五十多岁了，还经常与我们一起活动，我们私下里亲切地称呼他为老何。”

在谈到自己的学生，何老师脸上充满了笑容，就像在说自己的孩子一样，“给孩子们上课是很幸福的。教师首先得爱学生，才能热爱教师这个职业，做好自己的工作。”在选课的学生中，由于学生身体条件、技术水平和承担运动负荷的能力等方面存在差异，因此，何老师常常有针对性地安排一些符合学生身体条件、运动技术水平和运动负荷的各种练习，并注意因材施教，区别对待。另外，在何老师的课上，他特别注意鼓励那些运动能力相对较弱、技术水平相对较差的同学取得点滴的进步和获得成功的体验。多年来，何老师的课得到了学生们和同行专家们的赞许。每学期学生评估分都达到90分以上，且教学效果显著，所授班级的《国家体育锻炼标准》和《国家学生体质健康标准》的及格率、良好率和优秀率均高于学校的平均水平。

在本校教学一线工作了近30年的何老师早在1989年就被评为本校教学、科研十佳青年教师，1992年被评为副教授，1994年被评为北京市高等学校优秀青年骨干教师。2001年被评为第21届世界大学生运动会先进工作者，2003年在抗击“非典”的斗争中，被评为学校先进党员。2004、2008年曾两度获得学校优秀主讲教师称号，2009年被评为学校师德先进个人。

2003年3月，担任体育教研部主任以来，他虽然不主管教学工作。但是，体育教学在他的所有工作中仍然排在第一位。在他的主持下，体育教研部于2003、2007、2009年三次对我校体育教学大纲进行修订。在本着培养学生体育兴趣，强化体育意识，掌握体育知识、技能(2—3项)，养成锻炼习惯，达到终身受益的目标前提下，他明确提出了我校体育课程的指导思想是：“要树立健康第一的思想、终身体育的思想、以人为本的思想和培养创新意识。”为此，在体育教学大纲中，为各年级学生选上体育课提供了较大的选择性，在近5500人的体育必修和选修课中，基本上实现了“三自主”，体育课受到了学生们的普遍欢迎。

作为北京市学生体质健康调研组核心成员，何老师曾对我校1985—2000年学生身体形态、机能和素质进行了跟踪研究(分别在1985、1991、1995和2000年)，他认为，我校学生身体形态得到了较大的发展，但运动不足、运动缺乏和营养过剩在我校整体人群中已表现得较为突出，特别是在反映心肺系统的耐力跑项目上，出现了持续性的负增长。根据他的研究结果，何老师明确提出：“在体育课上必须加强耐力项目的练习，以扭转这种局面。”他还提出：“普通学生不论选择什么运动项目进行学习，都必须在规定的时间里跑完耐力跑，并实行每学期一测的制度。”通过几年的努力，使得我校学生耐力素质整体有了一定的提高。

三、“兼职”，干的也很用心

“管理”虽是“兼职”，但是何老师主任也很用心，说起学校每一项体育工作，他都是如数家珍，娓娓道来。早在 2003 年上任之初，他就明确提出了必须坚持党的群众路线，坚持全心全意为人民服务的宗旨，要实行立党为公、执政为民的“约法三章”，要求班子成员在工作中团结一致，努力工作，严于律己，克己奉公，处理事情要本着“三公开”和上对学校负责，下对体育部全体教职工负责的工作原则。另外，还开展了面向全体教职工的谈心活动，了解民意，为日后有的放矢开展各项工作奠定了基础。之后这些年里又几次召开不同年龄段本部门的教职工会议，征求对行政班子的意见和建议。

早在 2003 年，在何老师的主持下就重新修订了本部门的各项规章制度和管理规定，并做到人手一册。另外，还规范职称评聘、岗位聘任、进人等工作程序与原则。明确了部务委员会、学术委员会、室主任、优秀主讲教师候选人和校级优秀人员等的产生办法。上述各项措施和办法的相继出台，使得体育部各项工作的发展势头非常好，也使部门达到了空前的团结。

自 2003 年以来，在何老师的带领下体育教研部出色地完成了“迎评”等一系列工作。2004 年寒暑假和双休日，他牺牲了大量的休息时间，不计个人得失配合学校基建处等有关部门与设计方、施工方等多次沟通，研究与探讨我校北一区 7960 平方米体育馆和 12000 平方米体育场设计使用方案。另外，还与本部门的班子成员一起，完成了体育馆内大到舞台灯光、音响设备、体育器材和小到办公家具的政府采购计划的预算上报工作，同时也确保了学校体育场馆的正常施工进度。随着北一区体育馆场的投入使用和后来的北一区体育馆的奥运排球训练馆改造工程，作为一个部门的主要领导其责任是不言而喻的。特别是在奥运排球训练馆的改造过程中，何老师身兼数职，从提出改造方案到专项经费的申报，何老师都身体力行，事必躬亲，成为一名真正无冕奥运工作者。

自 2004—2010 年，在何老师的主持下，体育教研部申请专项经费达 1800 多万元，使我校体育场馆设施和学生上体育课条件、环境发生根本性的改变，达到了国内大学的一流水平。

在何老师主持体育教研部工作期间，体育教研部取得多项荣誉，多次受到学校、北京市教委等上级部门的表彰。2006 年我校被市教委评为贯彻《学生体质健康标准》先进校和贯彻《学校体育工作条例》先进校；2007 年我校获得由北京市教育委员会颁发的为第八届全国大学生运动会作出突出贡献院校奖；2008 年，我校获北京市优秀体育场馆奖、北京市高校阳光体育联赛优胜奖和《国家学生体质健康标准》测试结果优秀奖；2010、2011 年我校获北京市大学生阳光体育联赛优胜奖。

另外，何老师十分注意师资队伍的建设和发展，近年来，先后出台了本部门鼓励教师读学位的办法和教学类成果奖励办法等部门文件。自 2003 年以来，已有近 10 名教师取得了硕士学位，有多位教师参加了各种学习班、培训班和论文报告会等多种形式的交流活动，了解和掌握本学科、本专业的学术前沿和动态，开阔了眼界，提高了水平，扩大了首都师范大学在社会上的影响力。先后有 4 名教师取得了国家级裁判的称号；1 名教师成为国家青年集训队教练员；3 名教师取得了国家级健美操指导员称号；3 名教师获得出国学习的机会。

作为一名一线的教师和体育教研部的主任，以及其他相关组织的委员、理事等社会兼职职务，何老师从不叫苦叫累，相反，他觉得这是自己应承担的一份责任。他用心地教课，开心地做好服务和管理工作，虚心地学习、努力地提升自己，得到了社会的认可，并成为了学生眼中、同事心里的师德先进者。

（蒋洪涛）

师爱无言　师德无涯
——记韩新生老师

韩新生简介

韩新生，男，1960 年出生，毕业于曲阜师范大学数学系，现任首都师范大学附属中学数学教研组组长，中学特级教师。海淀区兼职教研员，首都师范大学数学科学学院硕士生导师，多次担任首都师范大学教育硕士论文答辩委员会主席。曾获省市“教学教研成果一等奖”、省市级“讲课比赛一等奖”第一名，被评为“北京市优秀教师”、“北京市魅力教师”、“北京市金牌教师”，2009 年获“北京市中小学紫禁杯班主任一等奖”。发表教育教学论文 70 余篇，教育教学论文 20 余篇获国家或省市一、二等奖。

师爱无言　师德无涯

——记韩新生老师

韩新生老师从事教育教学工作三十多年来，曾获省、市级中学教师教学能手讲课比赛一等奖(第一名)，多次为省、市教学研讨会举行示范课，所主持的“九五”重点科研课题《数学新授课的激励—讨论—发现教学模式的构建和实践》获省教学研究成果二等奖；所撰写教育教学论文《发挥教材作用，提高教学效益》等10余篇获国家、省级论文比赛一、二等奖，《挖掘教材潜在功能 提高课堂教学效益》等40余篇在省级以上核心刊物发表；主编或参编教育教学用书10余部。被首都师范大学聘为数学教育专业论文导师。

在三十年的教学生涯中，致力于中学数学教学研究，为基础教育工作做出了突出贡献，曾多次荣获县级以上优秀教师、优秀班主任、师德标兵、优秀共产党员、优秀教研组长，并被评为市、县两级骨干教师、专业技术拔尖人才，临沂市首届优秀科技工作者，跨世纪人才及山东省教学能手、国家级骨干教师。1998年9月被山东省人民政府授予特级教师荣誉称号，2003年认定为北京市特级教师。2006年被评为北京市优秀教师；2007年9月，在北京晨报、新浪网教育频道、中国教育在线、千龙网教育频道、北京新闻广播等媒体举行的“教育面对面”评选中，被授予“北京市魅力教师”称号。2009年被评为北京市紫禁杯优秀班主任和感动校园十佳教职工。

韩新生老师自参加工作以来，始终担任两个高中班的数学教学任务及班主任工作，即使在评为特级教师、年龄越来越大的情况下他也始终坚持教育教学双肩挑，成为连续班主任龄最长的特级教师。特别是2001年9月调入首师大附中工作以来，兢兢业业，勤勤恳恳，任劳任怨。不挑岗位，不讲条件，听从领导，服从安排。在三十年的班主任工作中，他以自己爱岗敬业和无私奉献的行为感染学生，以工作能力和严谨治学影响学生，以积极向上和争当先锋的精神激励学生，以仁义礼智和诚实守信滋润着学生，他从内心热爱学生，关心他们的发展，注视着他们的成长，教导他们做一个具有爱心、对社会、对自己负责的人，使他们能经受挫折，不畏艰难，用心做事，奋勇攀登，为社会、为人类做出自己的贡献。身教重于言教，自己的敬业精神、勇于负责的态度和淡泊名利的行为无不给学生以真切影响。教育论文《从孔子的道德教育看现代德育的重要性》被中国教育学会、中国教育报、中国论理学会小公民活动组委会评为2006年度全国中小学思想道德建设活动优秀成果二等奖，《传统与发展：把优秀的教育思想继承下来》分别于2004、2005年在学校和海淀区德育时效性论文评比中获奖，《分享孔子的教育遗产》2005年4月在《中国教育报》发表后，全国各地教师纷纷来电、来函，与韩老师共同探讨教育的继承与发展问题，在全国引起较大反响。

在教学工作中，韩新生老师坚持用先进的教育理念指导教学。一直倡导和实践着“激励—讨论—发现”的教学模式，认为教师和学生都是学习的主体，“要给学生一杯水，教师必须有一桶水”是远远不够的，教师应该有一股知识的活水，更重要的是教师要发掘学生认识知识的“泉眼”，使学生具备创造的源泉。在课堂教学中，不拘泥于形式，不受框框约束，根据学生发展的需要，启发诱导，鼓励创新，力求课堂的生动活泼，使学生乐学数学，热爱数学，激励学生发现更多的问题，努力实践着“把每一道难题都变成乐趣”。他 6 次获市县教学能手讲课比赛一等奖，1993 年获山东省中学教师教学能手讲课比赛一等奖第一名，受到社会广泛关注和好评。韩老师立足课堂进行教学研究，及时反思教学得失，并逐步上升到理论层面。他的论文《数学新授课的激励—讨论—发现教学模式的构建和实践》在 2002 年 8 月北京大学举办的首届中学数学教师论坛上宣读并获奖。他作为全国教育科学“十五”规划教育部重点课题“课程资源开发利用研究”的子课题“课程资源开发与学生发展”负责人，指导课题组老师在日常教育教学中具体实践和应用，在校本课程的开发和选修课的开设上取得了一定的成效。他所撰写教育教学论文如《发挥教材作用，提高教学效益》、《挖掘教材潜在功能，提高课堂教学效益》、《谈谈教学过程中的“因势利导”》、《优化教学过程，提高教学效益》、《从反三角函数的教学培养学生思维的广阔性》、《万能公式及其应用例谈》等 10 余篇获国家、省级论文评比或教育研究成果一、二等奖，《激励、讨论、发现》获 2006 年北京市教育学会数学教学研究会论文评选一等奖。教育教学论文《挖掘教材潜在功能，提高课堂教学效益》、《培养学生归纳能力的做法》、《教材研究中的几个问题》、《优化教学过程，提高教学效益》、《谈谈教学过程中的“因势利导”》等 60 余篇发表于数学通报、中学数学教与学、中学教研(数学)、数学教学通信、数学教学研究、中学数学杂志、中国教育报等报刊杂志等省级以上核心期刊，其中多篇被人大资料复印中心《中学数学教与学》收藏。主编了教育教学用书 10 余部。还是《中学生数学》“基础知识测试”专栏作者，《中学生数学》增刊——“高考数学复习与指导”一书主编。

韩老师作为学校数学教研组组长，出色地完成了组内教师队伍建设、教科研等项工作。他认真指导青年教师教育教学工作，多次为青年教师开设教学观摩课，使他们熟悉中学课堂的基本规范和中学数学教学思路；通过听课和评课、开展教研活动等方式热心地帮助青年教师成长，做青年教师的良师益友。

数学教研组近几年有多名老师参加海淀区数学教师教学风采大赛和教学基本功大赛，都获得了区一等奖，其中6次获第一名，并有2名教师代表北京市参加全国教学基本功大赛，这些均凝聚着教研组长——韩新生老师的心血。2006年3月24日，“北京市现代技术与中学数学教学整合研讨会”在我校召开，他在会上代表我校数学组作了“课题研究与数学教学”的专题报告，并推出了组内6位青年教师上了市级公开课，受到了专家、学者及北京市600余名与会老师的好评。2006年精心组织参加了海淀区首届数学教师解题大赛，我校数学组由于表现出色，获集体优秀奖。多次为区、市教学研究会上公开课，为首师大教育硕士讲授数学课的教法。带领全组同仁，齐心协力，奋力拼搏，数学高考成绩始终处于海淀区前三名，数学组于2007年被首都师范大学党委授予“师德先进集体”荣誉称号。积极协助北京市基础教育研究中心举办北京市示范高中数学教学研讨会，每次不仅参加现场听课，还承担了大会评课任务，受到全市与会教师的好评。

作为海淀区兼职教研员，积极投入海淀区期中、期末、一模、二模的试题编制和教研活动中，为海淀区全体数学教师做《直线的方程、简单的线性规划》、《导数部分复习意见》、《解析几何复习指导》等部分教材分析；参加高中数学远程研修的视频课程设计任务，为新课程做艰苦努力的普及工作；作为普通高中新课程“选修模块”的网络资源开发与实施专家组成员，与曹福海、郭立昌、赵大悌等老师共同为新课程开发做了大量的研究性基础工作。韩新生老师十分注重发挥特级教师的示范作用，先后到延庆县、门头沟区等地送课、作报告、听课、评课，深受师生的欢迎，并被首都师范大学特聘为支援边远郊区教育课题组教师；受全国总工会、中国教育协会委托，多次到山西和顺、吕梁，贵州山区，安徽山区，内蒙通辽等教育相对落后地区送课支教，受到上级领导和当地师生高度评价；另外，他受聘于首都师大数学科学学院数学教育专业硕士论文导师，负责点评、指导数学教育专业学生的硕士毕业论文。

无私的奉献，精湛的教学艺术，使他赢得了学生的爱戴及社会的好评，学生尊称他为“老爹”，北京晨报也用大幅版面以“首师大附中韩新生——被称为老爹的数学特级老师”为题，专题对其事迹进行了报道；临沂人民广播电台、临沂日报、山东人民广播电台、大众日报也曾专题播放、刊登了他教书育人、为人师表的先进事迹。

（首都师范大学附属中学）

育人有方　大爱至深
——记李玉华老师

李玉华简介

李玉华，女，生于 1956 年，1982 年毕业于沈阳师范大学中文系。首都师范大学附属中学语文特级教师。先后担任语文教研组组长、语文党支部书记，海淀区兼职教研员，现担任首都师范大学特级教师工作中心兼职硕士生指导教师和永定中学教学顾问。多次被评为“三八红旗手”、“优秀班主任”、“优秀共产党员”和“海淀区学科带头人”，“感动校园十佳教师”等。2005 年被评为“北京市语文特级教师”。2004 年获“十七届北京市紫禁杯优秀班主任一等奖”。2004 年被评为“北京市中学市级骨干教师”。2007 年被评为“北京市魅力女教师”。2009 年被评为“北京市优秀教师”。发表二十几篇论文。独立撰写《古代诗歌鉴赏方法》，主编、参编著作 10 余部。

育人有方　大爱至深

——记李玉华老师

李玉华老师从教 30 年来对学生、对教育事业倾注了无限的爱，在平凡的三尺讲台上用自己的行动践行着人民教师爱岗敬业，无私奉献，为人师表的职业追求。

一、大爱至深，堪为表率

爱岗敬业，热爱学生、为人师表，是师德的核心，而这些在工作中又集中体现在责任上。李老师认为教师爱岗敬业，不是一句空洞的口号，它意味着教师肩上担负的重大责任：一个教师要以自己的实际行动，向学生诠释应当怎样履行自己的责任。所以不管家里发生什么事情，首先想的都是学生。2002 年她带高三，9 月 24 日，家人从千里之外打来电话告诉她母亲病重，让她速回。然而，面对 100 多双渴求知识的目光，面对 100 多位学生父母的企盼，她推迟了回家的时间，默默祝福着母亲能转危为安，能等到她十一假期再回去探望。可是母亲没能等到她，于 9 月 28 日去世了。那届高考学生考出了傲人的成绩，实现了自己的理想，家长的梦也圆了，但是她却在内心留下了对母亲深深的愧疚。2005 年她又带高三，11 月份，她爱人的胃大出血，血色素降到只有 6.3 克，在抢救室她一宿没合眼，第二天她爱人这边输血，她花钱请了护工，自己赶回学校给学生上课，在她爱人住院期间，没耽误学生一节课。学校领导去看望时，他爱人讲，“你们学校用了什么办法把老师们的心拴得那么紧，我都这样了，她都义无反顾地去上课。”其实拴住李老师心的是教师的责任，是她对学生们深深的爱。有句名言说得好，“疼爱自己的孩子是本能，而热爱别人的孩子是神圣!”家长在毕业典礼会上说：“班主任李老师，不但把自己全部的精力和爱心倾注到学生身上，还把她上大学的儿子请到班里给学生们现身说法，谈人生、讲立志、传授学习方法和体会。她爱人曾胃部大出血，在急诊室输血抢救，但她仍心系学生，没耽误一节课。在此，我想对李老师说：您心中只有学生，为了学生，您是献了自己献家人，您的精神感人，有您做我们孩子的老师，是我们的缘分，更是我们的福分、我们的幸运。”

常香玉曾说戏比天大，在李老师看来，作为教师那就是“课比天大”。在学校开展的群众性评选“我身边的优秀共产党员”活动中，李老师被评为优秀共产党员。

二、育人有方，润物无声

李老师具有先进的教育理念，育人效果好。她连续 13 年担任班主任，曾先后担任普通班、实验班；文科班、理科班班主任。她以平等、尊重为原则，以关心、关爱为出发点，以感恩教育激发学生的责任意识，以挫折体验为教育契机，使学生懂得换位思考，以辩证思考培养学生乐观向上的积极心态，以欣赏眼光激励学生学习的积极性，维护和促进了学生的身心健康，使学生在德智体诸方面得到很好的发展。她带的班届届受到学校、家长的好评，她多次被评为校、区级优秀班主任。2004 年 9 月获“十七届北京市‘紫禁杯’优秀班主任”一等奖。

她的学生陈龑在给老师的感谢信中这样写道：“懂得感激”、“辩证思考”，这是您三年来讲得最多的，我想这一定包含着您对生活的认识，对人情的理解。说来惭愧，我记不起您哪节语文课，但您的几堂班会课却让我难以忘记。我一直认为，作为传授者，她的说法如果不让被接受者在心里认可，在行动中实践为可行，那她的所言便是一句空话，她便是一个失败的导师，而您无疑是成功的。

学生常铭在毕业感谢信中这样写道：“还记得三年前的那个夏天，我们第一次相识，那时我还为有一个语文老师做班主任而略感失望(因为不太喜欢文科)。但很快这样的念头就消失得无影无踪了，我暗自庆幸拥有您这样一位负责的班主任。军训时，您居然在短短的几天时间里记住了我们每个人的名字，令班里的每一位同学都感到既惊讶又高兴。事情虽小，但却让我们这些孩子对您这位上了年纪的班主任刮目相看。接下来的三年时光中您更是用行动证明您是一位优秀的班主任！记得您三年来对我们说得最多的就是感恩，而这三年中我们也生活在一次又一次的感动中。下雨了，您说：大家路上要小心！我们为这母亲般的关心而感动；第一次获得“文明班”，您给大家发了糖，我们为这“甜蜜”而感动；一二·九、“振兴杯”比赛、环湖跑、“红五月”都有您的积极参与，我们为这风雨与共的友情而感动；为了我们，您毫无顾忌地去找领导，舍下有病的爱人来为我们上课，我们为这份无私的奉献而感动……您像我们的父母，像我们的战友，更像我们的朋友，让我们在感动中成长，在感动中懂得了感恩，更让我们在感动中学会了如何做人！或许有时您对我们很严厉，对我们发脾气，但在我们眼中，您永远是最可爱的人！

李老师在工作中从来都是以学校、学生的利益为重。由于年龄和身体的关系，李老师本可以不再担任班主任工作，但因为学校有个班级情况特殊，班主任安排困难，学校决定让李老师来担任。52 岁的她在严重贫血、心脏不适等多种疾病缠身的情况下，依然接受了班主任的工作，并且在短时间内使班级建设大有改观，班级所有的任课教师都为之赞叹，家长和学生为之感动。

三、业务精湛，不断进取

李老师语文学科基础理论扎实，教学经验丰富，教学方法灵活，坚持用先进的教育理念指导教学。在教学上一直倡导和实践着“传授阅读方法——激励深入探究——引导反思感悟——提升人生境界”的教学模式。注重培养学生的个性化阅读，注重培养学生独立思考、多角度思考的良好思维品质，注重培养学生探异求新的创新意识，注重在阅读鉴赏中开拓思路，培养学生正确的审美观、正确的人生价值取向，实现语文课育人功能。

李老师的人生座右铭是：活到老，学到老。在教学中她也是这样做的。在教学反思中她这样写道：“对文本的探究和感悟对我们教师来说，也是一种挑战，挑战吃老本的惰性，挑战思维的局限性。同时教学相长也在收获：有时自己没有想到的学生想到了；自己没有认识清楚的，经过学生的探究，认识清楚了。可以说我教给了学生学习的方法，学生丰富了我的教学内容，给予了我教学灵感，开拓了我的思维。”所以她的课给人的感觉是，常教常新，既有方法，又有深度和广度。2007 年海淀区语文学科带头人培训期间，李老师为他们做了公开课——《氓》和讲座“培养学生的个性化阅读策略”，受到一致的好评。

李老师的课富有感染力，在文科班一篇《祭十二郎文》讲授下来，全班感动得潸然泪下。在探究感悟中领悟到珍爱亲情，孝心应从现在呈现。一位家长反映，孩子学完《祭十二郎文》，简直变了一个人，不但不与家长顶嘴了，而且还主动帮家长做家务，对弟弟的粗鲁行为也表现出宽容大度。

李老师具有较强的教育教学科研能力，近年来在《中学语文教学》、《北京教育》、《中小学心理健康教育》等国家级、省市级重点刊物发表了多篇论文。《先锻炼胆量，再提高质量》于 2005 年 5 月获海淀区论文二等奖。《谈诗歌鉴赏教学对学生联想能力的培养》论文获北京市中学语文素质教育二等奖。她所制作的课件《空白艺术》、《滕王阁序》获北京市优秀奖。李老师独立撰写了《古代诗歌鉴赏》，主编了《高中话题作文》、《初中话题作文》，参编《高考考场限时作文》、《语文》等书，并多次参加国家级课题研究。

李老师不仅不断提高自己的业务水平，而且主动帮助培养青年教师。她所指导的青年教师，教育教学科研成绩都比较显著，有的在海淀学科创新成果评比中获一等奖，有的在海淀区青年教师风采大赛中获二等奖，还有的在省市级期刊上发表论文多篇；其中两名已成为海淀区骨干教师。

教育要以学生的发展为本，要着眼于对学生人格的塑造，着眼于学生长远利益，要让他们终生收益。这是李老师对教育的认识，对教师职业的追求。

（首都师范大学附属中学）

点滴成就精彩
——记王建华老师

王建华简介

王建华，女，1972 年出生，毕业于首都师范大学数学系数学教育专业，首都师范大学附属中学一级教师。这些年来她积极参加教科研活动，对待教育教学工作兢兢业业，勇挑重担，爱岗敬业。参与了“数学建模”“学生创新能力培养的探讨与实践”“初高中数学教学衔接问题探讨”课题的研究，并积极开设选修课，几年来在国家级核心期刊发表论文 7 篇。2008 年被评为“首都师范大学师德标兵”、2009—2010 年度获教育部“课程教材研究所论文评比一等奖”。

点滴成就精彩
——记王建华老师

我1995年进入附中，至今从教15年，其中初中3年，高中12年，同时担任班主任8年。这些年来我努力学习，积极参加教科研任务，抓住机会提高自身业务水平，对待教育教学工作兢兢业业，勇挑重担，爱岗敬业，尽力为附中增光添彩。

一

2005年至2008年我担任首师大附中2008届6班的班主任工作，三年来我发挥自己性格上踏实沉稳、耐心细致的特点悉心经营着这个集体，与学生共同努力创造了丰富多彩的班级文化，并和学生结下了深厚的情谊。

(一)对班干部的培养

我们班的班干部、科代表和组长都是学生自荐产生的。我认为干部能力不高可以培养，关键要有为同学服务的热情与责任心。学生干部很快熟悉了自己的工作，都能尽职尽责，在班级管理中发挥重要作用。每学年我都在班里做一次民意调查，主要从四个方面进行考评：

1. 工作热情　2. 工作能力　3. 表率作用　4. 团结协作意识

分为4个等级：

A. 很好　B. 较好　C. 一般　D. 很差

全班填机读卡评价，这样得到的结果较为客观公正。

班里最主要的几个干部：班长、卫生委员、电教管理员等在班里人气很高，干部的努力工作得到了同学的认可，他们的信心与干劲更足了。最后一次班会时我给所有的干部都发了奖品，表彰他们一年来为集体的辛勤付出。

(二)培养学生的社会责任感和协作精神

2007年3月22日，我们6班团支部倡议发起的“雨水蓄积工程”募捐善款活动取得了圆满成功，全校师生共捐款6445元，可以解决8个贫水家庭的用水问题。

活动之前，每个小组都用牛奶箱、手机盒等精心制作了募捐箱。3月22日，我们班的宣传小分队深入到各个班级，在学校门口及重要位置设立摊点，开始了宣传。募集到的一笔笔善款使学生们有了成就感和使命感，工作进行得十分顺利。其间精彩片段也被捕捉记录，制成网页与全校师生共享了。当我宣布我班此次活动共募集到善款6445元时，全班同学都沸腾了——我们成功了，我们用自己的热诚和努力赢得了全校师生的大力支持！

通过这次活动学生体验到了用自己的努力和力量帮助别人的快乐。学生们更加清楚了我们的国家、我们的社会还需要我们做更多的事，“为了振兴中华，造福人民而努力读书”的口号也不再空洞，而是有了切切实实的激励作用。

2008年5月12日，四川发生了8.0级特大地震，给人民生命财产造成了巨大损失。我们6班的同学自发组织了捐款活动，全国哀悼日当天的值日班长念了他自己写的一首诗向死难同胞志哀、向救死扶伤的英雄致敬，全班非常感动。

在全国人民众志成城、抗震救灾的战斗中，我尽了一个共产党员，也是一个中国公民应尽的义务：为灾区人民捐款6500元，相当于我一个月的工资。学生知道这件事后也很受教育。

（三）重视班会作用

我班组织了以增进了解、增进友谊、活跃气氛为目的的游戏型班会《蒙眼走迷宫》《超级球迷赛》《你了解身边的同学吗?》《室外游戏竞赛》，还有培养学生感恩之心的班会《珍惜》，我在班会上读了自己描写亲身经历的散文《我和我的母亲》，放过震人心弦的短片《成与败》《用沙子展示进化史》等。学生很受震撼和感动。

进入高三，学生身心各方面日渐成熟，对学校环境和高中学习生活已经熟悉，同学之间的友谊日益深厚，班集体的凝聚力越来越强。高三学生学习上压力较大，文体活动减少，容易产生心理问题和在日常行为规范方面放松要求的问题。

高三每天都是在紧张中度过，班会应该是给学生放松加油的驿站。班会有以下几种类型：

(1)知识竞赛型。

(2)游戏型。

如把学生分成5个组，每组10人。每组将一块一次性桌布放在地上，站上去8个人，另外两人指挥并动手翻桌布，要求在8个人都不掉下桌布的前提下把桌布翻一个面，十分钟内成功次数最多者获胜。结果最快的组翻了6次，最慢的翻了3次，大家抱成一团，笑成一团，十分开心。

(3)经验反思总结型。

(4)激励嘱托型。如《百日誓词》班会。

（四）值日班长制度培养学生的责任心和集体主义精神

在6班，每个同学都有对集体负责、为集体效力的机会。我们班实行值日班长制度。按学号每天由一名同学担任值日班长。

值日班长职责是负责全天日常管理、一分钟演讲及记班日志。

实行此制度益处很大。首先每个学生都有一个亮相的机会。特别是有十几名新同学加入之后可以促进学生之间尽快熟悉起来。再有每个值日班长承担的责任与文明班评比直接挂钩，有利于培养学生的责任心。为了使他们尽可能少失误，我经常要提醒他们，虽然辛苦但我觉得是值得的。

另外最大的收获是学生用心记录的班日志。从高一到现在我们班已记了6本班日志。在班日志里学生写下了美好回忆，也记下了苦恼和困惑。我看班日志时就像看班集体的一面镜子，使我有了一个了解班里情况和学生所思所想的很好的窗口。

他们在班日志里写道：

龚梦雅：世界第一永远只有一个，但不要忘记，你自己也是这个世界上独一无二的个体，这本身就是一个奇迹。那么，为奇迹喝彩，向阳光感恩，为明天执著，向自己微笑。只为这一切，无论结果是否完美。

他们在演讲中说道：

王开骏：不要把高考看得过重，它只是你人生奋斗历程中的一步，高考成功不代表你以后就一定能一帆风顺，你还需要不断地挑战新的高度；高考不成功也不代表你以后难以有所作为，只要你有一颗不断进取的心，通向成功的道路依然很宽广，是金子总会发光的！

点评：高考成功是人生成功的既不充分也不必要条件，高考成功与否不能决定你的人生，只会影响你的人生。

从这些文字和演讲中我看到了学生的成长和进步，我心里充满了感动和自豪。

（五）毕业寄语——高考前的嘱托与祝福

高考前一周，我用彩色信纸给每个同学写了一篇毕业寄语，在每个人的寄语中，我写下了这三年他（她）给我留下的最美好的回忆；写下了高考前这几天应该如何细心准备充满信心；写下了对他（她）一生的祝福和期待……平均每人200字，55个同学，写了一万多字。我是用心写的，手指磨出了茧子，肩背酸痛，但我心里充满了感动和力量——他们值得我这样做！

走过这三年，我和6班的55名同学经历了很多，也收获了很多。我在努力经营这个集体、教育影响学生的同时，也常常被学生教育和感动。我和这些年轻可爱的学生们一起为了共同的目标奋斗过、拼搏过、且行且珍惜、流光溢彩的三年！

二

2008年我送走的6班在高考中取得了优异成绩，我因此获得了优秀班主任的荣誉，同时也迎来了一个极具挑战性的任务：担任新高一创新C班的班主任。这个班共35人，中考成绩最高517分，最低432分，总体比普通班低。更严峻的是这个班几乎集中了原初中年级各班“闹将”的90%。从带年级的实验班到带年级学习最落后、问题学生最多的班对我来说是一个不小的考验。但我认为一个成熟的教师必须具备带各种班的能力，这也是我增长智慧才干的机会吧！

开学前我做了充分的准备，读了一些书，如《做最好的班主任》《怎样提高学习效率》《78个金点子》等，也向初中老师了解这些学生的情况，假期对集体建设做了一些设想。但是我还是在一种很“狼狈”的状态下走马上任了。8月18日分班考试，也是结束假期开始工作的第一天，女儿发烧了。我的女儿是过敏体质，所有退烧药、消炎药都不能吃，只能吃些疗效慢的中药扛着，她生病真是比我自己生病还让我痛苦很多倍。但为了工作，我也只能把她交给保姆照料。祸不单行，19号我又接到出差在外的爱人的电话，他的慢性病突然严重必须马上回北京做手术。我请了半天假把爱人送进医院，又拜托家人帮我照料，而我不得不返回学校——因为为期十天的军训开始了，我必须带班同去海司教导大队。如果我接的不是这样一个特殊的班级，作为一个女人我此时一定是该陪在生病的爱人和孩子身边的，但是对5班这35个学生来说，这宝贵的十天也是需要班主任精心呵护的十天，对一个新建的集体也是师生互相增进了解，建立感情，形成凝聚力的黄金时间。我选择了工作，只是在不太忙的时候请过两次半天的假探望家人。

学生们穿上军装各个飒爽英姿，而5班的学生由于他们互相之间都认识，更是多了一份热情，他们互相照顾，对老师也很有礼貌，我看着他们觉得蛮可爱的。学生训练的时候我对着学籍卡的照片很快就认识了所有的同学，休息时我就跟他们聊天，就寝前我挨个宿舍去了解他们的身体和心理的状况，遇到不舒服的学生我会帮他们打水打饭，或给他们送上一个在军营里十分珍贵的水果，他们对我这个新班主任也非常亲切友好。但军训没过两天问题就渐渐暴露出来。

军训基地每天都要出一期小报《军歌嘹亮》，要求各班投稿，我把每天投稿的任务分派到了训练小班，指定负责人每天收集稿件并准时上交。但几天下来我们的稿件少得可怜，一问负责人都说大家训练累了都不想写，只想休息，而交上来的稿子也是干巴巴的几句话，被录用的更是少而又少。一个学生悄悄告诉我："老师，您别生气，咱们班这些同学上初中的时候有很多都是交作业的老大难，您就看淡点，放我们一马吧!"我一想这要逼着每个人都写，大家都硬着头皮对付，也不会有什么好作品，于是就说："既然咱们在稿件上不占优势，那我们就在宿舍内务和训练中展示我们的实力吧！投稿的任务从每人必须写改为有奖征稿，回去我们对积极投稿和发表作品的同学进行奖励。"学生赞同了这项决定，后来果然在另外两个方面表现不错。而自愿有奖投稿的事也使爱好写作的同学写出了高质量的文章，受到了整个年级的好评。开学后如何解决交作业的问题也成了我的一个重点课题。

教官的训练是严格的，谁训练不认真、开小差、搞小动作就会被罚站。频繁被罚站的同学日渐明朗化：几乎全是 5 班的学生。"5 班是个特殊班级"不仅年级的学生知道，连教官们也看出来了。合练的时候，有一个方队表现最不好，连长竟然点名说因为这个方队 5 班的学生最多才走不好的，其实这个 40 人的方队里只有 6 个是 5 班的学生，而且还是 5 班比较老实的几个学生。这件事深深地刺痛了我和 5 班学生的自尊心。冷静下来后我对学生们说："这一次领导是冤枉我们了，但是为什么会认定走不好的就是 5 班的学生呢？还是因为我们的一些同学在平时训练时表现不佳，造成了领导对我们的成见，要想取消这些成见，我们就必须拿出最好的表现来，为荣誉而战!"经历了这次挫折，孩子们似乎明白了，自己个人的表现与 5 班的荣誉紧紧相连，在后面的训练中，大家憋足了一股劲儿，各个争取上汇报表演的方队，争当优秀学员。事实证明了只要他们认定了就会付诸行动，只要付诸行动他们就有能力摘到胜利的果实。最后我班除了个别身体不适的学生绝大部分同学都入选了表演方队，而被评为优秀学员的比例比实验班还高，这也极大地鼓舞了同学们的士气。

晚上 9 点到 10 点是熄灯前学生洗漱的时间，也是一天最轻松的时间。我会利用这个时间跟学生谈谈开学后班级工作的安排，征求一下学生的意见。没想到我把姓名旁边标有职务的座次表让大家传阅后还真出了些问题。小宇是个好学生，但由于一模二模发挥失常被分到了 5 班。初中老师都为他惋惜，并且说他是个特别认真的好学生，可以当学习委员。我把学习委员的职务给了他，却遭到他强烈的反对："我只想好好学习，不想当班干部分心。"但我们班只有 35 个人，班委、课代表和组长全班每个同学都得承担一个职务才行。最后他同意当数学课代表。我是数学老师，能有一个得力的助手也不错。后来，这个孩子表现确实非常出色，受到了大家的肯定，第二学期在大家的一致推举下他还是担任了班里的学习委员。从这个学生身上，我看到了一部分学生不甘心分到5班的心理状态，于是我就鼓励这些同学："学校派最好的老师教咱们5班，就是希望每个同学有最好的发展，而且经过一年的努力你们中的优秀学生还有机会在流动时考进B班，甚至A班。"

5班35个学生中有28个男生，只有7个女生。与男生相比，这7个女生就可爱多了，几乎没让我操什么心。然而军训将结束的时候，女生的问题也冒出来了。军训结束前的最后一个晚上是教官和全体学员的联欢会。每个班都要出节目。男生那边折腾半天也没有什么像样的创意，女生在小澄、小雯和小丹的策划下准备上一个女生表演唱《女兵谣》。小澄是文艺骨干，唱歌具有专业水平，她给我唱了一遍，真是太好听了，于是决定7个女生紧急学唱这首歌。我给她们打印了歌词，每逢休息的时候就看到她们在地上围坐一圈学唱这首歌，我看了很感动。但是眼看就要上台了，两个女生却打起了退堂鼓，她们哭着说："我不想代表5班演节目，大家都知道5班是差班，太丢人了。"我能理解她们。我的心跟她们一样在流泪。其他班的同学进入高中都是充满信心，充满自豪的，而她们却因为分到了5班而感到似乎高中生活蒙上了一层灰暗的颜色。但这个节目必须得上。我对她们说："我听说其他班都有一到三个节目，咱们班男生也绞尽脑汁想为咱5班出节目，但没这个能力。他们知道女生有节目都特别高兴，因为这是年级第一次大型集体活动，如果5班一言不发，大家肯定会想，要么是这个班没人才，要么就是这个班人心不齐，没有集体荣誉感。你们希望因为你们的退缩让其他同学这么看你们吗?"这两个同学又说："我们俩不上，就让她们5个人上不就行了吗?"我说："我很希望你们上。第一：其他班都有集体性的节目，人多有气势，效果好；第二：别的班同学也知道咱们班有7个女生，如果只上5个同学，他们也会想那两个同学怎么不上呢？你们不要以为你们不上台就不会引起别人的注意；第三：你们两个不上，那5个同学心里肯定也不是滋味，咱们这7个女生就是5班的7朵鲜花，第一次亮相就应该拿出最好的一面来让大家对你们刮目相看；第四：你们要在5班生活至少一年，谁越早接受事实，尽快适应环境，谁就能在下一轮竞争中占据有利位置，你们要振作起来，5班有优秀的师资，5班也是附中一分子，你们在5班也可以成才，也可以实现梦想!"经过我的耐心劝说，7个女生终于鼓足勇气登上了舞台，她们的表演形式新颖，歌曲与军营气氛十分贴切，获得了圆满成功！当她们谢幕向全体观众敬军礼的时候，台下的28名男生齐刷刷地站起来高喊："'五'出活力，'五'动青春，高一'五'班，唯'五'独尊!"场上的气氛达到了高潮，全体观众都为5班献上了掌声！35颗心凝聚在了一起。

十天的军训结束了，我和孩子们朝夕相处，建立了深厚的感情，我也逐渐走进了他们的心灵。这些孩子确实不完美，甚至有各种各样的缺点和不足，从他们军训的表现我已经看出有些孩子比较狭隘、偏激，有些孩子基本素质和习惯有待改进，更多的孩子因为初中的不成功分到5班感到沮丧无奈。我看到的仿佛是一颗颗受伤的心，但同时我也感受到了一种顽强，一种不服输的韧劲。我感到了一份沉重——这些孩子需要鼓励，需要引导，我要和他们一起建立一个家园，让他们在这个家园重拾自信，快乐成长！我知道我有很艰辛的一段路要走，还好，军训这十天让我看清了方向，我会坚定地走下去的。

（首都师范大学附属中学）

教书育人　为人师表

——记高灵芬老师

高灵芬简介

高灵芬，女，1955 年出生。毕业于河北石家庄教育学院化学系。首都师范大学附属中学化学特级教师，中学高级职称。海淀区名师工作站专家。1993 年被评为“全国优秀教师”。在多种荣誉面前她不骄不躁，低调平和，严格自律，为人师表。在培养青年教师中甘做人梯。十年来她辅导的多名学生获北京市化学竞赛一、二、三等奖；在多年班主任工作中真情投入，她善于走进学生心中发现学生的心迹变化，用自己积极的人生态度、充满爱心的阳光心态去感染学生。

高灵芬老师今年55岁，是首师大附中的化学特级教师。对于一名拥有各种荣誉的老教师，她不骄不躁，低调平和。无论在教育还是教学工作中都兢兢业业，脚踏实地，以身作则，敬业爱生。高老师自己在平时的工作生活中严格自律，以自己良好的心态影响着学生，在各个方面为身边的教师树立了榜样。

一、理念先进，爱岗敬业

"作为一名教师要'学高为师，德高为范'。我深深地感到自己的人生态度、工作态度，甚至生活方式都潜移默化地影响着学生。因此，我要求自己要做到在思想观念上与时俱进；在为人处事上少些名利之心；在教书育人上多些博爱之心；在工作中做学生的知心人，努力消除代沟，做一名受学生欢迎的人。"这是高老师在她的总结中写到的，也是她在实际工作中努力做到的。在教育教学工作中，她注重以人为本，育人为先，注重教育培养学生对人宽容，有感恩之心。她用自己积极的人生态度，充满爱心的阳光心理去感染学生。在她的教育引导下，她带班级的学生积极向上，有较高的人生追求目标。虽然她本人是无党派人士，但2004届的几位高中学生党员都来自她所带班级中的班干部，她所带的班级2007年被评为北京市优秀班集体。

高老师有强烈的责任感和事业心，作为化学的特级教师，关心教研组的建设，在开展学生竞赛辅导和培养年轻教师上尽心竭力，对备课组分配给的任务一丝不苟，从不吃老本。作为无党派人士，她关心学校发展，在每次学校组织的座谈会上她都积极发言，献计献策；在数次党员献爱心活动中，她也积极参与党员的组织捐助活动。在每年的中招咨询会上她都满怀激情宣传学校。2005年9月，由于学校工作需要，高老师在担任班主任的情况下又兼任了化学教研组组长的工作。面对教育和教学、班主任和教研组、学生竞赛和北京市的科研课题等繁重的任务，她牺牲了休息时间，倾其所能，圆满地完成了学校交给的工作。

二、以身作则，淡泊名利

9年前，高老师作为首师大附中引进的特级教师，从石家庄来到北京。石家庄市作出突出贡献的先进个人、专业技术拔尖人才、全国优秀教师，这些桂冠和荣誉没有成为她继续前进的包袱，而成为她在新学校工作的基准。她把自己当做一名普通的教师，一名新兵，没有张扬和夸耀，看不到失落和埋怨，脚踏实地、满腔热情地投入工作，很快就适应了学生，适应了新的工作环境，适应了北京的教育发展，不仅得到了同行们的认可，也得到附中老师们的尊敬。

9 年多来，她深受每届学生的尊敬和爱戴，在学生每年的评教中，高老师都名列前茅；在班主任考核中连续优秀，她指导的学生竞赛在 2005 年获北京市一等奖 6 人，二等奖 3 人，三等奖 3 人。在 2006 年获全国联赛一等奖 1 人，二等奖 3 人，三等奖 2 人。2009 年获北京市一等奖 1 人，二等奖 9 人，三等奖 10 人。但是几年来她个人却没有获得先进的表彰，因为每当评选时，她都毫不犹豫地说："让给年轻人，多给年轻人些机会吧。"

三、无私奉献，善于走入学生的心中

附中第一届创新教育实验班的高中三年是高老师带出来的，实验方案中的目标、要求对学生心理压力很大，家长对学校和学生的期望值很高。有的同学因为成绩与自己的期望值相差较大而焦虑和沮丧，有的对某个学科不感兴趣而要放弃，甚至有的由于心理问题而厌食，有的学生意志品质不强，稍有不如意，情绪便会一落千丈。有的学生出现情感上的问题等，高老师经常察言观色，及时发现每个同学的心理变化迹象，深入学生中做细致入微的工作，排解他们心中的烦恼和郁闷，走进他们心中做心理辅导工作。那三年她几乎每天在校工作 12 小时，尤其是高三时班里有半数学生在校上晚自习，高老师每天晚上利用这段时间在教室或办公室给学生答疑、做思想工作，晚 10 点学生离校后才回家，高老师的奉献精神也使学生家长十分感动。三年的努力使高老师与学生建立了融洽的师生关系，同学们说她"生活中像妈妈，学习中像老师，情感上像朋友"。

高老师近三年同时担任创新班、实验班、普通班三个不同层次班级的化学课，不但在化学教学中以自然科学知识教育学生，还经常根据不同学生遇到的问题做心理辅导工作，虽然高老师年龄大，但很多学生愿意和她谈心交流，有烦恼愿意找她倾诉，高老师是学生倾诉的耐心倾听者，在与学生的交往中帮助学生形成健全的人格、阳光的心态。在师生相互交流中，她教学生学做人、学做事，她所带的班级学生普遍有礼貌、有爱心、有较好的习惯。

四、培养优秀生，成绩显著

高老师充分利用本班的教育资源，利用优秀学生创造班级良好的人文氛围和学习氛围，为发挥优秀学生的榜样作用，选拔了各科优秀学生作为学科代表，学科代表的作用在班里起着班级小先生的作用，负责给同学们答疑解惑，在学习上为同学们树立了榜样，营造了你追我赶的积极向上的学习氛围，使他们树立不怕别人超越自己的意识，认识到班级资源共享，水涨船高自己才是受益者。例如，英语课代表王肇宁不仅自己的英语出类拔萃，而且十分热衷于帮助全班同学共同进步。由她组织的英语早读内容丰富多彩，同学们每每被她自如连贯的讲解所折服，大家的英语水平也在一点一滴的积累中有所提高，也营造了积极的英语学习氛围。该生2007年4月被美国著名的Williams College(威廉姆斯大学)录取并获得全额奖学金，同时还被美国著名的常春藤学院之一的Cornell University(康奈尔大学)录取。其实不仅是英语课代表，其他各科课代表都像王肇宁一样在尽心尽力地为大家工作，强烈的责任感促使他们要像旗帜一样走在最前面，带领全班共同生活在一种积极向上、发奋学习的氛围中。

对于优秀生的教育管理，高老师不仅教他们如何走路，更重要的是教他们应该往哪里走。一个人发展到一定高度后，制约继续发展的就是如何做人，这也是一个瓶颈。所以培养优秀生不仅以其学习成绩为标志，优良的心智，健全的人格，坚强的毅力，宽阔的胸怀，博大的爱心等都制约着一个人的成长与发展。高老师对他们大到进行人生观教育、人格教育，小到具体的各种行为规范要求等教育活动。从一点一滴做起，把工作做细且狠抓落实。在课堂上以学科知识为载体开发其智力，在学校年级组织的各种活动中，以生成的教育资源为载体完善其人格。如在“振兴杯”篮球比赛的循环赛中输球后，全班同学哭了，她及时利用这一教育资源组织了班会，让大家分析“输赢”的因素，使学生们认识到了自信心和坚强的毅力及拼搏精神是成功的重要条件。这个过程中每个学生受到了教育和启发。在学校一年一度的“红五月”歌咏比赛活动中，注重发挥本班学生人才济济的优势，让同学们充分展示他们的才华，同学们有的作曲，有的填歌词，有的伴舞，使大家感到指挥、伴奏、朗诵、领唱、合唱、分步合唱等全面默契配合才会演唱出优美的旋律，同学们的集体主义观念和合作意识在这种活动中体现得十分完美，她带的班每年在歌咏比赛中都荣获一等奖。在研究性学习答辩过程中抓住学生暴露出的自以为是的情绪，进行严谨求学、谦逊为人的教育，教他们做人要大气；在元旦的联欢活动中启发学生以小组为单位进行合作型集体节目，培养他们与人沟通、合作精神；在学习活动中，利用上晚自习的机会，逐渐培养他们自觉管理自己的能力，当他们在学习中遇到挫折时鼓励他们自查、自省。她善于发现学生中出现的活生生的教育资源。人生中充满了数不清的随意性，为引导学生面对各种诱惑，组织了《管理好自己的人生》的班会，抵制没有纪律的生活，教育学生不要随意放纵自己，不要轻易向各种诱惑低头，坚持自己的方向与计划，管理好自己的人生。又如《投入99.9%的后果》的班会，千分之一的误差会造成什么后果，教育学生成功与失败有时就差一点点，细节定输赢的道理。在各种活动中充分利用现实生成的教育资源，及时发现问题有针对性地进行教育活动，不断完善学生的人格。

辛勤的劳动也结出了丰硕的果实：她所带班级中除高老师自己所教化学成绩名列年级第一外，全班高中三年在海淀区和北京市组织的语文、英语、数学、物理、化学、生物、天文比赛中，有 37 人获 119 个奖项，其中杨铁同学获得国际天文奥林匹克金牌。在 2007 年的高考中，岳元熙取得 706＋10 分的好成绩，位列北京市理科第二名；曹坤钰取得 692＋10 分，朱昀取得 698 分，王若英取得 696 分，周愈之取得 697 分。全班平均分高达 632 分。

科学的理念、无私的奉献、真心的投入、严爱结合的管理，是高老师爱岗敬业、教书育人、为人师表的具体诠释，为我们教育工作者树立了榜样。

（首都师范大学附属中学）

传道乐道　且行且思

——记章红老师

章红简介

章红，女，1973 年出生，毕业于首都师范大学数学教育专业，现为首都师范大学附属中学一级教师。 2004 年获得海淀区教学比赛一等奖第一名，2008 年获得海淀区教学设计一等奖，海淀区中学教师教学基本功比赛教学语言奖、课件使用奖、综合奖均获一等奖，2005 获得“海淀区教学创新奖”； 2006－2008、2009－2011 年度被评为“海淀区数学学科带头人”、“骨干教师”；2004 年被评为“海淀区优秀班主任”、2007 年被评为“首都师范大学师德先进个人”。

章红老师是首都师范大学附属中学的一名数学教师，连续担任班主任工作11年。由于她教学上肯钻研，班主任工作上动脑筋，肯付出，肯投入，所以深受学生欢迎。

在政治思想方面，章红老师有高度的事业心、责任心、爱岗敬业、乐于奉献，时时刻刻以学校的工作为重，多次在学校困难时勇挑重担。2007届6班学生是在高二时新组建的班集体，她中途接班，作为班主任工作难度很大。为了这个班的成长，她投入了极大的工作热情和精力，每天从早上六点多工作到晚上七八点，在师生共同努力下，同学们很快融入这个新班级，贡献自己的力量。使全班53(生)+1(师)形成合力，冲在年级的最前面，永争第一！后来，通过很多学校和班级活动不断地丰富和充实6班自己的经历，她和学生一起成长，她告诉学生："无论欢笑还是泪水，我们始终在一起。"对待学生，她始终坚信："微笑面对孩子，真诚面对事业"，用微笑给孩子带来的永远是一分美丽的阳光，一分关爱的感受。爱学生不仅要爱在心里，更要使学生感受到你的爱。她的学生在毕业之际颁发给她一张写着《微笑使者》的奖状，他们说："这两年您带给我们很多，觉得您是所有老师里面最可爱的一个，总是露出特别灿烂的微笑，让人心里暖暖的。"

2007—2008学年，章红老师又因教育教学成绩优异再次留任高三工作，为此她又一次推迟了自己要孩子的计划。由于是高三刚接下的新班，所以最首要的任务是认识、了解学生的数学学习情况，所以在暑假期间，她经常通过电话和班里数学基础比较薄弱的同学沟通，既能让他们开始接受她的说话风格，对数学学习的要求，更能使她尽快了解学生的数学学习情况，对老师的要求。尽早沟通，消除陌生感，通过磨合，帮助学生尽快渡过适应期，更好地投入到高三的复习工作中。就在她全力以赴投入到教学工作中的时候，2007年12月，她年近八旬的父母同时病重，一边是她深爱的父母，一边是处于关键期的学生，她克服难以想象的困难，天天奔波于学校和医院之间，她每天都在下课后拿着学生的作业去医院，一边照顾父母，一边批作业，中午和晚上放学后要赶回学校为学生辅导、答疑，晚上八点多钟再赶回医院陪病床，直到3月份父母出院！对父母、对学生的爱，支持她这样坚持了4个月，忠孝两全，她为年级高考数学成绩取得海淀区第二名的成绩尽了自己的全力，而她的付出也赢得了学生的支持和尊重，一位学生这样说："看到你那样憔悴、疲惫地为我们上课、答疑，我懂得了什么是感动，我觉得你是一个不一样的老师，一个值得我尊重，同时也让我想支持你，为你做些什么的老师。"

章红老师工作耐心细致，极富亲和力，深受学生的喜爱，她把以社会责任为己任、无私奉献、以身作则、为人师表渗透到自己平时的工作中，从自身做起，为学生树立一个模范的榜样，她所带的2005届5班就是一个团结、乐观、积极向上的集体，同学们热心、热情、乐观、豁达，懂得欣赏别人的优点，包容、接纳别人，懂得珍惜，能够设身处地地为别人着想，他们的心灵充满阳光，感染、照亮着周围每一个人。她班里的学生是这样评价她的："章老师不仅是一位好老师，更是一位好朋友，她了解每一位同学就像了解自己的亲人一样，我们的班集体就像一个大家庭，充满了友爱。"在教学方面，她一贯坚持虚心向有经验的老师求教，通过学习，不断努力提高自己的业务素质，兢兢业业，脚踏实地，利用学科特点激发他们的学习积极性，努力提高教育教学质量。正如学生所说："您用一种易懂的方式将知识传授给我们，也在微笑中教会我们许多道理，难忘在考试前您给我的那个拥抱，让我瞬间安下心来，感谢您对我的帮助。"

章红老师坚持"一切为了学生，为了学生的一切"，树立正确的人才观，重视对每个学生的全面素质和良好个性的培养，不把学习成绩作为唯一标准来衡量学生。她时时告诉自己，每一个家庭只有一个孩子，不同的孩子可能在不同的方面获得成功，孩子调皮、犯错误是正常的，为了学生的成长，在严格要求的同时更要用宽容的心态去理解他们，帮助他们。与每一个学生建立平等、和谐、融洽、相互尊重的关系。她关心每一个学生，尊重每一个学生的人格，赢得了广大学生和家长的普遍赞许。尤其在高三的工作中，当学生成绩有所波动时，她能根据学生的具体情况和性格特点适时适度地给予学生鼓励和帮助，比如对自信心不足的学生会随时肯定他的进步，帮他及时克服学习中的不足；对自尊心很强的学生会尽量减少成绩对他的刺激，并激发他的上进心；对盲目自信的学生会给他的学习适度设置一点点阻碍，及时提醒他。高考后，很多学生说："谢谢您一直鼓励我，我才取得这样好的成绩。""谢谢您一直没有放弃我。""谢谢您一直提醒我。"

章红老师润物无声，沁透心底的教育方法，使教育教学工作取得了突出的成绩。她所带的班在高考中成绩优异，特别是2007届6班有30名学生的成绩在600分以上，其中叶雨然同学取得了700分的骄人成绩。她也多次获得首师大附中"优秀班主任"、"师德标兵"和"魅力女教师"称号，并被海淀区评为"五四青年先进工作者"，2007年被评为"首师大师德先进个人"。

在教学、教科研方面，她积极要求进步，在教学方面，通过对新课标、新教学理念的学习，她认识到，教师要实现在教学中的角色转变，教学过程中师生应该具有的平等地位，教师与学生在课堂中交往互动中应该具有的平等对话交流，以及学生在此过程中对知识的反思、建构和积极主动学习的体验；教学设计应该密切联系学生生活经验，激发和保持学生的学习兴趣，从而使知识容易被激活和迁移，帮助学生认识真实的世界，从而实现在课堂教学中培养学生综合运用知识和解决实际问题的能力。由于有了正确的教学理念，加之组内其他党员老师的真诚帮助，章红于2003－2004年获得海淀区青年教师风采大赛高中组一等奖第一名的好成绩。她的参赛课题是《抛物线及其标准方程》，考虑到学生头脑中对抛物线的认知水平，从折纸活动切入，让学生先动手，体验过程，观察现象，再将其抽象为数学问题，用数学方法揭露其本质，当学生从折纸的几何性质推导出曲线方程就是初中熟悉的二次函数时，才恍然大悟为什么二次函数的图象叫做抛物线。这时再追问抛物线的方程是否都是二次函数，引导学生找出新旧概念之间的联系与区别，使整个过程一波三折，悬念不断，既有利于激发学生探究问题的兴趣，又显得清晰流畅，使学生对概念的认识由浅入深，不断完善。这节课容量很大，但巧妙的设计使学生紧紧围绕老师的问题序列兴致勃勃地动手动脑，课堂气氛轻松活泼，课下仍觉意犹未尽。章红老师生动幽默的语言也使学生倍感亲切，融洽的师生关系也为课堂增色不少。评委一致认为她的课堂设计充分体现了新课标的指导思想，立意高，师生互动，气氛融洽，对教材深入钻研而又不拘泥于教材，坚持以学生发展为本，注重体现素质教育课堂教学的特征，高效率地完成了教学任务。

在教科研方面，她参加市级课题《TI图形计算器与数学教学整合》，区级课题《信息技术与数学教学的整合》，2008年又加入国家级课题子课题《数学学科的初高中过渡》中，这些都促进了她在教学方面的进一步成长，2006年市级公开课《几何概型》和2008年区级公开课《两角和与差的余弦》，受到章建跃等专家的肯定，她的教育教学论文多次在校、区级的教学、论文评比中获奖。2004年获得海淀区教学比赛一等奖第一名；2008年获得海淀区教学设计一等奖，海淀区中学教师教学基本功比赛教学语言奖、课件使用奖、综合奖均获一等奖；《感受数学文化背景，培养生活创新能力的教学实践》获得2005年海淀区教学创新奖；《在新课程里学生学习方式和教师教学方式的转变的体会》在北京市教育学会2005年论文评比二等奖；论文《浅谈数学教学中问题情景的创设》获2009年全国论文一等奖；2009年获附中教科研特等奖；2006—2008年度和2009—2011年度被评为海淀区数学学科带头人、骨干教师，等等，不仅为学校赢得了荣誉，自己也逐步在教学中成长为一名优秀的教师。

在做好本职工作的同时，章红也非常关心数学组的建设，关心身边的每一个人。她自 1999 年担任数学组工会小组长以来，努力工作，为工会工作尽自己一分力量，由于她的热心和出色的组织才能，在她的精心组织和安排下，组里成功举办了许多活动，章红对组里的每个同事都十分关心，大家有什么事都愿意和她聊聊。老师喜得贵子，她组织大家去慰问道喜，老师光荣退休，她和同事们张罗了一个向周老师祝贺生日的活动，使组里更加团结，更加温馨，使每个成员都能得到关心和祝福。

（首都师范大学附属中学）

创新实践　无私奉献
——记郝玉伟老师

郝玉伟简介

郝玉伟，男，首都师范大学附属中学（西校区）党支部书记。几年来，他不断创新管理实践，建立了党员学习制度和行政学习制度，加强了党员、干部和后备力量的培养；针对校情和学情，提出并实施了“向上延伸和向下拓展”、“不给别人添麻烦教育”、“自力、自立、自励”的“三自”教育理念，提倡管理育人、文化育人、创设活动育人，倡导全员育人、实施全员教育。

郝玉伟老师，1991年毕业于陕西师范大学。参加工作后，他由一线教师逐步成长为一名优秀管理者。2008年初，海淀区教委任命他为北京市育强中学校长、书记。北京市育强中学是海淀区一所普通初中学校，面临不能从根本上改变师资、生源严重萎缩等困境，郝玉伟老师带领校领导集体勇敢挑战困难，积极转变教育观念，树立科学办学思想，在“内强素质，外树形象”发展的道路上，充分调动人的积极性，实实在在地关注人的潜能发挥，学校呈现出欣欣向荣、蓬勃发展的良好态势。为促进区域教育的发展，发挥优质教育资源的辐射作用，北京市育强中学于2010年成为首都师范大学附属中学(西校区)，郝玉伟老师被任命为首都师范大学附属中学西校区党支部书记。

一、创新管理实践，建构和谐氛围

思想是一切行为的先导。没有统一的思想教育工作，就没有学校的稳步发展。郝玉伟老师坚持学校的发展首先在于思想的统一，只有统一“三观”，特别是价值观，才能具有正确的价值判断。他带领学校着眼于思想教育的引领与熏陶，以人为本，不断加强党支部建设、干部队伍建设和党员队伍建设。

郝玉伟老师针对学校领导干部年龄轻、经验缺乏的现状，积极开展干部培训，创新干部培训模式和内容，形成每周行政学习例会。例会包括工作回顾和反思、读书分享、真实案例分析、工作研究。通过这样的学习与研究，干部理论水平和实践能力都得到了较大的提高。

他还非常重视教师精、气、神的打造。对于原育强中学而言，办学艰难是客观现实。但如何面对上级的信任和嘱托，如何满足田村地区居民强烈的高质量教育教学的需求，学校向全体老师提出弘扬“最后一课”精神，要求教师精心上好每一节课。除此，对全体教师还提出了要有“沙棘精神”。沙棘是沙漠中一种植物，它露在地面的植被高30厘米，但扎在地下的根深达12米。在那种环境下，如果要取得“30厘米”的成绩，就必须付出“12米”的努力。全体教师在“两种精神”的激励下，工作热情高涨起来。

郝玉伟老师高度重视党员队伍建设，充分发挥党支部的战斗堡垒作用，为提升办学水平提供了坚实的组织和思想保证。从组织机构上，在党支部领导下，每个年级设立了党小组长，协助年级组长加强队伍的思想建设，并在时间上坚持隔周一次召开全体党员会和党小组会。在学习中，学校坚持用正确的思想凝聚人、鼓舞人，要求全体党员一起重温入党誓词，明确育强中学干部“十不十要”，解读育强中学教师“八荣八耻”，树立育强中学“三面旗帜”，号召进行批评与自我批评教育。对于新任干部，经过严密的组织程序进行考察，从而确保了学校决策的民主化、管理的科学化和规范化。郝玉伟老师时刻关心全体教师的身心和生活，慰问生病教师并在工作上给予适当的照顾；对思想上有情绪的教工进行谈心和正确的引导；对工作中成绩优异的教职工给予肯定与奖励。在管理上，坚持政务公开，推进学校民主管理、和谐管理、人文管理。他将"容人之短，用人之长"作为座右铭，与全体师生一道，励精图治地推动学校的发展。在他的带领下，学校的管理稳步上台阶，初步形成了"人文、人本、人和"的管理氛围，为学校的稳定发展奠定了良好的基础。

二、创新教育教学实践，提升办学质量

教育教学质量是立校之本，是学校的生命线，是办好让人民满意教育的根本所在。郝玉伟老师主动进入课堂听课，在和老师们研究教育教学中增加了彼此的了解和信任。作为管理者的他善于挖掘老师的潜力，给老师空间和展示的舞台。他也乐于与教师进行沟通和交流，有什么想法或感受，写成文字后随时通过校园网平台与全体教师分享。

在教育教学实践上，郝玉伟老师带领团队依据学校发展新要求，结合校情、教情、学情，考虑到教师专业化发展与学生健康成长，通过学校教学评价机制和制度建设等相关基础性制度的建立，做到调动积极性、确保参与性、增强实效性、鼓励创造性，通过校本培训，注重对教学、教科研方向的科学引领，打造优良团队，提高学校教学管理质量。

科学评价是教育教学质量的保障，郝玉伟老师不断创新教学管理实践。学校聚焦课堂教学，他亲自领导教学评价小组，采用教研组长发言、其他成员积极参与讨论补充、领导总结、形成统一意见、责成专人负责反馈，对教学目标、学习条件、学习指导与教学监控、学生活动、课堂气氛、教学效果、学科特色以及其他等方面的要点进行量化评价。

郝玉伟老师一向致力于为教师的成功搭建平台，提供学习的机会，帮助教师提升职业的幸福感。学校利用各种渠道，先后派出 30 余人次参加各类骨干教师学习班。坚持请进来、走出去的方式开展教学研究，组织了西部省份进行教学研究交流，邀请了多位专家来校指导工作，提升了老师的教学自信心，拓展了老师的视野。加强校本培训力度，以开展"迎奥运、讲文明、树新风"系列师生活动为载体，深入开展赏识教育、激发学生学习兴趣，把教职工的思想进一步统一到学校的核心价值观上来。"内强素质，外树形象，依法治教，规范

管理”强调全员主体参与、重视教师互动合作，关注学生个体差异，引领学生健康成长，推进学校工作健康、有序发展。以抓学习、转观念为重点，扎实、有效地开展青年教师培训；加大力度抓好骨干教师培训；加强新课程培训；实行“六个一”的新课程教学管理，搭建四个平台（即每个教研组至少有一位教师代表教研组参加每周一课展示；教师每周至少听一堂展示课；对这堂课进行一次点评；每月撰写一篇教学反思；每学期上交一篇精品课教案，每学期上交一篇高质量的论文；为教师创造外出培训、学习和研讨等“学习平台”，提供展示课、研讨会、校内外交流互动等“展示平台”，推出优秀反思案例推介等“推介平台”，坚持开展说课、评课等教学基本功训练、教学设计大赛、优秀课评比，搭建各种“竞赛平台”。

针对学生的特点，郝玉伟老师带领团队逐步探索出颇具本校特色的德育理念和实践，开展“不添麻烦教育”，实施“自力、自立、自励”的三自教育。为了培养学生的自信心，还专门邀请了中央电视台少儿频道来校选拔主持人；组织学生到社区参与社区活动，让学生看到自己的优势。把握好教育契机，精心设计每次活动，让师生在体验中成长，在感动中进步。如在初一新生社会实践活动时，师生同吃同住同训练。郝玉伟老师与其他干部在慰问的当晚，把老师替换出学生宿舍，干部住进去，体会老师的辛苦，极大地融洽了干群关系。实践活动基地领导说：“接待了这么多学校的实践活动，没有看到老师和学生同住一个宿舍的，但是育强中学的老师做到了。”

三、身先士卒，无私奉献

郝玉伟老师为教育事业呕心沥血、抛小家顾大家。每日天未亮，他已伏案工作，太阳落山，仍能看到他与干部、老师商量学校发展大事。有时，他突然有灵感，即使是深夜，也会马上来到办公室开始工作。他忘我工作的精神感染着每位师生，我们能看到放学后辅导学生的教师辛勤备课的身影。他的女儿年纪尚小，一次家中电话告知他女儿高烧不退，需要立即送医院。他将女儿拜托给亲戚照顾，自己仍然坚持不离开工作岗位。他的精神激励着每位教师和学生。

郝玉伟老师勤于笔耕，且行且思，不断反思学校工作，多篇论文已发表，办校理念和经验在《现代教育报》等媒体上刊登。他不断学习，与时俱进，参加区乃至全国的校长高级研修班，在学习中不断创新实践。他热爱读书，无论有多么忙，他每天都要抽出时间来读书，还不时与老师分享，向老师推荐。博观而约取，厚积而薄发，于是，时事新闻，大家爱听他讲；奇闻趣事，大家爱听他说；教育教学的理念，他总是能走在时代的前列。他以先进的教育教学理念影响着每一位教师，也以幽默睿智感染着每一位教师，以探究精神感染着每一位教师。

对郝玉伟老师来说，每一年，每一月，都在追求新的目标，攀越新的高点，树立面对挑战的勇气和信念。他锐意创新、无私奉献的形象，为教育者树立了榜样。

（首都师范大学附属中学）

校友风采录

XIAOYOUFENGCAILU

一生淡泊名利　一心教书育人
——记王万仁老师

王万仁简介

王万仁，男，1939年出生，1965年毕业于原北京师范学院（今首都师范大学）。大学毕业后主动要求到偏远的山区任教，1986年被评为北京市普教系统先进工作者，从1977年到1993年先后七次被评为怀柔县级先进工作者，现为怀柔区红螺寺中学退休教师。从教40多年来，王老师将其一辈子积攒下来的41万元捐献给了他热爱的山区教育，设立了“红螺学子”和“红螺园丁”奖励基金，2008年，王万仁老师被评为怀柔区“十大道德模范人物”，北京市“扶贫济困春风行动使者”，2009年获得“首都师范大学年度教育新闻人物特别荣誉奖”、北京市“十大道德模范人物”。王老师一生未婚，孑然一身，他将毕生精力和一腔热情全部奉献给了山区教育事业。

一生淡泊名利　一心教书育人
——记王万仁老师

在北京市怀柔区有这样一位老人，他与雷锋是同一年出生，在他的书桌上始终放着一本包着书皮、纸张暗黄、1963年版的《雷锋日记》。这本书已陪伴这位老人47年了，几乎每篇日记都有阅读记号或批注，为防止过多翻阅磨损图书，每页书的边缘都被细心地贴上了一层透明胶带，足见主人对这本书的重视及钟爱程度。而他一生的事迹，就是为这本书做的最完美、最贴切的注解，他就是怀柔区红螺寺中学退休教师王万仁老师。

一、"身为教师，爱和责任是必尽的天职"

王万仁老师是个地道的北京人，他在1967年从原北京师范学院(今首都师范大学)毕业以后，主动要求来到了偏远的怀柔山区黄花城中学任教。一个青春洋溢、满腔热情的城市大学生来到山区任教，却没有丝毫的优越感、轻浮与傲气。他扎根山区任教，一干就是四十多年。他说有一个坚定的信念始终支撑着他，就是"让山村孩子和城镇的孩子一样受到良好的教育"。为了实现这个朴实无华的信念，他将自己的整个青春与满腔热情都献给了这里的教育事业。

王万仁老师将每一个学生都当做自己的孩子看待，在生活中无微不至地关心学生。冬天，他清晨5点就起床到教室去生好炉火，用温暖迎接学生；夏日，他会提前到教室开窗通风，把清凉带给学生。此外，王老师还时常家访，有时候下午放学他就随学生一起回家，深入地了解学生家里的经济情况，熟悉学生成长的家庭环境，交流教育学生的成功经验，甚至还会不时地和学生一起上山打柴，下地锄草，帮学生分担家务劳动，还不时帮学生家长喂猪烧炕。他说山区孩子读书不容易，就节省口粮送给乡亲。甚至为了节省开支，他有时候放假回家步行，一走就是七八十里，把省下来的钱接济贫困学生，受他帮助的学生难计其数。

正是由于王老师的努力，辍学的孩子复学了，落后的学生上进了，优秀的学生更加努力了。学生家长感激他，他却觉得这都是自家的事，没有必要客气，天长日久，黄花城的老百姓都把王老师当做亲人对待。王万仁老师用高尚的师德行动感染、教育着他的学生，并始终坚持德育为先，以身作则，率先垂范，把正确的人生观教育，优良品质教育，勤奋进取教育，服务人民教育，不忘感恩教育，贯穿在日常教育和学习生活之中。

1978年王老师调入怀柔师范学校(红螺寺中学前身)，他深感自己肩负的责任更重了，所以对自己的要求也更严格了，在教育学生的同时也不忘自身的学习，不断完善自己，提高自己的理论水平与教学水平。王老师治学严谨，既和蔼又严肃，教学风格沉稳而又不失活泼。他认为作为一名师范生，承载着将来教书育人的重任，所以不但要具有坚实的文化基础，更重要的是要有良好的师德师风，一直以来，王万仁老师教育学生总是以德育为根本，以身作则，培养学生的优良学风和做人品德，得到了学生们深切的爱戴。

王万仁老师把他的一生都奉献给了教育事业，1999 年退休后，依然为教育事业奉献力量，发挥余热。2004 年，红螺寺中学发展扩建，增设了国际部，学校开始有了外国留学生。王老师充分发挥了他语文教学经验丰富的优势，义务承担起了辅导法、美、德、泰、韩等国 16 名留学生的重任。他亲自编写教材教他们古诗、寓言和歌曲。在辅导时，给予他们家人般的呵护和温暖，让这些异国学生感受到了中国人民的友好与热情。法国留学生娥娃到红螺寺中学学习时，上课就像听天书一样难以理解。王老师了解到娥娃的情况后，便主动利用课余时间教娥娃中文，一字一句地教会了娥娃 15 首古诗，30 多篇中国寓言和传统故事，这对一个没有一点语言基础的法国留学生来讲是多么的不易，她所取得的每一分成绩中都凝结着王老师的心血。王万仁老师在辅导娥娃期间，娥娃不习惯中午排队买饭，王老师就会提前准备好“三菜一汤”，让她吃好，有更好的精力学习。娥娃中午回不去家，王老师就让娥娃在自己宿舍午睡，自己到传达室看报纸，并负责准时叫醒她，从不误课。娥娃在中国的 10 个月中，感受到了家一般的温暖，汉语成绩优异。王老师的教学生涯可谓是“有教无类”的典范，对学生的关爱不分地区，不分贫富，不分国家，不分肤色，甚至跨越了国界，跨越了大洋……

二、“多一点奉献，少一点索取”

王万仁老师是个普普通通的中学教师，每月靠单位发的微薄的薪水过生活，并且他始终坚持着一个原则，就是不能收学生一分一毫的补课费。然而，就是这样一位平凡的老人，竟会拥有自己设立的奖学金，有一份属于他的“希望工程”。早在 1982 年，每月收入只有七八十元的王老师就把自己节省下来的一百多元钱捐给县教育局作为教育基金；1986 年他又将市教育局奖励给他“先进教育工作者”的 200 元奖金捐给了县儿童福利基金会；之后数年中，王老师又多次捐款，不计其数；1999 年怀柔师范 50 周年庆时，王老师捐助了奖学基金 10 万元，2003 年又捐了 20 万，2004 年教师节之际，王万仁老师又捐款 10 万元，建立了“红螺园丁奖”，用做红螺寺中学青年教师的培养基金。2007 年 4 月，王万仁老师又将辅导留学生的讲课费 10740 元捐给了“红螺学子奖励基金”。2008年，汶川大地震时他捐资2000元，2009年7月1日，为庆祝新中国成立60周年和红螺寺中学建校60周年，他又捐资10万元。2010年玉树地震他又捐款1000元。王老师一直以来都把单位发给他的工资，看做是党和人民对他的关怀。而他把这些钱用到学校师生身上，认为是他应尽的义务。这一笔又一笔的捐款凝聚着王老师的滴滴汗水，这一次又一次的付出浸透着王老师对教育事业的款款深情。

时至今日，王万仁老师已经彻底退出了课堂，但他还在为学生默默忙碌着，他协助学校为法国、韩国、美国、德国、泰国的留学生当汉语导师，学校要给他酬金，可是他却说：“我完全是尽义务。要给的话就放进奖励基金里吧！”当主任把10000多元辅导费给他时，他却又立即转手交给了主任，将其归进了奖学基金中。王老师曾说：“是国家培养教育我成为一名教师。教师不仅仅是一个职业，更是一种事业，教师的事业是需要奉献的。现在我一个人生活很简单，我的钱是属于集体的，不纯属于我个人，应让余下的钱为教育事业发挥更大的作用。”他这样做一方面是鼓励学生刻苦学习，另一方面还可以感召更多的人关心教育。正是在这种崇高思想与目标的指导下，对教育的无私奉献便成了他工作、生活的主旋律。

几十万元不是一个小数目，那是他用一生心血和劳动换来的全部。而正是这样一个将毕生积蓄都捐献给教育事业的老人，在生活上却是清贫节俭的。几十年来，王万仁老师没有买过一件新衣服，衣服破了自己缝补，一件深蓝色的中山装已被洗成了灰白色；一辆自行车伴随了他三十年却依然如新，这是因为他舍不得骑，常常以步代路的缘故。多少年来他每月的生活费水平都控制在很低的标准下，他看到山区人民供孩子读书不容易，就节衣缩食，省下口粮送给乡亲，就是在现在的物价条件下，他每月的伙食费依然控制在200元以下，吃饭很少买小炒，认为大锅菜也不错，甚至经常买一个菜分成两顿吃，有时为了省下几个钱，他就用剩菜冲汤就着米饭和馒头充饥。毕业生、家长请他吃饭，他从来没有接受过，他说：“花那么多钱吃饭，不如多帮助几个孩子上学。”有人不解地问：“王老师您真的不觉得苦吗？”王老师说：“我成长在毛泽东时代，从小受到雷锋精神的影响，工作上要向高标准看齐，生活上要向低标准看齐，多年来，我不曾忘记，并严格要求自己！”王老师真诚的话语展示着他质朴的人格魅力，而这么多年，王老师也一直用他的实际行动来实践着自己的诺言。

几十年来，王老师一直先人后己，乐于奉献，将雷锋精神贯彻了终生。一位学生考上了九河渡高中，因路途远，家务又多，面临辍学，他就给这个学生送去了一辆自行车。一个学生患中耳炎，冬天怕冷，王老师就买了顶棉帽送给他。一个学生母亲体弱多病，失去劳动能力，需要调理、治疗，王老师又慷慨相助。在教育岗位工作的几十年中，王老师几乎没有请过病假、事假。唯一的一次便是他那次大病住院的时候。那次他突然头晕发作，不祥的预感，令他不安，但他却依然坚持走上讲台，多亏领导及时将他送进中医院，他却因为脑梗不得不住院治疗。短短一个月的时间里，他的言行深深触动了医院的医护人员，为了减轻护士的负担不给别人找麻烦，输液后他主动帮助拖地，打扫病房卫生，还不顾自己疼痛搀扶同室病人上厕所。更令人感动的是，他在日记中记下给患者带来不同感受的医疗和服务细节，记下药物进入人体内的种种体验。然后给院方提出更人性化的管理建议。院方也十分珍视王老师的意见，认为这可以更好地促进他们与患者的沟通，改进工作，提高医疗效果和水平。

教师是人类灵魂的工程师，是人类心灵的雕塑者，唯有爱心才能激活理智，化腐朽为神奇。王老师正是出于对教育事业无比的挚爱，才能以这样一颗万般仁爱之心书写了非凡的教育人生。虽然王老师为了教育事业一生没有成家，没有儿女，但他桃李满天下，他教过的每一个学生都是他的儿女，会回报给他对父辈的尊敬、对恩师的感激。2008 年，王万仁老师被评为怀柔区“十大道德模范人物”，北京市“扶贫济困春风行动使者”，2009 年获得“首都师范大学年度教育新闻人物特别荣誉奖”、北京市“十大道德模范人物”。

王万仁老师以一颗最真诚的师者之心一生淡泊名利，一心教书育人，奉献社会，不求回报，他以崇高的思想境界为雷锋精神作了最好的诠释，让我们触摸到了一位高尚师者闪烁着最美丽光芒的心灵！

（梁　娟）

敬业爱生　铸就忠诚
——记崔占国老师

崔占国简介

崔占国，女，1986年毕业于北京师范学院政教系，现为平谷区兼职教研员、北京市特级教师、北京市教育科学研究院基础教育研究中心兼职教研员和教育部思想政治学科人教社教材培训团成员。

从事教育教学工作24年，先后送走了14届高三毕业生。多次为政治教师做教材、教法的辅导和新课程培训，指导青年教师有多名已成为区、市级骨干教师。曾获得平谷区“三八红旗手”、“优秀党员”、“三育人标兵”、“爱国立功竞赛标兵”、“十大青年教师敬业模范”、“十大模范共产党员”等荣誉称号。2009年被评为“平谷区师德标兵”；当选为平谷区“新中国成立60年，感动平谷60人”。

我是1982年迈进首都师范大学校门的。记得刚入学不久，我们政教系的主任冯卓然老师就对我说过这样一句话："崔占国是个天生当老师的材料。"毕业前夕，冯老师还把自己编写的一本高中教学辅导书亲手送给了我。也许是当时老师一句不经意的话，也许是我身上确实具有老师所说的那种潜质，我选择做了一名老师。但是，一句话，一辈子。为了当好一名老师，我一直在努力着、在拼搏着，用自己的勤奋与智慧践行着一名普通政治教师的光荣使命，用质朴、坚韧、执著和爱铸就了一名普通政治教师对教育事业的无限忠诚。

一、热爱学生，做赏识学生的教师

我非常欣赏皮尔·卡丹创始人曾经说过的一句话："皮尔·卡丹品牌是靠一针一线缝出来的。"因此，我始终坚持：爱是教师工作的原动力，爱是师德的核心，是"师魂"。热爱学生是教师特有的一种职业情感，是良好师生关系得以存在和发展的基础，是搞好教育工作的重要因素，在一定程度上，可以说热爱学生就是热爱教育事业，好老师是爱出来的，而爱意味着责任。正如我国著名儿童心理学家林崇德教授所说的那样："疼爱自己的孩子是本能，而热爱别人的孩子是神圣!"

教师的爱是博大的，然而又是十分具体的。当学生学习目的模糊时，教师要示以明确；学生学习态度儿戏时，要给予端正；学生纪律松弛时，要给予引导；学生学习方法欠缺时，要给予帮助指点；当学生生活困难时，教师要给予资助；学生学习进步时，要给予鼓励；苦闷时要给予开导；思想有疙瘩时要帮助解开。

24年来，无论是做班主任工作，还是教学工作，乃至兼任年级副主任工作，我都有一个爱好那就是与学生们聊天。教师要学会倾听、善于与学生交流、懂得欣赏学生，这样学生就会信你的、听你的，就爱接近你。正所谓："亲其师，信其道，学其理。"在交流中，我了解了学生，也理解了学生。根据学生们的不同情况、不同需要，给予不同的帮助，施以不同的教育，使爱有格。对生活上困难的学生，我全力地给予扶助，并多次为学校各年级"爱心基金会"捐款；对学习上有困难的学生，我耐心辅导循循善诱；对兴趣广泛而学习成绩不佳的学生，我诚心肯定其优点并帮助他们实现迁移，努力促使他们一步一步提高学习成绩，找回自信。我不止一次地对学生们说："如果因为我的努力而使你的一生变得辉煌，我将感到自豪与骄傲。"

我始终用品德高尚、勤于育人的标准严格要求自己，用爱的目光欣赏着身边的每一个学生，用爱的力量去帮助每一个学生。对来自内蒙古的女孩，我像母亲对待自己的女儿那样给她无微不至的关爱，让她找到家的感觉、体验到家的温馨。对于身体有病住院医治的学生，我更是寻医问药，甚至倾囊相助。直到今天学生和家长们对我还是感激不已。学生们在给我的信中这样写道：“崔老师，我不仅跟您学到了书本上的知识，更从您身上学到了责任、自信与关爱。”“崔老师您一定要保持身体健康，这样您就可以教更长时间的书，培养更多的人才了。”

学生们对我的评价是“大方、亲切、气质高雅、内涵丰富且富于理性”。我想我正是以自己的人格魅力和理论修养赢得了学生们的喜爱、信任、尊敬和爱戴，学生们也在以我为榜样，关爱他人，奉献社会。爱不仅使爱者尊严高贵，而且使被爱者尊严高贵。爱是根本，没有爱，就没有教育。

二、勤奋钻研，做学习型教师

俗话说：要给学生一杯水，教师要有一桶水，而且是一桶活水。“问渠哪得清如许，为有源头活水来”。那么，怎样才能获得源头活水呢？第一，向老教师学习。为了教好政治课，教活政治课，我主动向老教师请教，走进老教师的课堂，认真学习他们的讲课语言、授课方法及教学思路，还把他们的教案拿来仔细研读。这无疑是我快速成长的重要阶梯。因为老教师的专业引领，会使青年人少走弯路。借助老教师的引领作用，通过传、帮、带能促进青年教师的专业发展。第二，向书本学习。书籍，是照耀教师职业生命的阳光，是滋润教师专业理想的雨露。前苏联教育家苏霍姆林斯基曾说：“要把读书当做第一精神需要，当做饥饿者的食物。要有读书的兴趣，要喜欢博览群书，要能在书本面前坐下来，深入地思考。”我国著名教育家肖川也说过“促进教师的成长，最重要的是帮助教师养成良好的阅读习惯，系统地阅读，批判性地阅读”。那么，教师都读哪些书呢？李镇西老师提出教师应该读六类书：一是对教师教书育人可以提供有益借鉴的名人传记；二是对教师具体工作有多方面启发指导作用的教育著作；三是能使自己的专业知识更新换代的最新专业书；四是现代科技书；五是有助于教师了解现代人的心理，增强自己工作针对性的当代文学书；六是可以指导学生学习、提高自身学习质量和教学效果的学习方法书。要想学生会思考，教师先必须有思想。为更新知识、开阔视野，形成自己的教学风格与特色，我自费订了几乎所有与自己教学有关的资料。如《政治课教学》《政治课教学参考》《思想政治课教学》《文科教学》《素质教育大参考》《中学生时事政治报》等，从走上工作岗位的那一天起，一直坚持到了今天。我如饥似渴地阅读学习，对好的资料、有价值的文章，及时摘抄、剪贴，并应用于教学之中，使课堂教学给学生一种全新的感觉，让课堂变得生动活泼。第三，向学生学习。孔子说“三人行，必有我师焉”，教师要蹲下身子，放下尊严，主动向学生学习。优秀学生会促使我们不断去学习新知，学习上有困难的学生会促使我们不断研究教法与学法。第四，向网络学习。遨游于网络，获取教学的有效信息和学科的前沿理论，对网络资源的再创造，已经成为教师专业化成长和发展不可或缺的重要手段和途径。

总之，多年的教学实践证明：学习学习再学习，是每一位教师取得成功的法宝。

三、探索创新，做研究型教师

注意研究学生，加强对学生学习方法的指导，充分发挥学生的主体作用，以优化学生的学习过程。关于这一点，华东师范大学教授叶澜就说过：没有学生学习的主动性，教育就可能蜕变为“驯兽式”的活动。所以，在教学中，我经常启发引导学生自己阅读教材、教学资料；放手让学生去搜集信息、整理信息；组织学生开展社会调查，进一步挖掘课程资源；组织学生开展课堂讨论，甚至辩论，有针对性地进行解题能力的指导训练等，创设了适合自己和学生的“创境设疑—自学阅读—课堂讨论—重点讲授—导向训练(反思提高)”的政治课课堂教学模式。让学生在自主学习中肯定自我、发现自我，在合作学习中审视自我、激励自我，在探究学习中创新自我、发展自我。学生在这样的一系列学习活动中，丰富了知识，提高了能力，思想政治课的实效性和教学成绩也大大提高。

一位学生在《红烛颂》里这样写道：“每次上课，每当我想回答问题时，崔老师那锐利的眼光仿佛看透了我的心思，都把我叫起来给我这个机会。这时，那碰撞的目光充满了鼓励与肯定，也许这就是心与心交织起来的沟通吧。初中时最不爱上的政治课竟成了我的最爱。”

教师要树立科研意识，坚持在教学中教研，以教研促教学，以教学推科研，坚持两条腿走路，使教研、科研和课堂教学相得益彰。我想强调的是教师应该让教育科研真正有机并有效融入教师的职业生活和学校的整体发展，成为教师个体和学校组织的自觉、自愿、自发、自强的行为。教师的科研行为是一种源于内在发展需要，建立在广泛阅读和教学反思基础上，在科学理论、理念和方法指导下，运用多种研究方式和成果表达方式以解决实践问题、凝练教育智慧、提升专业素养、享受职业生命的职业发展行为，这种行为应具有一定的理论层次、知识底蕴和研究水准。教育科研是教师成长需要的法宝，它能促使教师成为科研型、创新型和专家型教师，我们教师并不缺少科研和创新能力，缺少的是发现自己。积极参加教育科研，是教师专业化成长过程中一种明智的选择。问题即课题，教学即研究，成长即成果，教师要善于寻找教学的成功，寻找教学的遗憾。

如今已过不惑之年的我，仍然以饱满的热情战斗在教学第一线，丝毫没有放松过对自己的要求，像一名新教师那样，积极投身课改实践。我自觉以课题研究为依托，不断更新教育理念，积极改进教学行为，努力提升教育品质，用智慧启迪学生、用情感感化学生、用人格陶冶学生，努力探索新形势下学生的认知发展规律和身心成长规律。

四、树团队意识，做合作型教师

竞争基础上的合作，合作基础上的竞争，是现代社会的显著特征。一个不善于合作的教师是走不了太远的，因为这个社会是需要合作的社会。新课程教学更是迫切要求改变教师教学研究各自为战和孤立无助的状态，强调教师间有效的专业切磋与合作，共同分享经验，彼此支持，促进教师群体整体素质的提高。

作为我校政治组的科研员，我努力把政治组建设成为一支肯于吃苦、乐于钻研、勇于实践、善于合作的优秀团队，活跃在北京市政治课教学的舞台上。在人教社和市教研专家的引领下，我带领老师们积极开展校本教研活动，倡导同伴合作，努力提升教师专业化水平，取得了一个又一个可喜的成绩。我们组曾多次承担区级公开课和观摩课，均受到同行的好评，对全区的课堂教学起到了很好的示范作用。2009 年 4 月，我们政治组又推出了年轻教师贾晓波的市级新课程教学展示课，来自区、市级教研中心的领导、人教社专家、各区县的教研员及教师近 80 人参加了此次活动。这些教研活动搭建了专家与教师共同探究新课程教学的实践平台，促进了青年教师的快速成长，对进一步推进我区、甚至我市政治学科新课程的教学具有极为重要的指导意义。

（首都师范大学政法学院）

让我做叶的事业吧……
——记董晨老师

董晨简介

董晨，北京市特级教师，全国优秀教师，全国“五一”劳动奖章获得者。1985 年毕业于北京师范学院政教系，大学本科学历。原在顺义区牛栏山第一中学任教，2004 年任顺义区教育研究考试中心高中思想政治学科教研员。从教二十多年来，不断学习，坚持教书育人，自觉用良好的师德风范和良好的道德行为影响教育学生。

1981 年 9 月，我 17 岁，踏入北京师范学院政教系的大门，从此结下了与学校教育的一世情缘。记得我们是“文革”后高中应届毕业生占大多数的第一批学生，由此，校园里开始活跃着更多的还显稚嫩的身影。入学初期，印象最深的是无论走到哪里——教室、图书馆、阅览室、食堂，甚至行走的路上都会有老师询问：“你多大了?”回答了，便会迎来认识或不认识的老师友好而慈爱的目光。老师们始终关爱的目光温暖、照亮了我四年大学紧张、快乐学习与成长的光阴。

1985 年 7 月，响应高中母校的召唤，我回到了顺义牛栏山第一中学，任高中思想政治课教师。自参加工作以来，一直兢兢业业、努力钻研，克服个人的一切困难，全身心地投入到教育、教学工作中，因而教育、教学工作均得到了学生、家长、学校、社会的认可和肯定。

在政治思想方面，始终坚持四项基本原则，能够用较高的政治标准严格要求自己，并始终在教学中教育、引导学生热爱社会主义祖国、热爱中国共产党，提高自身的思想政治素养。

在教育方面，无论是做课外小组的辅导员，还是班主任工作，对学生都是爱心一片，并注意讲求科学的工作方法，在关心、了解、尊重学生的基础上，开展细致入微的思想工作，取得了较好的效果，并通过自己敬业、钻研、努力工作的人格力量去影响、引导学生。

一、初为人师，几多困惑

初为人师的一段时间，总有几分“怀才不遇”之感。在这种心理的支配下，我连对待工作的认真劲儿都没有，更谈不上搞教学研究了。在上课之前，看看书、翻翻教参，再拿同组老教师的笔记看两眼，就上课去了。时间一长，我发现一个问题，人常说，教师是太阳底下最光辉的职业，可我发现自己教过的学生见到我连个招呼都不打，连个头也不点。我有意注意了一下，看他们是否对别的教师也如此，我发现学生对教师的态度很有分寸，对有的教师很尊敬，见面就打招呼甚至鞠躬行礼；对有的教师亲如兄弟，无话不谈；对像我这样的，则跟没看见一样。这对我心理上是一个触动，我知道自己的工作没有被学生所接受和认可。

我细心观察了深受学生欢迎教师的特点，发现他们各有长处，但有几项是他们共有的，这就是敬业精神、人品高尚、教学优秀、热爱学生。

一位老的特级教师曾经说过：“总结自己走过的路程，我体会到无论做什么工作，要想做好，都要有敬业精神，要有很强的责任感，做教师尤其如此。”

对照他们的敬业精神，我觉得自己不仅愧对面前的学生，而且也背叛了一种很崇高的情感——忠诚。从此我由浮躁进入平和，认认真真钻研教学。

有人把责任感当做一种职责，即外界强加于人的某种东西，但当我们在敬业的层次上讲责任感时，它则升华为一种发自内心的、完全自愿的行为，即饱含着热爱的行为。因为只有出自爱，而不是迫于外界各种压力，在这种内动力的驱使下，你才甘愿为教育事业的发展奉献自己的青春和热情、智慧和汗水；你才会自觉地并能始终坚持不懈地去不断提高自己的学识水平；深入钻研教材教法；想方设法提高教育教学质量。伟大的科学家爱因斯坦也曾这样说过：“只有热爱才是最好的老师。”

热爱是教师的天职，从金子般的年华到日染桑榆，有许多不知疲倦的教师前辈，留下了行行奋进的足迹，我也追随着他们，踏入了不悔的行列。投入了爱的事业是辛苦的，但更是快乐的；是付出的，但更是收获的。

二、扎实实践，渐形风格

回想自己在教学一线20年的时间里，貌似一个简单的备课、上课、考试、阅卷的循环过程，但其实，也是自己在教学实践中，不断反思、重新学习、深入实践、自我提升的过程。一节节研究课、公开课、评优课、优质课记录着我不断提升的轨迹。

这其间，我接受过来自各方面的听课，同组教师的、同一学校不同学科的、北京市其他学校的、其他省市的……参加过不同层次的课堂教学评比，北京市的实录课、“三北”地区的录像课、全国的现场课……均获得一等奖，并得到听课老师的一致好评，也逐渐形成了自己的教学风格。

在课堂教学的改革中，探讨更适应学生发展规律的教育和教学方法。教育和教学方法能够贴近实际，贴近生活，贴近未成年人。长期的教学实践中，尊重学生、关爱每一位学生，建立了良好、平等的师生关系。总结出了以理论联系实际为主线，激发学生兴趣点、触动学生存在问题的焦点、提升教育情感点的“三点一线”教学法，形成了自己的教学风格，提高了思想政治课教学的实效性，受到了学生的喜爱，得到社会的肯定，为学生的成长发挥了良好的引导、教育作用。

每一堂课的后面都有同组教师智慧的集合，有我导师的关键点拨和貌似无情的弱点剥离，有我学生的共同努力，当然更有我自己迷惑、清晰、打磨、纠结、蝉蜕、自我否定与肯定的痛苦、复杂的心理历程，但当风雨过后，月明风清的时候，那种完全来自内心的收获的喜悦、那种亲自见证学生成长的幸福，无与伦比。

三、教研科研，专业拓展

苏霍姆林斯基说得好："如果你想让教师的劳动能够给教师带来一些乐趣，那你就应当引导每一位教师走上从事研究的这条幸福的道路上来。"我在坚持做好教育、教学工作的同时，也通过论文撰写、课题研究、教材编写等活动提升自己的教科研水平。

在教科研方面，积极承担、参与教科研课题的工作，参与和主持市、区级课题。其中《多媒体技术与高中思想政治课教学的研究》获得区级成果一等奖，并有多篇论文在专业杂志上发表。

在教材建设方面，参与了教育部新课程改革中《高中思想政治课程标准》的研制工作；教育部委托人民教育出版社出版的全国《政治生活》必修模块教材的编写，《政治生活》教参的副主编和作者；《国家与国际组织》教参的编写；《政治生活》学生用书的主编和作者；北京市初三教材、教参的副主编和作者、中等职业教育课程改革规划新教材《经济政治与社会》的作者。

另外，还参与多本专业书籍的撰写和编辑工作，如《高中新课程怎样教（政史地）》、普高思想政治选修一《科学社会主义常识》、教师用书《知荣辱　辨是非　重践行》《广东省普高新课程学科教师培训系列教材政治》《高中新课程课堂教学实录思想政治》《中小学德育课程教与学方式的研究与实践》《胜券在握新课标高考总复习思想政治》……

在新课程改革过程中，为全国及实验省区的教师做教材辅导和研究课的点评，录制培训讲座和范例课的点评光盘，全国发行。受教育部和人民教育出版社的委托，分赴十几个省、市、区，为当地的老师做培训工作。

在北京市的课程改革中发挥带头作用，参与北京市学科教学指导意见、模块试题命制、会考考试说明的研制和编写工作，并做市级培训教师。

四、培养青年教师，义不容辞

从 2004 年起，我被调到顺义区教育研究考试中心工作，主要负责高中思想政治学科的教研工作，更多打交道的对象不再是学生，而是面对教师。

在培养青年教师方面，热情、关爱、有计划、有方法，通过北京教育学院青年教师骨干班、顺义区"董晨名师工作室"、北京市青年教师骨干班、师带徒、研讨会、听课评课以及自身的示范作用等多种形式，为本区、北京市及其他省市的青年教师成长助一臂之力，充分发挥特级教师的辐射作用，培养的青年教师有的已成为特级教师、学科带头人、骨干教师，在自己的岗位上起着中坚作用。

回想自己成长的过程，是一个不断接受更高期待、更大信任、更多关爱的历程，是一个“大手牵小手”不断走向更高的过程。这大手中有各级领导的指引和提携之手；有许多专家温暖而有力的扶助之手，我是很幸运的，在我成长的过程中，有机会接触沙福敏老师、吴少荣教授等许多前辈的教诲。站在他们的面前，我就会感受到他们的人格魅力。他们人格高尚、学识渊博，但又无比平和、亲和。放心地牵着他们的手，努力地跟上他们的脚步，实现他们和我共同的愿望，我因此而幸运地进入了快速成长的轨道。很多时候感动于他们的无私，很多时候惊叹他们专业的精湛，很多时候叹服他们对事业的执著与坚韧，我想这些日浸月染也已融入了我的个人品质，对照他们，无论是人品还是专业素质，都还有很远的差距，但是这种无私的传承精神，会影响我像他们一样，将这种精神传播给我服务的学生和老师。

果实的事业是尊贵的，花的事业是甜美的，但是让我做叶的事业吧，叶是谦逊、专心地垂着绿荫的。

我的轨迹，因着梦想，因着前辈温暖的期待，因着同伴共同的坚守，持续交错前行。

（首都师范大学政法学院）

“苹”心为教化春雨　润物无声写真情
——记王苹老师

王苹简介

王苹，女，1964 年出生，1987 年毕业于北京师范学院政教系。北京市陈经纶中学教师，政治教研组组长，中学高级教师，2005 年评为“北京市特级教师”。朝阳区第九次党代会代表，第十三届、第十四届人大代表，第八届教育工会代表。曾获得“全国先进工作者”、“全国优秀中小学德育课教师”、“全国优秀教师”、“北京市巾帼之星”、“北京市师德标兵”、“北京市‘紫禁杯’特级奖”、“北京市金牌教师”、“2005 年感动朝阳十大新闻人物”、“2006 年朝阳区教育系统年度人物”、“朝阳区专业技术和管理拔尖人才”、“朝阳区优秀共产党员”。

近年来王苹老师被首都师范大学特级教师工作中心聘为硕士生指导教师；北京市骨干教师培训班指导教师；受教育部师范司委托，被人民教育出版社聘为新课程思想政治国家级远程培训教学团队专家。曾获“第三届北京市基础教育教学成果奖二等奖”。

提起政治课，总是让人不禁想到单调的划书背书、枯燥的理论定义、大量的名词背记，然而，对于北京市陈经纶中学的学生们来说，他们不但不觉得政治课枯燥，反而深深爱上了它。因为他们有一位能把乏味的政治课变得“鲜活生动”的老师，她让政治课本中密密麻麻的文字走进了现实生活，她让学生们爱上了她，爱上了政治。她就是北京市陈经伦中学特级教师——王苹。

一、真情奉献：播下一颗真心，收获无数真情

“一个红红的苹果头戴博士帽，自信地站在黑板擦上，身边躺着一支雪白的粉笔，旁边清晰地写着充满温情的嘱托——‘认真准备、吃好睡好、放松心情’。”高考前夕，王老师班里的每个学生都收到了这样一分特别的礼物，它就是王苹老师为他们精心准备的祝福卡。高考祝福卡却没有一个关于考试的字，王老师说：“这张卡片代表着我对孩子们‘永远平安、收获硕果、考试成功’的祝福，同时也象征着我将永远地支持着他们。之所以只字不提‘考’字，是不想增加学生们的心理压力，让他们轻装上阵!”一个教师对学生细致入微的关爱，就此表现得淋漓尽致。

在多年的一线教学中，王老师一直在用一颗真心、一片真情深爱着她的学生。有人认为一个老师如果和学生讲太多的感情，学生就会不怕他，课堂就会不好管理。而王老师认为，板起面孔来维护所谓的权威，也许学生会“怕”，但是，却得不到学生的尊重，更得不到良好的教育效果。曾经班里有一个学习优秀的男生，在高三时陷入“单相思”而无法自拔。王老师发现情况后，并没有采取打压遏制的态度来处理这件事，而是以知心朋友的身份认真地倾听学生的想法，充分表达了对这份情感的尊重和理解。通过多次推心置腹的谈话后，男孩子的思想有了转变，最终以高分数的成绩考入理想的学校。在毕业留言中他写道：“经历过迷航的水手，更知道方向的重要，从失败中站起来的斗士更加坚强，感谢恩师!”

每一天，教师们都要站在几十位甚至上百位学生的面前，你的每一句话语、每一个眼神、每一个手势都会被学生看得一清二楚，你待学生的真诚与否会毫无遮掩地表露在学生的面前，这就需要教师不断完善自己的人格，不断净化自己的心灵。一次，王老师和几位没有完成作业的学生谈话后，一位学生面带歉意地找到她说：“老师，我也没有完成作业。”“名单上没有你的名字呀?”“我知道，课代表忘记了。”“王老师真高兴，你是一个诚实的学生。”他急忙打断王老师的话说：“老师，我没有您想的那么好，只是我觉得好人不应该被骗，

您平时对我们都很好，骗您我心里不塌实。”王老师的眼圈有些湿润：“谢谢你对老师的信任!”

正所谓“功夫不负有心人”，由于王老师的坦诚相待，学生越来越喜欢与她进行思想交流。学生经常主动找她谈遇到的情感问题、心理问题和学习方法问题，等等。用学生的话说：“老师是将爱心、细心、诚心、耐心，四心合一，再结合理性的分析，使我们通过每次谈话都有所收获。”

二、育人理念：以身作则传正气，尊重理解育新人

政治教师的人格魅力和个性因素，对政治课教学有着非常重要的作用。对此，王老师有着深刻的理解。她认为，学生们在接受道德教育和知识传播的同时，首先会将道德理论的标准用于政治教师身上，他们往往更看重老师的品格。在学生的思想认识中，政治教师的人格虽然不是真理，但往往反映了真理；政治教师的人格不是语言，但往往胜过语言。

当代高中生的个性越来越强，自我意识越来越突出，难免与教师产生一时的对立情绪。王老师总是能够用自己的尊重、理解与学生进行有效的沟通，不仅让学生的心灵得到启迪，而且让政治课的教学关系更加和谐。一次，王老师在课上发现一位学生没有带课本，正在做其他学科作业。她用手轻轻拍拍他的肩头说：“今天没带书啊?”没想到，这位同学使劲地用肩膀把她的手格开。她愣了一下，低身轻声说：“其他科作业先收起来，和旁边的同学看一本书。”他把作业本扔进位子，不情愿地把头扭向一边。接着，在王老师讲课的过程中，他的作业本又拿出三次，扔进三次，然后趴在了桌子上。看到他的情绪不稳定，王老师并没有马上教育他。过一会儿，他被同学们的课堂表现所感染，抬起头开始听课，当他们的目光相遇时，他把头低下了。下课了，王老师把他叫到身边，轻声问：“今天哪不舒服吗?”“没有。”“遇到什么不顺心的事情了吗?”“没有。”“那为什么这么大的脾气呢?”“老师您别生气，我自己都不知道为什么，我不是对您的。”“没事就好，老师不怪你。”此后，这位学生在政治课上表现一直很好，考试成绩名列前茅，也愿意与老师进行交流。

在对待优等生和普通生方面，王老师从情感上真正做到了一视同仁，甚至更加关爱普通生。她经常根据学生的差异因材施教地组织和实施教学，保证面向全体学生。在她的政治课教学中，从不提“差生”二字，学生对她而言，没有好坏之分。从她的表情中，学生们看到的是鼓励、期望和尊重。

学生们在留言中写道：您不仅教我们知识，更教我们如何做人；您所具有

的很多精神是值得我们学习的，给我们做了很好的榜样；因为信任您，所以喜欢上了政治课；不知不觉中，政治课融入我的生活。王老师从多年的教学实践中体会到：中学生正处于人生的快速成长期，他们会遇到许多成长中的烦恼，他们需要朋友来倾听他们的苦恼，解决他们的苦恼。身为老师，如果能和学生平等相待，以诚相待，当学生遇到困难时及时地伸出援助之手，不仅会化解学生一时的烦恼，更能培养他们面对困难时的信心和勇气，解决问题时的思路和方法，对学生会终身受益的。王老师以其自身的实践验证了“亲其师，信其言，效其行”的道理。

三、授课特色：参与式学习方式，让政治课告别枯燥

“想知道老师每个月挣多少钱吗?”当王老师在课堂上抛出这个问题时，真是“一石击起千层浪”，同学们纷纷踊跃猜测。你可不要以为王老师是在大曝隐私，她是为了把个税起征点上调这个时效性极强的社会热点引入课堂。通过公布自己的个税，让学生们结合税表推算出自己的工资，进而让他们了解政治经济学中有关税的知识。同时，她还以为什么国家要上调木制筷子、木质地板的消费税为问题，引发学生们深入思考，让学生们在学习经济学内容的同时，体会到国家提倡环保的政策深意。

“将生活与政治紧密的结合是政治课的生命力”一直是王老师坚持的教学原则，“以学生为本，以生活为根”一直是王老师坚持的教学理念。落实学生为本、生活为根关键在于政治教师能否继承优良教学传统，加快课堂教学改革步伐，提高科学施教水平；能否改变重理论而轻参与、重说教而轻感受、重结果而轻过程的教学模式；能否将高高在上的政治理论恰当而有效地落地，让它回归生活，符合实际，贴近学生；能否充分尊重学生独特的感受、体验和理解，积极创造能引起学生情感共鸣的有效教学方法；能否促使思想政治的理论深入学生的内心世界，内化为个人稳定的能力和品质。

多年来她和教研组的老师通过“参与式”的教学方式，让同学们深入农村、走进工厂、开办公司，使政治课告别了枯燥。2009 年教研组的研究成果“思想政治课参与式教学方式的实践探索”获得了第三届北京市基础教育教学成果奖二等奖。

“让学生们有话可说，有话能说，有话敢说，有话会说”是“王氏政治课”的特色之一。在经济常识教学中，恩格尔系数问题引发了学生的兴趣。学生纷纷提问：恩格尔系数有负数吗？最大值应该是多少？贷款消费家庭的恩格尔系数

是怎么计算的？两个收入差距很大但恩格尔系数接近的家庭，消费水平是一样的吗？恩格尔系数中的食品支出，是满足家庭成员生存需要的食品支出，还是家庭的全部食品支出？王老师没有直接解答这些问题，而是引导学生自我解疑和相互答疑，同时把有价值的问题带到不同班级，既激励学生不断质疑，又鼓励学生学会解疑。

王老师总是在课堂情景设置上，选择学生们熟悉并感兴趣的话题，营造和谐有序的课堂氛围，引导学生们准确地表达自己的观点，激发学生们积极地参加到课堂中来，走到社会实践中去。王老师的政治课，永远充满了鼓励和引导，从来听不到斥责或嘲讽。

王老师追求课堂上师生可以一起享受生活、享受快乐、享受智慧、享受成功。一节好课，对学生的学习是有意义的。他学到了新知识，运用了头脑，增强了能力，在学习过程中有良好的、积极的情感体验，产生进一步学习的强烈要求，激发他越来越主动投入到学习中。一节好课，对教师的教学也是有意义的。教师和学生情感、智慧、精力的共同投入，享受“教学作为一个创造过程的全部欢乐和智慧体验”，反思提升有价值的教学方法和育人理念，激发教师以更饱满的热情投入到教学工作中。师生共同发展是教育的最高境界。

四、收获硕果：播洒汗水收硕果，脚踏实地出成绩

自1993年进入陈经纶中学之后，王老师在1995年被评为一级教师，2000年晋升为高级教师，2005年成为特级教师，她仅用了12年的时间就完成了“三步跳”的完美转身，这其中又有什么秘诀呢？对于这个问题，王老师给出的答案是——“勤奋”与“和谐”。

作为学校政治教研组的组长，王老师始终以“成绩是脚踏实地干出来的，不是‘指挥’出来的”作为开展工作的信条。谈到教研组建设，王老师认为：首先，教研组长应该是教学改革的先行者，不断学习新的教学理念，践行新的教学理念；教研组长应该是学科教学的带头人，不断反思教学中存在的问题，不断改进教学方法；教研组长应该是教科研的领路人，能够根据学生发展、新课程发展、学科发展的需要，不断调整研究课题，带动教研组整体专业水平的提升。其次，和谐是教研组建设的前提，建设和谐的教研组应具备“四个需要”：需要情感的投入、包容的氛围、共同的志向和相互的勉励。因为和谐，享受生活的情趣；因为和谐，享受工作的乐趣；因为和谐，拥有了工作的激情；因为和谐，乐于奉献……

在她的教研组里永远充满了和谐的工作氛围、严谨的科研态度，当大家把智慧聚集成合力，就必定会取得辉煌的成绩。陈经纶中学政治教研组先后被评为北京市和朝阳区的青年文明号先进集体、朝阳区三八红旗集体、朝阳区优秀教研组和优秀教科研先进集体，承担了多项国家、市、区级教科研课题，教研组的青年教师在王苹老师的引领下也取得了优异的成绩。政治教研组成为学校推进教研组和学科建设的典范，2008年，学校决定在全校范围内广泛开展向王苹和政治教研组学习的活动。作为政治教研组全面建设和发展的领头雁，王苹的核心作用和凝聚力是不言而喻的。

在王老师的不懈努力下，她的个人获奖和集体荣誉总是相得益彰。她先后获得了全国先进工作者、全国优秀中小学德育课教师、北京市先进工作者和感动朝阳十大新闻人物等30多个荣誉称号和奖励。此外，她还被聘为教育部重点课题的主研人员、北京市市级课题研究的文科组负责人、朝阳区教育学会第七届学术委员会委员、首都师范大学特级教师工作中心硕士生指导教师等。2008年受教育部师范司委托，她被人民教育出版社聘为普通高中新课程思想政治国家级远程培训教学团队专家，率先在朝阳区成立特级教师工作室。

说起学生，她是柔情的；说起教学，她是干练的；说起同事，她是真诚的；说起自己，她是谦逊的。“用仁爱之心面对学生，用奉献之心面对教育”是王老师22年教育教学的追求。对于政治和教育事业深沉的爱，使得她在这条道路上坚毅并且执著。她对政治这份矢志不悔的感情使她坚信：政治课应该有所作为，政治课必须有所作为，政治课也一定能够有所作为。好雨知时节，当春乃发生，随风潜入夜，润物细无声，王苹就是这样有如春风化雨，感染、激励着身边的每一个人。

“成长是个过程”她用这样的话激励青年教师的成长，也不断地勉励自身的发展：

成长是个过程，需要主动，需要面向未来；
成长是个过程，需要积累，需要耐住寂寞；
成长是个过程，需要机遇，需要创造条件；
成长是个过程，需要自省，需要看清自我；
成长是个过程，需要成功，需要不断激励；
成长是个过程，需要……

（首都师范大学政法学院）

甘作春蚕吐尽丝
——记梁丽冰老师

梁丽冰简介

梁丽冰，女，北京教育学院丰台分院英语教研员，北京市英语特级教师，北京市教育学会常务理事，北京市教育学会学术委员会委员，北京市外语教学研究会常务理事，首都师范大学英语教育硕士研究生指导教师。她具有扎实的英语专业知识和丰富的教学理论和教学实践的基础。自1983年至今一直从事初、高中英语教研工作，被聘为北京市基础教研中心英语学科兼职教研员。她参与编写北京市中小学试验教材工作，主编、编写多本英语学习指导书籍并编译多本简易英语读物。

梁丽冰老师，一位平凡而伟大的特级教师，在教育这块土地上一扎就是三十多个年头。这些年的耕耘中既饱含着她无穷的智慧和满腔的热情，浸润着无数的汗水和无私，也承载了荣誉和收获。谈到梁老师平凡，那是因为她选择了教育这个平凡的职业。众所周知，选择了教育当然就意味着她选择了清贫，选择了淡泊。但是，她始终坚持着自己的选择，无怨无悔，始终用满腔的热情、用辛勤的汗水浇灌着自己青春的梦想，在平凡的工作中努力实践着自己的人生价值。谈到她的伟大，那就是她对这份如此平凡的工作所付出的一片真情、热情和执著，并且时刻用她强具吸引力的人格魅力深深地感染着身边的每一个人。我在丰台区从事英语教学二十余年，在梁老师身边耳濡目染，给我感触最深的是梁老师是一个对事业高度负责的人，是一个高瞻远瞩、充满智慧的人，同时又是一个对周围的人有着高度爱心的人。

一、身高为师

（一）严谨治学，业务精湛

参加梁老师组织的教研活动是一种享受，她能有机地把课标、教材、学生融为一体，精辟而又通透地为教师疏理出教学中的“魂”。很多老师反映自己教了几十年课也没有梁老师对教材的理解那么深，那么透！然而“台上十分钟，台下十年功”。可以想象梁老师准备这样的一次进修需要花费怎样的心血！每一次研究课的指导，每一次与教师的评课以及每一份试卷的命制，无不渗透着她深厚的功力。一次又一次的深入研读，一遍又一遍地去粗取精，梁老师的教研业务已经到了炉火纯青的地步。目睹她教研的过程及效果真的是一个赏心悦目的过程。

（二）执著进取，不懈追求

作为一名业务精湛、经验丰富的老教研员，她并没有在过去的成绩上停滞不前，而是自始至终高标准严格要求自己。时逢课程改革，她勤于学习，主动了解课改理论，使得自己的教育理念始终走在时代的前列，更好地服务于教育教学工作。她经常会说：“尽管我已经有近三十年的教研经历了，但每一次的教研活动我都会有新的调整与思路。我要让教师最大限度地有所收获。”她的进修也的确是每一次都会有崭新的耐人寻味的东西。也正是这样以教师的最大收获为奋斗的终极目标，使得她始终不渝地执著进取，年近退休对工作还是如此的认真与投入，令我们这些年轻人都深感折服。

（三）高瞻远瞩，胸怀大局

梁老师是一个非常睿智的人，作为丰台区英语教学的领军人物，她一直把丰台区英语教学的兴衰作为己任，胸怀大局，指挥若定。从骨干教师的培养，教研组长的引领，年轻教师的带动，梁老师无不运筹帷幄。这些年来，她对骨干教师跟踪指导并组织每年一度的总结交流；对教研组长进行定期培训，并在实践中进行引领及培养；对年轻教师更是倾注爱心，认真指导，严格要求。可以说丰台区每一位教师的成长都凝聚着梁老师的辛勤与汗水。从目前丰台区英语教师的队伍来看，业务精良的骨干教师—经验丰富的成熟教师—善于学习、勇于实践的青年教师的良好梯队已经形成。各学校的主任校长中，有近一半是英语教师，而且绝大部分都是丰台分院英语组近些年来重点培养骨干教师，大批学校的英语教研组成为学校的骨干教研组，成为学校领导依托的骨干力量，这样一大批战斗在各部门最关键的岗位上，为区教育事业做着突出贡献的英语教师，他们成长的背后凝聚着梁老师多少心血与汗水，这恐怕连她自己都不记得了。然而正是梁老师身上那种对丰台区教育高度负责的态度，对教师发展规划的远见卓识以及对教师敢于放手、善于培养同时严格要求的培养策略，影响并成就了一大批英语教师，使得丰台区的英语教学有着源源不断的发展动力。

二、德高为范

(一)严于律己，身先士卒

梁老师对自己的要求是非常严格的，在组里作为组长的她，在教研工作方面一直为我们做着表率。她要求我们做到的自己必先做到：例如新课程伊始，为了做好教研引领，使得教研工作真正落到实处，她率先开始定期针对每个学校的备课组面对面地进行单元备课指导。落实进修精神，真正为教师服好务。其实这件事做起来是很繁琐的，需要教研员腾出大量的时间，同时教师的水平也是有较大差异的，有的备课组是不能一次辅导就能解决问题的，需要长期反复的工作。但梁老师却克服很多困难，经常跟老师们备课到很晚。解决了一个又一个难题，带出了一位又一位教师，也为我们做出了表率。在她的带动下，英语组的其他教研员也都开始向她学习，踏踏实实地与每一个备课组磨课研课。事实证明，英语教研组的这种求真务实的风格，脚踏实地的做事态度使得该项活动取得了非常好的效果，教师们成长迅速，教学成绩也有了显著提升。除此以外，她对待自己命制试题的高标准、严要求，她对于每一节研究课的高度投入，为了工作通宵达旦，舍弃了多少休息及娱乐的时光，所有这些无一不在深深影响着我们，带动着我们。很多人都认为英语组的年轻教研员训练有素，其实这与梁老师自己本身的身先士卒是密不可分的。

(二)脚踏实地，一丝不苟

梁老师是一个极端认真、脚踏实地的人，她所做的每一件事都有着极高的标准与要求，每一项工作都是有计划、有落实、有检查、有总结。这不仅体现在对待自己的教研进修上，还体现在英语组对上对下的每一件事情上。就从丰台区参与北京市基本功大赛说起，梁老师率领英语组老师夜以继日准备，一丝不苟地为老师修改教案，教老师如何表达，字斟句酌，不允许自己和老师有一丝一毫的马虎。最后丰台区的老师在市竞赛中获取骄人的成绩，令全市各区县对丰台区刮目相看。这与梁老师平素一贯的实实在在做事是分不开的。梁老师经常教育我们的一句话是："踏踏实实做事，认认真真做人。"作为丰台区英语教学的领军人物，梁老师这种做事待人的风格，直接影响到了分院英语组的各位教研员以及学校的每一位英语教师，这些年来丰台区一直走在全市英语教学的最前沿，取得了无数的荣誉与成果，梁老师是功不可没的。

(三)饮水思源，爱心无限

梁老师的教研能力和业务能力以及在市里的声望是有目共睹的，然而她并没有居功自傲。她牢牢地记住是丰台区这块土壤养育了她，"受人滴水之恩，当以涌泉相报"，为了安心做好本职工作，她放弃了很多在其他领域的发展机会，放弃了很多唾手可得的名与利，为年轻人作出了榜样。她常常说："人的精力是有限的，自己要知道自己最应该做的事情是什么?"记得她在作为领队带领丰台区英语教师出境培训的时候，曾语重心长地教育我们："大家要知道感恩，是丰台区及各个学校培养了大家，给大家提供了学习和深造的机会，大家学后回来一定要好好工作，回报你们的学校及学生。"她是这样说的也是这样做的，她这多年来对丰台区的教育事业忠心耿耿，鞠躬尽瘁。同时她的行动也在感染着我们，教育着我们要脚踏实地地走好每一步！

"没有追求的人生，是缺乏乐趣的人生，没有爱的付出，就难以感悟教育之真谛。"要想成为一个优秀教育工作者，必须有一颗感恩的心，也就是要具有良好的教育心态。因为感恩，你才有爱心，才会爱生活，爱从事的工作；有了爱心，才能长智慧，因为你的心在哪里，你的智慧就在哪里；有了爱心，你才会努力，才会勤奋，才会反思，才会坚持，才会成长……回顾梁老师的成长历程，她的魅力不仅仅在于知识的权威，更多地体现在她懂得如何用自己的实际行动去关爱周围的人，懂得如何在感恩中静心学习，尽心工作，用爱心回报她赖以生存的社会。正是有了这颗感恩的心，她才始终热忱地工作，真情地生活。在她的字典里从来没有"不能"二字。在困难和问题面前她永远保持着积极的乐观和敏锐的智慧。多年来她不仅勤奋地耕耘，而且用她宽广的胸怀，尽其所能帮助他人，培养出一批批优秀的教师。至今我仍无法忘记曾有过多少个日子，下班后梁老师与教师们共同备课，一次次修改教案的身影，无法忘记第一次她手把手地为我修改得通篇是红的那份试题，无法忘记我第一次上全区研究课时她与我共同备课，修改演示文稿的情境，无法忘记我第一次参加北京市初中教师基本功大赛时，她亲自送我进入决赛考场时的那个鼓励的微笑和充满坚信的等待，无法忘记为了准备参加全市微格课评比我们一起匆匆吃的那碗炸酱面，无法忘记我第一次从事教研员工作因为马虎所犯的错误被她严厉批评所落下的悔恨的眼泪。就是在这样太多的第一次中，我成长起来了。带着梁老师对我们青年教师所给予的期望，带着榜样的力量，我们一个个成长起来了。如果说教师的人格魅力是学生对她尊重程度的界尺，可以加深学生对知识的尊重；那么教研员的人格魅力自然会使教师们增加教学研究的热情。一批批教师从初出茅庐的大学生成长为外语教学能手，越来越多的教师在各大赛事上取得骄人的成绩，这些都无不浸透了梁老师默默付出的心血，使我们看到了梁老师甘于奉献、甘为人梯的博大胸怀。

三、甘为人梯

俗语说："人有多大的包容就有多大的事业。"梁老师在自己成功的同时，时时处处也在引领身边的人。她有着"把别人的成功看做是自己的成功，部属的成长看做是自己的责任"的博大胸怀。这些年来，梁老师对待组里调进的每一个年轻的教研员都是倾其全力，帮助扶持。每一次进修的安排，研讨课的布置，每一份试卷的命制，梁老师无不认真指导，细致把关。只要是为了工作，为了我们的成长，她都能不厌其烦，搭桥引路。记得上学年英语组承担了教学测试与命题这样一门继教课程，其实梁老师自己命题经验极其丰富，如果她自己承担这门课程是毫不费力的，但她为了加强对我们的指导，采取任务驱动的方式，让我们每一个人负责其中的一个部分，然后集体备课，集体磨合。梁老师在我们课程准备的过程中一遍一遍地帮我们修改，使得我们对命题的思路越来越清晰。事后想想，这种历练对我们的成长是多么的重要呀。这样的事例还有很多，她在这其中的心智方面付出是巨大的。梁老师要求属下是极其严格的，然而细细品味，"严师出高徒!"正是她非常在意我们这些年轻教研员的成长与成功，才会如此热情、真诚地指导我们，使得我们迅速地成长。在生活上她同样是我们的好参谋，对我们每一个人也是关爱备至。我们真的庆幸有这样一位好领导和朋友。甘为人梯，前提是一个“甘”字。甘，意味着“捧着一颗心来”，意味着“甘作春蚕吐尽丝”。有了这份深厚情感，有了这等博大胸怀，才能做到心里装着他人，凡事想着别人。让更多的年轻人从她的肩膀上踏上教育事业的高峰。

四、硕果累累

这些年梁老师用心雕琢着丰台区的英语教学，用爱呵护着每一位老师的成长。丰台区英语教学这颗大树也长出了累累硕果。英语教学及教研的能力及水平得到了全市专家及同行的认可及好评，得到了丰台区教师的一致认可。记得全国英语优质课观摩活动结束后，丰台区参与观摩的老师一致认为，“看了这些全国顶级的好课，我们真的对丰台区的英语教研充满信心，丰台区英语教研的水平也是顶级的。我们走的路不但是正确的而且是超前的”，参加了全市组织的师大版教材研讨会，丰台区参会的几位教师临场的发言语惊四座，他们不但教育理念先进而且教学思路清晰灵活。尤其是他们对事业的执著与进取的精神让大家印象极深。大家都很惊叹丰台区是怎样培养出来如此优秀的教师队伍！这些年来我们的教师在市里获奖的不计其数，英语学科的教研氛围及效果有目共睹。所有这些都是梁老师这几十年来正确领导和勤奋努力的成果，“要想繁其叶必先固其根”，在这么多年埋头扎根的基础上，相信不久的将来这棵大树一定会更加地枝繁叶茂。这就是我身边的一位平凡而伟大的特级教师。她没有惊天动地的伟业，没有轰轰烈烈的壮举，但她的所作所为感人至深，令人尊敬，催人奋进。没有太多荣誉的光环，却是我们身边优秀的楷模，“起始于辛劳，收结于平淡”。这也许是梁老师教育生涯的最好的写照。但，她却乐此不疲，沉醉其中，一路走来，行走得很踏实，很幸福。

（首都师范大学外国语学院）

教书育人　辛勤耕耘
——记王淑香老师

王淑香简介

王淑香，女，1956 年出生，1982 年毕业于北京师范学院英语系。1993 年至 1994 年以访问学者的身份在美国纽约柯兰大学进修、工作。现为北京大学附中英语特级教师，北京市教委英语口语等级考试高级考官和培训教师，获得了英国三一学院的英语口语考试九级证书。多次为北京市英语教师继续教育编写培训研修丛书和做示范课、参加教育部教师发展科研课题并编写教材、为教育部高职高专规划教材做示范朗读，为联合国教育顾问在全国 JIP 大会做现场翻译。被中国英语教学研究会、中央教科所评为“全国英语素质教育优秀辅导教师”。

王淑香老师是1974年从北京外国语学校毕业，从事英语教学工作至今已30余年了。从教30年来，她忠实履行人民教师的光荣职责，严谨治学，勤勉敬业，为人师表，教书育人。在教学实践中刻苦钻研教育理论，不断探索教学规律，改进教学方法，提高教学质量。1996年被破格评为中学高级教师。近10年来她一直担任高中英语教学工作，出色地完成了领导布置的教育教学工作，所教学生基础扎实、学习能力强，受到了学生和家长的好评。2000年指导学生参加第二届全国中小学学生素质教育英语知识能力竞赛，成绩突出，她本人也荣获中央教育研究院中国英语教育研究会素质教育研究中心颁发的优秀辅导教师奖。

一、学无止境，自强不息

“生有涯而知无涯”是王淑香老师一直遵崇的古训。教然后知匮乏，学然后知不足。作为一名教师，王老师深深感到，只有学而不厌，不断更新知识，与时俱进，不断地充实提高自己，才能真正地做好本职工作。她30年的从教历程，实际上就是一个不断学习和提高的过程。

“教然后知匮乏”。1974年年仅17岁的王老师登上了英语教学的讲台，5年的教学实践，使她感到了自己知识根基的浅薄和力不从心。在1977年国家恢复高考时，她等不及再有两个月就可以带工资的时间，毅然决定报名高考，继续深造，当年便考入了北京师范学院英语系。1982年毕业后经历了11年的教学实践，她又感到自己在业务水平方面的欠缺，认识到要达到高水平的语言教学还要进一步的学习。于是又在1993年以访问学者的身份赴美，在美国纽约州立大学柯特兰学院学习工作近两年的时间。通过真正融入美国人的社会生活，使她的英语水平产生了质的飞跃。“学然后而知不足”，通过不断的学习她不仅开阔了眼界，而且尝到了甜头，坚定了终生学习的信念，从1996年至今她先后参加了首都师范大学英语系研究生班、北京大学英语系教材教法研习班和北京教育学院市级骨干教师研习班的学习。王老师为了更新教学观念，提高教学质量，还是参加了全国中学骨干英语教师新课程研修班的学习。

二、勤奋工作，严谨治学

在多年的英语教学工作中，王淑香老师始终坚持为学生建立“大英语”的概念。所谓“大英语”就是英语的宏观水平，就是英语语言学习的整体素质。这一观念的建立与实施需要通过师生的共同努力。首先，教师必须坚持用英语授课，加大学生的信息输入量。为了做到这一点，她坚持每天听英语广播半小时以上，利用一切可以说英语的机会用英语与学生进行交流，在扩大自己词汇量的同时，帮助和促进学生扩大词汇量，达到师生共同提高英语语言水平的目的。

(一)培养学生的习惯和能力。

在培养学生方面，王淑香老师首先从培养学生们的学习习惯入手，即：预习—笔记—复习—巩固练习，使他们确实认识到：认真预习，将被动灌输变为主动汲取，才能提高课上接受知识的效果；做好听课笔记，抓住老师讲课的精华，也就有了复习的重要依据(在这点的落实上，需要教师花相当多的时间，尤其对中差学生，老师不但要及时检查他们的听课笔记，还要及时引导他们做有效笔记，教给他们记笔记的方法)。激励学生及时归纳整理阶段收获，掌握语言学习的知识体系，能力的培养比知识的掌握更重要。"英语有法，但无定法"有了一定的理论基础，结合一定的针对性强而精选的练习，使学生真正做到学通。

(二)激发兴趣和潜能

学生的良好习惯有了，王淑香老师就在提高学生们的学习兴趣上下工夫。"知之者不如好知者，好之者不如乐知者。"为了调动学生的学习积极性，提高他们的学习兴趣，她利用各种课外机会组织学生参加英语实践活动，如参加由北京大学组织的模仿联合国口语大赛，用英语进行采访，制作新闻等。向学生推荐一些既有我国民族文化主体意识，又有利于理解其他文化背景和内涵的语言材料，如《英美民间故事与民俗》，有意识地增强学生的文化意识和修养，增进他们对其他文化的理解，从而对异国文化能采取尊重和包容的态度。课堂上，她尽量设计一些教与学互动的活动，力求使师生、生生之间都能有广泛的交流，如生词的发散思维，小组之间的合作评分，歌咏比赛，小话剧欣赏等生动活泼的教学活动，不断创造既有继承性、又有革新性、既有调节性、又有挑战性的教学环境和氛围。王淑香老师的一些教学活动在英语教学界得到了认可，近5年中她先后多次开设市、区级辅导课，为北京市继续教育高中教材教法听力部分做展示课；为北京大学音像出版社主讲高中英语音像教材。在抓学生自主学习方面，她鼓励学生们根据自己的个人爱好去发展，如用英语记日记，从小说、文章、报刊、歌曲、电影、广播、电视中摘抄经典句子，使学生们的英语学习不仅仅拘泥于教材，而是把教材内容与更广阔的语言和信息资源形成开放性联系，激发学生的积极性，鼓励他们参加各种竞赛活动，引起他们对目标知识的重视，确保帮助学生获得知识并不断提高运用英语进行交际的能力。

（三）辛勤耕耘结硕果

在王淑香老师的不断努力和学生的积极配合下，教学工作取得了显著的成绩。在近5年的教学中，很多学生的高考成绩超过140分，她所教的实验班在高二时参加高三的一模考试，全班的英语平均分为130分。她教的其他班高考平均分均高于同类班级的平均分。7人次在全国英语能力竞赛中获得一等奖。在口语竞赛中还分别获得北京市中学生最佳辩手、最佳语言奖。她个人也获得了诸多的荣誉：2000年荣获第二届全国中小学生素质教育英语知识能力竞赛，她个人还获得了由中央教育研究院中国英语教育研究会素质教育研究中心颁发优秀辅导教师奖；继1997年被评为海淀区英语学科带头人后，1998年被评为北京市中青年骨干教师；2004年被评为北京市中学学科教学带头人。

三、不断探索，总结经验

王淑香老师在长期的工作实践中，积累了极为丰富的教学经验。然而她意识到，经验只有上升为理论，才能更好地指导实践。

近5年来，在完成教学任务的同时，她还撰写了4篇教学论文。其中在国家级学术刊物《语言与语言教学研究》上发表1篇；省市级刊物教师培训丛书上发表3篇；参与编写出版教材，教参4套；共计10万余字。她的专著作品《英语幽默与口语表达训练》一书已成为一些大学口语课程的辅助教材。另外，她还以较纯正的英语发音和独特的音色作为示范朗读，听力配音和教材主讲人，制作和出版音像教材三套。以上成果均得到了英语教育界同行专家的肯定和好评，也收到了良好的社会效益。

四、学高为师，行正为范

近5年来，王淑香老师除了承担繁重的教学任务外，还担任北京市教委“迎奥运”英语口语等级证书考试高级考官和培训教师、海淀区教师资格认证审查委员会专家组成员、海淀区教师进修学校高二英语兼职教研员、海淀区教委教师专业技术职务评审委员会学科委员。

在她担任海淀区教委教师专业技术职务评审委员会学科委员的十年来，从没因个人的原因延误过区里的工作，特别是职评听课，她经常搭上时间，自己花费精力、毫无怨言。通过参加评审工作，她确实向同行的教师们学习到了很多宝贵的教学经验。每次听课后，她都把老师们的教学过程认真加以分析，对照自己，找到不足，用以改进自己的教学。另外，在每年的评审工作中，她都注意向老评委、老前辈、各位领导学习，学习他们的敬业精神，学习他们忘我工作、大公无私、秉公办事的好作风，学习他们为人正直的高尚情操。这些榜样的力量，使王淑香老师不断地提升自己的道德、师德修养。因此，她能在百忙之中，利用自己的休息时间为残疾人教授奥运英语口语，在教学过程中，她不仅不要报酬，还克服了很多意想不到的困难，因为残疾人学习文化知识要比正常人困难得多。给他们上课需要满怀对残疾人的关爱之心，要不厌其烦一遍不行两遍，两遍不行多遍，直到把他们教会为止。特别对那些智残的学员，她不仅课堂上关心帮助他们，还经常利用业余时间给他们打电话，鼓励他们学习，关心他们的生活，甚至关心他们的子女教育，即使在暑假炎热的下午也从来没有间断过。她与很多残疾人都成为了的知心朋友。残疾学校的工作人员因此都深受感动，多次想通过一些方式向她表示感谢，可是每次都被她婉言谢绝。她觉得为奥运会做贡献是每个中国人应尽的义务，教残疾人英语就是为奥运会尽义务的一种方式。残疾人理应受到政府和人民的爱护和帮助，自己能和残疾朋友一起学习，正是为他们献爱心的好机会。所以她非常珍惜这样的机会，认为它的价值是不能用金钱来衡量的。在目前市场经济的冲击下，尽管一切向钱看不乏其人，但是，王淑香老师认为，作为北大附中这样一所全国品牌学校的教师，就应该有高尚的师德情操。就应该注重教师的道德修养，树立人民教师的良好形象，不计报酬地服务于社会公益事业。

最近几年，由于年龄的关系，王淑香老师本人很少有机会参选市、区级评优课。认识到这点后，她及时对自己进行了角色转变，在市、区级的英语教师继续教育中发挥作用，在培养青年教师方面尽自己的一份力量：她经常与其他老师一起探讨课堂教学、一起研究教材、指导青年教师参加海淀区教师课堂风采展示大赛，使年轻教师能够尽快熟悉教材教法、提升教学水平。现在这些青年教师有的已成为海淀区英语学科骨干教师、有的获得了海淀区教学大赛一等奖。

从教 30 年来，王淑香老师获得了各级组织授予的许多荣誉。但是她感到，这与各级领导、同事和前辈们的深切关怀是分不开的，这既是党和人民对她辛勤工作的肯定，也是对她的鼓励和鞭策。今后，她还会更加刻苦学习、努力工作，争取以更优异成绩来报答党和人民的信任和关怀。

（首都师范大学外国语学院）

平凡中绽放的奕奕馨香
——记何墨荣老师

何墨荣简介

何墨荣，女，1954 年出生。毕业于北京师范学院美术系国画专业。退休前任北京市东城区教师研修中心美术教研员，北京市特级教师，北京市美术家协会会员，北京市美术教育研究会会员。任北京市基础教育课程专家指导组成员。曾获“北京市继续教育课程教学一等奖”，获“全国优秀培训者”称号、“北京市优秀培训者”称号。2001 年起在全市、外省市及中国教师研修网等做专家讲座数十场，指导多名美术教师获全国、市级美术教学评比一、二等奖。

平凡中绽放的奕奕馨香
——记何墨荣老师

如果把教师传授知识比喻成一块吸满水的海绵，将身体中的水分，毫无保留地送给渴望求知的干涸土地，那么在这一吸一放的过程中，必定有一片广袤、水草丰厚的湖泊，为海绵提供汲取的水分。这湖泊深沉而静谧，默默地将自己奉献给每一个需要汲取养分的海绵；泽沐了每一处渴望滋润的土壤。我想：教研员应该就是每一位教师身后的那片湖泊，坚守着自己那片领地，等待被浇灌的土地上开出馨香的花朵。

东城教师研修中心美术学科的何墨荣老师，就是这样一位在平凡的岗位上绽放着奕奕馨香的教研员。

在从事教师工作 35 年中，她潜心研究国内外教育名家的教育理论，学习先进的教育思想，时刻关注教育改革的最新动向，及时获取教育的前沿信息，在实践中探索艺术教育的规律，研究艺术教育的方法和形式。正是在工作岗位上孜孜不倦的辛勤耕耘，使她无论作为一名教师还是教研员，都为自己的工作交上了一份满意的答卷。

一、师者慧心

何墨荣老师在中学教师的岗位上，度过了 22 载春秋，在教育教学中形成了自己鲜明的教学特色。将“培养学生实践能力和创造性”作为初中教学的研究方向，并且在市级示范课上向各区教师推广了自己在教学中累积的经验。在高中教学中，以“审美教育与高中素质的培养”为研究课题，研究成果以《欧洲文艺复兴时期的美术》《漫画》两节录像课的形式，向全区教师介绍经验，并收录在“全国九五重点课题丛书美术卷”中。作为所在学校的教研组组长，带领学校的艺术教育走在了全区的前列。在市区级美术比赛中，辅导学生取得了多项奖项，荣获了多个“辅导教师奖”。

何墨荣老师在教学上取得的诸多业绩，使其在 1993 年被破格评为中学高级教师，1997 年成为东城区中学美术学科带头人、北京市市级骨干教师，2000 年作为北京市唯一一名中学美术教师，被推选参加了“跨世纪园丁工程中小学骨干教师国家级培训”，次年取得了《国家级培训骨干教师》的荣誉证书。2003 年获得了北京市中学市级学科带头人的荣誉称号。

这些成绩的取得，与何墨荣在教师岗位上，时刻不停歇的辛勤耕耘密不可分。就像幽兰散发的奕奕清香，来自于根部汲取了泥土的营养，而这片土壤生长于何墨荣老师的内心：一颗对于教育不断奉献的心，一颗对于事业不断求索、不断进取的心。

希腊的先哲们曾说："通向光辉和荣耀的路上，往往由荆棘和坎坷铺设。"的确，这其中艰辛的付出，才成就了今天在讲台上绽放光彩的何墨荣老师。

二、师者典范

作为一名教师，需要储备专业知识、及时总结和积累教学经验、学习先进的教学理念；然而作为一名教研员，既要做好以上的工作，还要以更高的视野指导教育教学的工作、规划教师的成长，成为每位教师走向成功背后的推手。何墨荣老师在成为东城教师研修中心的美术学科教研员之后，面临着事业上更大的机遇与挑战。一路走来，在积极应战的同时，也取得了卓越的成绩。

何墨荣老师因在中学教育教学中业绩突出，被调入东城分院负责教师继续教育工作。在2000年取得了"英特尔未来教学"培训的主讲教师资格证书，被北京市教委人事处和北京市中小学中等职业学校培训中心聘为北京市"九五"、"十五"继续教育美术学科指导组成员、"十五"美术学科讲师团成员，参与全市美术继续教育的课程制定、课题立项实施。在培训教师的过程中，何墨荣老师以"建构主义"理论为依托，创建"基于问题"的培训模式。这种大胆创新的教授方式，使学员们更加深入地领会了突破教学难点的方法，积极将培训所学应用于多角度的教学设计，从而培养学生的思维能力。

此外，她还在培训课程上，引入台湾教育专家陈龙安的教育理论，结合国外最新设计训练方法和创造性思维的培训模式，将三者整合设计出了《创造性思维和教师设计能力的培养》课程，成为东城区教师继续教育的"亮点课程"和"特色课程"。同时，也成为全市教师继续教育培训课程的典范，她撰写了论文《感受新理念 运用新教法 推动课改进程——英特尔未来教育的教学实践与思考》，并多次在"北京市新课程标准实施和教材实验"的市级会议上作专题报告。在外省市的教师培训中，十余次担当了大型讲座的主讲人，结合当地教学实际情况，向地方教师介绍了教育改革的最新动态、推广了教育教学的最新经验。

三、师者领航

面对新课改的到来，何墨荣老师作为东城区美术学科的教研员，将自己多年来累积的教学经验与教学理论，应用于新课标下的新教材编写中，体现出对新的教育理念的深入理解以及对教育前沿信息的吸收。2003年参加了"教育部基础教育司"组织的《走进新课程—国家基础教育课程改革 课程标准 教师培训系列片——美术》的光盘录制。还曾担任由浙江教育出版社出版的《新课程 学科教学论丛书—艺术课程与教学论》，负责部分章节的编写工作。2004年担任由教育部教学仪器研究所组织负责的《高中美术投影片》《初中美术投影片》的主编工作。在2001—2004年中，担任《义务教育课程标准实验教科书——美术》13—18册主要编委，编写其中的18个课程。还担任配套教师参考用书的副主编，主要负责组织、指导、编写教参，此外还指导了北京市和外省市教师制作《教学配套课件光盘》。

何墨荣老师作为主抓高中美术的教研员，在面临声势浩荡的高中新课程到来之时，将工作重点放在提高每节课的教学质量、运用科学的测试方法对学生进行评价上。带领东城美术教师，根据必修模块《美术鉴赏》的教学特点，设计并制作一套"课件资料包"。每位教师在深入理解教材的基础上、收集整合资料、每人负责一课，完成教材的课件制作，形成了浓厚的学术研究氛围。而"必修模块的测试与评价"工作是对教与学两个方面的检测，目的是使教师重视每节课教学目标的落实，同时也是促进教学任务落实的重要途径。

何墨荣老师对于新课程教学方向的敏锐把握和准确引领，将东城美术教师推向了高中新课程的前列；培养出了一批素质高、具备敬业精神、具备指导能力的兼职教研员和骨干教师，并辅导他们在国家级、市级的各项评比中取得了骄人的成绩，加快了东城美术教师综合发展的步伐，同时带动了各校校园文化建设、美育环境的营造。

硕果成熟于一季，而耕耘却不分寒暑。对于教研员的工作，很多人认为是"替他人做嫁衣裳"。何墨荣老师面对这种说法，有自己独到的见解："一个地区美术教育的整体水平，反映出教研工作开展的情况，以及教研员的管理和指导水平。一节研究课的背后，也凝聚着教研员的智慧。每位教师的进步，都会有教研员在他背后起着推助作用。因此，教研员是幕后英雄，是一个与'奉献'、'人梯'紧密相系的职业。"

何墨荣老师一贯秉持这种对于"教研员"职责坚持的态度，成就了东城美术教育百花齐放的今天。

2008年6月，她带领东城6位市区级骨干教师组建了"何墨荣名师工作室"，以《在现代教育中传承优秀美术文化——教学策略研究》为研究课题，引导教师充分认识传统艺术在美术教育中的地位与价值。每位成员重点围绕一个方面进行深入研究，边研究、边实践、边总结；在鉴赏与实践教学中，引导学生学习世界优秀美术文化，创造出有文化内涵的美术作品。

之所以选择这个课题是因为：她发现中小学美术创作中，主题苍白空洞的现象非常严重。为了改进这种现象，她萌生了这样的想法："看到中小学美术作业从题材到内容都比较空洞、形式单一，多是对日韩动漫的复制，我非常痛心。我们中国如此博大精深的传统文化不应该被埋没和取代。要改变这一现象，就得从骨干教师抓起，重视对传统艺术的普及工作是当务之急。他们认识到传统艺术的文化内涵，掌握其方法，再带动全区教师，提高学生审美品位，创造出高水平、多样性的美术作品，提升我区美术教育的整体质量。”

在何墨荣老师的带领下，每位教师均取得了阶段性的成效，并将此项研究的成果用于教学实践，指导学生创作美术作品。何墨荣老师主持的名师工作室取得了诸多成就，从而提升了东城区美术基础教育的整体质量，形成东城区的美术教育特色，而她也成为东城美术教师的领航人！

何墨荣老师在面对采访时，同样以谦和稳健的个人魅力，感染了身边每一个人。

笔者：您有22年一线教学的经历，从教师到教研员的角色转换中，您认为最大的改变是什么？在扮演这两种角色的过程中，各自的乐趣又是什么？

何墨荣：从教师到教研员最大的改变是工作性质和工作对象的转变。教研员的工作性质是本地区学科教师的教学研究和专业进修活动的策划组织工作，提高教师的教学能力和专业水平。

有那么多的学生爱听我的课，那么多的学生从此热爱艺术，其中一部分学生从此走上了美术专业的道路是我当教师得到的乐趣。

把自己对艺术和艺术教育的研究传达给美术老师，尤其是看到老师们取得成绩的时候，我比他们还兴奋，还高兴。他们积极的工作态度和认真的钻研精神又反过来激励我，让我以更大的热情，投入到研究促进教师成长的策略和方法之中。挺享受的，这个工作真是带给了我太多的乐趣。

笔者：您指导、培养了很多教师，在各类比赛中均摘夺桂冠。这些教师都有自己的专业所长和个人授课的风格，您是如何挖掘每个教师的自身特点，并有所针对的进行辅导的？

何墨荣：我认为，有效指导首先是个性化指导，要“把脉”准确，提出适合这位教师改进的建议，提出具体、可行性的办法，才能达到雪中送炭的效果。我让教师们知道自己所长、所短，并充分发挥自己所长。为保证每一节区、市研究课有质量、有研究价值，我一般会多次听课指导，直到教师的教学在各方面都达到一定的高度。记得一位教师的课堂教学获得市级评比一等奖，对我的指导，她感悟道：“经过何老师的指导，让我找到了一节课的灵魂，她把乱麻梳理成线，理出主干”。我想，这正是教研工作的价值体现。

笔者：在您的悉心指导下，东城区的青年美术教师迅速成长，您能不能就担任教研员的多年经验，谈一谈培养青年教师应该着力于哪些方面？

何墨荣：首先，营造一个“人人追求上进”的教研氛围非常重要，这样，新来的教师在一个洋溢着正气的温暖的环境中，他们会有一个要积极工作的动力。同时，一方面对新教师提出要求，另一方面重视他们自身潜力、内在智慧，激发其内在动力。每个学期都定期召开座谈会议，他们提出教学中最棘手的问题，让老教师帮助解决。我给他们压担子，安排他们说课，把一些较高难度的工作交给他们，老教师给予点评指导，培养他们敢于迎接挑战的勇气。如在指导他们在市级高中教师培训、对外区经验介绍发言时，使他们能从理论阐释、实例分析，表达层次、课件打造等达到一定的高度，他们说“自己的思想境界得到了升华”。实践证明，他们确实取得了一些成效，看到一批批青年教师迅速成长，让中老年教师们真是感到“后生可畏”，有危机感。

笔者：名师工作室中的每个成员，都独立承担一个子课题，结合自身的所长，进行课题探究。您在指导这些教师时，是如何挖掘教师自身资源的？

何墨荣：一是为每个成员的成长搭台，如承接全国新课程示范课、教育部远程教育等高规格、高要求项目，二是重视对其个人专长与自身教学特色的挖掘与培养。以 21 中杨宏老师为例，她在工艺设计和色彩方面专业基础较好，于是帮助她认识自己，拓展她的知识面，给她深入研究提供机会，我帮助她做好每一个发言、展示，她在课题研究、蓝天工程、校本课程研究、高中新课程等都有出色的表现和展示。她作为校本课程主要负责人，主持研究的“民间民族装饰的美感—感受中国图案的形式与内涵”取得很大进展，为形成特色校作出贡献。

笔者：迄今为止，高中新课程已历时三年。一路走来，大家都是摸着石头过河。而在课改之初，教研员就要屹立于众人之上的高度，对教师进行前瞻性的指导。您认为新课程对于教研员自身的要求是什么？对于每位教师的要求又是什么？

何墨荣：面对新课程，教研员一是要通过学习，首先转变自己的观念。二要做好调研工作，了解学校设备情况，了解教师困惑。三要精通教材，帮助教师备课，解决教学难点问题。四要拿出切实可行的落实措施，这也是最重要的。总之，要切实发挥教研员研究、引领、服务的作用。

新课程对教师的要求是学习新的教育理念，明确教学任务，为提高教学质量进行积极、大胆的实践。

笔者：机遇往往伴随着挑战，在新课程实施的过程中，东城美术教师及时总结经验、不断优化课程，提高课堂实效性，涌现出很多精彩的课例和优秀学生作业，这与您对于教研工作的全心投入与高位指导密不可分。展望未来，新课程将逐步走向深化、细化、精化。作为教研员您对于东城教师，又提出了哪些更高的要求？

何墨荣：我希望每一位东城的美术教师都能够做到业有专攻、教有特色。

笔者：在我看来：您是一个典型的事业型女人，然而家庭与事业往往就像天平的两端，最容易厚此薄彼导致失衡。当家庭和事业面临冲突时，您又是如何抉择，如何应对的呢？

何墨荣：我的职业、专业都是我的最爱，确实要付出大量时间和精力。当事业和家庭有冲突时，我肯定会选择前者。我想，找人帮助料理或挤时间做家务，以求得家人理解，矛盾就会少些。

何墨荣老师用最平实而真诚的语言，诠释她对于"师者"的理解。同样也用自己的行动捍卫教师——这一光荣而伟大的职业！

法国著名的女作家西蒙娜·波伏娃曾说："女人在诸多身份前，要选择先做好'自己'"。何墨荣老师就是这样一位女性，在自己选择的事业和生活中做最好的自己，也收获了属于自己的那份快乐。与此同时，也为她一路扶持的教师们、为她走过的事业和生活轨迹、为她引以自豪的教师生涯，绽放了宛如幽兰般的奕奕馨香！

（刘　洋）

师　赞
——记汪丁丁老师

汪丁丁简介

汪丁丁，男，1953 年出生。 1981 年毕业于北京师范学院数学系，获理学学士学位；1984 年毕业于中国科学院系统科学研究所获理学硕士学位；1985 年赴美国东西方文化研究中心访问研究，1986 年转入夏威夷大学经济系博士班；1990 年获美国夏威夷大学经济学博士学位，同年转任（1990—1993）美国东西方文化中心“东亚经济发展，文化与制度变迁”项目研究员；1991 年任教于香港大学经济系；1996 年赴德国杜依斯堡 Gerhard-Mercator 大学任客座研究员。 1997 年 3 月到北京大学中国经济研究中心任教。 现为北京大学中国经济研究中心、浙江大学经济学院经济学教授，浙江大学跨学科社会科学研究中心学术委员会主席，东北财经大学行为与社会科学跨学科研究中心学术委员会主席，《财经》学术顾问。 研究领域包括：制度经济学，博弈论基础，微观经济理论，资本理论，资源经济学，经济增长与发展理论，道德哲学和政治哲学。

一、初识汪教授

初次见到汪教授，是在2006年底。当时他应邀回母校首都师范大学数学系作报告。当得知他是我们的学长并且还是一位享誉国内外的著名经济学家时，大家很是兴奋，都争相来听他的报告，过道里面都站满了学生。汪教授给我们留下的印象是：身材伟岸、学识渊博，而且谈笑风生。

汪教授的报告开阔了大家的眼界，使同学们第一次认识到数学在经济学研究中的重要作用。同时，他带给我们一个看待数学的崭新视角，激发了我们进一步了解经济学的兴趣。

二、徜徉于图书馆、墓地的思想者

1978年，汪教授进入北京师范学院数学系学习。在校期间，图书馆是他最为享受的地方，虽是数学系的学生，但他读得最多的却是黑格尔和罗素的书，当时给他印象最深的就是罗素的《哲学问题》。随后罗素让他深入认识了休谟，从休谟又开始认识康德。他在《通向林中空地》一书的序言中曾写道："我觉得那些架子上的书都是我的士兵，我在这些士兵的行列中间穿行、检阅、查看新来的成员，寻找失踪的老兵。"通过这句话，读者能深刻体会到他巡视书架时那种快乐。

1981年他考入中国科学院系统科学研究所学习控制论。中科院研究生院位于北京长安街的延长线上，学生宿舍的地点与"八宝山公墓"相毗邻。那一段日子里，他每天傍晚和清晨都在墓地里散步，复习功课，思考数学问题。那时候北京市区还很小，"二环"路大概刚刚在修建，从市区到八宝山还有很多段是土路，大家总是乘地铁或者骑自行车去那边。所以，能在傍晚和清晨到墓地里散步，同时思考着数学问题的人，或许只有汪教授自己了。

三、由数学到经济学的转型

汪教授本科、硕士阶段的主修专业都是数学，而博士阶段则主修经济学，当问及是何种力量激发他在博士阶段选择经济学深入研究的时候，汪教授每每感叹道："我们这一代人或多或少有一些社会责任感，也比较熟悉马克思主义哲学问题。1981年考入中科院系统所研究生班，当时农村经济体制变革已经扩展到城市。一位人民大学经济系的朋友请我参与他们的研究小组，就此进入国务院发展中心'2000年的中国'课题组，是所谓'四百名专家'之一。所以，从数学到经济学，有偶然因素，也有必然因素。"

有时在某些场合，汪教授还会以自己的亲身经历，为年轻人讲述自己选择经济学继续研究的历程，同时介绍数学对于经济学研究的重要作用。事实上，凭借自己扎实的数学功底，汪教授的很多经济学理论都是以数学模型为依据的。基于此，在平常的教学中，汪教授经常根据数学公式或图形来解释经济学意义，这样不仅清晰明了，而且印象深刻。

四、做学问——专心致志，起早贪黑

在中国经济学界，汪教授几乎从来不在各种非学术的论坛、会议上抛头露面，也不接受记者的采访，而是专心致志地做自己的学问。他自己说："我属于'清流'。"他对于学问的热爱，几乎到了"痴迷"的程度。他每天早上四点前就起床，浏览各种文献。韦森老师曾在一篇文章中说，"最近，我与汪丁丁电子邮件交流蛮多。自己思考一有所得，即传与丁丁，总想听听丁丁的评论意见。我的生活还算规则，但与丁丁电子邮件交流，却不甚规则，有时在半夜，有时在中午，但多在凌晨四五点。丁丁给我发电子邮件，也大致和我一样不规则。年前的一个深夜，我曾发了封电子邮件给丁丁。刚发出，即收到丁丁的回复。我立即又回一封电子邮件：'老兄，现在夏威夷都几点了？你好像从来都不睡觉。'丁丁又回复道，'你猜得不错，我不怎么睡觉，多年平均五小时左右。'读到汪丁丁这封电子邮件，我方才明白了，多才、多产、几乎'无所不知'的汪丁丁，原来是这么个工作法！"而汪教授的学生，也常常在深夜或凌晨收到汪教授寄来的电子邮件，汪教授的勤奋和专注可见一斑。但是，汪教授的勤奋和专注并非仅仅来源于"刻苦"，他是一个乐在其中的治学人。他最欣赏的就是亚当·斯密在《道德情操论》中所渲染的宁静治学之乐，这是一种智性上的喜悦。汪教授曾言，"各项知识之间，由于有强烈的互补性，于是就把知道了一些知识的人'诱惑'得要去知道另外一些知识，这诱惑越是难以拒绝，这知识中人也就越忙碌了。"于是，我们可以看到汪教授的知识网络四通八达，谈文论学妙语连珠。

同时，汪教授是一个很有情趣的人，他是出名的美食家，又深爱各种艺术，还给自己的书设计过封面，甚至对电脑游戏和韩剧都颇具"造诣"。汪教授的童心和妙趣，使他的学问充满了神思妙悟和新鲜活趣。可以说，汪教授以他独特的人格魅力为学生树立了榜样和楷模。

五、授课——尽职尽责，不断创新

为了更好地方便非经济学类的本科生学习经济学，北京大学国家经济发展研究中心筹办了经济学双学位，汪教授作为中心的教授，讲授一些行为经济学的课程。

第一次听汪教授的《行为经济学》，大家的初始印象是这门课好像不是一门经济学的课程，因为课堂上的概念、理论似乎和经济学距离很远。其实这种感觉是正常的。因为这门课教给大家的就是有限理性思考以及批判性思考，它所涉及的领域也会覆盖经济学、制度学、心理学、生物学以及脑科学等。

通常，汪教授在课上会引用相当数量的文章来介绍相关领域的国际上最新的研究成果，每堂课引用文章少则四五篇多则十多篇。有一段时间，汪教授一直在讲脑科学，他几乎将国际上所有的相关内容都进行了总结，给同学们作出重要批注，以使大家达到事半功倍的效果。所以大家要想听懂汪教授的课，除了认真之外，还需要知识面宽泛。从这层意义上说，汪教授的课确实很难懂。

尽管课上所涉及的文章内容抽象难懂，但是在讲解的过程中，汪教授往往会加入自己的理解与看法。每当这时，汪教授都会将自己的思想娓娓道来。此时授课者井井有序、有条不紊，听课者思潮澎湃、频频点头。每堂课，同学们都听得忘乎所以，老师也仿佛忘记了时间。若不是外面等候上课的同学熙熙攘攘之声惊扰了师生，大家还沉浸在那美妙课堂上的享受中呢！

汪教授授课有一大特点：就是喜欢用数学模型来论述问题，其实这与汪教授学数学出身的背景有关。2006 年底，汪教授回母校接受采访时，就被问及“作为数学出身的著名经济学家，扎实的数学功底对研究经济学起到了哪些作用？在现代经济学的研究中，数学发挥着怎样的作用?”，汪教授肯定了数学在现代经济学研究中的重要作用及意义。汪教授授课的另一特点是：经常利用二维或三维图形来分析问题。例如在种群演化、人类合作、个体适存度等方面，汪教授引入了图形分析，学生们一目了然，不仅印象深刻，而且理解很到位。

六、对学生——客观中肯，关怀备至

在指导学生的学业方面，汪教授向来尊重学生的爱好和理想，并且能提出中肯的意见和建议。以汪教授的博士生丁建峰为例，丁建峰跟随汪教授，初治经济学思想史，后来转入实验经济学的研究，然后又转入经济学思想史的工作。三次变换研究的主题，汪教授丝毫不以为忤，但汪教授又不是一味地予以肯定，而是对丁建峰的研究多有建设性的意见和批评。汪教授曾反复告诉丁建峰，研习思想史要耐得住寂寞，而且要以“做大学问”为目标，不要急功近利。中心的博士生研讨会是博士生自己组织的研讨会，向来很少有导师出席，但汪教授从不因公事繁忙而推脱，丁建峰在中心报告自己的论文，汪教授往往亲自出席并给予非常细致的点评。

汪教授的另一个学生程琛的兴趣是在制度经济学领域，她并不希望以汪教授最为关注的行为经济学作为自己的专攻领域，汪教授也完全支持她的选择，并且以其渊博的学识，为其提供极其细密有致的指导。

汪教授亲自指导的学生，数量极少(汪教授在国内执教十余年，学生只有十几人)，但所有的学生都与汪教授保持着紧密的联系，汪教授不但关心大家的学业，在生活上也照顾甚多，甚至学生冬日御寒的毛衣、围巾，都是汪教授及夫人所赠送。

孔子曰：其身正，不令而行；其身不正，虽令不从。明末清初杰出的思想家、哲学家王夫之也曾说：身教重于言传。汪教授的一言一行时刻都在影响着他的学生，所以，汪教授的学生都秉承汪教授的美德与优良习惯——勤学、勤俭、勤劳、勤修、勤勉。

七、育人教书——殚精竭虑，事必躬亲

汪教授最近在东北财经大学主持行为金融学跨学科实验班的教学工作，为培养跨学科的行为金融学人才，汪教授可谓殚精竭虑，不仅要与学生座谈，开设跨学科前沿问题讲座，还要负责聘请各个专业的课程老师和讲座教授，事务纷繁，工作强度很大。汪教授这样做的目的是为了从本科生阶段开始培养跨学科研究的人才，因为汪教授在国内主持跨学科研究工作，深感目前人才的匮乏。和国外一流大学的育人思路一样，汪教授对培育本科生十分重视，对于任何一门本科课程，汪教授每次都会花很多时间搜罗最新文献备课，对于优秀的本科生，汪老师不但会推荐他们的文章发表，也会热情地给他们写推荐信。

每次课后，汪教授都会留在教学楼过道里给学生答疑，北京冬日寒冷，汪教授却浑然不在意，有时粉笔质量不佳，板书使他的手部过敏，但汪教授犹自书写不辍。汪教授从来都是对学生和颜悦色，以鼓励为主。所以，汪教授在学生中的口碑很高，不少学生都受汪教授的激励而从事学术研究，并取得了不少建树。

出于对经济学的兴趣与爱好，笔者于 2009 年 9 月在北京大学中国经济研究中心经济学就读双学位，恰巧汪教授开设了“行为经济学”这门课程，因此很幸运地成了汪教授的学生，亲身体会到了汪教授的博学、多才、勤勉，以及学生们对汪教授的爱戴。

后记：文章成稿后请汪教授审阅，汪教授回复了邮件并希望将他的回复附在文章后。回复如下：

这篇文章，在我看来实在有鼓吹之嫌，改写又不易，不让你们发表呢？似乎也不可行。所以我要求你们同时必须将我这段评论文字附于你们文章的后面，以期读者想象一种平实文字描述中的我。

祝好

丁丁

（首都师范大学数学科学学院）

教诲如春风　师德似海深

——记张思明老师

张思明简介

张思明，男，1957 年出生。1982 年毕业于北京师范学院数学系，获得硕士学位，2010 年获得博士学位。现为数学特级教师，享受国务院特殊津贴专家，北京大学附属中学副校长兼学术委员会主任。

张思明老师曾获“北京市十大杰出青年”、“全国优秀教师”、“苏步青数学教育奖”一等奖、“胡楚南优秀教学成果奖”等荣誉。他的“中学数学建模和导学探索的教学模式”在中学数学界引起了极大的反响。长期担任市、区数学学校的兼职教练员，先后辅导 10 余位同学在全国数学、计算机竞赛中获奖。他著有 40 余篇文章、150 余万字的著作成果，其中在全国和市级以上评比中获奖的就有 8 项。张思明老师多次代表北京教师到香港大学、美国斯坦福大学等学校进行学术交流，是数学高中新课程标准的研制者之一。

第一次见到张老师，是参加首都师范大学建校 55 周年拜访老校友活动。当时的张老师，看起来身体状况不好，瘦弱的身子，苍白的脸色，但说起话来很温柔。即使身体不好，但是眼神中还是流露出那份从容，那份淡泊，那份坚强。听张老师的同事介绍才了解到，张老师曾经几次在课堂上晕倒。这让人顿生敬畏之情，也很担心张老师的身体健康情况。时隔半年，第二次见到张老师，这给人感觉年轻了不少。张老师的穿着简单质朴，一身黑装却不给人凝重的感觉，脚下是一双普通的不能再普通的运动鞋，走起路来没有一点杂音，比起穿皮鞋走路发出的“蹬蹬”声，让人觉得舒服很多。在教学楼内，张老师一直都压低自己的音调，以免打扰到正在学习中的学生。在一言一行中，都可以看到张老师对学生的关爱。

一、千磨万击出深山

记得马克思说过：“生活就像海洋，只有意志坚强的人，才能到达彼岸。”而张老师就是这样一位凭着坚强的意志获得成功的人。了解张老师的人都会感觉到张老师的成长过程十分艰辛，但他却坦然面对着人生路上的种种磨砺。

13 岁时，张老师一家人被下放到江西，父亲在一次意外中去世了，从此他便承担起家庭的重任。虽然只和父亲生活了 13 年，但父亲对他的影响是深远的。父亲以清贫的做人准则和含蓄地表达爱的方式，对他进行严厉打磨：把恐高的张思明一次次带到台阶上，任他怎么哭也放开手退到远处看着；把年仅 4 岁的张思明留在家里看家；每个暑假都让张思明一大早起来打扫 20 多户人家合住的大院……正是这些我们看似苛刻的教育方式，才使得张老师拥有了质朴、坚强、勇敢的人生底色。即使遇到了再大的困难，他也不会灰心，不会动摇，不会气馁。

从江西回来，母亲的身体垮了，妹妹又疑似重病。他深知这个家需要他，从此，他又开始了一段艰苦的生活，经历了一次次痛苦的选择。为了给妈妈、妹妹看病，他卖掉了上学用的自行车，卖掉了父亲留下的仅有的书。为了养家糊口，给妈妈、妹妹更好的生活，他选择了留校担任初中教师。这个选择并不是他内心的真实想法，但他却一直坚持到现在，并在教师这个岗位努力拼搏，全身心地投入到教育事业中。即使在结婚后，为了有更多的精力照顾双方多病的老人，喜欢孩子的他和妻子至今没有要孩子。在教育教学中，他始终保持着严谨治学、勤于进取的职业作风，献出自己的所有，培养出了无数优秀的中学生。

为了能够无愧地站在讲台上，更好地教育自己的学生，他选择了漫长而又艰难的自学、自考之路：从一个不甚合格的高中毕业生在北大数学系当旁听生，参加教育自学考试，成为日本冈山大学的教师研修生，又获得了硕士学位，现在的他正在攻读博士学位，并在中学数学界取得了不菲的成绩。其间，他流过多少泪水和汗水，唯有无数个夜晚的星星和清晨的朝霞记得。他也会觉得疲惫，但在艰难的时候总会想起父亲对他的教导："人最主要的素质就是要有学问，要有一种高贵的品质，要有意志。"这句话鼓舞着他，激励着他。他把磨砺当做是性格的催化剂。作为强者，磨砺会使之更加坚强；作为有志者，磨砺会使之更加明志。

也许正是这些不平凡的成长经历才赋予了张老师高尚的人格。他在生活中不断找寻，充实着自己的教师生涯。对教师这一职业的特殊理解，让他用宽容的心去爱学生，用无痕的教育感染学生，使他深受学生的尊敬。他善于观察生活，启发学生的好奇心，在生活中寻找数学，将数学建模应用到生活中，成为中学数学建模的拓荒者。他是特级教师，却不看重这一称号，本本分分地努力做好自己的工作。他不会因为浮华利诱而离开深爱的祖国，不会因为工作繁忙而忽略了对家庭的责任，不会因为身体不好而放弃讲课的机会。

二、心系责任，宽容为魂

被评为特级教师，张老师似乎并没有像我们想象中的那么兴奋和激动。在张老师看来"特级"就是"特别着急"、"特别能和学生交流"、"特别能适应课程的改革"等一系列"特别"的加和。在他看来，责任比荣誉更重要。"'不想当将军的士兵不是好士兵'，要我说这句话应该是对偶的，下半句就是'当不好士兵的将军一定不会是个称职的将军'!"当张老师说出这句话的时候，我们都笑了，但是笑过之后，再仔细回想这句话，我们看到了张老师那份对于责任的执著。在张老师的眼里，做人，需要有远大的抱负，但更需要的是先做好自己的本职工作，对自己的工作负责，对自己负责。

当然，这一点执著也直接体现在了张老师的教育理念上。"负责"这个词，已经深深地镌刻在张老师的骨血里了，他不仅用这两个字来要求自己，更是用这两个字在教育学生。在他看来，作为一名好学生便是要对国家、对社会、对家庭、对父母、对自己负责。很多教师都将自己的工作仅仅看为工作，因此，他们认真工作、认真教书、认真地将书本上的知识传递给学生。然而，张老师却是将教书育人看做是自己的职责，他用自己那份兢兢业业的负责态度站在讲台上教育着一批又一批的学生。

不仅是在数学学习方面，张老师认为无论是其他学科的学习还是学生的生活、无论是学生还是老师均该如此——不用喜欢，只需了解。他曾说过："作为一名数学教师，我不企盼每个学生都能成为数学家，但若通过我们的教学，能使我们的学生有一种在生活和学习中应用数学去思维的观念和习惯(时间观念、效益观念、实事求是等都可以看做是一种'数学观念')，通过我为他们在课内外创设的'微科研'环境，使他们得以培养一种勤奋求实、不断探索创新的精神，他们自身和我们的国家都将受益无穷。"为了达到这个目的，张老师费尽心思，不断总结经验方法，他坚信只有将数学生活化、把数学学进生活里才能更好地激发学生的兴趣。于是他探索实践，最终取得了成功。

他说："老师应该欣赏并且理解每一个孩子，不要将自己的想法强加于学生。"的确，现在的很多中学老师作为学生时生活的年代已经完全不能和现在相比。如今社会的飞速发展、各种新潮元素的兴起使得生活的节奏和人们的思维都大不相同，旧的思想已经不能完全被现在的学生所接受，所以理解并且欣赏学生才是现代老师更重要的事情。张老师贴近学生、融入学生、关心学生的生活，欣赏每个学生的特点，他对于新事物的了解程度可以让他与学生之间有更多的共同话题，更好地进行交流。

张老师说："看到学生要反观自己，进行换位思考。"学生和老师要互相尊重，换位思考才能更好地体会到学生的想法。张老师提到对陌生学生的关心尤为重要，要平等看待每个学生，对每个学生都投以最大的关爱。

三、于无声处听惊雷

"让学生知道数学很美，其次才是数学有用"一直是张老师教数学的主导思想，这让他的教学方法显得尤为细腻，就像一阵春雨——润物细无声——却又在无声处蕴含着惊人的爆发力。

张老师从来不告诉学生"应该怎么想，应该怎么做"，在教学过程中，他更愿意当一名"引渡者"。在设计花园里的小径时，怎么铺才最符合人的生理特性，让人走着最舒服？他告诉学生，用"数学模型"的方法试试，但是并不说"怎么建模，怎么研究"，放心地把研究项目交给学生自己去做。结果是，学生独立出色地完成了研究项目，把学校的小径铺得舒适、自然。他很乐意当好"引渡者"的角色，很乐意默默地引导学生用数学的思维想问题，用数学的方法解决问题。他说："教育的最高境界是不留痕迹"、"我总不想让学生觉得我在教他们，我在教数学。我只是把自己的学习经验拿出来，虽然这未必是最适合他们的学习方法，但是我希望在交流的过程中，让他们学会思考，找到最适合自己的学习方法。”

张老师只把学生领上了“数学建模”这条路，却并不希望学生的思维禁锢在“建模”上。张老师说：“数学是一种生活，但数学并不是万能的。”比如在“量”教学楼高度的问题上，张老师把作业留给学生，就没有再干涉学生的调研。作业收上来后，答案千奇百怪，有用相似形算比例的，有用物理气压算的，但学生们却忽视了最简单的测量方法——数出墙上一竖排的砖块数，乘上砖块的“厚度”，就是楼的高度。在采访过程中，张思明给我们传达的感觉就是：数学模型可以模拟千千万万种生活现象，但不能代替生活，学生学会了生活、学会发现、学会解决问题，才是运用数学模型的真谛。

在生活和教学中，张老师是一个言传身教的人。他首先做到一个有心人，继而引领着学生去做一个有心人。他布置给学生的实践作业都是自己观察到的、很生活化的问题。比如设计住宅区保安的最佳巡逻路线、找出具有“生物全息现象”的植物、A0 规格的复印纸有多大。这样的教学方法，让数学学习变得轻松、好玩、有用，让学生渐渐培养起了“发现身边的问题，并且运用数学方法解决”的习惯。

在张老师眼中，数学是一种过程，是一种智慧，重要的不是学什么，而是怎么学。积累了知识并不代表学会了数学，掌握了数学学科的研究方法和数学思维才算学会了数学。为了呵护、培养学生的创造性，张老师经常把数学模型运用到教学中。他曾经在教室里摆了一个莫比乌斯带的模型，却没有告诉学生那是什么，学生最先说：“像两个互相缠绕的甜甜圈”，看了模型三年后，学生终于看出了名堂，明白了莫比乌斯带中的数学特性。类似这样的教学过程很多，都是张老师做了个引路者，然后学生模仿着他的样子，通过自己的学习、实践，找到解决问题的方法。

张老师是一个很温和的老师，他的教学方法也是温和的，给人以“润物细无声”的感觉。但恰恰是这种温和的教育方式，培养出了善于发现、善于运用数学方法解决问题的学生。恰如“于无声处听惊雷”，温和的教育，却能挖掘学生的惊人潜力，获得“不鸣则已，一鸣惊人”的效果。

四、万紫千红总是春

张思明老师说：“理解的目标是让学生更好地成长。”在张老师的带领下，我们参观了北大附中，校园环境的确与众不同，大到教学楼的外观取色，小到花园的一草一木，每一个角落的设计都有学生的参与。让学生真正成为校园的主人，体现了对学生的包容和尊重。

每节课后，教室中都会充斥着大量的二氧化碳，这无疑对于学生的健康和思维都有一定的影响，这时候，张老师发动学生进行数学建模，设计了排气装置，在课间的时候开启，使室内室外的空气能够快速的交换。这可以说的上是一举三得：一是在生活中进行数学教育与学习，通过实践使数学在现实中得以运用；二是让学生自己的设计在身边能够得到体现，这对于学生来说是一种莫大的鼓舞，会提升学生的自信心以及对数学的兴趣；三是使学生有了更好的学习环境，使学生的身体保持健康。这三点体现着张老师对学生的关爱。

张老师对于学生想法有着深入的了解，中国自古便有大禹治水的故事，“导”远胜于“堵”。如今很多老师对学生所喜爱的事物并不了解，只是一味地禁止，这是一种“堵”的方法，不但压抑了学生的想法，不能正确地对学生的价值观进行引导，更会激发学生的逆反心理；而张老师却完全不一样，对于在学生之中流行的东西，张老师都会亲自了解，只有知道学生真实的想法，才能真正地引导学生走正确的人生道路。

中学生早恋问题早已不再是什么新鲜的话题了，其中的利弊许多人都进行过讨论，张老师对此却有着完全不同的策略：用数学建模的方法解决早恋问题。这个想法的确要考虑很多因素，比如恋爱会使自己的修养提高，在别人面前显示出更出色的自己。孩子失恋后心理的承受能力，对心理的影响，以及对彼此缺点的容思。通过数学建模的方法让学生自己去了解早恋的利弊。他还发现学生近年来心理健康方面的问题较多，就选择了“焦虑的形成与调适”作为研究课题，通过调查了解学生焦虑的起因、表现、利弊影响，进行适当的“挫折教育”，为学生介绍多种心理调适方法，并指导家长进行相应的措施配合，使学生形成较好的心理状态。

他将教学与育人结合到一起，亦教亦育，可见张老师在关心同学生活中花了多少心思。一谈教育，张老师就会谈到国家、民族，谈到社会责任感。他把自己的爱国情怀贯穿于教学中，让学生树立起爱国意识。或许是早年的留学经历让张老师印象十分深刻，使他体会到祖国对人才的需求，让他知道留在祖国切切实实为祖国办点实事是多么伟大。所以，在教育学生时，他总是不忘告诉学生不要忘记祖国。然而这种教育并不是有些老师的那种义愤填膺、慷慨激昂的宣扬爱国主义精神，他会告诉学生：“一群优秀的教师＋一群优秀的学生＝

一个不可战胜的民族。”这样的爱国情怀常常在课堂上流露，感染着他的一批学生，让一些以前想在国外做研究的学生改变了主意，决心出国学习后回国，为自己的国家做贡献。

采访他的学生，他们会告诉你，他们有多么佩服张思明老师，因为他是一个不仅教他们学问和技能，还教他们做人的老师。因为有了张老师，原本不喜欢甚至恐惧数学的学生喜欢上了数学，原本单纯的心灵变得更加纯洁通透。学生们说：“这就是张老师让你不得不服的能耐。”

这就是张思明老师，他对学生的教育以及对人生的态度都深深的鼓舞着每一代学生，激励着当代青年教师。他的人生如蜡烛一样，从顶燃到底，一直都是光明的。

（首都师范大学数学科学学院）

散发光与热的灵魂导师
——记童嘉森老师

童嘉森简介

童嘉森，男，1983 年毕业于北京师范学院数学系，中学特级教师。现任北京八十中学数学教研组组长。1993 年被评为“北京市优秀教师”，1994 年被评为“北京市朝阳区青年教师学科带头人”；1997 年被评为“北京市市级中青年骨干教师”，1998 年被评为“朝阳区优秀中青年知识分子”、“首都‘五一’劳动奖章获得者”。童嘉森老师具有较强的教育教学科研能力。多次参加全国教育科学规划课题研究。

散发光与热的灵魂导师
——记童嘉森老师

教师是一座“桥”，架设在昨天与今天之间，架设在童年与成年之间，架设在耕耘与收获之间。学生从教师脊背的“桥梁”上，跨过人生幼稚无知的江河，使彼岸不再那么遥远，让理想变为现实。

教师像星星，没有太阳那么强烈，没有月亮那么温柔，没有朝霞那样炫目，没有白云那样浪漫。但从来无怨无悔，与世无争，总是在一个不显眼的岗位上，奉献他的那分光和热。

这是童嘉森老师最喜欢的名为《教师之歌》的一首歌。童老师为人谦和、平易近人、待人热忱。认识他的人都说，他才是真正的“大牌”。从教三十余年，他用自己的脊梁为他的学生、徒弟和同事架设了一座通往成功的钢铁大桥。正是这三十余个春秋，一万一千多个日日夜夜，铸就了这位奉献了全部光和热的灵魂导师。

一、为人师，他全心投入、精益求精

童老师从中师毕业到 80 年代期间，一直在大山子中学授课。之后调入北京八十中学。虽然两段教学经历将童老师的教师生涯天然地分为两个阶段，但是作为老师，他对教学精益求精，对学生全心投入的追求却始终如一。

童老师对解决每一个教学问题都是精益求精的。刚到大山子中学的童老师不过比他的学生大五六岁。那些学生一开始很不信服这位像哥哥般大的小老师，经常会拿出一些刁钻古怪的题让童老师解答。童老师没有厌烦，而是仔细钻研，并将多种不同的解题方法都告诉大家。由于“文化大革命”的浪潮席卷了整个社会，学生们的知识水平也是参差不齐，童老师就抽出时间耐心为水平较差的同学讲解，一遍不明白讲两遍，两遍不明白再讲三遍……就这样，童老师班的成绩有了很大的提高，同学们也更加信服这位小哥哥老师了。

童老师对培养学生们各种能力是尽心尽力的。那是童老师还在大山子中学教书的时候，有一次，学校要组织给全校学生注射疫苗。在那个年代，能够多一门手艺对以后找工作是有很大的帮助的。童老师得知这事儿之后决定让班上的几名女孩子负责注射，于是他找到一家卫生站，自掏腰包让几个女生在这儿“拜师学艺”。起初，几名女孩有些不自信。但童老师拍拍她们的脑袋亲切地对她们说：“我相信你们一定能成功。”这样的鼓励无疑带给几位女生极大的动力，在培训学习了大概有一星期，这几个女同学就上了“战场”。她们义务地把全校同学的疫苗都给打了。这在外人眼里看来不可能的事，但在童老师这里变成了现实。除了医疗小分队，还有竞赛小分队、木工小分队等。同学们纷纷在学校

中学到了更多的本领。

童老师对学生们是全心投入、关心备至的。学生们每次上交作业，童老师都会先将交作业的数量在电脑制作的表格上一一做上记录之后再仔细批改作业，当发现错误的时候，童老师会及时找到同学面批。他经常会抽出自己休息的时间去找一些成绩较差的同学聊天，谈对数学的体会，了解同学的心理状态，尽全力帮助他们。童老师就像他们的朋友一样，无论是学习或生活上的问题，同学们都愿意和他吐露心声，童老师无一例外地认真倾听并给出建议。在八十中学的校区里，教学楼与办公楼相距很远，往返需要十多分钟。童老师心疼孩子们，因此无论是教具还是厚厚的练习册，年岁已偏高的他竟从没让学生替自己拿过一回。每天同学们都能看到童老师抱着一大摞的书本穿梭于校园之中。同学们心疼童老师，想帮忙，但童老师每次都微笑着感谢并拒绝，他总会督促孩子们赶快回教室休息休息看看书。童老师常说："这些都是小事儿，你们的成绩提高了比帮我拿多少次东西都高兴。"

一名优秀的老师不仅书要教得好，更要关心培养学生。童老师就是这样的一位老师，他把每一位学生都当做自己的亲生孩子，用心关怀用心培养，他是全心全意地为学生们服务，热盼他们成为祖国的栋梁。

二、为导师，他平易近人、甘为人梯

童老师十分清楚成功教师对于青年教师的作用。他曾说过："青年教师不是自己在成长，而是需要站在成功教师的肩膀之上。"而他甘为人梯，收下了十余名徒弟为他们明天的扬帆远航推波逐浪。他超强的人格魅力深深地吸引着每一个人。

童老师十分平易近人。他从来不会因为自己已是特级教师而有丝毫的架子、要大牌，他永远都是那样的质朴给人以温暖。如果有要去拜访他的人，他会提前很久就去门口等候，热情的招手、微笑并亲自把客人迎接到屋里。他不会觉得自己高人一等，而是平等待人，这让所有人都非常感动。在童老师的徒弟中有一位在农村学校教学的老师，当初朝阳区教委开展了一个与特级教师师徒结对的活动，她也很想找一个成功老师帮助自己，当她首次听到童老师的名字时就觉得童老师很不一般，于是就决定去找童老师试试，当时正好赶上八十中有一个开放课。当她走到童老师办公室门前，心情忐忑，她猜测童老师这样的大牌一定不愿意见自己这样一个普通的农村教师。可是当她走进童老师的办公室之后，感动替代了原有的不安。童老师亲自给她端茶倒水，询问她现在的情况，向她讲述自己年轻时候的相似经历，鼓励她不要轻言放弃，并最终收她为徒。交谈中，童老师一直带着标志性的微笑，让人舒心、让人宽心、让人放心。这位青年教师在童老师的鼓励下也快速地成长，获得了“优秀青年教师”的称号。这位教师感动地说：“童老师质朴、和蔼、平易近人，他才是真正的大牌。”

童老师对徒弟可谓倾其所有，尽自己最大努力为他们创造各种成功条件。童老师会为徒弟搭建学习平台，他有几位徒弟是朝阳区三里屯一中的老师。为了能够提高学校的整体水平，他们数学组的四名骨干教师都拜童老师为师。童老师告诉他们：“既然是徒弟，你们可以随便地来我的课上听课。”当时，从三里屯一中到八十中学骑车需要10分钟，而课间也仅仅有10分钟。所以徒弟们经常会“迟到早退”，但童老师教室的后门永远都是为他们而敞开着。就这样，四位徒弟“轮番轰炸”坚持了两年的时间。童老师说：“这些都是小事儿，你们这种学习的精神很让我感动，我有责任为你们做这些。”童老师还为徒弟们搭建教科研平台——请知名高中教师为他们讲座，为他们寻找提供公开课的机会。每当徒弟做公开课时，他都会尽量去听。有一个周末，童老师在外地有个讲座，由于飞机晚点，回来的时候已经是周一的凌晨，而早上童老师还要去听一位徒弟的公开课。早晨8点，童老师准时来到学校。徒弟非常吃惊，没想到童老师会来，事后才发现童老师在凌晨4点多给她发了条短信，内容大概是白天要去听课。徒弟非常感动，甚至有些责备童老师不注意休息。而童老师只是摆摆手，笑笑说：“你们是我的徒弟，既然答应去指导你们，我就必须要尽到我的责任。”他听徒弟的每堂课都很用心，很投入，有时甚至比自己讲课还要紧张。在每次课后，童老师会给青年教师很多建议，告诉他们这节课哪里很好很值得别人学习，也会告诉他们哪里需要改进要下工夫。如果实在太忙没有时间去听，童老师也会在当晚一遍一遍地看录像，仔细做着每一个环节的笔记，找出优缺点及时通知给徒弟们。为了方便交流和讨论，童老师的电话时刻都开着，无论多晚无论什么问题，徒弟们都可以立刻与童老师沟通。

童老师关心每一个徒弟，在生活中他更像是一个亲人。有时开研讨会开得很晚，有的老师只能把自己的小孩放在家里，童老师得知后不放心，经常询问孩子吃饭了没有，要不要带点吃的回去。如果有的徒弟最近工作不顺心，他会亲切地询问原因，语重心长地交流，用慈爱化解所有困难的境遇，使青年教师们稳步成长。

童老师说：“真正的好老师要活在别人心中，要在别人生命成长道路上留下痕迹。我这一辈子只当过老师，只有奉献自己的全部才配得上教师的荣誉。”他就是园丁，为他花园里的花儿们添肥加料，让他们成长得更加茁壮。

三、为人父，父爱如山，大爱无言

1983年，童老师大学毕业后，家庭生活又遇到了困难，他的儿子因产后医院护理不周造成颅内出血，进而又患有严重的肺炎、肝炎、败血症，生命垂危，在这种情况下，精神上的压抑和经济上的紧张已经让童老师有些力不从心。但是，由于工作需要，组织上又安排他任大山子中学主抓教学的副校长。那时他教两个高中班的数学课，还要负责全校的教育、教学、教务、图书馆、实验室等工作，每天忙得不可开交。通常是早晨饿着肚子追公交车，晚上坐末班车回家，每天有上班时间无下班时间。为了学校的工作，克服了不知多少困难。儿子长大一些后身体并没有好转，每看一次病就要伴随着2000元至3000元的支出，这对当时每月只有89元工资的童老师来说真的可以称得上是天文数字了。面对如此的困难，童老师有了一个信念：要想救孩子，只能靠自己的劳动——那就是辛苦地去教课。因此，童老师每个晚上都要去夜大代课。一晚上的代课费仅有5元钱，童老师又接下了更多的课程。就这样，从1987年至1997年，长达10年夜以继日的工作，换回了孩子的生命。后来童老师又有了一个女儿，由于其双方父母身体不好，孩子只能自己带。当时住在13平方米房子里的童老师为了照顾孩子竟然雇了两个保姆。房子不够住就在平房外面接个棚子，使童老师更加感到生活的艰苦。一盏微弱的台灯陪伴他不知度过了多少个夜晚，他的大量的教案、工作计划和一些不成熟的论文就是在这样的环境下写出来的。童老师说：“他自己都不知当时克服了多少难以想象的困难。”女儿一天天长大，转眼到了上幼儿园的时候，但对于工作繁忙的童老师来说，接送孩子又是一个不可避免的问题。每天早晨童老师第一个把女儿送到幼儿园，晚上又是最后一个才去接，有时经常会将女儿接到学校放在办公室，等自己下课后再带回家。童老师说：“我不仅要做一名优秀的老师，更要做一个好父亲。”

艰辛的生活使童老师养成了节俭的习惯。童老师从来不打车，记得有一次童老师需要将20多本材料送到很远的兄弟学校去，本以为他会委托别人或自己打车前往。没想到，等待的老师看到的是一位老者驮着厚厚的一摞书骑行而来，无不感动于心。童老师看出老师的心思，忙说道：“不沉，不沉。这些书很重要，我亲自送过来才放心。”童老师对衣着也从来不在意，永远都是身着一身海军蓝的制服，童老师也笑称，“如果不把衣服穿破，自己会觉得对不起这件衣服。”幽默中的童老师折射出无与伦比的人性光辉。

他用几十年如一日的努力实现了自己的诺言。虽然现在的生活条件有很大的改善，但是童老师仍然坚持着自己对家人的责任。没有人能够完整的知道童老师的坎坷人生，但是他已经完美的诠释了这个世界上最伟大的爱。

人们常把教师比作蜡烛，燃烧自己照亮别人。的确，教师的牺牲与奉献精神令人动容。而实际上，教师的意义要远比蜡烛大得多。因为教师更代表着一种生生不息，代表着一种传承——将自己灵魂之伟大传递下去，为更多的人们造福。童嘉森老师就是这样一位让人敬爱的导师，他就是天上的一颗普通的星星，虽无太阳光明，无月亮温柔，无朝霞炫目，无白云浪漫，但他用微薄的力量照射着人世间，给千万走在荆棘人生路上的人们指明了方向。

（首都师范大学数学科学学院）

教育创新的践行者
——记钮小桦老师

钮小桦简介

钮小桦，男，满族，1959年出生，中共党员，北京师范学院物理系87届本科毕业，中学高级教师，现任北京市第二中学校长，北京物理学会理事。担任北京市青联委委员，北京市十二届、十三届人大代表。曾荣获“北京市优秀教育工作者”、“首都‘五一’劳动奖章”、“首都‘五四’劳动奖章”、“北京市德育工作先进工作者”、“北京市优秀青年知识分子”、“东城区十大杰出青年”、“东城区优秀教育工作者”、“全国创新管理改革杰出校长”、“全国群众体育工作先进个人”等荣誉称号。连续担任东城区名校长工作室主持人并被选为北京奥运火炬手。

对于教育创新的深意，每个教育工作者都有不同的思考，也都有不同的实践。在首都教育现代化的进程中，钮小桦立足本校，且思且行，且行且思。在这里，产生了“空气养人”的办学理念；在这里，有京城首座为自己的教师建立的博物馆；在这里，第一次为一个学生建立了科技实验室……在这里，有好多称得上北京乃至全国教育界的“首家、首创、首次”。北京二中这所有着近290年历史的老校正发生着由内而外的变革。而钮小桦这位上任九年的校长，也以充满朝气、充满锐气、充满想象力的教育创新实践，享誉京城内外。

一、“教育理想”与“空气养人”

随着二中的建设与发展，师生们在学校生活中的多元追求和表达日渐丰富；社会生活与学校生活相互渗透、相互作用，关于“大环境”与“小环境”的讨论越来越多。钮小桦看到这些，想了很多，他试图寻找一个可以描绘理想学校生活形态的“说法”，或者说是一个符合现代思潮的价值期待。

这种寻找，随着时间的推移清晰起来，并有了一个丰富的联想：学校生活应当如同“空气养人”：空气是生命之源。“真正好的教育应该是潜移默化的，是日积月累的，这正如同我们身边的空气，无处不在、无时不在，时时刻刻滋养着每一个生命。”钮小桦说，“空气即文化。我们应当努力创造这样一种教育生活和学校文化，让生活其中的人时时刻刻受到它的养育，留下更多内心的痕迹。”

历时9年，理论的思考和实践的设计逐步完善，“空气养人”已发展成为相对系统的理论。钮小桦对“空气养人”的解析别具匠心。他认为，“空气养人”理念的核心是建构最适合师生发展的学校文化。应该具有以下确定性：一是充分体现生命价值的文化，也就是尊重作为主体的师生的文化。二是充分释放生命潜质的文化，也就是富有创造的文化。三是与二中历史血脉相连的文化。四是体现中国社会核心价值观的文化。五是体现育人规律、教学相长的文化。全体师生都记得这个难忘的场景：2008年新学年开学典礼，学校为高一年级新生李汉歌建立了“李汉歌蜘蛛研究实验室”，钮小桦亲自为他颁发了实验室铭牌，其他的同学看到了其中的象征意义，备受鼓舞。一年之后，李汉歌的研究有了新的进展。他先后获得北京市为褒扬在科技创新方面有突出成绩的中学生所设立的“市长奖”提名和“第60届英特尔国际科学与工程大奖赛动物科学四等奖”。

钮小桦对自己、对师生、对学校的发展充满信心，“空气养人”，“养眼、养心、养德、养智、养体、养行”，这是一种在新的理念指导下的“知行合一”。

基于以上，他提出“空气养人”三个维度的目标。“空气养人”应当追求“全面发展、个性发展、可持续发展”的目标。“三个发展”的主体是学校、教师、学生。这是一个辩证的互动互促的关系。与此同时，全面发展、个性发展、可持续发展，是“空气养人”的三个维度。其中，全面发展指的是宽度，具有做人、做事的宽厚基础；个性发展，指的是深度，呈现教有特色、学有特色、办学有特色；可持续发展，指的是长度，学校教育要为人的终身可持续发展奠定基础。

关于实现目标的实践，从学校现阶段发展进程出发，钮小桦和他的同事们正在推进五大实践体系。关于物质文化建设，2006 年，北京二中新校园落成。钮小桦认为，应当“用文化包住这些冰冷的钢筋水泥”。学校环境建设，既要重视环境的美化和时尚的装饰，如一块观赏石，一眼喷泉，一组绿植，都有内涵、有寓意，赏心悦目，又要专注于“育人”，实现人与物化的环境之间有信息的传递。例如在图书馆的走廊上，钮小桦动议，举办了首届“学生手迹展”，作业、笔记、草图，自愿选送，洋洋大观，学生们互相观摩，有的还即兴写下批注“这道题的解法不如我”，“这里面有错别字”！墙壁说话了，学生在这里找到了共鸣。

关于教师文化建设，“空气养人”怎样与之融会贯通？钮小桦有着独特的视角。他主持策划，为自己的教师建立了博物馆。在这座博物馆里，不仅收藏了学校集体获得的荣誉奖杯，更侧重教师个人的收藏。从 2005 年 12 月至今，教师博物馆共征集到藏品 655 件(套)；还有共 870 多节 28000 多分钟的课堂实录资料片；400 条(部)校园电视新闻和专题片；近 34 万张记录精彩的学校生活的照片以及保留在档案室的记载师生教学活动的 8600 多卷(套)文献。为教师立言立传的二中博物馆成为东城教育的一大亮点，也成为二中每一位教师的精神圣地，自己的一篇总结、一张照片或者一本教案被收藏，且将永载二中史册，幸福感和归属感油然而生。

2009 年，一项新的工程全面启动：编纂《北京二中历史考》，筹建二中校史楼。(清)朱一新撰写的《京师坊巷志稿》，颁发于民国 10 年(公元 1921 年)的毕业证书……文物背后的故事，距离我们有多远？提及这些，钮小桦如数家珍，那些尘封的文件，会讲述学校沿革的来龙去脉，也都需要后来者去做历史唯物主义的考证和解读，以使学校文化传承久远，惠及后人。

关于课程文化，随着新课改的推进，钮小桦有了新的思考：要使课程成为学校最重要的文化特色。他身体力行，倡导新的课程观、新的教材观、新的评价观、新的课堂文化观。新课程实施以来，二中成为全市唯一一个面向全市举行高中全部15个学科教学研究公开课(研讨会)的学校，为北京市的新课程改革提供了样本。2008—2009年，教师在市区获奖论文达141篇；钮小桦主持的《北京二中开发“阶梯式模块”结构与“生成性”课程体系的操作实践》获得北京市人民政府颁发的教学成果(基础教育)一等奖。每年的毕业生全部考入大学，其中超过95%的学生考入第一批重点大学。

此外，还有管理文化、学生文化。“养人”的“空气”，是二中这个团队共同打造、共同享用的。钮小桦乐见其成，很是欣慰。

二、“教育创新”与“特立独行”

《礼记正义》中说，“世治不轻，世乱不沮，同弗与，异弗非也。其特立独行有如此者。”钮小桦便是这样的人。

他的特立独行表现在追求完美上。钮小桦说，“追求完美的过程，关键是要尊重学生的差异，尊重学生的选择，为学生今后的发展给予很好的支持，让学生感到学校成就了我，而不是我成就了学校。”

他的特立独行表现在深谋远虑上。“‘神七’发射时，我们全校停课观看。看似牺牲了课时，但学生更多收获了克服困难的精神，增加了学习的动力。”学校里洋溢着一种阳光、健康、大气的氛围。全国“两会”、北京奥运、国庆盛典，还有“5.12”地震、冰雪灾害、“金融危机”、节能减排，二中的学生视野宽阔，事事关心，有责任感，有感恩之心。“要看到学科知识以外的东西。”“我们要为学生创造条件，一进学校就呼吸文化空气，而且是自由的呼吸，不是贴标签。”钮小桦这样说道。

他的特立独行表现在不断创新上。围绕学生文化活动的功能创新，近年来，学校开展了“学生成长导师制”、“班级文化建设”、“音乐下课铃声”、“义工制度”等德育活动，并从新的认识角度为这些品牌活动赋予新的内涵；每年，学生们有自己的“文化节、科技节、读书节、合唱节、戏剧节、体育节”，25个涵盖文学、艺术、科技方面的社团也已成为他们文化生活的重要组成部分。班级发展目标的制订、班级文化展示柜的设立，展现着学生群体的文化追求。更加注重课程德育，实现学科渗透。政治课教学推出“课堂5分钟时事述评”、“社会关注问题选修课”、“现实问题论坛”、“现实问题周评”，受到学生的热捧。新中国成立60周年之际，全体高二学生开展了红色影片观摩活动；中学生业余党校的学员访问了老校友、当年的学生党员、现已年近八旬的戴宏森；

全体高一年级学生参观了《向祖国汇报——新中国成立六十周年美术作品展》。600 余位师生出色完成了国庆庆典广场背景和联欢晚会的表演任务。

2009 年 10 月，学校青年志愿者协会正式成立，协会整合并统领起原有的 100 余支志愿服务小队和 70 余个志愿服务基地，定期开展形式多样的志愿服务活动，促进了活动的常态化。今年寒假，高一年级 80 名青年志愿者自愿报名担任新科技馆的引导讲解员，成为新科技馆开馆以来第一支以集体名义参加服务的学生团队，在为期一周的服务中，受到好评。2009 年 11 月，以"百位名人进校园、百位校友进校园、走近百个学生家庭"为内容的"三百活动"正式启动，邓亚萍、谢军、李瑞英、白岩松、舒乙、杨澜等名流和外交、地质、科技界的精英走进二中，与学生对话，帮助学生搭建起一个关注社会、思考人生、提高交流沟通能力的新的平台。至本学期，已经有 28 位名人和校友来到学校，与学生对话交流。名人的心路历程，校友的不凡人生，给予学生启迪和感动。每年的高三毕业典礼，隆重热烈。钮小桦寄语学生的未来，亲自为每位毕业生颁发毕业证书，道一声"祝贺你!"，学生们热泪盈眶，家长们感慨："钮校长像一位师长、兄长、学长!"

他的特立独行表现在亲力亲为上。2008 年，钮小桦给自己制订了一张新的日程表：每天中午与 8 个学生聊天。班主任们说："学生对能跟校长聊天，很期待，很兴奋。校长和学生坐在一起聊聊，可以及时给予他们鼓励，也能洞察他们的需要和渴望，很有效。"文化的滋养促进了学生的全面发展。学生们在学科、科技、体育、艺术等方面获得近万个国际、全国、市级奖项。

2008 年岁末，北京市东城区教育系统为钮小桦举办办学思想研讨会。与会的不仅有全区的教育工作者，有各区县中小学校长的代表，还有来自全国各地参加中国教育学会管理分会年会的代表。钮小桦的"空气养人"第一次以完整的理论阐述和实践成果进行交流。2009 年 8 月，钮小桦的成果又应邀在中国教育学会"学校文化建设理论与实践"研讨会上发言，引起广泛关注。

关于教育创新，未来还有更多的题目等着钮小桦去探索。应当说的是，践行教育创新，已经成为钮小桦的一张新名片。

（首都师范大学物理系）

优育桃李　默留芬芳
——记李佳老师

李佳简介

李佳，1956 年出生，中共党员。北京市化学特级教师。1975 年从教，1983 年毕业于北京师范学院化学系，任北京十四中化学教师，北京市中青年学科教学带头人，北京市化学奥林匹克教练。同时兼任民盟宣武区工委主委，宣武区政协副主席，民盟北京市常委，北京市教育学会常务理事，北京市化学教学研究会常务理事。2002 年获得“首都‘五一’劳动奖章”，2003 年被评为“北京市化学学科带头人”，2004 年被选为宣武区人大代表，同年成为享受国务院颁发政府特殊津贴专家。

李佳老师于1983年从北京师范学院化学系毕业后一直在北京市十四中担任高中化学教师，在30年的教师生涯中，李佳老师凭着对教育事业的高度热爱，将其全部的身心都投入到工作中。多年来，她出色的工作获得了全校教职工以及同行们的一致好评，更赢得了学生和家长的信赖，历届学生都把她当做良师益友。

一、环境熏陶出名师　艺术天赋寓良技

李佳老师出身于教师家庭，受家庭的熏陶和老师的教导，从小就向往教师这一神圣的职业。李佳老师的父母生活上两袖清风，对教育事业充满了执著的热爱，对学生则满怀深情，一生孜孜不倦地教书育人。父母在精神和人格方面对她的影响很大，这种潜移默化的影响甚至造就了李佳老师的性格，使她懂得了教师的职责不仅是教会学生某类专门的知识，更要主动地介入学生思维的形成过程，引导他们形成健康的人格和善用批判性思维独立思考的习惯。李佳老师曾自豪地说："其实我的爱人、公婆、两个小叔子和他们的夫人也都是教师，可以说我的家庭是一个名副其实的教师大家庭。"正是这样的家庭环境，使得李佳老师在教育事业上，做出了如此出色的成绩。当被问到"为什么会选择化学这一门学科"的时候，她会心地笑着说："其实我小的时候在父亲的影响下，特别喜欢弹钢琴，总想走艺术这条路。但是我又比较喜欢动手做一些家务事，也许这对今后的实验操作也有一定的帮助。"后来在父母的建议下，她来到了"首都师范大学"，即当时的"北京师范学院"，成为化学系的一员，毕业后很自然地就成了一名化学教师。李佳老师觉得这就是人生，有时自己认为是最好的并不一定适合自己，但是她还是觉得现在的职业与之前的理想存在着一定的联系。李佳老师很随和，合适得体的穿着打扮，很难让人想象这就是那位热衷于实验教学的理科化学特级教师，反倒感觉到了许多艺术气质。与她交流时，她身上真诚温暖的笑容会马上拉近彼此的距离，消除彼此间的陌生感。李佳老师一直认为，一名老师就是一位艺术家，具体的来说更像一名演员。她回忆道："还记得当初，我刚刚走上教育岗位的时候，每次讲课之前，我都会在家中的镜子前练习给自己讲课，仔细观察自己的表情、神态还有声音，只有自己看着不别扭，我的观众也就是我的学生才能接受。当然一个想要成为吸引学生的老师就更需要不断锻炼自己，使自己成为一名优秀演员，这样才能得到更多同学的认可。"由此，可以深刻体会到李老师所说的，她现在的职业与她的理想确实有一定的联系性。这就是将艺术气质融于化学课程的李佳老师，正因如此才使

得学生能够真切体会到，上李佳老师的化学课其实是一种享受。

二、成功源于栽培　优秀出自耕耘

1983年，李佳老师以优异的成绩从北京师范学院化学系毕业，被分配到了在北京市颇有名气的十四中化学组，得到了当时的化学组组长、著名教育专家、特级教师——陆禾先生的悉心指导。陆老师特地把自己的课与年轻教师的课时错开，以利于对年轻教师做好讲课示范。在优秀老教师的言传身教和自身的积极努力下，李佳老师认真学习并细心总结各位教师的教学方式、方法，练就了一身扎实的教学基本功，教学水平迅速提高，成为了一名教学骨干。她严谨的教学风格、明确的教学目的、风趣幽默的教学特色以及灵活多变的教学方法深受同学们的喜爱。很多同学都反映，上李老师的化学课真是一种享受。李佳老师教的十届高三学生在高考中均取得优异成绩。此外，李佳老师还是北京奥林匹克化学学校的主要负责人之一，并长期担任授课教练，由她辅导的十四中学生潘寒萌等曾获北京市奥林匹克化学竞赛二等奖。随着教学水平的日益提高，李佳老师出色的教学能力在宣武区乃至北京市都得到了充分的肯定。她曾多次在市、区青年教师评优课中获优秀课程奖。自1996起曾连续三年在全市化学教学交流总结会上做公开课，其中一次为双语教学。1998年在“全国中学素质教育经验交流大会”上代表北京市做公开课，并制成录像带向全国发放。每次公开课都受到了观摩人员的一致好评。同时，李佳老师还根据重点中学的特点，结合教材内容设计了许多实验，她制作的分子结构模型和仪器装置填补了多项教学空白。

在教学中李佳老师体会到，只有具备创新精神的人，才能在实践中有所收获。要想不断提高教学水平，除了不断研究学习外，还要大胆创新，在教育改革风浪中勇于探索和发现。在上世纪90年代初期，计算机在北京市的中学教学中尚不普及之时，她就开始率先将计算机辅助教学大胆引入到中学课堂教学中，选用恰当的内容，编写成课件，借助多媒体、网络教学等手段，向学生介绍更多的知识，讲解一些抽象的、难于用语言描述的化学概念，使学生可以较快而准确地理解，从而提高学生的学习兴趣，提升课堂教学效率，起到改善学习的效果。李老师还就中学课堂计算机辅助教学的问题发表多篇论文，其中的两篇分别荣获全国和北京市化学教学研究会一等奖。最近，她又在双语教学和理科综合等方面作了大量的研究与尝试，多次在市、区做分析报告。为了普及推广计算机辅助教学，她多次把自制课件无偿地送给外区、外省市教师，编制的部分课件也已被收入国家中学教学软件库。自1999年以来，李佳老师与他人合著或主编出版教育、教学书籍几十本，发表文章几十篇，每年在全国及北京市、区作教学研究报告十余次，承担国家级、市级教育教学科研课题多项，可谓在中学化学教学领域硕果累累。

三、热爱化学世界　提升实验兴趣

“一个称职的化学老师是从实验室里走出来的”——这是李佳老师的座右铭。从教30年来，她始终坚持把实验放在教学的首位，只要条件许可，就尽可能把实验引入课堂，让学生在直观感受中加深印象，在亲自动手中，培养他们多方位思考、勤于观察、善于分析的能力。李佳老师热爱化学，她称自己是个生活在化学世界里的人，并拥有自己的“自助实验室”——这是她自己设计、自己动手布置的实验室，橱柜里摆放着自制的导管、学生提炼出的金属等。李佳老师鼓励高一、高二年级的学生每星期都抽出时间到实验室进行研究性学习，在她的指导下，十四中的学生用自制的反应器提炼出了近20种金属，这些都浸透了李佳老师的心血。由于受到之前应试教育思想的影响，刚开始有些家长对李佳老师的教学方式还存在一些疑虑，但是渐渐地家长和学生们开始明白并且欣然接受这种学习方式。每当上“物质的组成和结构”这一章节课时，李佳老师就会让学生每人准备好面团和牙签，在课上自己动手组合甲烷的分子结构，由于同学们对此都很感兴趣，因此往往记忆深刻。除了在实验课上强调动手能力，李佳老师在化学课理论教学中也不断进行“探索性”、“研究性”教学尝试，并取得了良好效果。她要求学生们无论是做化学实验，还是做练习题，都不要急于知道标准答案，应该多想想还有没有其他更好的解题思路，例如“这道题为什么这样出，这个实验为什么这样设置”等。通过这些训练，可以培养学生勤于观察、善于思考的能力，收到举一反三的效果。李佳老师强调：“其实应试和素质教育并非必然对立，处理得好，既可提高学生的综合素质，又能让学生考出好成绩。在这个过程中，教师的作用很重要，他们要学会换位思考，多从学生的角度考虑问题。上好化学课关键是训练学生的思维习惯，使他们养成一种批判性的思维方式，多观察、勤思考。这种训练要尽可能通过化学实验来完成，因为化学不同于其他学科，它是一门实验性学科，只有通过实验，才能培养学生的动手能力和探究性的思维方式。”

四、桃李不言春风意　师心化雨代相传

要想给学生一杯水，自己就要有一桶水。为此李佳老师平时大量阅读书

刊、杂志。她在课堂上不仅讲授化学知识，同时还教学生如何做人，帮助学生培养良好的品德和坚强的毅志。在担任班主任期间，她还利用课余时间与学生及家长谈心，做他们的知心朋友。对于学生细小的不良习惯，她也从不放过，有的老师说她管得太多，太操心了，而她的理解则是：要将自己的爱心、理解和尊重全部给予学生，教育每一位学生，如同培养自己的孩子一样。李佳老师曾说："我深爱我的两个女儿，我当然希望她们的老师同样地喜欢她们。每一个家长都会有同样的想法，因此作为一名教师，我也爱我的每一个学生，他们走过的每一步都会深深地印在我的心中。"

1995年高中毕业，现在大洋彼岸留学的一名学生讲述了十年前一段令人难忘的往事。他毕业那年，有一次不慎从楼梯上摔下来，李老师把他送到医院检查，虽然没有什么大伤，医生告知还可以正常上学，但是他非常害怕，生怕因劳累再也爬不起来，甚至因此不想再上学了。李佳老师得知这个消息后，就主动去找他的父母商量，希望尽量让孩子到校上课。了解到这位同学的父母工作忙，她主动提出每天上完课后送孩子回家。就这样，连续三个月，风雨无阻，李佳老师用接送自己女儿的那辆三轮车接送这名学生。三个月后，这名学生顺利参加高考，并以优良的成绩考入首都师范大学物理系，大学毕业后又赴美留学。这位学生在美国读书时，有一次英文写作的题目是"让你终生难忘的事情"，他写的就是这段故事。教授给他写的评语是"这是一个真情感动的故事，去爱所有教过你的老师吧"，老师还把这位同学的佳作在课堂上朗读。这位同学感慨道：没有李老师的无私帮助，就没有他的今天，是李佳老师用三轮车把他推进了大学的校门。

每每谈起自己的学生，李佳老师都是带着一种十分欣赏的口吻，言语间满怀深情，你听不到一句责怪或抱怨学生的话。李佳老师认为，在课堂上，不宜大声批评学生，如有影响他人的学生时，只需指出来就可以了；有学生睡觉时，最好的办法就是把他轻轻唤醒。"学生睡觉，要么是他睡眠不足，要么是老师的课讲得不好。教师要多从自己身上找原因，不宜过多地责罚学生，好孩子是在赞扬声中长大的。"李佳老师有个非常得意的学生名叫陆鹏，学的是理科，考入了北京大学，研究生时也学的是理科，毕业后留在北大，却干起了文职工作。对此，李佳老师表示理解：老师只把有用的知识和科学的思维方法教给学生，最大限度地赋予学生"能量"，至于学生将来干什么，不应过多指责。李佳老师表示，现在的家长总希望自己的孩子"成名"、"成家"，喜欢将自己的意愿强加给孩子。孩子不是父母的复制品，他们有自己的人生目标和生活方式，父母应该结合自己孩子的实际情况，选择适合他们健康发展的道路。作为一对优秀双胞胎女儿的母亲，李佳老师真诚地告诫天下父母：在生活中和在教育教学中一样，都要充分给学生自我发展的空间。这也是她对同行们常说的一句心里话。李佳老师用独到的化学专业语言表达了自己的教育体会：教师教书育人的过程就好比“将铀、钚提纯、制成核弹并使其裂变、释放能量”的过程。其实，每一个学生都是一块蕴含着巨大能量的“铀、钚矿石”，教师只要善于提炼、勤于加工，每一个学生都能产生“核裂变”。如今，李佳老师因为担任着一定社会职务，所以在教学方面的时间就少了许多。但她即使再忙，也要抽出时间来教授同学们课程。哪怕是利用午休的时间，李佳老师也会边吃午饭边解答学生们提出的各种化学问题。

李佳老师的高尚师德不仅体现在对学生的关怀上，对年轻的教师们，李老师也给予了鼎力相助和指导。随着十四中老教师们逐渐退休，化学组长的担子落到了李老师的肩上。她意识到，要保持并提高化学组的整体教学水平，就要培养一批高水平的青年教师作为接班人。像当年陆禾老师带她那样，李佳老师为组里的每位年轻人制订了培养计划，帮助他们提高教学和业务能力。凡是新来的大学生她都要亲自为他们安排指导教师，并通过听课对其教学过程进行细致讲解示范，在教学中手把手去教，帮助他们做公开课，认真听他们试讲，并指导他们搞科研、写论文、设计计算机辅助教学课件。她参与指导的青年教师沈军曾获得全国青年教师评优课特等奖，孙文艳、于鹰获市青年教师评优课一等奖，另有 3 人获区青年教师评优课一等奖。全教研组有 6 人做班主任，2 人做年级组长，近五年来已培养出三名高级教师，两名区骨干教师，一名区希望之星。十四中学化学教学成绩每年都能进入全区前三名，化学教研组连续两次被评为区先进教研组。李佳老师还指导了多名外校青年教师，近五年共有 8 人以师徒关系挂钩，帮助他们在教学中快速成长。十四中的化学教学成绩之所以不断提升，与李佳老师对年轻老师们的培养和指导是密不可分的。

优育桃李，默留芬芳——这就是我们的优秀校友、北京市特级教师李佳老师的真实写照。桃李不言春风意，师心化雨代相传。在李佳老师和她培养的同事们身上，言传身教、薪火相传的优良传统已经成为一种优秀品质。

（首都师范大学化学系）

爱心育人　辛苦耕耘
——记白无瑕老师

白无瑕简介

白无瑕，女，1951 年出生。北京市中学化学特级教师，北京市化学学科带头人，西城区兼职教研员。在北京师范大学第二附属中学任教时担任各年级的教学任务及尖子生培养工作。在教学教法和思维能力培养方面颇有见地和创新，2002 年 11 月，为“新课程新教材”教学改革作的市级公开课，获得较高评价。几十年来她一直努力走在教改的前沿，有多篇论文获奖，在北京市教师教研和培养青年教师方面，做出了突出贡献。曾多次辅导全国化学竞赛，并荣获“优秀辅导员”奖。

白无瑕老师是我校75届著名校友，在北京师范大学第二附属中学工作，是化学教研组的一线教师。任教多年，白无瑕老师在教学教法和思维能力培养方面，颇有见地和创新。她在教学中多以问题导课，讲课思维严谨、逻辑性强，教态自如、表达清晰且富有激情，因此深受学生的广泛欢迎。

几十年来，白无瑕老师一直努力走在教育教学改革的前沿，曾有多篇论文获奖。其中《发散思维和收敛思维的培养》获中国化学会颁发的优秀论文一等奖；《“课”是问出来的》获北京化学会颁发的优秀论文一等奖；《高中化学教学新理念的建立》获中国化学会颁发的优秀论文二等奖、北京化学会颁发的优秀论文一等奖；《将实验创新纳入探究式教学》获北京化学会颁发的优秀论文一等奖。

一、爱心育人，投身教育做事业

几十年来，白无瑕老师全身心投入到化学学科的教育事业中，在工作岗位中取得了优异的成绩。作为中学化学教师，她始终深爱着自己所从事的这个职业。通过多年的工作，白无瑕老师深刻地体会到：作为一名教师，只有从内心深爱自己的学生，才能使自己满腔热情、全力以赴地投身到教书育人的工作中去，才会得到学生们发自内心的欢迎和爱戴。白无瑕老师热爱本职工作，在自己的工作岗位上，坚持教书育人，既脚踏实地、任劳任怨又思维敏捷、开拓创新，在化学基础教育一线上取得了累累硕果；同时作为我校的杰出校友，她在实现自我发展的同时还始终心系母校，为首都师范大学的师德、学风建设，尤其是化学系师范生的培养工作做出了突出的贡献。

白无瑕老师全心全意地爱她的事业、爱她的学生，把全部心血都放在教书育人上。她在多年的教学工作中，始终坚守高尚情操，廉洁从教，无私奉献，以德育人。在与学生的交流中，她十分注重言传身教，要求学生做到的，必然先严格要求自己，而且还力求比学生做得更好。正是由于白无瑕老师全心全意为教育，一心一意为学生的治学态度，使得她深受各届学生的好评，很多学生毕业后依然记得白老师曾经对他们的谆谆教导。

在以德育人的同时，白无瑕老师还刻苦钻研专业知识，正是由于这种兢兢业业、勤勤恳恳的治学精神，使得她的讲课风趣幽默、生动难忘，她所教的理科实验班成绩斐然，同时她指导的学生还多次在全国化学竞赛中获得佳绩。

作为一名老教师，白无瑕老师很喜欢从事培养青年教师的工作。她经常去听青年教师的课，并同他们交流、讨论。通过各种形式的交流，白老师不仅能将自身的经验传授给更多的青年老师，同时也能从年轻教师的身上学到许多优秀的品质。白无瑕老师曾说：“培养青年教师对于我自己来说，是一种由职业向事业的转变。”多年来，白老师除了在北师大二附中担任青年教师的教学、教法培训工作，还受聘于回民中学、育才学校等中学，为许多青年教师参与区级、市级公开课做了大量的备课培训和讲课指导工作。

在每年化学系师范生教育实习前，白无瑕老师都会亲自回到母校，为同学们作报告、作讲座，与同学们深入交流和探讨。同学们也通过讲座，从白老师的身上学到了很多书本上学不到的知识。做了这么多年的教师，白无瑕老师始终热爱着教师这个职业，并将这个职业当做一项光荣的事业来看待。白无瑕老师曾说，“作为一名教师，我有一个切身的体会，也是我的座右铭：‘学生因为喜欢我而喜欢化学，因为喜欢化学而喜欢我’，就是说，先要让学生喜欢化学老师，他们才会更投入地喜欢化学。所以从教师的角度来说，要想让学生能够对化学有兴趣、喜欢化学、学好化学，化学教师的自身魅力是影响他们的一个很重要的因素。”

二、辛勤耕耘，重视实践善问课

中学课改的宗旨就是要改变过于强调接受性学习、死记硬背、机械训练的现状，倡导学生主动参与、乐于探究、勤于动手，培养学生搜集和处理信息的能力、获取新知识的能力、分析和解决问题的能力以及交流合作的能力。白老师认为，在实际的教学环节中，教学相长的规律体现得特别明显，想要让学生积极主动，具备创新意识，那么首先要求教师要有理念上的更新。教师要学习教学理念、教学大纲，同时要坚持以学生为本的原则。在教学过程中体现学习的过程，激发学生认知兴趣和求知欲望，逐步提高学生的自主学习能力、学科整合能力、迁移思维能力。

为了更好地让每位学生发展，改变过于强调接受性学习、死记硬背、机械训练的现状，白无瑕老师在课堂上常常用教学意图和策略影响学生，让学生处于教学中的主体地位，使学生成为学习的行动者。听过白无瑕老师讲课的人都知道，白老师十分善于“问”课。在白老师的课堂上，她经常创设问题情境，以问题为主线来组织和调控课堂教学。在她看来，一个好的问题情境能启发学生的思维，能促进和提高学生运用已有的知识去解决问题的能力、语言表达能力、动手实验和设计实验的能力、观察能力、自学能力、团结合作能力。

白无瑕老师的“问”不仅仅停留在理论课上，她还积极主动地在同学们进行实验设计的过程中渗透进自己的“问”课思维。在实验课中，实验方案的确定是实验探究知识的关键，也是激发学生兴趣、激发创新意识和欲望的重要环节。为此，白老师精心设计，以小组的形式研究、确定实验方案，由此展开实验，各小组的学生代表先分别阐述自己的实验方案，然后在全班范围内进行更为广泛的研究。这时教师就要充分发挥驾驭课堂的能力，在讨论过程中，要及时质疑、提示、引导，组织学生各抒己见，完善和确定实验方案。在学生实验这一环节中，白无瑕老师还不断地巡视，随时纠正学生在实际操作中的错误和不良习惯，解答学生各方面的问题，并教授大家处理偶发事件的经验和技巧。她还主动和学生一起探讨问题，评价他们的实验，将自己融于其中与学生进行知识和感情的交流。

最后学生要根据自己所做实验的现象，进行讨论，探究实验结果，得出结论，然后，各小组选出代表进行交流，通过实验现象进行讨论和探究。实验结束后。学生会自发地进行议论、思索，会有一些疑惑有待解决，教师要引导学生针对课题，根据新获取的信息及已有的知识，进行分析、探讨、论证，将实验结果升华，归纳出该课题所应有的结论。获取新知识后，将其用以解决问题，使学生获得成就感。

有“问”必有“思”，有“思”必有“果”，课是“问”出来的不是讲出来的。白无瑕老师的“问题教学法”不但使学生了解了概念的形成条件、过程，同时也让学生理解了概念的内涵、外延和实际应用。每一节课后，学生们不但获得了知识，同时也提高了自身的学习能力。通过一个阶段的“问题教学法”，学生们欣喜地发现自己已经养成了一种新的学习习惯，对于课堂上白无瑕老师的问题，他们已经习惯于通过同学之间的讨论、独立的设计实验、自学来获得知识。在这个过程中，学生们感受到了学习的乐趣，感受到成功。所以在他们获得知识的同时，也提高了自身学习的能力。

三、锐意创新，实验探究促教学

化学是一门和实验联系紧密的学科。作为一名化学教师，白无瑕老师深刻体会到传统的实验教学和“边讲边实验”的课型，导致学生的参与只停留在动手的浅层次，而没有深入到动脑的深层次。如果沿用这种教学模式将会淡薄学生的求知欲，束缚他们思维的积极性，阻碍他们个性的发展和开拓性思维的培养，从长远角度考虑，也不利于培养创新型人才。白无瑕老师深信，“作为一名教师，首先要有理念的更新。教师要学习教学理念、教学大纲，同时要以学生为本。教师自身的能力和水平要不断提高，没有教师的创新意识，就没有学生的创新思维。”

为了扭转化学实验在教学中的附庸地位，白无瑕老师创建了一种崭新的教学理念——实验探究式教学。在白老师看来，实验探究式教学是在探究式教学中，突出以实验引入为探究，或以实验设计为探究的一种教学方法。白老师认为，在实验探究的过程当中包含着智力探究过程，而这个过程正是培养学生创新思维的绝好环境。对于如何引导和培养学生的创新思维，白无瑕老师认为首先要培养学生的创新意识和创新精神，使学生建立起勇于探索事物奥秘的自信，鼓励他们进行创新思维，就是培养创新思维的最佳手段。为了达到鼓励的目的，需要教师预先对从选题到实施的各个环节进行“策划”。白老师认为，可以通过精心的策划和实践，鼓励学生充分抓住各种机会，在实验探究方面进行创造性活动。在解决问题的过程中、在进行小实验的设计中、在探索物质性质的研究中，都有适于引导学生创新思维之处。

白无瑕老师还认为，在实际应用这种新的教学理念时要注意以下几方面：首先，在实施实验探究教学时，不能忽略基础实验技能、基本操作，反而更要加强这方面的训练。其次，教师自身的能力和水平要不断提高，只有当教师自身具备了较强的创新意识，学生的创新思维能力才会得到更加充分的培养。当然，对于实验探究式的教学，也存在一些问题，如学生能否具有较高的研究能力和实验能力，能否在教师完全放手的情况下讨论出实验方案，需要认真研究学情，要根据学生的具体情况来设计课题和课型。

将实验探究或探究实验引入教学，就是给学生一个探索知识的环境，给学生一个“想”的机会，激发他们的求知欲，鼓励他们积极思维，使学生能在教师的指导下，发挥主体作用，搜索信息，利用和加工信息，评价信息，以期加强学生用科学的方法和态度解决化学实际问题的能力，达到激活创新思维、提高科学素养的目的。

在白无瑕老师的化学课上，学生们自己设计实验，通过讨论和实验得出结论。白无瑕老师则随时纠正学生实验操作中的错误和不良习惯，解答学生的问题并处理偶发事件。白无瑕老师的化学课让学生在实验技能、实验观察、实验方法、实验的科学性、研究物质的科学方法等诸多方面能力都有明显提高，同时也增强了学生间的合作和团结，部分学生因此对化学产生了浓厚兴趣和强烈的求知、创造欲望。

一分耕耘就有一分收获，正是由于白无瑕老师在教书育人的过程中辛勤的付出和无私的奉献，不仅在北师大二附中的讲台上培养了一批又一批优秀的学生，也为首都师范大学化学系培养了众多优秀的师范生。桃李不言，下自成蹊。白无瑕老师的优秀品质和高尚师德，将激励一代又一代首师学子不断奋进。

（首都师范大学化学系）

快乐源于坚持　爱心铸就成功
——记周又红老师

周又红简介

周又红，女，1960 年出生。北京市西城区青少年科技馆特级教师，西城区校外教育学科带头人，中国科协青少年部专家委员会委员。曾获得“地球奖”、“全国十佳优秀科技教师”、“全国环境教育先进个人”、“全国先进科普工作者”、“全国少年儿童优秀理论工作者”、“北京市劳模”、“北京市科技园丁”、“首都十大教育新闻人物”等荣誉称号。从事科技教育近 30 年，在指导学生开展科学研究方面成绩突出，所辅导学生获国际奖 4 项、全国奖 50 多项、北京市奖 300 多项。个人撰写或主编了近 600 万字的环境教育教材，科研论文、教具发明制作等多次获得全国金奖。曾参与“中国科学院老专家演讲团”、“北京绿色奥运、绿色行动演讲团”等讲演任务。2004 年荣获全国唯一“杰出科技教师”光荣称号。

如果用几个形容词概括周又红老师，那就是开朗、健谈。和她一起聊天，你会觉得很放松、很开心，因为周老师总能找到令你感兴趣的话题，给你讲很多发生在她教过的那些聪明机灵或是调皮捣蛋的学生身上的故事。的确，当周老师和孩子们在一起，看到他们对周围事物充满质疑，热衷科学探究时，她是快乐的；当她启发学生关注身边环境问题，并找到解决环境问题的方法时，她是快乐的；当多年后，她的很多学生带着当年对科学研究的兴趣，走上了科学研究的道路时，周老师更是快乐的。

周又红老师从事环境教育近 30 年，她亲历了中国环境教育从无到有的过程。多年的环境教育经历也让她认识到，一个教育工作者要尽量满足学生内心的需求，那就是要让他们总感到自己是发现者、研究者、探寻者。经过多年的探索实践，周老师创设出一种环境教育的新模式，即用科学实验激发学生的兴趣，启发他们关注科学、关注环境，走进科学的殿堂。

每逢周末，总会有一群孩子来到西城科技馆，参加化学环保小组活动。在这里，周又红老师总是会用轻松幽默的语言发问，并用有趣的实验引发学生们的兴趣，帮助他们发现身边的环境问题。正是这些实验为孩子们提供了与科学亲密接触的机会，让他们学到了科学研究的方法，并在实验操作过程中，学到环保知识，成就这些小科学家们的梦想。

一、再大的困难也不能让她轻言放弃

别看现在的周又红老师是环境教育界的“腕儿”，头上顶着无数耀眼的光环，经常到各地讲课。但是有谁知道，20 多年前，她仅是北京石景山区科技馆一位名不见经传的科普教师。

周又红老师永远记得自己刚到科技馆工作的那段日子，那时她每天的工作就是背着一个装满化学试剂的背包，不厌其烦地“游荡”在石景山区的中小学校里。当时，她最大的愿望就是在石景山区的每所学校设立环保小组，让孩子们从小认识到环境问题的重要性，树立环境意识。经过与学校老师的沟通，周老师获得了第一堂环保课试讲的机会，为了抓紧时间，周老师把学生们带到实验室，给他们做了个小实验：她把 pH 试纸折成纸花，然后用酸性的水浇花，纸花遇到“酸雨”马上变了颜色。她告诉学生，由于污染大自然中也有这样的酸雨，真正的酸雨不但对植物有害，还会对人体的健康造成严重影响。看着学生们惊讶的表情，周老师的兴致一下子来了，她接着又给学生们做了 10 个类似的实验，并将其中蕴涵的环保知识教给大家。不知不觉中，45 分钟的课上完了，同学们似乎没有尽兴，谁也不愿意离开教室。在学生们的强烈要求下，周又红老师的环保小组在这所学校成立了。用同样的方法，周又红老师又在其他几所学校设立了环保小组。慢慢地，石景山区的很多学校都知道科技馆有个教环保的周老师，她讲的环保课学生们特别爱听。于是，许多学校纷纷邀请她到学校设立环保小组。

1987年，周又红老师被调到了西城区青少年科技馆，在那里，她进入了环保兴趣小组。那时候，北京市各区县的科技馆，大都面临着经费紧张的窘境，一些科技馆惨淡经营，它们取消了环保兴趣小组，取而代之的是办起了能给科技馆带来经济效益的化学、物理补习班。眼看科技馆的生源越来越少，可周老师却在身处绝境的时候看到了希望，经过一番深思熟虑，她向领导建议，当所有科技馆都不办环保的时候，西城区科技馆的环保课就能成为全市的一个特色！领导听后也觉得很有道理，于是就同意继续支持开设环保班。"光喊口号不成，必须给环保小组找到出路。"于是，周老师开始更新思路，重新给环保小组定位。她认为，应该将环保和科学研究、化学实验结合起来。因为如果单纯研究环境问题，在应试教育为主的时代下将难有充足的生源，而只教化学，学生又不是必须要到科技馆上化学课。因此，可以把生物、物理、社会课的内容都结合到环保教学中来，这样学生们的天地就又宽了一大圈。

于是，在环保兴趣小组里，学生们在提高化学实验能力的同时，也学会了解决环境问题的方法，并经周又红老师指导写出了科学论文。"用敏锐的眼睛观察，用勤劳的双手实践，用科学的头脑思考，用精炼的语言表述"的教学模式为西城科技馆的环保小组带来了新气象，也为周又红掀开了环境教育的新篇章。正是周又红老师的坚持让西城区科技馆的环保小组名声渐起，大家都知道学生在这里不但能通过化学实验巩固课堂上的知识，还能发现并解决身边的环境问题，尝到进行科学研究的乐趣。因此，来报名的家长、学生络绎不绝。

若干年后，当再次回忆起这件事时，周老师微笑着说："这件事给我印象太深了，因为我当时的坚持是很重要的，尤其是在被逼到绝境的时候。你挺住了就会越来越好！"

二、和孩子们一起"玩"科学是她最大的快乐

英国著名社会学家斯宾塞曾经说过，教育中应该引导儿童自己进行探讨，自己去推论。给他们讲的应该尽量少些，引导他们去发现的尽量多些。

做了20多年校外环保辅导员的周又红老师，一直保持着刚刚走上讲台时

的那股激情。多年的教学经历让她意识到，环境教育不应简单地向学生们灌输环保知识，而是要把这些知识变成一个个有意思的动手实验，让学生们通过做实验，自己发现身边的环境问题，并且继续通过实验，找出解决问题的方法。在周又红老师的课堂上，每一个问题都没有固定的答案，而且很多实验都是她即兴为同学们安排的。比如，在做活性炭吸附实验时，学生们见到酱油与活性炭混合后，变得无色无味，很是吃惊。一个小女孩马上拿出自带的橙汁饮料，问周又红老师能不能也让活性炭给它褪色？周老师马上就答应了，还在班上表扬了这个小女孩的大胆尝试。每堂课周老师都建议学生们提出一些自己的想法、设想，然后自己尝试着去做。只要是在遵循科学原理，又不出危险的情况下，她都会让学生们尽可能地尝试。“孩子们通过实验，提高了动手能力，这在学校课堂里是根本办不到的。另外，“周老师的课没有固定的模式，这能让孩子尽情想象。”一位带着孩子上课的家长这样评价周又红老师的环保课。用周又红老师自己的话说：“我要让学生们感受到科学探究的乐趣，要让他们自己发现身边的环境问题，并且想出办法解决。和他们一起进行环保调研，一起‘玩’科学是我最大的快乐！”

正是周又红老师的指导与启发，她的很多学生都渐渐成为关注环保的有心人。一次，学生刘畅手拿涂改液，皱着眉对周又红老师说：“老师，这个味道真不好！”这一句话引起了周老师的注意，于是她带着刘畅等同学来到北京化工大学，检测涂改液中是否存有有害物质。结果显示：涂改液中含有二甲苯、三氯甲烷、卤代烃等毒性物质。为了给学生们留下深刻的印象，也为了让他们自己通过实验了解这些物质的危害，周又红老师领着孩子们用毒性物质在小白鼠身上做了急性、慢性毒害实验。结果发现涂改液里的物质对小白鼠的身体有很大危害。于是，在周老师的指导下，学生们写成论文《警惕慢性杀手——涂改液》，并将其刊登在报纸上，以提醒人们“尽量少用既对身体健康造成影响，又污染环境的这一产品”。这篇论文最终获得了全国大赛的一等奖。

有一年，晚报上的一条消息引起了周又红老师的关注与思考：一场大雪后，北京市给主要交通道路撒了 4100 吨盐水，以加速积雪溶解，缓解交通堵塞。但是，扫进树坑的盐水是否会影响行道树的生长呢？为了解决这一问题，周又红带着北京十三中的肖楠、杨京晶同学进行了一年的调查。她们发现，盐溶雪不仅殃及树木还破坏土壤中各种物质的平衡，并最终写成了《盐溶雪对行道树影响的调查》。这项调查报告刊登在了《北京晚报》上，引起了社会各界的广泛关注。1998 年 1 月 14 日，北京市政府公布 2 号令《禁止将撒过盐的雪堆到树坑里》。时至今日，这一禁令仍对社会产生着积极的影响。

从事环境教育时间越长，周又红老师越满足。她觉得再没有什么能比跟孩子们在一起，带领他们学习科学知识、探究大自然中的奥秘更有意思的事了。周老师总说："别看我那么忙，可我一点也不觉得累，跟孩子们在一起，我最放松、最开心，就跟在玩儿一样。谁会觉得玩儿辛苦啊！"

三、在从孩子到科学家的成长中，她充当着催化剂

一位学生家长这样比喻周又红老师和学生之间的关系："孩子是火花，周老师是加热器。"正是周又红老师的启发与教诲，让学生们智慧的火花燃烧不熄。

成为一名懂得欣赏孩子，受学生们爱戴、敬佩的好老师是周又红老师儿时最大的梦想。做教师以后，周老师发现她的一些学生和当年的自己十分相似，喜欢观察周围的事物，脑子里总有十万个"为什么"等着人回答。这些孩子善于发现问题、探究原因，他们中的很多人也许就是明天的科学家。作为教师，周又红老师认为自己应该善于捕捉这些"闪光点"并将其发扬光大。她觉得"孩子都是科学家"、"兴趣是最好的老师"。孩子头脑中有许多成人忽略的、不以为然的"奇怪的想法"，而这些可贵的"一闪念"极易在无人喝彩中自生自灭。她的工作其实就是不让这些"一闪念"消失，甚至放大这些"一闪念"，在从孩子到科学家的变化中，周老师其实充当了催化剂。

从教近30年，周又红老师碰到的学生无数，许多学生都是通过她认识到自己的闪光点，从而对科学研究产生兴趣，开启了人生崭新的一页。曾经有个高中男孩儿找到周老师，一见面就跟她说："老师，我现在成绩年级倒数，对学习没什么兴趣了，可就是想参加您的环保小组，您答应吗?"周老师问他有什么特长，他说自己对计算机很擅长，并且当场给她的电脑杀了毒。周老师看出孩子的聪明劲儿，而且她打心底里想救这个孩子，便将他留在了兴趣小组。在与孩子的接触中，周老师发现，这个男孩儿是因为沉迷于网络，学习成绩才不好的。那段时间，周老师正好从英国引进了一个可以分析光线数据的软件，她便想到了这个男孩。短短几天，男孩儿便能熟练地应用软件，他还发现用这个软件能研究北京草坪地灯对植物的影响。于是，周老师启发他，让他坚持观察、记录，并进行分析，最终，这名学生写出的论文获得了北京市一等奖。获奖以后，男孩儿有了很大的转变，因为他第一次得到了人们的肯定，他第一次尝试到成功的喜悦。过了一段时间，他又找到周又红老师，说自己想考大学

了，以后要研究电脑病毒。后来，他很努力地学习，果真如愿地考上了北京信息工程学院。周老师感慨地说："如果不是科学、不是环保，没有这个孩子的今天！"

四、人活得幸福就是做了自己喜欢的事

做了近30年的环境教育校外辅导员，周又红老师已经看到了环境科普教育的效果。当年周老师教过的学生，很多都在从事与环境保护相关的工作，有些人甚至还成为了她的同事。周老师认为，正是从小引导孩子们探究科学，才能让他们从中找到乐趣，打算一辈子搞科学研究。

周又红老师发现，光在实验室不能满足学生们的好奇心，于是她又带领学生走进大自然，到环境污染的现场实地考察环境问题。在西城区青少年科技馆工作的这些年，周老师带着学生们利用课余时间走遍了北京、天津、内蒙古等省市的河流、工厂，连续近30年开展环保夏令营。很多年过去了，许多上过环保小组的同学至今还跟周老师有联系，学生们取得任何成绩，遇到任何困难，都会想到告诉周老师。

周又红老师认为，习惯是一种顽强而巨大的力量，它可以主宰人的一生。周老师也认为，环境教育其实就是一种养成教育，它是在培养一个人关爱环境的习惯。人们正因为有了对大自然的热爱，养成保护自然的习惯，在日后才不会产生破坏环境的行为。此外，周老师认为仅在学校进行环境教育还不够，要在更多的地方，面向更多的社会公众宣传环保理念，教会他们关爱环境的习惯。于是这些年，她走出科技馆，到社区、企业等更广阔的舞台实践自己的理想，向更多的人普及环保知识，帮助不同层次的人们养成好的习惯。周又红老师说，她要永远和孩子们在一起，为保护环境做一辈子引路人。

划一根火柴，照亮一下，温暖一瞬，就熄灭了。但倘若用这根火柴去点燃一堆火，便可以释放出比一根火柴大十倍、百倍的热量。周又红老师正是这样一根小小的火柴，她启发孩子们探究科学，帮助他们打开科学的大门。她用自己的热量去点燃孩子们智慧的火花，让他们释放出对科学的满腔热情。

（首都师范大学化学系）

春风化雨育英才
——记王薇老师

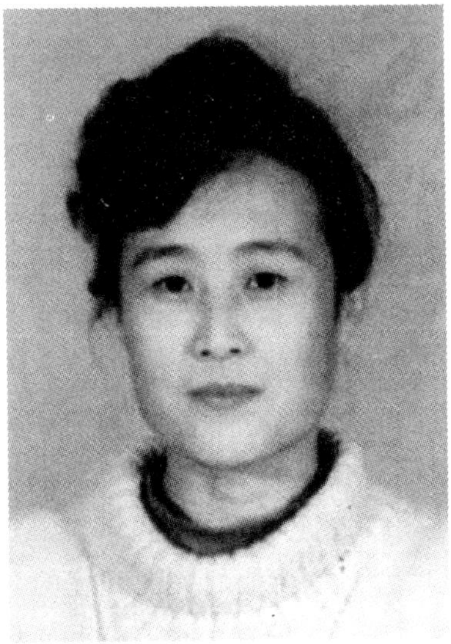

王薇简介

王薇，女，1956年出生，毕业于北京师范学院生物系，现任北京教育学院丰台分院副院长，曾任北京市第十二中学分校校长，北京市特级教师。兼职中国教育学会生物教学专业委员会常务理事。担任《生物学通报》常务编委，北京市九年义务教育《生物》教材、北京师范大学高中《生物》教材、北京市义务教育课程改革实验教材《生物》编委。

她在担任北京市第十二中学分校校长时，学校不仅连续多年升学考试成绩稳居丰台区第一，而且还获得了“北京市首批文明礼仪示范校”、“北京市课程改革先进校”、“北京市校本课程先进校”、“北京市支教先进集体”、“北京市城乡中小学手拉手活动先进集体”等荣誉称号。曾多次被评为丰台区和北京市“优秀教师”以及北京市“优秀教育工作者”。

王薇老师是1983年走上教育工作岗位并开始从事教学工作的，至今已有27年了。

在这27年中，王老师工作认真、勤奋、善于思考，不断发现教学中的问题，并产生改革设想；不断学习，以相关的教学理论作为制定教改方法的依据；经常反思，回顾教学中的得与失，为教学经验的形成提供了必要的条件。

这27年来，王薇老师对三尺讲台的那份热爱与责任始终如一。在担任教学管理行政工作期间还坚持教课，不因为事情繁多而放松，也不因为多年教学有了一些经验而懈怠。王老师说，开始时不敢放松，怕无法面对讲台下那么多求知的学生；后来不愿放松是怕失去了立足之本。

也正因此，王薇老师成为了一名学者型的管理者，她的魅力在于她深厚的学术功底和作为管理者的前瞻、大度与亲和力。她是北京市特级教师、学科带头人、优秀教师，北京市优秀教育工作者。在王老师一路走来的历程中，我们能深刻地感受到她那种以爱育爱、以德育德的育人精神以及充满人文而感动的教育情怀。

一、重视学生兴趣——敬业的特级教师

王薇老师在生物学教育领域内取得了一系列引人注目的成就：生物特级教师，《生物学通报》常务编委，北京市九年义务教育《生物》教材、北京师范大学高中《生物》教材、北京市义务教育课程改革实验教材《生物》编委，教育部基础教育课程教材发展中心“普通高中新课程远程研修项目”生物课程团队核心成员，全国生物教学专业委员会常务理事。她所上的公开课多次被评为市级优秀课，她撰写的教学论文有多篇获得全国和北京市优秀论文一等奖和二等奖，并有多篇论文在核心学术期刊上发表。曾多次被评为北京市优秀教师以及北京市优秀教育工作者。

当问及成功的秘诀时，王薇老师告诉我们这是因为“爱”。“教育源于孩子的心灵”，只有钟爱才有激情，只有热爱才会付出，只有爱才能赢得孩子的心。王薇老师强调，任何缺乏爱的教育都是不能成功的。王薇老师从教近30年来，从未离开过三尺讲台，即使在任校长的繁忙日子里，她依然每周亲自上四到六节生物课。她一直认为，引导孩子走进生命科学殿堂，是她的责任。王薇老师如是说，“由于敬畏生命，使得我珍惜每一个学生，在意他们的学校生活是否快乐”。为此，她认真地关注每一个学生，希望每一个学生都能热爱学习，热爱生命。而学生的学习动力，恰恰就是来自求知欲和兴趣，只要学生积极主动

地学习，他就会全身心地融入知识当中，在获取知识的同时，培养和提高了各种能力。

那如何来提高学生的求知欲和兴趣呢？王薇老师认为关键是教师要根据实际，采用不同的教法来调动。

1. 形式新颖的设问，引导学生入境

学生在实践和学习的过程中，经常会遇到新的问题。当过去所学的知识技能不足以用来解决这些新问题时，就产生了疑问。有疑问就能激起人们内部原有知识和未来知识的矛盾，从而引起学习的愿望。

比如高中生物中“生态系统功能”一节的教学容易平铺直叙地引出新课：“我们在前面学习了生态系统的结构(回忆结构)，今天，我们来研究生态系统的功能。”这样的新课引入不容易激发起学生的求知欲，他们不知道学习这部分内容有什么用，也不能产生学习的愿望和兴趣。王薇老师在引入新课时，设计并使用了幻灯片：先放映第一张片，告诉学生，瓶中的水里有浮游生物、水草、鱼，外面有阳光，照射到瓶内。她问学生：“这套装置中各种成分的总和相当于是什么？是种群、群落，还是生态系统?”学生在头脑中必然要复习有关知识，回答出：“是生态系统。”接着王老师又问：“瓶里面的各种生物能不能较长时间地生存下去?”学生回答：“可以，家里的鱼缸就是这样的。”接着，王老师又打开第二张幻灯片，上面的二号装置与一号装置基本相同，不同之处是在瓶口加塞并密封，问学生同样的问题。有的学生说里面的生物能比较长时间地生存下去，有的说不能。这时，王老师不失时机地说：“实验证明，瓶内的生物可以较长时间地生存下去，这是由生态系统的功能决定的。”从而引出新课——生态系统的功能。这样的新课引入，学生有很高的兴趣，教师提出的问题牢牢抓住了学生的思维活动，使他们产生了强烈的学习愿望。

2. 讨论式的教学，启发学生思考

教师在教学中通过启发讨论，使学生积极思考，发表见解，最终引导学生正确地分析和解决问题。

比如，高中学生在学到植物的呼吸作用时，知道了呼吸作用释放能量，王薇老师向学生提出了这样一个问题，“呼吸作用释放出的能量有一部分以热能的形式散失掉了，这是不是一种浪费?”有的学生说“不是”。她说：“既然不是浪费就应该说明这部分热量对植物的生长有什么意义?”有的说：“植物体有热量放出，可以避免植物的细胞液在冬天冻成冰。”有的说：“能使植物更好地进行新陈代谢。”她问：“呼吸热到底对哪种物质产生影响呢?”学生答：“新陈代谢过程需要的酶得在适宜的温度下才能正常发挥作用。”可见呼吸热对植物是必要的。讨论到这里还不算完，她说：“你们知道吗？呼吸热的原理还可用于生产实际，使作物增产呢。”接着介绍了某棉区提前半个月播种，由于应用地膜覆盖的方法，使土壤温度提高了 3－5 度，当年棉花增产 20%。她又问：“地膜就是塑料薄膜，是不会产热的，那么使土壤温度升高的原因是什么？”学生又活跃起来，有的说：“是阳光照射土壤后，由于地膜的覆盖使热量散失得慢。”有的说：“是呼吸作用放出的。”她又追问：“是什么进行呼吸作用放出的呢？”学生答：“是种子、幼苗。”她补充道：“还有土壤中的微生物。”经过提问—思考—讨论，学生获得了较多的信息，对知识也理解了。

3. 实验教学，促使学生动手

生物学是一门实验性很强的学科，要求紧密与实际相结合。生物实验课对掌握知识、发展能力具有不可取代的作用。因此，如何上好实验课，保证质量，对培养学生的良好习惯、提高有关各种能力显得尤为重要。通过观察，王薇老师认为生物实验课容易出现以下问题：一是放任自流；二是讲解过多；三是包办代替。中学生物实验课的根本问题是教师的主导作用与学生的主体作用发挥不当所造成的。因此，王薇老师在实验课上对如何正确处理教师主导与学生主体的关系以及如何上好实验课以收到最佳效果作了一些探索，包括根据实际，因材施教；严密的组织，严格的要求，良好的秩序，能保证学生更好地发挥主体作用；实验操作规范化是形成技能的关键；教师及时、适当引导是实验成功的保证等。王老师在多年的实验课上坚持恰当、适时的引导，使学生对所学知识加深了理解和记忆，培养了良好的科学素养，提高了观察能力和动手能力，锻炼了思维能力。

正是基于内心深处的责任和爱，王薇老师不断钻研，不断反思，在教育领域已取得了很大成绩，但她还在努力，她觉得不能辜负学生，不能辜负关心她、器重她的人。她说她离不开为之奋斗的生物教学这项事业，这里有她付出的艰辛，也有她的乐趣。

二、关注师生发展——卓越的中学校长

正是因为王薇老师一直在教学和科研的前线，第一时间感受到知识浪潮的冲击，使得她具有宽阔的视界；与学生的亲密接触，又能准确地把握学生兴趣的风向标。这些都为王薇老师成为成功的教学管理者奠定了基础。

在 2001 年，十二中高中部搬迁，十二中分校独立之际，优质的师资向高

中部发生倾斜，导致十二中分校多数科目教师严重缺编，这让作为校长的王薇老师着实头疼。教师队伍是学校的支柱，优秀师资是学校的财富，长期奋战在教学一线的王薇老师深刻意识到，要将教师队伍建设作为一项重大工程来抓。要办人民满意的优质教育，就需要优秀的师资队伍做保证，要创一流的教育教学效果和业绩，也需要一流的教师队伍作支撑。

当时这种严峻的形势，激发了她要强、执著的精神和干劲，责任和勇气让她坚韧和镇定，她决心锻造一支不畏困难的队伍，引领学生在知识的海洋里翻山越岭。

认真是困难的天敌。即使人手不够，她依然按质按量地推进教学任务。门卫已记不起多少个朝阳初露的早晨，王薇老师迈着坚定的步伐第一个踏进校门，也记不清多少个星稀月朗的夜晚，王薇老师拖着疲惫的身躯缓缓离开。在浮躁和喧嚣中，王薇老师总保持着那份如水般的淡定。

只有在开校会时，她才会动容："我们要有勇气改变能改变的事，要有胸怀接受不能改变的事。我们的路要靠自己走。"播种一种思想，收获一种命运。滴水穿石，精诚所至，金石为开，教师们渐渐被这位温婉的女校长"要做事"的决心打动，"我们似乎看见了她爆发出来的巨大力量。"

王薇老师策划了"纵向三级管理，横向两处抓齐"的青年教师培养制度，让危机中的十二中分校出现转机。

古人云："其身正，不令从之；其身不正，虽令不从。"教师是学校德育的主力，是学生健康成长的引路人，是沟通学校、家庭、社会教育的桥梁，对教师进行深入的品德教育，为推进学生全方面、多元化发展起着积极深远的影响。作为北京市特级教师的王薇校长在这方面深有体会，她有着担任教师、战斗在教育第一线的阅历，她深知教育的源头来自孩子的心灵，没有爱就没有教育，爱是教育的前提，更是一名教师应具有的师德核心内容。如今，在王薇老师超凡人格魅力的感染下，北京市第十二中学分校拥有了一支精明强干、具有高尚情怀的教师队伍，老师们都在争做学生满意的教师，用自己的人格去赢得学生发自内心的尊敬和爱戴。在教学实践中，老师们非常注重言传身教，以自己的一言一行潜移默化地影响孩子、鼓励孩子，以小见大，从细微处关心孩子的一举一动，通过理解、宽容、赏识、信任、表扬，给每一个孩子以信心，让每一个孩子都能感受到教师的爱，充分发挥情感教育的作用。

在教师队伍的培养中，王薇老师更注重对优秀班主任的培养，因为班主任工作对象是十几岁的学生，是各具思想和特点的个体，各有不同的家庭背景、成长经历，对事情也会有不同的态度、价值观，所以重视班主任工作非常重要。在新课程改革的背景下，班主任的教育工作领域不断扩展，教育技能要求更高，需要学校为教师提供更高更广的视野，以适应新形势的要求。为此，学校加强对班主任队伍的培训，开展《关于开好家长会》的专题培训，使家长与学校形成合力，促进学生健康成长。同时，学校发挥本校优势，挖掘自我教育潜力，继承“爱岗爱生敬业奉献”的光荣传统，在学校有经历、有体会、有经验、有特色的教师都愿意走上讲台，为年轻的班主任传道解惑，现身说法，努力将学校打造成培养优秀班主任的摇篮和基地。

经过全体师生的共同努力，整个师资队伍终于发生了脱胎换骨的变化，一股新鲜的空气扑面而来，学校教育教学进入了正常循环的轨道，取得了骄人的成绩。十二中分校连续多年升学考试成绩稳居丰台区第一，升入示范高中的学生比例达到90%，其中升入市级示范高中的学生比例达到80%，学生在各项竞赛中频频获奖。学校还获得北京市首批文明礼仪示范校、北京市课程改革先进校、北京市校本课程先进校、北京市中小学贯彻《体育工作条例》优秀校、北京市中小学百所课间操优秀校、北京市支教先进集体、北京市城乡中小学手拉手活动先进集体。青年教师和理化生、数学等教研组被评为市级和区级先进集体。多年的成绩使得十二中分校成为在丰台区乃至北京市令人瞩目的学校，深受学生、家长以及社会各界的信任与爱戴。王薇老师也曾多次被评为北京市优秀教育工作者。

十二中分校虽然已是“春光满园”，然而，王薇老师却没有满足，而是一如既往地规划前景，组织教师针对“师德”、“新时期德育”、新课程改革等专题进行学习；甚至走出国门，去了解世界各国教育的发展状况。“学为人师”，“只有教师的知识系统不断更新，才能培养出与时俱进的学生”，王薇老师如是说，也是如是做的。

三、开启新的篇章

2008年8月，由于学校的体制变化、工作需要，王薇校长从北京十二中调到北京教育学院丰台分院工作，担任副院长，主管教师培训。这部分工作既关系到学习型校园、学习型组织的形成和建设，也关系到教师的终身学习、专业成长以及学校甚至是丰台区教育的可持续发展。其中包括继续教育政策的制定、教师培训课程的设置、学员的学籍及学分的管理、培训课程的管理及评价、校本研训的督导检查等项职能。这些虽然是基础性工作，但是责任重大，意义深远。王薇对于全区导师带教，骨干教师管理、培训，北京市农村中小学教师研训工作站、“春风化雨”及脱产班等市级培训项目的教学组织管理工作进行了认真的研究、精心的策划。

王薇老师坚持依靠本部门的干部和群众，以主人翁的责任感对待每一项工作和每一次活动，把规范工作程序的过程作为处室建设的过程，把熟悉工作的过程作为学习的过程，把活动中准备发言的过程作为概括、总结和提升的过程，对常规工作注意挖掘和提炼闪光点。

在十二中分校近30年的经历使王薇老师具有了某些优势，如了解学校一线教师的需求，熟悉学校教学工作，熟悉学校教育教学管理等。现代管理的理念之一是“管理即服务”，她所负责的继续教育办公室是业务管理部门，要做好工作就要树立为学校、为教师服务的思想，为教师的学习需求提供方便，为教师的专业发展搭建平台。特级教师工作室的重要职能之一是对骨干教师的管理和培养，之前曾经开展过对全区各个层面骨干教师的谈话指导工作，近年，根据各学校的发展需求和教师个人的发展需求进行意向调查和双向沟通。考虑到各个层面学校的发展计划，由各学校提供名单，特级教师工作室安排，体现了几个结合：个别谈话与集体座谈相结合，下学校与来分院相结合，学校积极性与特级教师积极性相结合。本学期以这种方式进行的谈话指导活动涉及的学校达到十余所，覆盖了全区东、中、西片。骨干教师参与谈话加大了学校关注的力度，座谈的过程就是骨干教师突破专业成长瓶颈而进行的研讨过程，骨干教师之间也是一次交流，可以互相启发和借鉴。通过这种方式，扩展了工作范围，调整了工作模式、方法和程序，加强了特级教师工作室的辐射面和影响力。

“很多事情你只把它当作形式，结果就是走形式；如果你不仅仅把它当成形式，而赋予丰富的内容，并全力投入，结果就会是另一番景象。”这是王薇老师经常讲的一句话。虽然红烛和春蚕在今天的时代早已不再是教师固定的代名词，但是这些用无私的爱书写的宣言，用高尚的师德谱写的乐章，用不懈的追求实践教育理想的精神和情怀至今仍点缀着育人的星空，激励着一代又一代的青年人。

（首都师范大学生命科学学院）

在成长中发展自我　在发展中完善自我

——记夏芳老师

夏芳简介

夏芳，女，1957年出生。北京市第一六一中学地理特级教师、地理教研组组长，北京市地理学科带头人，第十届北京市政协委员，中国教育学会中学地理教学专业委员会理事，北京市教育学会学术委员会委员，市区级新课程改革核心指导组成员，首都师范大学资源环境与旅游学院兼职教授和首都师范大学特级教师工作中心兼职硕士研究生指导教师。曾获"北京市优秀青年教师"、"西城区有突出贡献拔尖人才"、"西城区十大科技女杰"等荣誉称号。

我是50年代后期出生的，我们这一代人，童年时期遭遇自然灾害；少年时期赶上十年动乱；青年时期经历上山下乡，最大的损失要算是失去了宝贵的学习机会。万幸的是1977年恢复了高考制度，一波三折我最终考上了首都师范大学。也正是因为有了这样一段经历，我十分珍惜来之不易的学习机会。我以优秀的成绩毕业，被推荐到161中学任教，转眼间已在教学岗位上度过了28个春秋。28年的从教经历，让我亲历了我国从80年代改革开放之后中学地理教学行进的过程，见证了我国近三十年的教育改革的历程。我既是见证者又是实践者，在这个过程中我也不断成熟、不断成长起来。

一、感恩教师职业生涯对生命价值的提升，做自主成长型教师

一种职业是否具有尊严和快乐，有何种程度的尊严和快乐，一方面与职业本身创造的价值及其劳动性质有关，同时也与社会对这种价值、性质的认同与需求状态相关，还与从事这一职业群体的职业自我意识以及他们用自己的事业实践创造出的社会职业形象相关。

"文革"期间，教师的尊严丧失殆尽，"文革"后"尊师重教"的口号又被响亮提出。1985年政府设立了"教师节"，以此方式表示对教师的尊重。但此时对教师职业价值的认识并没有大的突破性变化，教师还是按照当时认同的职业意识辛勤工作，所以当20世纪80年代末90年代初，改革开放、市场经济的浪潮在中国汹涌而起时，教师队伍受到极大的冲击，教师"跳槽"成了当时的热门话题。我周围许多同事通过各种途径调离了教师岗位，我当时也很迷茫，不知自己是否要坚持走下去。对教师工作的认识，始于一次探亲时的经历。1987年，我去日本探亲，我没有想到，作为一名教师，在日本是那么受人尊重，那些羡慕的眼光第一次让我感到身为一名教师很自豪。我参观了一些学校，也感受到了与物质文明相匹配的精神文明，我想，社会的发展和教育是分不开的，中国要发展，教育会越来越受到重视。当时只是渴望所从事的这份职业能被社会认可。

基础教育强调生命性，其教育对象是处在人生最单纯的青少年期的学生，他们一方面年轻，缺乏生活经验，需要学习；一方面又处在生命中充满活力和潜力，多方面都需要发展和具有多种发展可能的重要时期。这是人生最集中的一段学习时期，对于每个人来说都是十分宝贵但自己却不知晓其价值的时期。因此教师在这一阶段的作用特别重大，它不只是影响学生发展，而且有可能对其一生产生作用的阶段，我们承担着引导他们珍爱生命、懂得生命价值并开发

生命潜力的责任。我常常告诫自己：我们面对的不只是学生的今天，还有他的一生，所以要教他们做人，要对他们今后的发展有好的影响。

还记得刚参加工作时，我凭着一腔热情去工作，任劳任怨，却不太懂得方法。在一次考试的时候，我发现一个平时表现很好的学生作弊。我无法忍受这样的行为，非常严肃地批评了这个学生，还让她在全班同学面前做检讨。从那以后，这个学生总是闷闷不乐，远远看到我就绕着走了。当时的我并没有意识到什么，我觉得学生有错误就要严厉批评，这样才能鞭策她改正。

几年后，我读到一篇文章。文中说，当文中主人公还是一个小女孩的时候，喜欢上同桌同学的一块橡皮，就拿回了家。她的母亲认为这是偷盗行为，把这件事告诉了老师，并且让她在全校师生面前做检讨。从此这个女孩儿一直认为自己是个有污点的人，一辈子都活在自卑的阴影中，文中主人公后来做了母亲，她感慨到母亲对孩子的教育方式的选择会对孩子的一生产生重要的影响，她不会选择自己母亲当年那样简单的教育方式对待自己的孩子。看完这篇文章，我愣住了。我想到了当年那个学生，为自己曾经在不经意间伤害了那个学生而深深懊悔。也是从那件事以后，我再跟学生相处，总是设身处地地去设想孩子们是怎样想的，怎样保护孩子的自尊，不同特点的孩子选择不同的教育方式。为此而得到学生和家长的喜爱和认可。一个学生曾在教学反馈中写道："我是一个学习成绩不太好的学生，但在地理课上会感到轻松。您能理解我们，善于教书育人，您真的是位好老师，也是一位很棒的大朋友！"我教高三的时候比较多，每每到后期的时候，学生跟我谈话，聊的不仅仅是学科知识，还有好多心理问题，包括如何处理好与家长的关系、如何处理好男女生同学之间的关系、如何排解郁闷情绪，等等。也有的学生来到办公室什么也不说，只是在那里坐着，在他们心中夏老师是他们的主心骨。由于工作取得了一些成绩，我被评为北京市优秀青年教师、西城区优秀园丁和学校十佳教师，最令我自豪的是被学生评为"我心目中的好老师"。

28 年来我的学生一届届地迈进他们理想的大学，毕业后从事着各种各样的工作，看着他们从懵懂幼稚的小小少年成长为有理想有追求的青年，恋爱结婚、生儿育女、成家立业，成为对社会有用的人，我特有成就感。28 年来我不断享受着学生进步带给我的幸福，而且也从中感受自我发展带来的愉悦。真可谓奉献着、收获着、幸福着！我在 2009 年西城区名师录的寄语中有这样的一段感慨："27 载校园耕耘，蓦然回首，桃李已是满天下，足矣！做我钟爱的事业，无怨无悔！"

如果今天再问我对教师职业的看法，我会说：教师在成就受教育者的同时也成就了自己，当我们把教书不仅仅当做一种职业和一种“谋生”的手段时，我们的职业生命就会更有意义，我们的人生就更有价值，我感恩教师职业生涯对我生命价值的提升！

二、做富有创见、追求卓越的教师，用智慧教书，教出智慧的学生

我 1983 年开始从事地理教育，亲历了改革开放后地理教育的改革大潮，伴随教育教学的改革，从“一纲一本”到“一纲多本”的跨越，从教学大纲的修订到教材的三度更新，从单一模式的应试教育到多元化发展的素质教育，飞速发展的时代与现代人才培养的需求，赋予地理教育以强大生命力，同时也要求每一位地理教育工作者有自己的职业追求，我的追求是做一个富有创见、追求卓越的地理教师，用智慧教书，教出智慧的学生。

课堂教学是教学的主渠道，教师对课堂教学的价值追求体现了教师的教学理想，也体现了教师的教学智慧。时代发展需要教师具有前瞻性和创造性，面对改革进程中的种种问题要有自己的真知灼见，不仅要敢于实践，更要学会反思。

工作初期，恰逢恢复高考后地理成为高考科目，我以自己扎实的专业功底和虚心好学的工作态度，顺利完成了几届高三学生的教学工作，那时更多的感受是如何教会学生考试。然而 1992 年高考取消了地理学科，在我国高考对于中学教学的影响是很大的，它直接影响到学科的地位和学生的学习积极性，自然也会影响到教师课堂教学的价值追求，许多地理教师离开了课堂改行做其他工作了，我当时也很迷茫，不知道自己何去何从。1993 年，地理学科高考取消后的第二年，党中央和国务院发行了《中国教育改革和发展纲要》，指出：“中小学要由‘应试教育’转向全面提高国民素质的轨道。”1994 年《中共中央关于进一步加强和改进学校德育工作的若干意见》明确指出：“增强适应时代发展、社会进步，以及建立社会主义市场经济体制的新要求和迫切需要的素质教育。”朱镕基总理在九届人大二次会议的《政府工作报告》中明确提出：“大力推进素质教育，注重创新精神和实践能力的培养，使学生在德、智、体、美等方面全面发展。”这让我兴奋地看到没有了高考压力，恰恰为我们提供了一个进行教学改革的良好的外部条件，可以更好地落实地理学科的全面教育功能。正是在那几年，我从高考的繁重压力下解脱出来，以教学改革为契机，探索了一些教改经验，同时也摸索出一些以地理学习为载体的素质教育的途径，如激发学习兴

趣，变“要我学为我要学”；创设问题情境，强化参与意识，变“被动接受为主动发挥”；更新教学观念，变“教师教，学生学”为“教师教学生学”；利用教材弹性，变“齐头并进”为“分类推进”，等等，与此同时开放了不少教改的公开课和观摩课，受到同行们的认可。

从1993年起，我参加了创造教育的课题研究。记得当时对这个课题有很多人持否定态度，他们认为中学生学的都是前人总结的知识，谈不上创造。但我认为创造力是有层次的，中学生的创新与杰出人物(科学家、艺术家等)的创新是有区别的。对于中学生而言，重要的不是创新产品，而是创新过程。实际上继承前人的知识经验的过程也是头脑再加工的过程。从这个意义上来说，学生的学习活动本身就是创新的过程，“即使他的发现对人类文化传统的贡献等于‘零’，也是有相当价值的”。今天，他们能够发现前人已经发现的东西，将来才能发现前人没能发现的东西。所以我坚持做这个课题，我认为地理学科在学生创新能力培养中有其独特的空间与优势：现代地理学更加关注人与环境的关系，在人类面临的人口、资源、环境、发展等诸多问题中，地理知识都有发挥作用的领域。地理教育的目标之一是培养“活跃而负责任的公民”，对社会、对人类未来的生存环境负责。社会焦点与热点问题永远是主旋律，因此资料来源十分广泛，不拘泥于教材书本，学生用已学过的知识、掌握的研究方法，形成的理念来阐述、解释、分析、判断、评价某一区域的地理特征和现象，探讨解决问题的办法和措施。甚至学生可以自己去社区、学校、家庭作调查，写出报告，绘制图表，呼吁舆论，赋之行动。在社会实践性方面地理学科具有明显的开放学习、自主学习、创新学习的优势。在教学实践中，我采取的策略与方法总结为：

1. 营造有利于创新能力发展的精神环境

我在课堂上明确一个观点：“课堂无错误”，即允许探索中的错误，不求全责备，允许学生充分表达，充分想象，畅所欲言。营造一个心理安全和思想自由的环境，建立一个教学民主、尊重学生、相互理解、彼此信任、团结互助、竞争有序、充满活力的课堂氛围，从而使学生崇尚真知、追求真理、大胆探索、勇于创新，并由此得到赞扬和鼓励。

2. 营造民主和谐的教学环境

应试教育一直以传授知识为培养目标，在以应付考试为目的的价值观支配下，学生追求的是标准化答案，教师为没有问题的学习而教学。在这种教学模式下培养出来的学生迷信书本、迷信权威，没有问题意识，缺少探索精神。要彻底改变这种权威式的教学关系，教师起着很重要的作用。在教学中我以问题为载体为学生搭建一个相互交流、展示自我的平台，特别鼓励学生敢于质疑、善于提问、挑战权威的做法。

3. 构建创新学习动力系统

学生在课堂学习中碰到的最大敌人不是自己能力不够，也不是学习内容深，而是学习中存在的动机障碍。其原因是教师仅注重知识的传授和能力的提高，缺乏动机激发的意识和手段，不能调动学生的内需力，致使学生对学习缺乏足够的热情。因此，我不仅着眼于激发学生学习的外部动机(奖励、赞扬、成绩)，同时更要激发其内部动机，着眼于优化个人内部心理因素，充分激发和满足学生的心理需要(好奇心、求知欲、兴趣、情感等)。这种积极健康的精神活动能力的提高，在创新学习活动中起着不可缺少的激活、驱动、调节、催化作用。

4. 构建创新学习操作系统

精选教学内容，择优教学方法，引用创新策略，优化教学过程；强化主体意识，调动全体学生，注重个性发展，全员分层推进。

实践证明，这种教学方式充分调动了学生的积极性，在课堂上，学生们思维活跃，每节课有思维递进目标和学法指导；在课外实践活动中，学生们围绕着研究课题，将计算机网络、电脑技术、美术摄影、地理绘图、数学计算、文字表达、小实验、小发明等融入学习之中；在小组合作学习中，学生们既有分工又会合作，既有争论又会协调。在这种动脑动手、合作探究，具有主动发挥空间的教学活动中，学生们的禀赋和潜能得到了充分的开发，学生的综合能力和创新意识都有了明显提高，许多同学写的调查报告、小论文都在区、市评选中获奖。学校的调查反馈表明，学生们非常喜欢这种有创意、开放性的教学形式，地理课成为学生最喜爱的课程之一。

随着经济和科技的发展，学校的办学条件越来越好，先进的多媒体设备被广泛使用。我刚参加工作时，给学生讲等高线用的教具是手工制作的用绳子串起的一组铁丝圈，后来有了多媒体课件，为地理直观教学提供了极大的便利条件，解决了不少教学中的难点，一时间铺天盖地的PPT课件、视频产品等充斥着整个课堂，课堂上很难见到“板图”，甚至连“板书”都没有了，直到学习了前苏联心理学家维果斯基的“最近发展区”理论给予我很大的启示。“最近发展区”理论认为：在学生智力活动中，对于所要解决的问题和原有能力之间可能存在差异，通过教学，学生在老师的帮助下可以消除这种差异，这种差异就是

"最近发展区"。我们可以理解为：学生独立解决问题时的潜在发展水平之间的距离。可见二者之间的状态是由教学决定的。因此教学绝不应消极地适应学生智力发展的已有水平，应根据不同层次的学生设计相应的智力坡度，巧妙地搭建探索阶梯，即创设"最近发展区"，例如设置问题情境、提供必要的认知前提、安排好新旧知识的联系等，充分调动全体学生的学习积极性，充分满足全体学生的不同层次的需求，以此不停顿地把学生的智力发展水平引导到一个新的更高的水平，使不同层次的学生在各自的"最近发展区"得到最大程度的发展和提高，即所谓"跳一跳摘果子"。我反思了自己对现代信息教学手段辅助教学的误区，片面地遵循"可接受性原则"，过度强调直观，消极地适应学生智力发展的已有水平，将一些可以磨砺和激发学生想象力、创造力的思维空间以直观手段填满了，这与以往的应试教育的"灌输式"教学没有什么区别，只是曾经是"人灌"现在是"机灌"。其实教学手段无论是传统的板书、板图还是现代信息技术，使用原则是看对学生的思维能力的提高所起的作用。学生学习能力的高低与教师的教学理念有密切的关系，素质教育真的不是一句空话，它需要我们用心去做。我将"最近发展区"理论运用于课堂设计之中，不断实践不断总结，于是就有了一些经验和体会，并将其总结为"设计智力坡度，巧搭探索阶梯，够跃思维高度"的教学模式。

例如我在初中"等高线"一节的教学中，设计了这样几个能力递进环节：首先用橡皮泥制作山脊和山谷的模型，在立体模型上绘制出等高线，观察其投影在图上的形态；第二步，将观察的结果画在纸上(完成等高线图)；第三步，归纳等高线分布规律；第四步，总结在等高线图中判断地形的方法(切线法，口诀法等)；第五步，播放等高线演示课件，学生们兴奋地看到了自己的成果得到验证；第六步，将等高线的判断方法应用于任何等值线图(等温线、等降水量线等)。

由于教师为学生提供了一个值得探索的学习情境，学生有了动手的机会，积极性被充分调动起来，同时通过动手制作、绘图想象、观察思考等思维活动，将山脊和山谷的空间分布转换到平面图上，再经过归纳，将形象思维上升为抽象思维，总结出山脊和山谷在等高线地形图中的形态特征。在这一过程中，学生们的动手能力、观察能力、想象能力、综合分析能力、抽象思维能力都得到了锻炼和提高。

这个案例给了我一个重要的启示，以往教师告诉学生世界是什么样的，应该怎样做；今天要求教师启发学生，世界可能是什么样的，应该怎样想，可以从什么地方获得知识。这就是从传授知识向启发智慧的转变。面对铺天盖地的信息源，我们需要教会学生求知的渠道，学会对知识信息的判断和选择。知识是现成的，可是知识的获得却是孜孜探求的结果。知识是多变的，可获得知识的方法却是少变而稳定的，因此教会学生致知的方法要比教给学生现成的知识重要得多。地理知识、原理、概念是探求新知识的载体，更是发展和培养思维能力包括创新能力的载体。其中教师在这中间的重要作用是不言而喻的，教师用智慧教书，才有可能教出智慧的学生。

也正是在那几年中，我有更多的时间去学习理论，去进行教学研究，无论是教学理论还是教学能力自己都有了长足的进步。我把教改的经验与反思进行了总结，发表了一些论文，其中一些文章还获得全国和北京市的论文评选奖项。

在教育教学实践过程中我逐步形成了自己的教学风格——“情融于教，教融于学，学融于用”；教学特色——“育人为先，学生为主，学法为重，会学为优，学会为用”，深受学生们的欢迎。

这些经验与收获在后来新一轮的教学改革以及2003年再次恢复地理高考后得到了延续和进一步的发展。从2008年开始的北京市新课程改革的方向来看，我在90年代教改中做出的探索是正确的，这让我很欣慰。

2008年北京市全面启动新课程改革，它在设计思路、课程目标、内容标准、评价方式等方面体现出许多新的教育理念，并从各个层面指明了高中地理教育改革的方向与重要内容。每一次的教育教学改革，对教师的专业化发展都是一次推动，我有幸能够再次参与其中，我要继续学习，在新的形势下继续开发学生的潜能，在培养学生的创新性思维方面做出新的努力和成绩。

回顾28年的历程，我感谢生活带给我的一切，该上高中的时候，赶上了高中普及，顺利地拿到了高中文凭；插队几年，感到前途迷茫时，高考恢复了，考上了大学；喜欢有文化氛围的环境，如愿进入了市级重点中学。评职称也是一帆风顺。一级教师的职称没评下多久，1991年，北京市出台了年轻教师“破格”评职称的规定，又“破格”成为一名高级教师；2002年，又被授予北京市中学特级教师荣誉称号；2003年被推举为北京市第十届政协委员。荣获“北京市优秀青年教师”、“西城区优秀园丁”、“西城区有突出贡献拔尖人才”、“西城区十大科技女杰”等荣誉称号。我相信机遇眷顾有准备的人！

我要特别地感谢我的母校——首都师范大学，她不仅培养了我，还关注我的每一点进步，同时也给了我报效母校的机会，我被首都师范大学资源环境与旅游学院聘请为兼职教授和首都师范大学特级教师工作中心兼职硕士研究生指导教师，受母校邀请给在校大学生讲课，将自己的教育教学的实践经验融于课程之中，使课程生动鲜活，并解答一些大学生们关心或疑惑的问题。还受林培英教授的邀请做教育硕士、教育学硕士答辩委员会主席。每每这个时候我都像回到了娘家一样，那么亲切，那么有底气，每一次都有好多的收获和满满的感激，每一次都更加激励自己努力学习、努力工作，不辜负母校对我的培育。

新一轮的课程改革又带来新的挑战，我相信只要坚持自己的追求，脚踏实地的努力，爱我的学生，爱我的事业，我不会辜负时代赋予我的使命。

（夏　芳、林培英）

用“爱”耕耘的人

——记李银环老师

李银环简介

李银环，女，1968年生。1988年毕业于通州师范学校普师专业。2002年毕业于首都师范大学政法专业。现为通州区培智学校教师，中学高级。先后承担了多项市、区级课题，发表学术论文40多篇。曾获得市“特教基本功大赛（智障组）语文学科四项全能第一名”；“通州区中小学‘春华杯’课堂教学评优一等奖”。获得了“全国先进工作者”、“百名优秀母亲”、“北京市优秀教师”、“师德标兵”、“紫禁杯优秀班主任特等奖”、“巾帼十杰”、“通州区名教师”等荣誉。被认定为北京市小学骨干教师和区级学科带头人。

用“爱”耕耘的人
——记李银环老师

李银环老师自 1988 年师范学校毕业后，毅然走进了通州区培智学校，一干就是 22 年。她教过的近百名残障学生中有 6 人获得了市、区红领巾奖章，更有数人摘金夺银，所带班级也年年被评为校优秀班集体。现在，她的学生有的已走上工作岗位，有的顺利进入了普通学校或高一级的学校继续学习。她曾荣获“全国先进工作者”、北京市“师德标兵”、“优秀教师”等多项荣誉称号。22 年来，她用自己满腔的热情、无私的奉献在培智这块特殊的土地上辛勤地耕耘着，使这块板结地长出了绿草、开出了鲜花，成为希望之地。

一、真爱学生，开启残儿的心灵之门

“爱自己的学生是人，爱别人的学生是神，爱残疾学生是神上神。”这是李老师最喜欢的一句话。

但是要真正爱上这些残障学生，还确实不是那么容易，他们就像是一只只丑小鸭：思维迟钝，行动迟缓，有的浑身上下还散发着难闻的气味，有的存在不正常的偏执行为，甚至有的学生对她又打、又抓、又咬……

面对这些，李老师丝毫不在意。每天早晨她都早早来到教室，开窗、扫地、擦桌椅，为学生们创造清新的学习环境。课上耐心地教他们学习；课下和他们一起做游戏。天冷了，帮他们穿上外衣；天热了，给他们擦去汗水。指甲、头发长了，给他们剪；脸、手脏了，给他们洗。没有埋怨，没有责怪，更没有呵斥。她用博大的宽容和无微不至的关爱，滋润着这些残障孩子的心。渐渐的，他们认可并喜欢上了她。早晨上学来，他们会像小鹿一样蹦着、跳着跑进教室，在她的脸上亲亲，此时的李老师感到无限的幸福。

在她的班上曾有一个家在外地的 5 岁重度智障学生，这个学生的自理能力极差，刚来时，屎尿从来就是在裤子里拉，每天都要尿湿裤子好几回，屎拉在裤子里好几次，每一次，李老师都把他湿漉漉、臭烘烘的裤子脱下来洗，并用温水把他的下身洗得干干净净。为了防止得湿疹，还要给他抹一些爽身粉，然后再给他换上干净的衣裤。为了训练他上厕所的能力，李老师每节课的课前、课后都要带他去厕所，教他解裤子、蹲坑。一开始他不配合，躺在厕所的地上又哭又闹，她就抱着他、哄着他，一次次，一遍遍，从不厌烦。功夫不负有心人，半年以后，这个学生终于能自己上厕所小便了；一年以后，能在厕所里大便了。与此同时，他还学会了认字、说儿歌……

李老师常说：我们就是要实实在在地去爱、去做，才可能换来培智教育的成功。她坚信，只要心中有爱，黑夜便不再漫长；只要奉献这份爱心去感化学

生、教育学生，就一定会使整个世界充满阳光，让他们感到人间处处真情在，让他们鼓起自立于社会的勇气。

曾经有一个13岁的智障女孩，她妈妈骑着自行车带着她从挺远的农村赶到学校，一见面就对李老师说："李老师，孩子来月经了，自己又不会弄，您能帮帮她吗？"看着家长无奈而又期盼的目光，李老师诚恳地说："放心吧，孩子就交给我，我一定会帮她弄好的。"家长感激地含着泪走了。从此，李老师承担了给学生换卫生巾、洗内裤的任务。这些事说起来容易干起来难，一开始，这个学生不太配合，经常把李老师的手、衣服弄脏。但是为了今后更好地训练和教育，不应让学生有丝毫难堪，因此每次李老师都是微笑着用信任的目光鼓励她，不到半年时间，学生终于学会自己料理了，并对李老师充满了信任和友好，学习、生活等方面都有很大的进步。后来这名学生还成为了班上的干部，老师的小助手。

教育家苏霍姆林斯基认为"要成为学生的真正教育者，就要把自己的心奉献给他们"，"教育儿童的全部奥秘就在于如何爱护儿童"。可见，教育的真谛就是爱心的无私奉献。李老师也正是用这滚烫的爱使一个个残障儿童站立了起来，用青春年华和满腔热血爱出了味道，爱出了名堂。

二、读懂残儿，走进他们的内心世界

李老师说：爱残障学生只有"爱的情感"和"奉献"还远远不够，教师还要尊重学生、了解学生、理解学生、引导学生。多年的班主任工作，使李老师深深感到，在处理残障学生的问题时，理解、尊重是最重要的。他们虽在一个班，但年龄不同、家庭环境不同、残障程度不同等，造成了他们个性差异极大，而他们的生理缺陷，又使得他们的情感脆弱，有很强的自尊心、很深的自卑感，这就需要教育时要格外细心，做到"因材施教"、"因人而异"。

李老师对学生们从不呵斥，从不出现鄙视的目光，他们回答问题有错误时，她就用微笑、耐心、启发、等待，引导他们正确回答。当他们犯了错，她会摸摸他们的头，用眼神告诉他们这是不对的。她从不急于批评，因为她知道他们是一群身患残障的学生。他们有耳无法聆听，有嘴无语争辩。她从尊重和理解出发，从事实入手，理智、认真地处理问题，保护他们的自尊心、上进心，让学生们感到老师一个关怀的眼神、一个轻柔的动作，都饱含着从心底流淌出的真挚情感。

为了强化学生养成良好的行为习惯，李老师在班里开展了多项评比活动，除了主题墙上的大评比台外，还用一个大横格本作为每天的小评比台，并委托一位叫丹丹的同学和老师一起搞每天的评比。

有一天，几个学生拿着一个小田格本怒气冲冲地找李老师评理，李老师一看那本上面写着班里所有同学的名字，名字旁边还打好了格子，格子上面歪歪斜斜地写着“扫地，做操”之类的词语，很像班里搞评比用的表格。她问：“这是谁的本?”几个学生用手一齐指向一个男学生——小凡。李老师再一看上面的评比结果，全班只有小凡一人全打了对钩，其余的每人至少打了三四个叉，尤其让人震惊的是，李老师也被列入了评比栏，而且也得了一个叉子。

学生们义愤填膺，他们生气的理由很充分：一是他没资格评他们；二是他自己几乎是样样平庸；三是他竟敢评老师，还给了个叉，胆大包天。

怎样处理这件事？经过深思熟虑后，李老师首先找小凡谈话，了解自己和同学们得“叉子”的前因后果，并对工作中不到位的地方向小凡道歉，还做出了一项决定：除丹丹继续担任评价员外，也欢迎小凡和其他同学的加入，组成评价小组，而且老师也和同学一样是被评价者。这个决定激发了学生们的热情，立即就有包括小凡在内的四名学生报了名。这样做的结果，使评比台的作用加强了，它不仅成为老师引导、教育学生的基地，还成了学生们自我约束的强大力量。懒散的小凡自从光明正大的当上评价员后，各方面都有了很大的进步，多次被评为礼貌标兵、劳动标兵、助人标兵。

三、刻苦钻研，期盼铁树开花

当教师难，当特教教师更难。想当初，李老师从事聋康工作时，没有完全适用的教材，没有现成的教学大纲，更没有多少可以借鉴的教学经验。所教的学生小至三四岁，大至十六七岁。不仅年龄差异大，听力也极差，并且大多数学生入学前，没有经过任何语言训练，有的还是聋、脑瘫加智障的多重残障学生。如何使他们学会交流、认字、计算呢？为此，她开始积极地学习，向书本学、向同事学、向兄弟学校的老师学。此外，她还进行了相关的大专、大本、研究生课程的学习。正是凭着这股韧劲儿，她的专业理论知识变得更加丰厚、扎实了。

在实践中，李老师发现拼音是聋儿走进有声世界的一把钥匙，为此，她从语言学、语音学、治疗学等多种角度去研究每一个拼音。为了掌握每个音发音时的口型、舌位、气流、颤动以及身体各部位的变化反应规律，她兜儿里每天都放着一面小镜子，中午别人休息时，便拿出来反复练习、琢磨；下班后别人都离开了学校，她却加班练习；空节课，为了不影响别人备课，她竟然跑到操场上，顶风冒雪练习，手僵了、脸木了仍不放弃；晚上，为了不影响爱人或学生休息，她还要把自己关在厕所里练……就这样，她总结出了口型教学法、活动舌位图教学法、无意识发音法、身体辅助法、器具辅助法等多种拼音教学方法，还将游戏引入教学的每个环节，有效调动了聋儿学生学习拼音的积极性，极大地提高了教学质量。并凭着多年的实践经验，编订出适合学校聋儿学习的《拼音》教材，以及《语言训练纲要》和《语言训练》教材，为学校的聋儿康复教学打下了基础，也促进了通州区聋康工作走向深入。

与此同时，她还进行了多项区、市的课题研究，使教学更具科学性。共有40多篇论文获区、市、国家级奖项，先后讲了10多次市、区级研究课、公开课和20多次校级研究课、示范课。在市“特教基本功大赛”中，获得了语文学科“四项全能第一名”；参加区“春华杯”课堂教学评优，获得了“一等奖”，并获区“名教师”、“优秀专业技术人员”、“学科带头人”的称号。2001、2004年、2007年连续被认定为市级骨干教师。

在培智学校校庆大会上，一位聋儿学生走上讲台，向客人们讲述自己的故事：“我叫曹……，今年12岁了。你可知道，三年前，我不会叫爸爸、妈妈，是老师手把手的教我写字，教我说话。现在我学会了叫爸爸、妈妈，但我最想叫的是我的老师——我的好妈妈，妈妈……”会场里立刻爆发出了热烈的掌声。旁边的李老师，眼泪控制不住地流淌下来，她说，这是幸福的眼泪，这是成功的泪水。

四、携手家长，共促残儿健康成长

家长是学生的第一任教师，对于残障儿童来讲，他们对父母的信任和依赖，往往胜过正常的儿童。怎样把家长拉进教育者的行列里来呢？李老师认为，要让家长关注孩子，看到希望，放眼未来。她感到，沟通是教师和家长之间必然的桥梁，教师和家长必须做到真正的沟通。家长每次接孩子，她都与他们交流，并利用业余时间进行家访，探求家长的心声。还利用“家长联系卡”每天向家长汇报学生们的情况，哪怕是一点点细微的变化，从而增强家长教育孩子的信心。

班里有一个6岁的聋儿，妈妈为了不让别人知道自己有这样一个孩子，从不带他上街，也不许他下楼和别的学生玩。外出时，要求他摘掉助听器，要求他不许出声，更不许他用手比划。6岁的孩子本来是天真烂漫的，而他却是谨小慎微、不苟言笑。有一次，李老师带学生们去天安门，别的学生都像快乐的小鸟一样叽叽喳喳、蹦蹦跳跳，只有他，揪着老师的衣服，躲到老师的背后，小眼睛怯怯地看着周围的一切。为了转变家长的错误思想和做法，李老师一个学期就上他家去了 5 次，与他的妈妈促膝谈心。一开始的谈话多是在他妈妈的哭声中度过，李老师以一颗真诚的心去聆听她内心的痛苦，和她一起落泪，并细心开导。慢慢地，她们的谈话里出现了笑声，他的妈妈渐渐地从逃避现实变成了接受现实，正视现实，从而使孩子找回了童年的欢乐。

学生耿某由于家庭经济困难，退学了。当学生含着泪一步一回头地走了以后，李老师的心久久不能平静，不行，一定把学生要回来。她骑车近百余里终于找到了他的家。她对家长说：“您别着急，学生上学的事我来想办法。”回来后，她找校长、找残联，把学生上学的困难一一汇报，终于残联给学生送来了资助，学校减免了学生的上学费用，学生又回到了学校。他更加珍惜这来之不易的学习机会，并在体育方面做出了突出的成绩，多次代表市、区参加全国特奥会、市特奥会，获得多块奖牌，为本市、本区，更为学校争了光。

22 年过去了，李老师在接受记者采访时曾说道：“我既然选择了特教，就选择了为残疾学生服务一辈子，我将会无怨无悔地在特教这块土地上躬耕勤作，期盼着铁树能够开花，期盼着生命绽放奇迹。”她是这样说的，也是这样做的，几十年如一日在平凡的特教岗位上无怨无悔地奉献着青春、智慧和无限的爱……

（马月荣）

后　记

2006年，学校编辑出版了《师德风采录——首都师大人情真意切话师德》一书，书中主要记述了曾对首都师大发展做出过重要贡献的老先生、老教授和部分在职在岗的有突出业绩的中、青年教师的师德风尚和感人事迹，在广大师生中引起了强烈的反响和共鸣。

为了进一步加强师德教育、弘扬高尚师德，不断提高师德建设水平，学校党委决定继续组织、编辑出版《师德风采录》，今后将形成常态机制，打造系列丛书，全面记录学校在各个历史时期涌现出的师德先进典型和事迹，充分展现首都师大人的高尚师德风貌，以实现薪火相传、继往开来。

学校党委高度重视《师德风采录》丛书的编辑出版工作。党委书记张雪为本书撰写了序言，充分肯定了师德建设的重要意义和作用，对学校今后进一步加强师德建设提出了新的要求；纪委书记潘亮对本书的体例、规范、内容等提出了明确的指导意见；党委宣传部部长苏寄宛、副部长曹薇(现任音乐学院党委书记)、郑文涛负责全书的统稿、编辑工作；宣传部干部沈晓非参与了本书的编务工作。各院(系)、单位党委、党总支积极配合，在组编稿件、协调编校等方面给予了大力支持和帮助。

在此，我们对所有参加本书编辑的有关领导、作者和工作人员表示衷心的感谢！由于时间和条件的限制，加之我们的编辑水平有限，书中不当之处，敬请批评指正。

首都师范大学党委宣传部

2011年7月